한국어 정표화행 연구

─정표화행의 유형 분류와 수행 형식─

대화분석 연구 총서 6

한국어 정표화행 연구

－정표화행의 유형 분류와 수행 형식－

이 혜 용

역락

머리말

　언어의 사용이 곧 행위라는 화행론의 관점은 국어학을 공부하려고 대학원에 진학한 석사생을 한껏 들뜨게 했다. 인간은 말로써 어떠한 행위들을 하며 살고 있는지, 말을 하는 의도는 무엇이고 상대방에게 미치는 영향력은 무엇인지, 언어 행위의 수는 몇 개나 되는지, 언어 행위를 잘못 해석하여 불통이 되는 이유는 무엇인지 등 질문들이 한꺼번에 쏟아져나왔다. 그리고 다윈이 생물을 종속과목강문계라는 체계를 세워 분류했던 것처럼, 언젠가는 흩어져 있는 언어 현상들을 체계적으로 분류하여 언어 행위의 조망도를 '멋지게' 그려내고 싶다는 포부를 지니게 되었다.

　세월이 흘러 2010년 8월, 이화여자대학교 대학원에 제출한 박사학위논문의 주제는 인간의 복잡다단한 감정을 표현하는 정표화행의 하위 유형을 분류하고, 기준을 세워 개별 화행들을 서로 구분해 보는 것이었다. 이 연구를 통해 궁극적으로 사람들이 사태에 대하여 느낀 희로애락의 감정을 상대방에게 언어로 표현하는 이유가 무엇인지, 그 이면에 숨어 있는 정표화행을 관통하는 원칙들은 무엇인지 밝혀보고 싶었다. 석사 시절에 품었던 포부에 비하면 언어 행위의 극히 일부분만을 대상으로 한 것이었으나 필자에게는 쉽지 않은 작업이었다. 인간의 심리와 감정에 대한 이해가 선행되어야 했고, 분류의 기본인 타당한 분류 기준을 세울 수 있어야 했으며, 무엇보다도 대화 자료를 분석할 때 감정의 결을 읽을 수 있는 섬세함이 필요했다. 이 공부를 통해 자신의 감정을 표현하는 행위와 공감 표현이 인간의 생활에 얼마나 중요한 것인지 절감하게 되었다. 또한 인간관계를 원활하게 만들고 유지하는 기능을 하는 언어 사용의 중요성에 대해서도 알게 되었고, 조금이나마 인간에 대한 이해도 더해질 수 있었다고 생각한다. 감사하게도 공부를 하며 삶을 배운 셈이었다.

최근 의사소통의 중요성이 부각되면서 국어학에서도 화행과 대화분석에 대한 관심이 높아지고 있다. 그러나 안타까운 것은 분석의 최소 단위라고 할 수 있는 화행의 명명에 대한 연구나 화행의 수행 조건을 정밀하게 제시한 연구는 상대적으로 적다는 점이다. 또한 화행 분류 연구 역시 국내에서 본격적으로 다뤄지고 있지 않은 실정이다. 이런한 연구의 중요성을 알면서도 연구에 게을렀던 자신을 반성해 보며, 화행론과 대화분석론에 관심 있는 연구자들 간에 '한국어 화행 사전'과 같은 토대 연구가 수행될 수 있기를 기대해 본다. 기초 연구가 탄탄하게 뒷받침될 때 대화 분석, 한국어교육, 화법 등의 응용언어학적 연구도 꽃을 피울 수 있을 것이라고 믿는다.

필자는 인복이 있는 편이라서 공부하는 길에 좋은 분들, 감사할 분들을 많이 만났다. 이 자리를 빌려 감사의 말씀을 드리고 싶다. 논문 작성으로 힘들어할 때, 외유내강의 힘으로 필자를 격려해 주신 전혜영 선생님께 감사드린다. 논문 쓰는 사람들은 대부분 지도교수를 만나러 가는 길이 부담스럽다고 하는데, 선생님을 뵙고 오면 그렇게 마음이 든든하고 평안할 수가 없었다. 학자의 삶이 어떤 것인지 직접 보여주시는 고려대학교 박용익 선생님께도 감사드린다. 선생님을 처음 뵈었던 2003년 여름, 파주에서 열렸던 화용론 워크숍에서 배웠던 공부의 즐거움과 희열은 아직도 생생한 과거의 한 장면이다. 그때부터 시작된 선생님과의 인연 덕분에 지금까지 화용론을 공부해 올 수 있었다. 부족한 학위논문의 심사를 흔쾌히 맡아주신 서울대학교 독어독문학과의 강창우 선생님과 한양대학교 국어교육학과의 장경희 선생님께도 깊이 감사드린다. 강창우 선생님의 대학원 강의를 청강하면서 화행론에 대한 이해가 깊어질 수 있었고, 마지막 논문 심사 때까지도 선생님께서는 귀한 조언을 해 주셨다. 장경희 선생님의 논문을 읽으면서 언젠가는 이런 촘촘하고 깊이 있는, 그러면서도 이해가 잘 되는 논문을 쓰고 싶다는 동경이 있었다. 공부하는 길에 들어설 때부터 존경해 오던 선생님께서 흔쾌히 박사학위 논문의 심사와 위원장을 맡아주셨고, 학위 논문을 드리러 갔을 때 손을 잡아주시면서 더욱더 치열하게 연구해 나가라는 말씀을 해 주셨다. 선생님의 당부를 지키지 못해서 뵙기가 부끄러우나 지금부터라도 잘 이행하려고 다짐해 본다. 대학원 진학에 한 치의 망설임이 없었던 것은 박창원 선생님의 명쾌한 강의 덕분이었다. 학부 시절, 국어사 강의 노트를 들여다보면 흥미진진하게 공부했던 흔적이 가득하다. 국어학에 대해 순수한 열정을 갖게 해 주신 선생님께 감사드린다. 이화에서 만난 구본관 선생님과 이선웅 선생님. 두 분 선생님께 형태론과 통사론에 대해 즐겁게 배울 수 있었던 것은 행운이었다. 무엇보다도 선생님들께서는 곁을 주셨고, 지금도 언제나 반가운 얼굴로 맞이해 주시니 감사할 뿐이다. 선생님들이 베풀어 주신 따뜻한 정에 어떻게 보답해드려야 할지 모르겠다. 화용론을 전공으로 하면서 독어학과 영어학 전공의 선생님들께 많은 가르침을 받았다. 공주대학교의 진정근 선생님, 고려대학교의 박성철 선생님, 제주대학교의 박여성 선생님, 한국외국어대학교의 조국현 선생님께 머리 숙여 감사드린다. 선생님들께서 쓰신 논문과 매해 여름 텍스트 언어학회에서 해 주신 특강은 필자에게 항상 자극이 되었고 영감을 주었다. 또한 서강대학교 영어영문학과의 이성범 선생님의 책과 논문, 그리고 대학원 시절 청강했던 화용론 강의는 그 당시 국어학 분야에 화용론 강의가 많지 않았을 때, 필자에게 오아시스와 같았다. 훌륭한 가르침과 깨달음을 주셨던 모든 선생님들께 감사드린다. 그리고 함께 공부해 온 선배, 동기, 후배들에게도 감사의 말을 전하고 싶다. 어려울 때마다 같은 길을 걸어가는 동학들이 있다는 것만으로도 큰 힘이 되었다.

마지막으로 유년 시절부터 지금까지 아름다운 기억들을 많이 안겨 주신 부모님(이학민, 김종희)께 감사드린다. 부모님의 믿음과 지지, 사랑 때문에 여기까지 올 수 있었고, 새벽마다 딸을 위해 기도해 주시는 어머니 덕분에 흔들리지 않고 한 길을 걸어올 수 있었다. 오랜 기간 건강 악화로 힘들어하고 계시는 아버지께 딸의 책이 조금이나마 빛을 드릴 수 있기를 간절히 바란다. 그리고 유쾌하고 지혜로운 동반자인 남편 권우석에게도 고마움과 사랑을 전한다.

이 책은 필자의 박사학위 논문을 내용 수정 없이 부분적으로만 손질하여 낸 것이고, 부록에 정표화행과 유사한 특성을 지니는 평가화행 범주에 관한 논문을 실어두었다. 여느 때보다도 위로가 필요하고 공감 능력이 절실한 시대에 이 연구가 한국어 감정 표현에 대한 이해에 미약하게라도 도움이 되고, 이를 바탕으로 한 응용 학문에 조금이라도 도움이 될 수 있다면 기쁘겠다. 책을 탈고하면서 언어를 도구로 하여 사람에 대한 이해, 우리 사회에 대한 이해를 할 수 있는 실질적인 연구를 하는 학자가 되어야겠다고 다시 한번 다짐해 본다. 부족한 글을 대화분석 연구 총서로 출판해 주신 역락 출판사의 사장님과 편집진에게 감사드린다.

2015년 7월

인문대 308호에서 필자 씀

차 례

제1장

한국어 정표화행 연구에 대한 이해

1. 정표화행 분류 연구의 중요성

이 연구에서는 한국어 정표화행의 유형을 분류하고 이 유형들이 수행되는 형식을 고찰해 보려 한다. 즉, "축하", "환영", "감사", "용서", "애도", "염려", "사과", "한탄" 등 다른 기본 화행 부류에 비하여 다양한 특성을 지닌 정표화행의 유형들을 하나의 범주 아래에서 총괄적으로 조망하고, 각 유형 간의 공통점과 차이점을 정표화행의 전체 체계 내에서 비교하여 논해 보려는 것이다. 또한 명시적(explicit)이기보다는 비명시적(implicit)으로 수행되는 정표화행의 수행 형태를 기술해 보고자 한다.

화행론에서 중요한 연구 주제 중 하나는 화행1)의 유형을 분류하고 행

---

1) Austin과 Searle 등이 기본 화행 유형을 분류한 것은 엄밀히 말하자면 화행 분류가 아니라 발화수반 행위의 분류이다. Austin과 Searle은 화행(speech act)을 상위 개념으로 사용하고 화행을 구성하는 요소로 발화 행위(locutionary act)와 발화수반 행위(illocutionary act), 발화효과 행위(perlocutionary act)를 제시하였다. 발화 행위는 의미를 갖는 무엇을 말하는 행위를 뜻하는 것이며 발화수반 행위는 발화를 통해 발화 의도를 표현하는 것을 말한다. 그리고 발화효과 행위란 어떤 것을 말함으로써 청자에게 어떤 결과를 낳는 행위를 말한다 (Austin 1962 : 91-120 참조). 그러나 일반적으로 많은 논저들에서 화행을 좁은 의미로 사

위 조건을 밝히는 일이다. 화행 분류 연구는 사람들이 의도를 가지고 하
는 발화의 종류와 기능에 대하여 체계적으로 이해할 수 있게 한다. 또한
어휘가 그 사회에서 차지하는 중요도에 따라 분화되어 있듯이 화행의
유형 역시 그 사회에서 의사소통상의 중요도나 민감도에 따라 세분화되
어 있다. 따라서 화행의 유형 분류 연구는 한국 사회에서 의사소통을 할
때 중요하게 생각하는 언어 행위가 무엇인지를 명시적으로 보여줄 수
있다.

한편 화행 분류 연구는 언어학 연구에 있어서도 대화 분석 연구나 텍
스트 언어학 등 언어의 기능적 측면을 강조하는 연구의 기반이 된다는
점에서 필요하다. 대화와 같은 복합적인 구조를 분석할 때 개별 화행에
대한 명확한 인식이 전제되어 있지 않으면 그 연구는 연구자의 주관에
의한 자의적인 연구가 되기 쉽다. 또한 텍스트 기능의 규정 또는 텍스트
종류의 유형 분류 역시 화행 분류를 바탕으로 이루어진다는 점에서 본
연구의 필요성이 제기된다.[2]

그밖에도 화행 분류 연구는 화행에 대한 기초적인 연구이므로 전산언
어학, 사전학, 외국어로서의 한국어 교육 등 응용언어학 분야에 실질적
인 도움을 줄 수 있다. 전산언어학에서는 자동 번역과 더불어 대화 코퍼
스를 이용한 자동 통역 시스템 등 인공지능 연구를 위해, 1990년대에는
통사 구조와 의미적 연구에 관심을 가지다가 최근에는 화용적 정보 처

용하여, 발화수반 행위를 대신하는 용어로 사용하고 있다. 이 글에서도 특별히 화행의 세
가지 구성 요소들을 구분해야 되는 경우가 아니라면 '화행'은 '발화수반 행위'를 뜻하는
용어로 사용하기로 하겠다.
2) Hundsnurscher와 Rolf에 따르면 화행론은 텍스트유형을 분류할 때 방향 설정에 가장 적합
한 관점을 제공해 준다. 텍스트 유형을 기능적 관점에서 분석할 때, 화행론은 분석의 요
소로써 기능할 수 있기 때문이다(Hudsnurscher, 1980 : 90 참조, 김갑년, 20000 : 509 재
인용). 텍스트유형을 화행론의 이론을 바탕으로 구분한 연구로는 김갑년(1998, 2000), 박
여성(1995) 등이 있다.

리에 관심을 보이고 있다(이재원 1999 참조). 실제로 이 분야에서는 인간의
발화 의도 등을 분석하기 위해 화행 태깅(tagging) 작업, 화행 분류 작업
등을 진행하고 있는데, 화행 분류 및 표현에 대한 연구는 이러한 작업을
하기 위한 기본 토대를 제공해 줄 수 있다.[3] 화행 사전을 제작하고자 할
때에도 어떠한 화행의 유형이 있으며 분류 기준이 무엇인지 등 사전 기
술에 지침이 될 만한 기준을 제시할 수 있다는 점에서 화행 분류 연구는
필요하다.[4] 마지막으로 의사소통 중심으로 외국어로서 한국어를 가르칠
때에도 화행 분류 연구는 기초가 되는데, 어떠한 화행에 대하여 그 총체
적인 실체와 수행 형식이 구체적으로 제시되어 있다면 이를 바탕으로
개별 화행이 수행될 때의 조건을 명확하게 제시해 줄 수 있으며, 학습자
의 모어와 다른 적정 조건들을 중심으로 교수할 수 있다는 점에서도 화
행 분류에 대한 연구는 필요하다.[5]

이 글의 연구 대상인 정표화행은 Searle(1969)이 제시한 다섯 가지의

---

3) 정보통신산하의 'ETRI'에서 실제로 화용적 정보 처리에 관심을 가지고 화행 태깅(tagging)
작업을 하고 있으나 화행과 문장 유형의 분류가 혼재된 경우가 많은 실정이다.
4) 화행 사전을 제작하고자 할 때 고려되어야 할 점은 어떤 것을 화행 동사로 가져와야 하
나, 어떤 동사 분류 기준이 있어야 하는가이다. 그런데 Austin이나 Searle의 5가지 기본 화
행 분류 기준만으로는 실제 화행 동사를 분류하기에는 어려움이 있다. 한국어 화행 사전
으로는 아직 출판된 것이 없으나 독일어의 경우 출판된 화행 사전(Gesela Harras · Edeltraud
Winkler · Sabine Erb · Kristel Proost, 2004)을 보면, 각각의 화행 동사에 대하여 명제내용
조건, 화, 청자와 관련한 조건, 발화 의도 및 표현 등을 제시해 놓은 것을 볼 수 있다. 필
자는 외국어로서 한국어를 배우는 학습자뿐만이 아니라 모국어 화자를 위한 사전에도 화
용 정보를 줄 필요가 있으며, 이것이 사람들의 의사소통 능력을 신장시킬 수 있는 기초
작업이 될 수 있다고 생각하여, 한국어 화행 사전의 필요성을 제기한다. 채완(2008)에서는
1880년 출간된 『한불자뎐』에서 일찍이 화용론적인 정보가 부가적으로 담겨 있다는 것을
지적했는데, 이는 사전이 실용적인 면모를 갖추려면 사전에서 화용적 정보가 필수적임을
시사한다.
5) 현재 외국어 교육 과정에 나타난 의사소통 기본 기능의 분류는 포괄적이고 체계적이지
못하며, 분류 기준이 모호하고 이를 바탕으로 설정된 하부 항목과 예시문의 선정 기준 또
한 문제점이 많은 것으로 나타났다(김백기, 1999 : 43).

기본 화행 유형 중에서도 복잡한 특성을 지니는 부류이다.[6] Searle(1969)
과 Austin(1962)에서 정표화행(Expressive)과 행태화행(Behabitives)의 예로 든
어휘 항목을 보면, 정표화행은 하나의 범주 안에 너무나 이질적이고 다
양한 부류들을 포함하고 있으며, 인간의 심리나 태도의 표현과 관련되어
있기에 그 속성이 복잡하다. 그럼에도 불구하고 이 글에서 정표화행을 연
구 대상으로 삼은 까닭은 이렇게 표면적으로 복잡해 보이는 정표화행도
체계적인 분류가 가능하며 정표화행의 수행이 대인관계에 있어서 중요한
역할을 한다고 판단하였기 때문이다.[7] 이에 대한 근거는 다음과 같다.

첫째, 정표화행의 체계적인 분류 가능성은 우리가 일상생활에서 수많
은 화행들을 상황에 맞추어 적절하게 수행하며 살고 있다는 점에 근거
한다. 우리의 머릿속에는 어떠한 방식으로든 화용적 · 의미적 · 통사적 ·
어휘적 정보가 체계적으로 저장되어 있다. 때문에 어떤 상황을 만나면
적절하게 이들을 꺼내 사용할 수 있는 것이다. 이와 마찬가지로 정표화
행의 체계적 구조화와 설명도 충분히 가능할 것이라 보았다. 또한 화행
의 유형 분류를 한 선행 연구들에서도 체계적인 분류가 가능하다는 점
을 충분히 보여준 바 있다.[8] 결국 화행 분류의 문제는 그 가능성 여부에

---

6) Austin(1962)에서 '행태행위(Behabitives)'는 Searle의 정표화행 범주에 대응한다. 그는 기본
화행으로 분류한 5개의 범주 중 '행태행위' 부류를 가장 불만족스럽게 생각하였으며, 행
태행위는 한 범주 안에 상당히 이질적인 언어 행위들이 포함되어 있는, "골칫덩어리"라고
언급한 바 있다(Austin, 1962 : 148-164 참조).
7) 정표화행이 인간관계를 유지하는 데 매우 중요한 역할을 하는 부류라는 점은 다음의 논
의들에서도 언급된 바 있다. 박여성(2009 : 35)에서는 정표화행이 해당 언어 공동체 구성
원들의 공동생활과 결속력을 위해 중요한 위치를 차지하고 있다고 하였다. 한편 고전적인
논의인 Austin(1962)의 '행태행위'의 정의에서도 정표화행의 '인간관계 유지 기능'을 엿볼
수 있다. Austin(1962)에서 행태행위란 다른 사람의 행태(behaviour)와 운수에 대한 반응의
개념과 어떤 사람의 과거의 행위나 절박한 행위에 대한 태도와 표현에 관한 개념을 포함
하는 범주를 말한다. 이는 '사회적행동 표출행위(이성범 역, 2007)'로 번역되기도 하였는
데, 다른 사람의 행태에 대한 반응이나 사회적 행동은 상당히 대인적(interpersonal)인 언
어 행위를 뜻하는 것으로 해석이 가능하다.

달려 있는 것이 아니라 대상 화행의 속성을 잘 드러내 줄 수 있는 합당하고 적절한 분류 기준을 찾는 데에 달려 있다.

둘째, 정표화행은 일반적으로 어떤 사태에 대한 화자의 심리적 상태를 표출하는 언어 행위로 정의되는데(Searle, 1976 : 21), 간략히 말하자면 '감정 표현'과 밀접한 관련이 있는 범주이다. 대인관계에서 감정 표현, 즉 정표화행 수행의 중요성은 다음에서 잘 나타난다. 우리는 일상생활에서 상대방에게 축하행위로 기쁨을 표현하고, 사과행위로 미안함을 표현하며, 환영행위로 반가운 마음을 표현하고, 감사행위로 고마움을 전달한다. 이러한 언어 행위는 상대방에게 새로운 정보를 주거나 실제적인 행동을 촉구하는 것은 아니지만, 사람들 간에 친밀감이나 유대감 등을 느끼게 만든다. 반면 이를 부적절하게 수행하였을 경우, 인간관계를 원활하게 유지하기 어렵거나 갈등 상황을 유발시켜 원만한 사회생활을 하는 데 문제가 생기기도 한다.

한편 정표화행은 의사소통 목적이 분명한 과제중심적 대화9)에도 그 목적을 달성하기 위해 윤활제와 같은 역할을 한다.10) 이는 결국 과제중

---

8) 선행 연구에서는 Searle(1969)의 다섯 가지 기본 화행 중 선언화행을 제외한 단언화행, 지시화행, 언약화행, 정표화행의 하위 유형 분류가 되어 있다. 이들에 대한 자세한 내용은 다음 절에서 보도록 하겠다.

9) 대화 유형학에서 대화는 대화의 기능에 따라 관계중심적 대화, 과제중심적 대화, 행위동반적 대화로 분류하는데, 여기서 과제중심적 대화란 토론이나 수업대화 혹은 협상 등과 같이 대화참가자들 간 의사소통 목적에 발화의 초점이 맞추어지고 과제를 해결하는 기능을 갖는 의사소통 유형을 말한다. 한편 관계중심적 대화는 대화 자체의 특정한 목적이 없고 단지 사람과 사람 사이의 사회적 관계를 유지하게 하거나 여가나 오락을 위한 수다나 잡담 혹은 세상 이야기와 같은 대화를 말하며, 행위동반적 대화란 무거운 짐을 여럿이서 나를 때 '조심해! 그쪽 꼭 잡았나?' 등과 같이 행위를 동반하는 의사소통의 유형을 말한다(박용익, 2002 : 183 참고). 이 글의 논의 대상인 정표화행은 관계중심적 대화에서 매우 핵심적인 역할을 할 것이라는 점을 쉽게 추측할 수 있다.

10) 대인의사소통에 대해 다룬 Reardon(임칠성 역, 1997 : 236)에서는 설득과 감정의 관계를 말하면서, 보통 말만 가지고는 당면한 의사소통 과제를 해결하기에 불충분하며 감정적 표현이 빈번하게 빈 곳을 채워준다고 하였다.

심 대화라도 대화의 주체는 인간이기에 대인관계가 과제 해결에 영향을 미치기 때문일 것이다. 이처럼 정표화행은 언어를 통해 인간관계를 유지하고 갈등을 해소하는 등의 긍정적 기능을 할 수도 있고, 반대로 부적절하게 정표화행을 수행했을 경우 인간관계를 파괴할 수도 있으므로 대인 의사소통 능력을 갖추는 데 중요한 부분을 차지하는 언어 행위이다.

그간 한국어를 대상으로 한 정표화행 연구는 불평화행, 사과화행, 칭찬화행, 감사화행, 위로화행11) 등 몇몇 개별 화행에 대하여 진행되어 왔다. 그러나 정표화행의 유형 목록을 총괄적으로 제시하고, 유형들이 기능적으로 어떠한 공통점이 있고 차이점이 있는지를 보여준 연구는 없었다.12) 뿐만 아니라 정표화행 범주 자체에 대한 깊이 있는 논의도 부족하였다. 그러므로 이 논문에서는 정표화행의 전반적 양상을 조망할 수 있도록 유형을 분류하고 각 유형들의 적정 조건과 언어적 수행 형식을 고찰해 보고자 한다.

이러한 연구 목적을 달성하기 위한 이 글의 연구 과제는 다음과 같다.13)

---

11) 이 글에서는 화행 유형으로서의 명칭과 일상 언어에서 어휘 의미로 사용되는 예를 구분하고자 언어 행위의 유형은 '감사화행'처럼 'A+화행' 또는 'A+행위'로 기술하기로 한다. 또한 여러 개의 화행을 열거할 때에는 큰따옴표를 사용하여 "감사"처럼 "A"만으로도 표시하기로 한다.

12) 정표화행은 다른 화행 유형과 마찬가지로 몇몇 개별 유형에 대해서만 연구가 진행되어 왔고, 대부분 대조언어학적 관점에서 한국어와 다른 언어를 비교한다든가 외국어로서의 한국어 교육에서 중간언어적 관점에서 연구가 이루어졌다. 정표화행의 선행 연구의 흐름은 다음 절에서 개관해 본다.

13) (1)에서 제시한 연구 과제들은 모두 화행론의 주요 목표라고 할 수 있다. 화행론은 앞서 언급한 것처럼 발화수반 행위(illocutionary acts)의 적정 조건을 정확히 설명하고, 각 구조들의 차이점과 유사점을 찾아내어 궁극적으로는 사용된 발화수반 행위를 분류하는 것에 목적이 있다. 따라서 (1)은 정표화행의 유형 분류뿐만이 아니라 다른 유형의 화행 분류에서도 동일하게 적용될 수 있는 연구 문제가 될 수 있다.

(1) ㄱ. 정표화행의 범주와 정의를 구체적으로 정립한다.

　　ㄴ. 정표화행의 유형을 분류하기 위한 기준을 설정한다.

　　ㄷ. 개별 화행의 구분을 위한 적정 조건을 제시한다.

　　ㄹ. 정표화행의 개별 유형을 언어적으로 명명한다.

　　ㅁ. 정표화행에 속하는 개별 화행 유형을 총체적으로 설명한다.

　　ㅂ. 개별 화행이 실제 의사소통에서 표현되는 언어적 표현 방식을
　　　　보인다.

(1ㄱ)은 기존의 논의들에서 Searle(1969)의 정표화행 정의를 그대로 가져와 사용하였기 때문에, 우리는 여전히 정표화행이라는 범주를 다양한 부류가 혼재되어 있는 잡다한 행위 유형이라고 생각하고 있다. 따라서 Searle이 제시한 정표화행의 개념을 구체적으로 파악함으로써 복잡한 부류로 간주되어 온 정표화행의 실체를 좀 더 명확하게 보여줄 필요가 있다.

(1ㄴ)은 이 연구에서 가장 중요한 문제이다. 이는 정표화행의 속성을 효과적으로 반영할 수 있는 분류 기준을 얼마나 객관적이고 타당하게 설정할 수 있는가에 대한 논의가 필요하다는 것이다. 이상적인 분류 기준은 체계가 간단하면서도 논리적으로 결과물을 기술하는 것이겠지만 자연 언어 자체의 복잡한 특성을 고려한다면 반드시 그러해야 할 필요는 없다. 특히 화행의 하위 유형으로 내려갈수록 분류 차원은 복잡해질 수밖에 없을 것으로 예상된다.

(1ㄷ)은 화행 수행 시 중요한 '상황 맥락'을 체계적으로 제시할 수 있느냐와 관련된다. 정표화행의 유형에 속하는 개별 화행들은 화자의 심리적 태도를 표현한다는 점에서는 동일한 조건을 지니지만, 명제내용의 의미론적 조건과 상황 맥락적 조건들에서는 차이가 있으므로 각기 구별될 수 있다. 이렇듯 정표화행의 상위 수행 조건을 유지하면서 개별 화행에서 요구되는 기준들을 객관적이고 타당하게 기술할 수 있어야 할 것이다.

(1ㄹ)은 언어 행위와 언어 표현은 1 : 1 대응이 되지 않으며, 일상 언어에서 한 가지 감정에 대해서도 비슷한 표현들은 구분되지 않고 쓰이기에 언어 행위를 뜻하는 어휘를 명명하고 정의해야 된다는 필요성에서 제기된 문제이다. 예를 들어 '빈정거리다, 비아냥거리다, 비꼬다, 조롱하다, 우롱하다'는 서로 어떠한 차이가 있는 것일까? 일상 언어생활에서는 굳이 이들 어휘 의미의 차이를 뚜렷이 구분할 필요가 없을 수도 있으나 화행 분류에서는 적정 조건이 같다면 이들 부류를 대표할 수 있는 용어를 설정해야 하고, 다르다면 서로 다른 화행으로 구분할 필요가 있다.

(1ㅁ)은 그간의 연구에서 정표화행과 관련하여 몇몇 개별 화행들이 논의되기는 하였지만 국어 정표화행의 전체 체계를 보여주거나 체계 속에서 각 개별 화행이 속하는 위치가 어디인지를 조망해 볼 수 있는 연구는 없었기에 제시한 것이다. 이 연구에서는 개별 화행의 상세한 특징을 논의하기보다는 정표화행 범주 내에서 각각의 유형들이 서로 어떠한 공통점과 차이점이 있는지에 연구의 초점을 둔다.

(1ㅂ)은 특정 화행은 어떤 다양한 언어적 수단을 통해 수행되는가, 언어적 표현 형태에 대한 정보를 어떻게 설명할 수 있는가와 관련된 문제이다. 화행 유형 분류는 기능의 문제이고, 언어적 수행 형식은 표현의 문제와 관련이 되는데, 이 둘은 화행 수행 능력을 갖추기 위해서 반드시 지녀야 할 지식이며 서로 밀접한 관련을 맺고 있다.14) 또한 화행의 유형을 분류하는 이유가 1차적으로는 우리가 사용하는 말 쓰임의 종류를 구분하고 체계적으로 제시하는 데 있겠으나, 종국에는 실제 대화를 분석하기 위한 도구로써 사용하고자 한다는 점을 고려한다면, 화행의 유형과

---

14) Hindelang에서도 개별 언어에서 화행과 표현 사이의 관습적 관계를 연구하는 것은 발화 수반 행위를 분석할 때 발화 행위에 주목하여 이루어지므로 화행론의 중요한 과제라고 말한 바 있다(김갑년 역, 1999 : 22).

수행 형식의 관계는 함께 논의되어야 할 과제이다. 선행 연구에서는 개별 화행의 수행 형식을 전략적인 측면에서 논의하였으나 정표화행의 수행 형식에 대한 전체적인 특징을 제시하지는 못하였다. 이에 이 글에서는 정표화행의 수행 형식과 개별 화행의 수행 형식의 관련성을 염두에 두고 이 문제를 다뤄보고자 한다.

이제 본 연구는 위에서 제시한 여섯 가지의 논점을 중심으로, 정표화행의 하위 유형을 분류하고 각 유형의 기능적 특성을 중심으로 논의해 보기로 한다.

2. 화행 연구사

화행 분류 연구는 화행론의 주된 관심사를 잘 반영한다. 즉, 인간이 의사소통을 할 때 무엇을 행하는지, 얼마나 다양하게 언어를 사용하여 의사소통을 하는지를 체계적으로 밝히는 것이 화행 분류 연구의 주된 목표이기 때문이다. 그리하여 화행론 연구의 출발점이라고 할 수 있는 Austin(1962)과 Searle(1969)에서 기본 화행이 분류된 이후 언어학자들은 이들의 연구를 기반으로 기본 화행의 하위 유형을 분류하고 언어적으로 실현되는 형태에 대하여 관심을 가졌다. 한국어의 경우에도 화용론, 국어 교육, 외국어로서의 한국어학 등 언어를 기능적 관점에서 연구하는 분야에서 화행에 대한 연구가 행해지고 있고, 최근 대화 분석 연구와 텍스트언어학, 의사소통에 관한 연구가 주목을 받으면서 화행에 대한 관심이 높아지고 있다. 그러나 아직까지 한국어를 대상으로 한 정표화행의 유형 분류 연구는 없었으므로 이 절에서는 화행 분류 연구사와 한국어

정표화행 연구사를 개괄적으로 검토해 보기로 한다. 이를 통해 정표화행
의 유형을 분류하기 위한 시사점을 생각해 보고자 한다.

1) 화행 분류에 관한 연구

언어 이론에 입각한 기본 화행 분류 연구의 시초는 철학자 Austin(1962)
에서부터이다.15) Austin은 인간의 언어 사용을 '언어행위(speech act, 화
행(話行))'라는 관점에서 보고 일상 언어에서 기본적인 화행의 유형을
판정행위(Verdictives), 권한행사행위(Exercitives), 언약행위(Commissives), 평서
행위(Expositives), 행태행위(Behabitives)로 분류하였다.16)

그 후 기본 화행 유형은 Searle(1976/1979)에서 분류되는데, Searle
은 Austin(1962)의 화행 분류는 명확하고 일관된 분류 기준이 없다는
점과 Austin은 발화수반 행위를 분류한 것이 아니라 화행 동사를 분
류한 것이라며 비판했다(Searle, 1979 : 8-12).17) 그리하여 Searle(1979)은 화행

---

15) 화행 분류 연구는 이미 고대의 수사학자들에 의해 행해졌다. 그들은 이미 화용론자들이
   었고 언술을 통해 청자에 대한 담론의 효과와 이들 사이의 관계를 고찰했고, 관습에 기
   반을 둔 수사학의 고전적 모델을 만들기도 하였다. 그러나 언어 이론에 입각한 현대적
   의미의 화행 이론은 Austin과 Searle 이후에 활성화되었다(이승권, 1996 : 510 참고).
16) Austin, Searle이 언급한 화행과 관련된 전문 용어는 그동안 다양한 명칭으로 번역되어서
   용어상 혼란이 초래되기도 하였다. 이제 'speech act'는 '話行'이나 한자어를 풀어 쓴 '언
   어행위'로 자리를 잡았으나 'locutionary act, illocutionary act, perlocutionary act'는 화용
   론 관련 역서마다 조금씩 다른 용어를 사용하고 있어서 용어의 통일이 요구된다. 근래에
   는 'locutionary act'에 대해서는 '언표적 행위/발화 행위'가, 'illocutionary act'는 '언표내
   적 행위/발화수반 행위'가 'perlocutionary act'는 '언향적 행위/발화효과 행위'가 번역어
   로 사용되고 있다. 이 글에서는 이들 용어에 대하여 '발화 행위/발화수반 행위/발화효과
   행위'라는 번역어를 사용하기로 한다. 이 용어들이 '언표적/언표내적/언향적 행위'라는 용
   어보다 한자 표기를 하지 않아도 그 뜻을 추정하기에 더 쉽다고 판단되었기 때문이다.
17) Searle(1979)은 오스틴의 분류를 여섯 가지 측면에서 비판하였다. 첫째, 영어의 발화수반
   동사(illocutionary verbs)와 발화수반 행위(illocutionary acts)에 차이가 있다는 점을 구분하

을 분류하기 위한 12가지 기준을 제시하고, 그중 가장 중요한 세 가지 기준인 '발화수반 목적(the point(or purpose) of the type of act)', '언어와 세상의 방향성(the direction of fit between words and the world)', '화자의 심리 상태(expressed psychological states)'를 사용하여 기본 화행을 구분하였다. 이러한 기준에 의해 그는 기본 화행을 단언화행(Assertives[18])), 지시화행(Directives), 언약화행(Commissives), 정표화행 (Expressives), 선언화행(Declarations)으로 분류하였다.[19) 이후의 화행 관련 논의들에서는 이러한 Searle의 다섯 가지 분류 체계가 가장 일반적으로 받아들여져 사용된다. 그러나 이 분류의 문제점도 제시되었는데, Searle은 화행이 의사소통의 기본 단위라는 것을 인정하였으면서도 의사소통을 구성하는 기본 요소인 청자를 배제한 채 화자 중심적으로 분류 기준을 제시하였다는 점과 단일 발화로 화행의 성격을 규정한 점 등이 이 연구의 한계로 지적되었다.

그 밖에 기본 화행 유형의 분류는 Vendler(1972), Fraser(1974), McCa-wley(1977), Katz(1977), Bach & Harnish(1979), Traugott & Pratt(1980),

---

지 못했고, 둘째, Austin이 제시한 동사들 중에는 'sympathize'처럼 심리적 상태를 나타내는 것일 뿐, 발화수반동사가 아닌 것들이 있다. 셋째, 명확하고 일관된 분류의 기본 원칙이 없으며, 넷째, 범주들 간 중복되는 동사가 많고, 다섯째, 하나의 범주 내에 이질적인 항목이 많이 나타나며, 여섯째, 범주의 정의를 만족시키지 못하는 요소들이 범주 속에 포함되어 있다는 점을 비판하였다(Searle, 1979 : 8-12).

18) Searle은 Searle(1976)에서는 'Representatives(제시화행)'라고 명명했던 화행 범주를 Searle(1979)에서는 'Assertives(단언화행)'로 수정하였다.

19) 그러나 결과적으로 Searle(1976/1979)의 분류는 Austin(1962)의 분류와 크게 다르지 않다. 아래 표는 두 연구에서 대당되는 개념들을 비교한 것이다.

Austin(1962)	Searle(1976/1979)
평서행위(Expositives)	단언화행(Assertives)
권한행사행위(Exercitives)	지시화행(Directives)
언약행위(Commissives)	언약화행(Commissives)
행태행위(Behabitives)	정표화행(Expressives)
판정행위(Verdictives)	선언화행(Declarations)

[표 1] Austin(1962)과 Searle(1976/1979)의 화행 분류

Leech(1983) 등에서 시도되었다.[20] 이들 연구는 화행을 분류한 기준이나 유형의 개수에 차이가 있기는 하나 Austin과 Searle의 화행 분류 결과를 수정하고 보완한 것으로 보인다. 그러나 이 중 Leech(1983)에서는 발화를 공손의 원리(politeness principle)와 관련하여 발화수반 목적이 사회적 목적과 경쟁하는지 부합하는지 무관한지 상충적인지에 따라 네 가지로 화행을 구분하였다는 점에서 구분이 된다. 그러나 그의 분류에 따르면 선언화행에 해당하는 부류를 화행의 유형에서 제외하게 된다는 문제점이 있다.[21]

이상 기본 화행 분류에 관한 선행 연구는 각 화행의 대표적인 성격을 제시해 주었다는 점에서 충분히 의의가 있다. 다만 연구자마다 분류 기준이 다르고 분류 결과에 차이가 있다는 것은 화행 분류의 복잡함과 어려움을 말해주는 것이기도 하지만 연구 방식에 허점이 있다는 것을 뜻하기도 한다. 이들 연구는 연역적 방식으로 행해지다보니 화행이 수행될 때의 실제 발화 상황 맥락이나 화자와 청자에 대한 조건은 충분히 고려되지 못하였는데, 화행이 의사소통을 구성하는 단위라는 점을 상기한다면 이러한 접근 방식에는 다소 문제가 있다. 특히 실제 대화에서 나타나는 화행의 유형을 구분할 때, 이 도구들은 범주의 추상성, 유형의 중복, 청자의 반응을 고려하지 않은 화행 분류 등의 문제로 여러 가지 한계에 부딪힐 수 있다. 그러므로 화행 유형의 분류는 발화 상황에서의 맥락을 얼마나 체계적으로 제시할 수 있는지, 화행 유형 간의 차이점을 명확하

---

20) 이들의 분류에 대한 내용은 백용학(1993 : 31-64)과 장석진(1987 : 177-189), 김태자(1989 : 37-43)에 자세히 소개되어 있다.

21) Leech(1983)은 화행은 COMPETITIVE(경쟁적 화행), CONVIVIAL(사교적 화행), COLLA-BORATIVE(협동적 화행), CONFLICTIVE(갈등적 화행)으로 구분하였다. 그의 분류에 의하면 정표화행은 대표적으로 'CONVIVIAL'에 속하기도 하고 CONFLICTIVE에 속하기도 한다.

게 제시할 수 있는지에 초점을 두어 연구되어야 할 것이다.

이러한 문제의식 하에, 독일어권 학자들을 중심으로 Searle이 제시한 다섯 가지 기본 화행 범주 중 선언화행을 제외한 네 가지 화행에 대한 하위분류가 시도되었다.22) 이들은 Searle(1979)에서 제시한 분류 조건으로는 다양한 화행 유형을 분류할 수 없다는 점을 인식하고 개별 화행의 특성을 반영한 구체적인 분류 기준과 적정 조건들을 제시하였다.

가장 먼저 지시화행 중 요구화행의 하위 유형이 Hindelang(1978)에서 분류되었는데, Hindelang은 지시화행을 하위분류하기 위한 1차적 기준으로 화자가 요구한 행위를 청자가 수행할지에 대한 구속성 여부에 두고 '구속적 요구'와 '비구속적 요구'로 나누었다. 그리고 구속적 요구는 다시 제재 수단이 정당한지 부당한지에 따라 분류하고, 비구속적 요구는 요구가 실현될 경우 화자와 청자의 이해관계, 누가 그 문제의 해결을 원하는지 등의 기준에 의하여 재분류하였다.

이와 같은 방식으로 단언화행, 언약화행, 정표화행에 대한 하위분류가 Rolf(1983), Graffe(1990), Norrick(1978), Marten-Cleef(1991)에서 시도되었다.

Rolf(1983)는 단언화행을 1차 분류 기준인 '선행하는 화행의 존재 유무'에 따라 시작 화행(präsentativ), 반응 화행(reaktive), 재반응 화행(reinitiative)으로 분류하였다. 언약화행을 분류한 Graffe(1990)에서도 Rolf(1983)와 마찬가지로 선행하는 화행의 존재 유무를 고려하였고, 언약 화행의 특성인 기대

---

22) 독일어로 쓰인 개별 화행 유형에 대한 연구사는 박용익(2002 : 85-103), 김지환(2002 : 8-29), 강창우(2004 : 196-197)에서의 내용과 2007년 2학기 서울대학교 독어독문과 대학원 강의인 '독어학 연습 : 언어행위 이론'에서 사용한 발제문을 참고하여 기술하였다. 그리고 개별 화행 중 요구화행을 연구한 Hindelang(1978)의 한국어 번역본은 김갑년 역 (1999 : 93-142)과 김종영(1998)에 자세히 소개되어 있다. 김갑년 역(1999 : 93-142)은 Hindelang의 박사논문 중 일부의 장을 번역해 놓은 것이며, 김종영(1998)은 Hindelang의 요구화행 분류에 대하여 번역하고 설명해 놓았으므로 자세한 내용을 참고할 수 있다.

와 의무를 지는 다양한 방법들에 따라 화·청자의 이해 관계, 화자에 대한 신뢰성 등을 분류 기준으로 사용하였다. 정표화행은 Norrick(1978)에서 사실적 조건(factive condition), 가치 판단 조건(value judgement), 역할 부여 조건(role identification condition)에 따라 각 정표화행의 하위 목록들의 특성이 기술되었고, Marten-Cleef(1991)는 사태에 대한 화자의 선호도에 따라 1차 분류를 한 후, 감정에 대한 화·청자의 공감 여부에 따라 재분류하였다. 그 밖에 Searle이 제시하였던 기본 화행 범주보다 더 작은 단위에 대한 화행의 하위분류도 논의되었다. Searle의 분류에서는 요구화행에 포함되어 있는 질문화행의 유형 분류가 Hindelang(1981)에서 논의되었고, Searle의 분류에서는 단언화행이나 정표화행 속에 포함되어 있던 평가화행(BEWERTEN)에 대한 하위분류가 Zillig(1982)에서 논의되었다.23)

화행의 유형을 분류한 논의들 중 본 연구에 시사점을 주는 연구들은 다음과 같다. 우선 Hindelang(1978)에서는 지시화행의 표현 방식을 체계적으로 제시하며, 행위의 수많은 표현 방식을 체계적으로 제시할 수 있다는 가능성을 보여주었다. 또한 화행의 유형과 표현이 매우 밀접한 관계에 있다는 점을 보여주었다는 점에서 의의를 둘 수 있다. 둘째, Rolf(1983)와 Graffe(1990)에서는 화행 연구의 범위를 시작 화행에만 국한하지 않고 '대화이동 연속체상에서 나타나는 순서'를 하위분류 기준으로 고려하였다. 이로써 화행 연구의 범위를 대화로 확장할 수 있었다는 점에서 의의가 있다.

한편 국내에서 외국의 화행 이론을 수용하여 행해진 화행 분류에 관

---

23) 이들 연구에서는 각 개별 화행 유형의 특성을 잘 드러낼 수 있는 1차 분류 기준을 다음과 같이 설정하였다. Hindelang(1981)은 질문화행의 하위분류에서 1차적으로 '문제 중심 질문행위'인지 '대화상대 중심 질문행위'인지를 분류 기준으로 삼았다. Zillig(1982)는 평가화행의 하위분류에서 보고 상황에서 '어떤 사람이 말한 것에 대해 제3자가 이것을 어떻게 평가하였는지'를 분류 기준으로 삼았다.

한 연구에는 박영수(1981)를 시초로 천기석(1984), 장석진(1987), 권영철(1988) 등이 있다.

박영수(1981)에서는 Fraser(1974)와 Bach & Harnish(1979)의 1차 분류 기준[24]을 한국어에 적용하여 수행동사(performative verb)를 의식적 수행동사와 통속적 수행 동사로 분류하고, 각각에 대하여 수행동사를 제시하였다. 의식적 수행동사의 유형으로 법행위동사(동의하다, 선언하다 등), 종교행위동사(사면하다 등)를, 통속적 수행동사의 유형으로 단정동사(인정하다, 주장하다 등), 평가동사(판결하다, 판단하다 등)를 분류하였는데, 여기서 '종교행위/사무행위'는 언어 행위를 명명하는 메타언어로써는 부적절하다.

천기석(1984)은 화행 동사류의 의미자질을 구분하고자 하였고, 한국어 화행 동사들의 의미 자질을 39가지로 제시하였다.[25] 그런데 제시한 의미자질 자체가 너무 많아서 한국어 화행 동사의 의미자질의 특성을 뚜렷하게 파악할 수 없고, 제시한 화행 동사들 중에는 서로 중복되거나 구분이 모호한 동사들이 있다는 점, 그리고 기술한 내용에 대한 실례를 제시하지 않아서 다분히 추상적인 논의에 그쳤다는 것이 이 연구의 한계로 보인다.

본격적인 한국어 화행 동사 분류에 대한 논의는 장석진(1987)에서부터이다. 이 연구에서는 400여 개의 한국어 화행 동사 목록을 수집하고, 이것을 토대로 한국어의 화행 유형을 '평서화행, 언약화행, 전달화행, 정표

---

24) Fraser(1974)와 Bach & Harnish(1979)는 화행 분류의 개수나 용어 사용에서 차이는 있으나 1차 분류 기준으로 일상적·의사소통적인 동사와 의례적·관습적으로 사용되는 동사를 구분했다는 점에서 유사한 연구이다.

25) 천기석(1984)에서 제시한 한국어 화행 동사의 의미자질은 다음과 같다. '물음과 대답, 칭찬과 부인, 의논과 결정, 간함과 희롱, 알림과 들음, 호소와 탄식, 설명과 요구, 논박과 발언, 비평과 밝힘, 지껄임과 일컬음, 핀잔과 대접, 원망과 맹세, 부름과 조름, 욺과 강송' 등을 들었다. 그리고 '물음과 대답'에 속하는 화행 동사로 '파묻다, 하순하다, 구두심리하다..' 등이 있다는 식으로 각각의 유형에 대하여 화행 동사를 제시하였다.

화행, 지시화행, 질문화행, 행사화행'의 일곱 가지로 구분하였다. 화행의 분류 기준으로 통사적 측면과 의미적 측면 두 가지를 제시하였으나 결과적으로 의미 기준보다는 형태 · 통사 중심으로 접근한 연구이다. 이 논의에서 사용한 통사적 분류 기준은 발화시(utterance time)와 명제의 사건시(event time)이며, 의미적 분류 기준으로는 Searle(1969)의 적절성 조건(felicity conditions)을 고려하여 화 · 청자의 심리적 태도, 화 · 청자의 참여, 화 · 청자 간의 친족적 · 사회적 위계를 적용하였다.

장석진(1987)은 한국어의 화행 수행 형식이 구문론적으로 다양하게 실현되는 것을 보여주고, 이를 체계적으로 정리할 수 있다는 가능성을 보여주었다는 점에서 의의가 있다.26) 또한 장석진(1987 : 311)에서 "한국어의 화행 표현은 화행적 한자어가 기본이 되어 복합어를 형성하고 '하다'가 첨가돼서 화행 동사를 다양하게 형성하지만 부사적 어구로 화행 동사가 수식되고, '하다' 외에 '주다, 드리다, 맡기다, 매기다, 내리다' 등의 동사가 화행 명사를 보어로 취해서 화행 표현을 풍부하게 한다."라고 언급하였는데, 이는 한국어의 경우 화행 동사 외에도 화행 표현들이 다양한 방식으로 실현된다는 점을 지적한 것이라 하겠다. 그러나 이 논의는 하나의 화행 범주 안에 이질적인 동사들이 많이 섞여 있으며 화행 동사에 대한 분류이지 발화수반 행위에 대한 분류가 아니라는 점, 그리고 제시한 400여 개의 화행 동사를 모두 화행 동사로 볼 수 있는지 등의 문제를 제기할 수 있다.27)

---

26) 장석진(1987)에서는 화행 분류 시 화행 표현의 형성 방법이 고려되어야 한다는 점을 강조하며 한국어의 화행 동사는 고유어계와 한어(漢語)계로 나뉘어 형성된다는 점을 구체적으로 언급하였다.

27) 일례로 장석진(1987)에서 평서화행으로 분류한 '비꼬다, 비웃다, 비난하다, 야유하다, 우롱하다, 자찬하다(자화자찬), 절규하다, 조롱하다, 조소하다, 희롱하다'는 평서화행으로 보기 어렵다. 이들은 평서화행보다 화자의 심리를 표현하는 정표화행에 포함되는 것이

이후 국내에서 이루어진 화행 분류 연구는 간접화행을 논하면서 언급 되거나(이준희 2000, 2005) 전통적인 화행 이론을 보완·수정하면서 의사 소통의 측면에서 화행을 분류하거나(조국현 1999, 김미령 2006), 대화 등의 확대화행론 관점(서상규·구현정 2005)에서 논의되었다.

이준희(2000)는 국어의 간접화행에 관한 연구인데, 발화수반 행위[28]를 문법적 표지 형식으로 나타나는 문법적 화행과 맥락적 해석에 따른 해석적 화행 층위를 사용하여 화행을 분류하였다. 이 논의에서는 문법적 화행은 우리말의 문법 표지에 따라 '진술, 명령, 청유, 질문' 화행으로 구분하고 각각은 다시 세부적인 맥락에 따라 분류한다.[29] 그런데 이 논의에 의하면 문법 표지로 고정되어 있지 않은 화행 부류들을 분류하기가 어렵다는 문제가 있다.[30] 또한 화행이란 화자의 의도가 담겨 있는 발화 이므로 화행 분류에서 중요한 기준은 문법적 형태가 아니라 화자의 발화수반 목적(illocutionary point)이 되어야 한다는 점에서 분류 기준의 우선순위에 문제를 제기할 수 있다.

이준희(2005)는 간접화행의 구조와 기능을 살핀 논문인데, Bach & Harnish(1979)의 화행 분류 기준을 토대로 하여 선언화행을 제외한 Searle 의 네 가지 화행 유형을 '주관적 화행'과 '객관적 화행'이라는 기준으로

타당하다. 또한 '전달화행' 범주에 속해 있는 '떠들다, 소곤거리다, 소리지르다, 앙알거리다, 중얼거리다, 속삭이다, 지껄이다, 쫑알거리다, 헛소리하다' 등을 화행 동사로 보아야 하는지도 의문인데, 이들은 단순히 화자의 전달 태도에 있어서 차이를 보여주는 술어이지 화자의 발화 의도가 들어 있는 화행 동사로 보기는 어렵다.

28) 이준희(2000, 2005)에서는 발화수반 행위 대신에 '언표내적 행위'라는 용어를 사용하였다.

29) 예를 들어 문법 표지 '(는/ㄴ)다, (는/ㄴ)구나, 지, 요╲'에 의해 문법적 층위에서 '진술화행'이 범주화되고, 다시 해석적 화행 층위에서 '가정화행, 강조화행, 경고화행, 기술화행, 단언화행, 동의화행, 묵살화행, 반대화행, 보고화행, 비난화행, 약속화행' 등으로 분류하였다(이준희, 2000 : 40).

30) 이준희(2000)에서 정표화행 범주에 해당하는 '축하, 감사, 용서' 등의 화행은 문법적 화행과 해석적 화행 그 어디에도 포함되어 있지 않다.

재분류하였다. 그리고 화자와 청자 중 누구의 판단이 화행을 수행할 때 중요한가에 따라 주관적 화행은 '화자 중심 화행'과 '청자 중심 화행'으로 나누고, 객관적 화행은 화자의 책임 정도가 도덕적인가 물리적인가에 따라 '도덕적 제약'과 '물리적 제약'으로 재분류하였다. 그런데 이 분류 기준에 의하면 하나의 화행이 여러 기준에 걸쳐 있게 되는 경우가 생기는데, 이러한 이유로 화행 분류 기준의 타당성이 의심이 된다. 예컨대 거부 행위는 화자 중심적 주관적 화행이면서 도덕적 제약이 있는 객관적 화행이기도 하고 물리적 제약이 있는 객관적 화행으로 분류되기도 하는 것이다.

조국현(1999)은 Searle(1979)의 화행 분류 기준을 비판적으로 고찰하여 그의 화행 분류에 전제된 의사소통행위의 개념을 재해석하고 다섯 가지 화행 유형의 의사소통적 특성을 명시적으로 드러낸 연구이다. 이 연구는 Searle의 논의에서 제외되었던 청자에 대한 특성을 보충하여 제시하였으며 화행 부류의 특성을 의사소통적 측면에서 기술하려고 시도하였다는 점에 의의가 있다.

김미령(2006)은 의사소통 속의 대응 발화 유형과 화행 조건을 제시하였다. 이 논문에서는 대응발화와 대가 되는 개념으로 자극발화 개념을 제시하고, 자극 발화의 유형을 크게 '전달목적 화행'과 '반응요구목적 화행'으로 구분하였다. 이 연구는 Searle의 기본 화행으로부터 출발한 기존의 논의와는 달리 행위의 기본 원리인 자극과 반응을 중심으로 화행 분류를 시도해 보았다는 점에서 의의가 있다. 그러나 분류 결과를 보았을 때, Searle의 분류에서 청자의 반응을 요구하는 지시화행 부류는 '반응요구목적 화행'으로 분류되었고, 그 외에 청자에게 직접적으로 행동을 유발시키지 않는 화행은 모두 '전달목적 화행'으로 분류되었는데, 과연 이러한 분류가 Searle의 화행 분류보다 화행의 전체 특성을 명료하게 보

여줄 수 있는가에 대해서는 의문이 제기된다. 또한 제시된 화행의 유형
들이 완벽하게 제시된 것인지, 일부분을 보여준 것이라면 이들만을 선정
한 이유가 무엇인지에 대한 설명도 필요하다.

서상규·구현정(2005 : 159-306)에서는 DAMSK[31]의 체계에 따라 대화
행위를 전망적 기능과 회고적 기능으로 구분하고, 전망적 기능은 단언행
위·지시행위·언약행위·정표행위·선언행위·호출행위로, 회고적 기능
은 동의행위·이해행위·답변행위·반응행위로 구분하여 이 체계를 바
탕으로 받는 말로서 회고적 기능의 행위들을 다루었다. 반응 화행의 유
형에 관심을 가졌다는 점에서 연구의 의의를 둘 수 있으나 이에 대한 상
세한 논의가 이루어지지는 않았다.

다음으로 국내에서 논의된 화행의 하위분류 연구에 대하여 살펴보기로
한다. 화행의 분류 연구는 기본 화행 유형 분류와 마찬가지로 그 수가 많
지 않다. 질문화행(이창덕, 1992), 단언화행의 하위 부류 중 '이유말하기'(강
창우, 2002), 지시화행(김지환, 2002 ; 장경희, 2005), 반응요구 발화에 대한 후
행 발화의 화행(김미령, 2008), 거절 화행(윤선정, 2009)의 유형이 논의되었다.

이창덕(1992)은 질문행위의 언어적 수행 형식과 기능에 대해 논하면서
순수 질문행위에 대하여 질문의 초점(응답 선택의 폭)과 응답 내용의 특성,
질문의 상대 설정, 질문 사용 형식 네 가지 기준에 따라 유형을 분류하
였다. 그러나 제시한 분류 기준 간의 위계가 고려되지 않아서 분류하고
자 하는 질문 화행의 체계를 전체적으로 조망하기 어렵고, 하위분류 기

---

31) DAMSK 체계란 '구어 담화 주석 방식(Dialogue Act Markup in Several Layers)'을 말한
다. "1996년 펜실배니아 대학에서 미국과 유럽, 일본의 연구자들이 구어 주석 체계를 표
준화하기 위하여 Discourse Research Initiative(DRI)를 발족했는데, (…중략…) 이 가운데
일반적인 수준 높은 담화행위의 틀을 개발하는 것을 목표로 하는 Multiparty Discourse
Group에 의해 개발된 구어 담화 주석 방식(Dialogue Act Markup in Several Layers)을 말
한다(서상규·구현정, 2005 : 162).

준으로 제시한 '질문의 사용 언어 형식'은 질문행위의 유형을 분류하는
기준이라기보다 분류된 유형의 특성을 기술할 때 사용되어야 할 것으로
보인다. 강창우(2002)는 '이유말하기'의 하위분류에서 대상의 유형이 '주
관적 영역'인지 '객관적 영역'인지를 1차 분류 기준으로 삼았고, 작은 단
위의 화행에서 하위분류를 하는 과정을 보여주었다. 김지환(2002)은 요구
화행의 하위분류에서 Hindelang(1978)에서 고려하지 않았던 '대화이동
연속체상에서 나타나는 순서'를 하위분류 기준에 고려하였으며, 기준 적
용 순서를 체계적으로 적용하였다는 점에서 Hindelang의 논의를 수정·
보완한 논의로 볼 수 있다. 장경희(2005)는 한국어를 대상으로 하여 지시
화행에 대한 유형 분류를 하고 유형별 수행 방법과 지시 강도를 살펴본
연구이다. 지시 화행의 수행 형식을 토대로 '의도 결정의 관점'에 따라
'화자 관점', '청자 관점', '관점 중립'의 지시화행으로 유형화하였다. 그
러나 이 논문에서 세 가지 유형에 해당하는 한국어 지시 화행의 하위 목
록이 구체적으로 제시되거나 유형 간 차이점은 언급되지는 않았다. 김미
령(2008)은 언어적 반응 요구가 있을 때, 그에 대한 후행 발화의 화행 유
형을 분류하였다. 후행 발화 유형 설정의 기준은 언어적으로 반응을 하
는가, 요구받은 내용에 관한 반응 여부, 요구 받은 내용에 관한 태도에
따라 '수용/거부, 긍정/부정, 제보, 유보, 반문, 묵살, 무응답' 화행으로
구분하였다. 그런데 이 논의에서 선행발화로 제시한 것은 지시화행과 질
문화행이므로 후행발화의 유형은 지시화행과 질문화행에 대한 반응 화
행의 유형을 분류하였다고 보는 것이 더 정확하겠다. 윤선정(2009)은 거
절화행을 요구화행의 반응 화행으로 나타나는 순서의존적인 화행으로
보고 하위분류한 연구인데, 독일어를 자료로 하여 선행하는 요구화행의
유형에 따라 거절화행을 분류하였다.

　이상의 선행 연구 검토를 통해 볼 때, 국내의 화행 분류 연구가 활발

하게 진행되었다고 보기는 어렵다. 장석진(1987) 이후 한국어에 존재하는 화행 목록의 전체적 체계나 특징에 대한 구체적인 연구는 찾아보기 어려우며, 화행의 유형 분류에 대한 연구도 몇몇의 학자들에 의해 진행되었을 뿐이다. 기본 화행의 범주는 언어 보편적일 수 있으나 화행의 유형은 언어마다 문화가 다르므로 언어 개별적 성격을 가질 소지가 있다. 따라서 한국어의 개별 언어적 특성을 밝히기 위하여 화행 표현의 목록을 수집하고 이 목록을 토대로 화행 분류 기준을 찾고 적정 조건을 밝히는 연구가 진행되어야 한국어 화행이 가지는 언어 개별적인 특성들을 밝혀낼 수 있을 것이다.[32] 그러나 이에 대한 연구가 미진한 바, 이 글은 기본 화행 중 하나인 정표화행을 대상으로 국어 정표화행의 행위적 특성을 찾아보고자 한다.

2) 한국어 정표화행에 관한 연구

한국어 화행 분류에 관한 연구가 체계화되어 있지 않은 것에 비해 개별 화행의 표현이나 수행 전략에 대한 연구는 최근 비교적 활발하게 진행되었다. 이러한 개별 화행 연구의 대부분은 대조언어학적 관점이나 중간언어 연구에 치중되어 있으며, 정표화행 역시 국내의 이러한 화행 연구의 흐름을 따르고 있다.

우선 1990년대 외국어 교육 분야에서 한국어와 외국어의 화행을 대조

---

32) 영어의 경우 Wierzbicka(1987)에서 방대한 양의 영어 화행 동사들의 목록이 정리된 바 있다. 한국어의 경우 화행 동사보다도 구로 이루어져 있는 화행 표현들이 더 많고, 명시적 표현인 화행 동사에 해당하는 예보다 발화 표현이 더 발달되어 있다는 점에서 영어보다 좀 복잡한 양상을 보인다(이는 장석진(1987), 김미령(2006)에서 지적된 바 있다). 화행 동사 목록 수집의 의의 및 필요성에 대해서는 Wierzbicka(1987 : 1-17)를 참고할 수 있다.

분석한 논의들이 활발하게 이루어졌다. "불평"(노호순, 1990), "사과"(박선호, 1993 ; 엄기찬, 1994 ; 김경석, 1996), "칭찬"(김현정, 1996 ; 백경숙, 1998 ; 오예원, 2001), "칭찬"과 "칭찬에 대한 반응"(김경석, 1993 ; 엄기찬, 1994 ; 정다운, 2002³³)) 화행이 다루어졌고, 주로 영·한 대조 연구가 주를 이루었다. 이들의 연구는 대체적으로 각 화행에 나타난 언어적 형식과 기능의 차이를 비교 분석하고, 더불어 각 행위를 수행할 때 전략의 차이를 보여 두 나라의 언어 사회에서 적절하게 사용되는 화행의 형태를 논의한 것이다.

외국어로서의 한국어 교육 분야에서는 정표화행의 유형 중 "감사"(송영미·미즈시마 히로코, 2002 ; 한후영, 2005), "사과"(김윤미, 1999 ; 김인규, 2002 ; 홍선수, 2003 ; 이혜전, 2008), "불평"(미즈시마 히로코, 2003), "칭찬"(김현정, 1996 ; 김영주, 2002 ; 송영미, 2002 ; 김은정, 2008), "위로"(장성환, 2005 ; 김선지, 2007), "후회"(강현화, 2008) 화행 등이 연구되었다.³⁴⁾ 한편 화행의 범위를 대화이동 연속체로 확장하여 특정 화행의 응답 화행에 초점을 맞춘 연구들도 진행되었다. "감사응답"에 대한 연구(김정연, 1995 ; 박은영, 2000), "불평"에 대한 응답 화행(조정민, 2004 ; 최명선, 2007), "칭찬"에 대한 반응 화행(김명지, 2005 ; 이하나, 2005 ; 전지원, 2005 ; 최이슬, 2010)이 연구되었다.

---

33) 대조언어학적 연구가 대부분 영·한 대조분석인데 반해 정다운(2002)은 한국어와 중국어의 칭찬과 반응 화행을 대조분석하였다.
34) 이 글의 주제인 정표화행과 관련이 있는 감정 표현과 관련해서, 통사론적 관점에서 감정 표현 구문에 관한 연구(김기홍, 1979 ; 김홍수, 1989 ; 유현경, 1997), 감정을 나타내는 용언의 어휘, 의미적 관점에서의 연구(성숙자, 1984 ; 김선희, 1990 ; 남길임, 1998 ; 임은하, 1988 ; 이원경, 2006 ; 김은영, 2005 ; 최석재, 2008), 비유나 관용 표현을 중심으로 한 연구(장세경·장경희, 1994 ; 용은미, 2000 ; 김향숙, 2003), 인지적 관점에서 접근한 연구들(나익주, 2000 ; 박경선, 2000 ; 임지룡, 1999, 2006 ; 전현정, 2003)이 있다. 이와 같은 감정 표현과 관련하여 국어를 대상으로 이루어진 일련의 연구들은 어휘, 의미론적 관점의 연구이거나 감정 표현이 어떠한 은유적 기제를 사용하여 생성되었는가에 초점을 맞춘 것이었다. 이러한 어휘, 의미론적 연구에서는 화행의 준비 조건 및 발화수반 목표의 완수 방식 등 화행이 수행되는 방식에 대해서는 언급되지 않았으므로 실제 의사소통 상황에서 감정 표현의 기능에 대한 연구는 아직까지 이루어진 바가 없다고 본다.

각 화행의 반응 화행에 관한 연구들은 기존의 연구들이 화자 중심적이었다는 문제를 지적하며 화행을 논할 때에는 화자와 청자를 모두 고려해야 한다는 문제의식을 가지고 출발하였다.

정표화행 논의에서 큰 부분을 차지하고 있는 이들 연구는 개별 화행 수행 시, 의미론적 내용으로 보이는 것을 '전략'으로 명명하고, 이러한 의미론적 상황을 다양하게 보여주었다는 점에서 의의가 있다. 그러나 어떠한 화행을 수행할 때 주된 전략과 부차적 전략처럼 전략 간의 위계가 나타나지 않은 점, 전략의 명명어가 연구자의 주관대로 각기 다르게 쓰인다는 점, 제시한 전략의 객관성 등을 확보하기가 어렵다는 점을 연구의 한계로 지적할 수 있다.35) 이는 개별 화행이 수행될 때의 조건이 제시되지 않은 채 연구가 이루어졌고, 상황별로 파악된 내용을 나열식으로 제시했기에 생긴 문제로 보인다.

또한 대부분의 논의에서는 연구 방법으로 담화 완성형 테스트(Discourse Completion Test : 이하 DCT)를 이용하고 있는데, DCT는 비교적 짧은 시간 내에 연구자가 원하는 특정 상황에서의 화행 자료들을 얻을 수 있다는 장점이 있다. 그러나 실제 말하는 상황에서 얻는 자료와 알고 있는 것을 쓰게 함으로써 얻어낸 자료에는 분명한 차이가 있으며, 이러한 방법으로는 대화 구조 내에서 화행의 특성을 파악하기 어렵다는 단점이 있다. 또

---

35) 제시한 전략이 연구자의 주관성이 개입되어 있고 객관성을 확보하기 어렵다고 보는 이유는 다음과 같다. 첫째, 각 전략을 명명할 때의 기준이 제시되어 있지 않아서 연구자마다 같은 용어를 다른 의미로 사용하기도 한다. 예를 들어 김선지(2007)에서는 '위로하기'의 전략 중 하나를 '회피하기'로 보고 '음…'과 같은 표현이 해당한다고 하였다. 한편 감사화행의 전략을 제시한 한후영(2005)에서도 김선지(2007)와 마찬가지로 '회피하기'를 제시하며, 멋있다고 칭찬을 받았을 때 '당연하지!'와 같은 표현이 해당한다고 하였다. 이로 보아 두 연구자의 '회피하기' 전략은 서로 다른 개념으로 사용된 것을 알 수 있다. 둘째, '음…'이나 '당연하지!' 등의 표현을 "위로", "감사"의 표현으로 볼 수 있는 근거가 무엇인지 의문이 든다는 점에서 전략이 객관성을 지닌다고 보기가 어렵다.

한 우리의 언어생활을 폭넓게 반영하기에도 DCT는 한계가 있다.

마지막으로 용어 사용의 문제로, 선행 연구에서는 '화행 분류'라는 표현을 화용적 기능으로 구분되는 상위 화행과 하위 화행으로서의 구분이 아니라[36] 하나의 화행 유형이 수행되는 형식, 즉 언어적 수행 형식에 따른 분류를 할 때 사용하고 있다. 따라서 엄밀히 말하면 선행 연구들에서 기술된 'A화행의 유형 분류'라는 용어는 'A화행의 수행 형식 유형'으로 수정되어야 할 것이다.

국어학 분야에서는 정표화행의 하위 유형 중 칭찬화행(이원표, 1996 ; 김형민, 2003 ; 전정미, 2008 ; 장민주, 2009)과 감사화행(전정미, 2009), 불평화행(강현화·황미연, 2009)이 논의되었다.

이원표(1996)는 한국 대학생의 칭찬화행에 나타난 공손법에 대하여 논하였는데, "칭찬"의 방법과 "칭찬"에 대한 반응이 공손법 이론에 어떻게 적용되는지를 밝혔다. 그리고 Chen(1993)의 분석 방법을 변형시켜 한국어와 다른 언어의 "칭찬" 및 칭찬에 대한 반응 방법과 비교하였다. 이 연구 결과에 의하면 한국 대학생들의 칭찬 응답 화행 전략은 미국 학생들과 거의 같은 모습으로 나타난다고 밝혀졌다. 김형민(2003)은 한국 대학생 150명을 대상으로 한 칭찬에 대한 응대 상황에 대한 연구이다. 칭찬화행이 수행될 때의 상황과 내용, 언어적 표현을 통계적으로 조사하여, 성별에 따른 차이를 조사하였다. 이 논의에서는 한국 대학생의 주된 칭찬 대상은 친구이며, 칭찬 주제는 외모이고 "칭찬"에 대한 응답은 "감사"라는 것을 밝혔다. 전정미(2008)는 드라마와 영화 대본에서 추출한 217개의 칭찬화행을 토대로 칭찬화행의 실현 양상에 대해 살펴보았다. 이 논문에서는 칭찬화행의 실현 양상을 칭찬 주제별 남녀의 참여 정도,

---

36) 이 글에서는 발화 행위의 의사소통 목적이 다를 때, 그 화행은 서로 다른 유형으로 구분된다고 보며, 이 기준에 의한 구분을 '화행의 유형 분류'로 간주하기로 한다.

칭찬의 표현 방법으로 나누어 살펴보았다. 칭찬의 주제는 상대방의 능력에 관한 것이 가장 높은 빈도로 나타나며, 남성 화자보다 여성 화자가 칭찬화행을 더 많이 수행한다고 하였다. 칭찬의 표현 양상은 직접적인 칭찬 표현과 부가적 요소를 언급하는 방법 두 가지 중, 한국어의 경우 명시적으로 칭찬화행을 수행하는 경우보다 주변 언급을 하는 부가적인 요소가 병행하여 나타나는 경우가 더 많고, 부가적인 표현의 책략 유형에는 '알아차리기, 생각 전하기, 물어 보기, 이유 설명하기'가 있는데 이 중 '생각 전하기' 책략의 사용 빈도가 가장 높다고 조사하였다. 장민주(2009)는 사회 화용론적 관점에서 화·청자의 연령, 성별, 친밀감과 사회적 지위라는 변인에 따른 한국어의 칭찬화행 양상을 논의하였다. 이 논의는 20대부터 50대 한국인 130명을 대상으로 사회적 변인에 따른 한국어의 칭찬화행 양상의 차이를 논하였다는 데 의의가 있다.

전정미(2009)에서는 감사화행이 대화 속에서 담당하는 전략적인 기능에 대해 살펴보았다. 감사화행이 선행 발화로 나타났을 경우와 후행 발화로 나타난 경우로 구분하여, 감사화행이 대응쌍에서 차지하는 각각의 위치에 따라 대화 속에서 대화구조 형성에 관여하는 기능과 인간관계 유지에 관여하는 전략이 있다는 것을 Brown & Levinson(1987)의 '체면세우기' 전략에 따라 살펴보았다.

강현화·황미연(2009)은 불평 화행을 청자의 체면을 가장 높은 강도로 위협하는 화행으로 간주하고, 한국어에 나타나는 불평 표현의 특성을 정리하여 이를 한국어 교수에 활용할 방법을 모색한 연구이다.

이상의 논의를 검토해 보면, 정표화행 중 몇몇 유형들의 기능적, 형태적 특징이 개별적으로 논의되었고, 특히 칭찬화행의 경우는 많은 논의들이 이루어져 실현 형태의 여러 가지 전략이 밝혀졌다는 것을 확인할 수 있었다. 그러나 연구 결과가 동일성 있게 제시되지 못하여 한국어 칭찬화행만의 특성을 정립하기에는 어려움이 있다. 그리고 선행 연구에서 논의된 "감사", "사과", "불평", "칭찬", "위로", "후회" 화행은 정표화행의 일부분이므로 한국어 정표화행의 목록을 확장하여 작성하는 일이 필요하다. 그리고 작성한 전체 목록을 바탕으로 이들 각각의 행위적 특성과 수행 형식의 특징을 제시할 때, 한국어 정표화행의 전체 체계를 조망할 수 있을 것이다.

3. 정표화행 분류 연구의 범위와 방법

1) 연구 범위

이 글의 연구 범위는 언어 행위의 기본 개념에 따라 화자의 의사소통 목적이 있으며 언어적으로 실현된 정표화행에 한하여 다룬다. 행위 개념에 비추어 볼 때, 언어적 의사소통 행위란 화자가 언어적 수단을 사용하여 청자에게 의도된 변화를 불러일으키려는 것을 뜻한다. 의도가 없는 물리적 움직임을 행위라고 부를 수 없듯이[37] 정신병자의 뜻 모를 중얼거림처럼 화자의 발화 의도를 해석할 수 없는 것은 화행으로 간주할 수 없다(조국현, 2004 : 392-393 참고). 이에 따라 이 글에서는 다음과 같은 경우 화자의 심리를 표현한 경우라 하더라도 연구 범위에서 제외하도록 한다.

첫째, 본 연구의 출발점은 의사소통 목적이 있는 정표화행이므로, 물리적 자극에 의한 신체적 반응으로서의 단순 반응이나 독백의 경우 연구 범위에서 제외한다.[38]

---

37) 『표준국어대사전』에서 '행위'란 '사람이 의지를 가지고 하는 짓'으로 뜻이 풀이되어 있다.

(2) ㄱ. (뜨거운 물이 담겨 있는 욕조 안에 들어가면서) 어우 차가워!

ㄴ. (혼잣말로 중얼거리는) 어제 호프집에서 전화하면서 내가 무
슨? 아, 기억이 하나도 안 나네. (머리 긁적이면서)갑자기 저
렇게 화를 내고…… 어떻게 된 거야?

(2ㄱ)은 뜨거운 물에 들어가면서 신체적 반응과 함께 자동적으로 나온
발화이고,[39] (2ㄴ)은 방 안에서 화자가 혼잣말을 하는 것으로 모두 화자의
심리를 표현하고는 있지만 이들 모두 의사소통 목적이 있다고 볼 수 없다.
둘째, 정표화행은 비언어나 준언어적으로 충분히 수행될 수 있으나 이
글에서는 언어적으로 실현된 것으로 연구 범위를 제한한다.

(3) ㄱ. 순재 : 우리 장손 민호는……

ㄴ. 준하 : (방귀 뿡 뀌는)

ㄷ. 순재 : (순간 일그러진 표정)[40]

ㄹ. 준하 : 어, 죄송해요.

(3ㄷ)에서 화자(순재)는 일그러진 표정으로 화자의 기분이 불쾌하다는
것을 표현하고 있고 이를 본 청자(준하)는 (3ㄹ)에서 상대방의 의도를 파

---

38) Wierzbicka(1980 : 105)에서는 '감정'과 '지각', '감각'을 구분하였다. '지각'은 외부의 자
극에 의해서, '감각'은 '통증'이나 '갈증'처럼 신체의 자극을 통해서 일어나는 전달이라
고 하였다. 반면 '감정'은 사고 및 욕구의 결과로 생긴 느낌으로 인간의 의지에 의한 통
제의 범위를 벗어나지 않는다고 설명하였다(김선희, 1990 : 66 재인용).

39) 전환성 역(2000 : 64)에서 감정은 기본적으로 신체적 적응(adaptation)과 항상성(homeostasis)
유지에 관계한다고 하였다. 동물들은 환경이 바뀌었을 때 유기체를 적응시키는 체계(적응)
가 필요한데, 포유동물의 경우 위험이나 스트레스, 상해 등에 대한 기본적인 방위반응
(fight-or fight response)뿐만 아니라 호흡기능, 소화기능, 순환기능, 체온조절기능 등을 제공
하기 위한 자율신경체계와 내분비체계가 진화되어 왔다고 한다. 따라서 이 예문에서 본 신
체적 반응과 함께 터져 나온 감정적 발화 행위는 감정의 가장 기본적인 속성인 '신체적 적
응과 항상성 유지'에 관련이 되어 있다.

40) 자료에서의 밑줄은 연구자가 논의의 편의상 임의로 표시한 것이다.

악한 후 사과를 하고 있다. 이처럼 화자의 심리를 표현하는 정표화행은 얼굴 표정이나 박수 치기, 손짓, 웃음 등의 비언어적인 행위와 억양, 휴지, 강세, 목소리 크기 등의 준언어적 행위를 동원하여 다양하고 복합적으로 수행될 수 있다. 그러나 아직까지 비언어와 준언어적 요소에 대한 체계적인 연구 방법이나 관련 연구를 찾아보기 어려웠기에, 자료를 가지고 논할 때 이들에 대한 논의의 가능 범위와 연구 방법을 이 글에서 결정하기란 어려웠다. 따라서 이 연구에서는 비언어적·준언어적 행위의 역할은 제외하고 언어적으로 실현되는 감정 표현에 국한하여 논의를 진행하기로 한다.

셋째, 이 글에서는 정표화행의 유형 중 감정적 정표화행만을 연구 대상으로 다룬다.41) 정표화행은 크게 화자가 사태에 대하여 느끼는 희노애락(喜怒哀樂)의 감정을 표현하는 '감정적 정표화행'과 화자의 감정을 표현함과 동시에 옳고 그름에 대한 가치 평가를 전달하는 '평가적 정표화행'으로 구분된다. 이 중 이 글에서는 감정적 정표화행으로 연구 범위를 제한하였는데, 그 이유는 정표화행의 유형을 체계적으로 분류하여 제시하기 위해 가능한 한 정표화행을 좁은 의미로 정의하고자 하였기 때문이다. 일반적으로 사용되는 '사태에 대한 화자의 심리 표현'이라는 광의로서의 정표화행 정의는 전체 화행 체계 내에서 기본 화행을 분류할 때에는 유용할 수 있다.42) 그러나 이 글의 연구 목표인 정표화행의 분류를

---

41) 정표화행의 유형을 크게 '평가적 정표화행'과 '감정적 정표화행'으로 구분한 근거 및 자세한 내용은 2장 1절에서 기술할 것이다.

42) 광의로서 정표화행을 정의하면 단언화행, 지시화행, 언약화행, 선언화행, 질문화행에 속하지 않으면서 화자의 심리를 표현하는 유형들은 모두 정표화행 속에 포함시킬 수 있으므로, 화행들을 하나도 빠짐없이 하나의 화행 범주에 속하게 할 수 있다는 분류의 장점이 있다. 광의의 정표화행과 협의의 정표화행의 정의에 대한 내용은 2장 1절에서 논의할 것이다.

하기에는 적합하지 않은데, 하나의 범주가 여러 가지 다양한 속성을 내재하고 있으면 그만큼 체계적인 분류가 어려울 수 있기 때문이다.[43)]

넷째, 이 글은 Leech(1983)에서 화자의 의도를 의사소통 목적으로 하는 '언어적 행위'와 의례적인 '사회적 행위'를 엄격히 구분한 것에 따라 의례적인 사회적 행위는 정표화행의 연구 대상에서 제외한다.[44)] 의례적인 사회적 행위는 화자의 특별한 내재적 발화 의도 없이 사회·문화적으로 정해진 상황에서 관습적으로 표현되는 언어 행위를 말하는데 인사 표현이 대표적이다. Austin(1962) 등의 선행 연구[45)]에서는 "인사" 행위를 화자의 청자에 대한 호감이나 관심을 표현한다는 점에서 정표화행에 포함하여 논의하기도 하였다. 그러나 '안녕하세요?'나 '안녕히 계세요'라고 인사하는 것, 가게 점원이 '어서 오세요'라고 인사하는 것, 만났을 때 인사치레로 '밥 먹었어?'라고 안부 인사를 하는 것이 관심이나 예의를 표현하는 의도가 있다고 볼 수는 있으나 이 표현 속에 화자의 내재적인 발화 의도가 있다고 보기는 어렵다. 이들 인사화행은 화자의 감정을 전하려는 의도보다는 사회적 예의라는 측면 혹은 사교적 측면에서 정해 놓

---

43) 정표화행의 특수한 유형인 평가적 정표화행은 그 자체로도 다양한 유형 체계를 지니는데, Zillig(1982)에서는 이에 대해 분류하였다. Zillig(1982)는 평가화행(Bewertende Sprech-handlungen)을 보고 및 발화 상황에 따라 '부정 평가하기(NEGATIVE BEWERTEN)', '긍정 평가하기(POSITIVE BEWERTEN)', '평가에 대한 평가하기(BEWERTUNGS BEW-ERTEN)', '화행에 대하여 평가하기(SPRECHAKT BEWERTEN)' 네 가지로 구분하여 상세하게 기술하였다.

44) Palmer(2001 : 79) 역시 언어 표현 중에는 정보를 전혀 담고 있지 않은 사회적 행위의 일부분으로 기능하는 것들이 있다고 지적하였다.

45) 인사 행위는 정표화행의 유형으로 논의되기도 하였는데, Bach & Harnish(1979)에서는 'greet'를 장석진(1987)에서는 인사화행 부류를 설정하고 '인사드리다, 문안드리다' 등을 들었다. 이것은 인사 행위가 정표화행 범주를 제외한 다른 기본 화행 범주 어디에도 속하지 않는다는 점, 만나고 헤어질 때의 인사 표현의 의도가 일종의 관심을 표시하며 호감의 정서를 드러내는 표현이라고 해석하였기에 정표화행의 유형으로 볼 수 있을 듯도 하다. 그러나 "축하", "감사" 등의 다른 정표화행의 유형과 비교해 볼 때, 분명 만남과 이별의 의례적인 인사 표현들은 화자의 발화 의도의 정도에 차이가 있다.

은 규칙에 따라 습관적으로 하는 발화로 간주하고, 이 글에서는 인사 행위와 같은 사회적 행위는 연구 대상에서 제외한다.

다섯째, 정표화행은 주로 구어적 의사소통 상황에서 관찰되는 특징이 있으므로 이 글은 구어체 자료46)에서 나타난 정표화행만을 연구 대상으로 한다. 따라서 '삼가 조의를 표합니다.', '당신의 건강을 기원합니다.' 처럼 글로 실현되는 정표화행은 연구 범위에서 제외한다.

구어체 자료는 대화의 쌍이 밝혀져 있을 경우, 선행 연구에서 이미 사용되었던 예들을 사용하기도 하였고, TV·라디오 드라마 대본과 영화 대본, 예능프로그램 대본, 다큐멘터리 대본 등의 준구어적 자료에서 수집하였다. 준구어적 자료는 실제 대화와 차이가 있을 수 있으나 다양한 대화 상황과 사회적 조건에 처한 화자들의 대화를 수집할 수 있다는 이점이 있기에 채택하였다. 또한 다큐멘터리의 경우 비교적 대본에 의해 완벽하게 짜인 것이 아닌 자연스러운 발화를 얻을 수 있다는 이점이 있었다. 준구어 자료로 채택한 대본은 2004년부터 2006년, 한국방송작가 협회에서 발행하는 『한국방송작가상 수상작품집』47)에 수록된 드라마 10편 각 2회분씩과 비드라마(교양, 예능) 부문 작품 11편에서 수집하였고, 그 외에 2005년부터 2009년에 방영된 드라마 11편 각 10회분씩, 다큐멘터

---

46) '구어 자료'라고 하지 않고 '구어체 자료'라고 한 이유는 인터넷 댓글이나 채팅 언어처럼 말이 아니라 문자를 사용하여 의사소통을 하고 있으나 그 성격은 구어적인 자료까지 연구 대상에 포함하기 위해서이다. 문어와 구어의 큰 차이점으로는 대화자들 간의 연속성과 실시간성, 직접 대면을 하느냐 등의 여부를 들 수 있다. 그런데 인터넷상의 댓글이나 채팅 역시 대화자 간에 발화 연쇄를 생성하며 실시간 수준으로 의사소통이 되고 있다는 점에서 이들 역시 구어체 자료에 포함시켰다.

47) 이 상은 방송작가협회에서 매년 그해에 방영된 TV 및 라디오의 모든 프로그램 중 드라마, 교양, 예능, 라디오 부문에서 가장 훌륭하고 인기 있는 작품에 주는 상이므로 이 책에 실린 작품들은 어느 정도 대본의 우수성을 인정받았다고 볼 수 있다. 또한 이 책에는 한 작가의 작품이 두세 편 실려 있어서 여러 작가들에 의하여 쓰인 대본을 다양하게 볼 수 있다는 장점이 있다.

리 1편, 영화 5편의 대본을 참고하였다. 드라마를 선정할 때에는 가급적 다양한 사회적 배경과 연령대, 성별 등의 변수가 반영될 수 있는 작품 위주로 선정하였다. 그리고 준구어적 자료와 실제 대화와의 이질성을 고려하여 국립국어원에서 수집한 2003년 구어 말뭉치 자료와 연구자가 일상 대화에서 40분 내외의 대화 자료 두 편을 녹취하고 전사하여 준구어 자료의 한계를 보완하고자 하였다.[48] 이 글에서 자료를 인용할 때 자료의 출처는 따로 밝히지 않을 것이며, 대신 참고문헌에서 인용한 자료의 목록을 제시하기로 한다.

2) 연구 방법

정표화행의 유형을 분류하기 위한 방법에는 크게 귀납적 방법과 연역적 방법이 있다.[49] 엄격한 의미에서 귀납적 방법이란 연구자의 선험적 지식은 배제하고 오직 자료에 나타난 결과에 의존해서 연구를 진행하는 것을 말한다. 그간 한국어를 대상으로 한 개별 화행 논의들은 엄격한 의미는 아니나 대개 귀납적 방법론을 사용해 왔다. 선행 연구들은 주로 문법서나 사전, 한국어교재, 드라마 대본 등에서 특정 화행을 수집한 후 그 자료를 토대로 연구를 진행하였는데 이러한 귀납적 방식의 연구는 특정한 화행의

---

48) 연구를 하기 앞서 실제 대화에서 정표화행의 실현 양상을 살펴보려고 각각 40분, 42분의 실제 대화 2편을 녹음하여 전사를 해 보았다. 그러나 실제 잡담 대화에서 정표화행의 예를 찾는 일은 쉽지 않았다. 분석 결과 가벼운 일상 잡담 대화에서 사람들은 자신의 심리를 표현하는 정표화행보다 대개 새로운 정보를 전하기, 자신이 경험한 사건을 그대로 기술하기, 자기와 가까운 사람(예 : 남편, 자식, 친구 등)의 이야기를 인용하기 등 단언화행을 수행하는 빈도가 훨씬 높게 나타났다.

49) 이론상으로 연역적 방법론과 귀납적 방법론이 구분되나 연구자의 선험적 지식을 완전히 배재한 귀납적 방법론이란 존재하기 어렵고 반대로 실증적인 자료 없이 완벽히 연구자의 선험적 지식만으로, 즉 연역적 방법론만을 사용하여 연구가 진행되기도 어렵다.

세밀한 양상을 기술할 수 있다는 장점이 있다. 그러나 이 연구의 경우 대상이 정표화행 전체가 되므로 귀납적 방법이 그리 적절하지는 못하다. 일단 자료의 범위를 어느 정도 확보해야 하는지가 불분명하고 모든 자료를 모으기란 현실적으로 어렵기 때문이다. 게다가 아직 정표화행의 전체 목록이 결정되지 않은 상태에서는 자료를 보더라도 화행의 유형을 구분하기가 쉽지 않다는 단점이 있다. 행위의 유형을 구분하기 위한 조건이 결정되기 전에는 자료를 보더라도 어느 것이 어떠한 화행인지 연구자의 직관에 의해서만 결정이 될 뿐 구분할 정확한 기준이 없기 때문이다.

반면 엄격한 의미에서 연역적 방법은 연구자의 언어 직관이나 의사소통 능력을 바탕으로 하여 분석 대상에 대한 원형적 체계를 정립한 후 그 개념을 토대로 대상을 연구하는 방법이다. 연역적 방법으로 정표화행의 유형을 연구하면 각 유형의 특징을 세밀하게 관찰하지는 못하지만 정표화행 전체 체계를 체계적으로 파악할 수 있다는 장점이 있다.

이 글에서는 연구 목적의 특성을 고려하여 정표화행의 유형을 분류함에 있어서 연역적 방법론에 기초하나 실증적인 귀납적 방법을 절충한 연구 방법을 택하였다. 연역적 방법론을 기초로 하는 것은 우선 정표화행의 유형을 분류하기 위해 연구자의 선험 지식을 바탕으로 기준을 제시하고자 함이다. 이것은 이 글이 정표화행 각각의 특징에 관심을 두기보다는 정표화행이라는 하나의 범주 내에서 유형들이 어떠한 위치를 차지하며 서로 어떻게 관련이 있는지에 관심을 두기 때문이다. 예컨대 이 글에서는 감사행위와 위로행위 각각의 특징이 아니라 이들은 어떠한 점에서 정표화행의 공통적 속성을 가지고 있고 무엇에서 차이가 나는지 등을 논의한다. 한편 이 글은 실증적인 귀납적 방법을 절충하여 논의를 진행할 것이다. 즉, 정표화행의 개념 정의를 내릴 때에는 실제 언어 사용을 참조할 것이며 하위 유형을 구분할 때에도 분류 기준이나 적정 조건 등 연구자가 세워 놓은 규칙들을 실제 자료를 통해 확인하고 각 행위의 상황 맥락 내에서 재구성해 볼 것이다.

또한 이 글은 화행 분류를 위해 대화이동 연속체(move sequence)[50]를 고려하여 자료를 분석하고자 한다. 즉, 정표화행을 분류하기 위한 자료로 독립된 발화만을 수집하는 것이 아니라 의사소통 내에서 하나의 발화가 어떠한 다른 발화와 연결되어 사용되는지에 관심을 가지겠다는 것이다. 그 이유는 다음과 같다. 화행을 분류한다는 것은 대화에서 화자의 의도가 무엇인지 파악하는 것과 밀접한 관련이 있다. 그런데 화자의 의도 파악은 일방적인 하나의 발화만으로는 파악이 불가능하며 대화이동 연속체에서 주는 말과 받는 말 모두를 고려했을 때 파악이 가능하다. 화

---

50) 이 글에서 사용하는 '대화이동(move)'의 개념은 의사소통 목적을 실현하는 최소의 기능 단위를 뜻하는 것으로 대화 참여자들의 순서 교대로 인한 형태적 단위를 뜻하는 대화순서(turn)와는 구분되는 개념이다. 또한 대화이동 개념은 화행 개념과도 구분된다. 이러한 개념들을 구분하는 이유는 실제 대화가 단순히 하나의 기능과 하나의 순서교대, 하나의 화행으로 단순하게 구성되지 않는 경우가 있기 때문이다. 다음의 예를 보자.

(1) ㄱ. 화자1 : 저기, 송희야.
　　ㄴ. 화자2 : 응, 왜?
　　ㄷ. 화자1 : 1) 내가 버스 노선을 잘 몰라서 그러는데, 2) 인사동 가려면 몇 번 타면 되니?
　　ㄹ. 화자2 : 1) 응 너네 집에선 마을버스 타고 창문여고 앞에서 내려서 103번 타면 한 번에 가. 2) 근데 거긴 무슨 일로 가?

위의 대화는 버스 노선을 묻는 대화로, 화자1과 화자2의 대화순서(turn)는 형태적으로 4번 교체가 되었다. 그러나 버스 노선을 묻기 위해 사용된 대화이동(move)은 화자1의 질문(1ㄷ)과 화자2의 대답(1ㄹ-1)이며, (1ㄹ-2)에서 화자2는 질문을 함으로써 또 다른 대화를 시작하는 것으로 분석이 된다. 위의 예에서 화자1의 대화이동 '질문(1ㄷ)'은 여러 개의 화행으로 구성이 된다. 화자1은 '인사동 가려면 몇 번 타면 되니?'라고 단순히 질문을 할 수도 있었으나 이 질문을 수행하기 위해 '저기, 송희야(1ㄱ)'로 상대방을 호출하고, '내가 버스 노선을 잘 몰라서 그러는데(1ㄷ-1).'라고 자신의 상황을 설명한다. 이러한 두 개의 화행은 '(1ㄷ-2)질문' 화행을 효과적으로 수행하기 위한 보조화행으로 기능하고 있는 것이다. 또한 일상 대화에서는 (1ㄹ)에서 보듯이 한 번의 대화순서(turn)에 두 개의 대화이동이 포함될 수도 있으므로 대화이동과 대화순서, 화행 개념의 구분은 실제 대화를 기능적으로 분석할 때 유용하다.

행의 범주를 구분할 때 전통적인 화행론 논의51)나 이전의 논의에서는 대화이동 연속체를 고려하지 않고 개별 문장이나 시작 화행에서 수행되는 발화 형태를 대상으로 화행 범주를 구별해 왔다. 그러나 화행이 대화를 구성하는 기본 단위 혹은 구성 요소라는 점을 고려한다면 대화이동 연속체를 고려하지 않고 화행의 성격을 논의하는 것은 부적절하다. 화행 단위와 대화는 서로 상보적인 관계이므로 이 둘은 필연적으로 함께 연구되어야 할 대상이기 때문이다.

다음으로 개별 화행들의 행위적 특성을 조건화하기 위한 방법론으로는 Searle(1969)에서 제시한 화행의 구성적 규칙(constitutive rules)을 구체화하여 사용할 것이다. Searle(1969 : 57-61)은 약속 화행을 예로 들어 화행이 성공적으로 수행되기 위한 조건 9가지를 제시하였는데, 이 중 모든 유형의 화행에 공통적으로 적용되는 조건들을 제외하면 '명제내용 조건', '예비 조건', '성실 조건', '본질 조건'이 개별 화행의 성공적인 수행을 위한 조건으로 남는다. 그 각각의 개념은 다음과 같다.

(4) Searle(1969)의 적정 조건
ㄱ. 명제내용 조건(propositional content condition)
화행의 명제적 내용은 그 화행의 명제적 내용으로 적당한 것이어야 한다. 예컨대 "약속"의 명제내용 조건은 발화에서 화자는 P라는 명제를 표현하며, 화자가 수행할 미래의 행동이 된다.52)

---

51) Austin과 Searle의 전통적인 화행론은 화자 중심적이기에 실제 대화 층위에서 화행을 구별하는 데에는 어려움이 있다. 전통적인 화행론이 화자 중심적이라는 것은 (4)에서 기술한 Searle(1969)의 적정조건만 보아도 쉽게 알 수 있다.

52) Searle(1969 : 57)에서 약속 화행의 명제내용 조건은 다음과 같이 두 개의 항목에서 설명되었다.
2. S express the proposition that p in the utterance of T.
3. In expressing that p, S predicates a future act A of S.

ㄴ. 예비 조건(preparatory conditions)

화행을 수행하기 위하여 전제되어 있어야 할 상황적 조건들을 말한다. 화행이 의미 없거나 목적 없이 발화되지 않기 위해 함의되어 있는 조건을 말한다. 예컨대 "약속"의 예비 조건은 청자는 화자가 약속 화행을 수행하는 것을 원하며, 화자는 청자가 자신이 행위를 수행하는 것을 수행하지 않는 것보다 더 선호할 것이라고 믿는 것이다. 또한 화자가 약속 화행을 수행하지 않아도 청자에게 당연한 것으로 생각된다면 이것은 약속이 될 수 없다.[53]

ㄷ. 성실 조건(sincerity condition)

어떠한 행위가 수행될 때 화자의 실현 의사 여부, 즉 수행할 의도가 있는지와 관련된 조건이다. 이는 화자의 심리와 관련된 조건이며 행위를 수행할 때 화자의 동기와 밀접한 관련이 있다. 예컨대 "약속"의 성실 조건은 화자가 약속한 행위를 수행할 의도가 있다는 것이다.[54]

ㄹ. 본질 조건(essential condition)

다른 화행 유형과 구별되는 그 화행만의 특성을 나타내는 조건으로, 'A라는 행위란 무엇인가?'에 대한 대답이라고 할 수 있다. 예컨대 약속 화행의 본질 조건은 화자가 스스로에게 특정한 행위를 할 책임지게 한다는 것이다.[55]

이상 Searle이 제시한 화행의 적정 조건은 화용론에서 중요하게 생각하는 화자의 조건이나 상황·맥락적 조건을 체계화하여 보여줄 수 있다

---

53) Searle(1969 : 58-59)에서 약속 화행의 예비 조건은 다음과 같이 두 개의 항목에서 설명되었다.
   4. H would prefer S's doing A to his not doing A, and S belives H would prefer his doing A to his not doing A.
   5. It is not obvious to both S and H that S will do A in the normal course of events.
54) Searle(1969 : 60)에서 약속 화행의 성실 조건은 다음과 같이 설명되었다.
   6. S intends to do A.
55) Searle(1969 : 60)에서 약속 화행의 본질 조건은 다음과 같이 설명되었다.
   7. S intends that the utterance of T will place him under an obligation to do A.

는 장점이 있다. 그러나 Searle의 적정 조건은 김태자(1982 : 52)에서 지적하였듯이 "무한히 확대되는 행위에 대한 적정 조건을 어떻게 다 규정할 수 있을 것인지, 그 한계를 어떻게 정하는가"라는 문제점을 안고 있다. 특히 Searle이 제시한 적정 조건 중 명제내용 조건(4ㄱ)과 예비 조건(4ㄴ)은 무한히 늘어날 가능성이 있다. 또한 적정 조건은 추상적이어서 어떠한 화행에 대하여 무엇을 언급해야 하는지 그 범위를 정하기가 쉽지 않다.

따라서 이 글에서는 '사태에 대한 화자의 심리적 표현'이라는 정표화행의 일반적인 정의에 근거하여 Searle의 적정 조건을 구체화하여 기술하고자 한다. 이 정의는 '사태'와 '사태에 대한 화자의 심리', 그리고 '심리적 표현'이라는 세 가지 요소로 구성이 되어 있으므로 정표화행을 구성하는 여러 측면을56) (5)와 같이 구체적으로 제시해 보았다.

(5) ㄱ. 명제내용 조건 : 정표화행의 수행을 유발시키는 '사태의 내용'
　　　　　은 무엇인가?
　　ㄴ. 예비 조건 : 사태를 바라보는 화자와 청자의 인식은 긍정적인
　　　　　가 아니면 부정적인가?
　　ㄷ. 성실 조건 : 사태에 대하여 화자가 느끼는 감정은 구체적으로
　　　　　무엇인가?
　　ㄹ. 본질 조건 : 화자의 의사소통 목적은 무엇인가?

(5ㄱ)에서 정표화행의 명제내용 조건으로 언급되어야 할 내용은 정표화행을 유발시키는 동기가 되는 '사태'이다. 즉, 사태의 의미론적 내용이

---

56) (5)에서 제시한 정표화행을 구성하는 여러 측면들은 정표화행을 수행할 때 뇌에서 일어나는 과정을 순서대로 제시한 것이다. 즉, 정표화행을 수행할 때 다음과 같은 과정을 거친다고 가정할 수 있다. 어떤 일이 일어났는지 안다(5ㄱ).→그 사태가 긍정적인지 부정적인지 판단한다(5ㄴ).→구체적으로 어떠한 감정을 느낀다(5ㄷ).→말로써 표현한다(정표화행의 수행).→화자의 의도를 청자에게 전하고, 이로써 어떠한 일이 일어나기를 기대한다(5ㄹ).

무엇인지, 사태는 발화 이전에 발생하였는지 아니면 발화 이후 발생할 것인지 등에 대하여 언급할 수 있다. (5ㄴ)에서 정표화행의 예비 조건으로 언급되어야 할 내용은 사태에 대한 화자와 청자의 판단이다. 감정이 생성되기 전에 선행되는 것이 사태에 대한 화자와 청자의 긍정적 혹은 부정적인 판단이기에 이러한 내용이 기술되어야 한다. (5ㄷ)에서 정표화행의 성실 조건으로 언급되어야 할 내용은 사태에 대하여 느낀 화자의 구체적인 감정의 종류이다. 즉, 희노애락의 기본 감정과 이로부터 파생된 수많은 감정들 중에서 기술하게 된다. (5ㄹ)에서 정표화행의 본질 조건으로 기술되어야 할 내용은 화자의 의사소통 목적이다. 이 글에서 의사소통 목적이란 화자 중심적인 Searle(1969)의 발화수반 목적(illocutionary point)과는 차이가 있는 개념이다. 화자의 '의사소통 목적'에는 화자의 발화수반 목적뿐만 아니라 화자가 청자에게 기대하는 바까지 고려하여 기술된다.57) 이상 정표화행의 정의에 기반하여 정표화행을 구성하는 여러 측면들에 대하여 생각해 보았다. (5)와 같은 제안은 김태자(1987)에서 지적한 Searle의 적정 조건의 문제점을 해결할 수 있는 하나의 대안이 될 수 있을 것이며, 정표화행의 유형들을 서로 구분해 줄 수 있는 도구가 될 것이라 본다.

그리고 이 글에서는 유사한 용어로 사용되는 언어의 의미적 차이에

---

57) 전술하였듯이 Searle(1969)의 적정 조건은 화자중심적이라는 데 문제가 있다. 발화수반 목적에도 지시화행을 제외하면 청자에 대한 고려가 보이지 않는데, 이 글은 정표화행의 본질 조건에서 청자에 대한 화자의 입장을 고려해 보고자 하였다. 박성철(2001 : 288)에서는 모든 언어행위는 궁극적으로 어느 한쪽만의 조건 충족에 의해서는 설명될 수 없다고 주장하였다. 특히 암시처럼 화자와 청자의 공동의 노력이 보다 많이 요구되는 언어행위를 고려해 볼 때 Searle의 화행 이론이 화자에 지극히 편향되어 있고 따라서 전형적인 의사소통적 현상을 설명하는 데 불충분함을 직접적으로 지적할 수 있다고 하였다. 이 글도 이러한 주장에 의견을 같이 하며, 이와 관련하여서는 다음 장에서 상세히 논하기로 한다.

대해서는 구분하여 다루지 않기로 한다. 물론 '조롱, 우롱, 빈정대기'처럼 서로 유사한 의미를 지니는 용어들이 존재할 때, 이들의 미세한 의미적 차이가 무엇인지 밝히는 작업은 화행 동사의 어휘의미론 분야나 화행 의미론 영역에서 논의할 만한 충분한 의의가 있다. 그러나 이 글에서는 이들을 대표하는 행위적 개념으로 "조롱"을 설정하였다면 더 이상 이들을 구분하여 논의하지는 않겠다.

본 논의는 총 6장으로 구성되어 있으며 다음과 같이 진행된다.

2장에서는 정표화행의 개념을 정립한다. 이를 위해 정표화행과 유사한 화행 범주들과의 비교를 통하여 정표화행 범주를 설정하고, 정표화행의 정의를 구체적으로 정립해 본다. 그리고 한국어에서 정표화행이 어떠한 언어 형식들로 수행되고 있는지 그 양상을 개관한다.

3장에서는 정표화행 분류를 위한 기준을 세우고 한국어 정표화행의 유형 목록을 완성하여 제시한다. 1절에서는 화행 분류의 기준을 제시한 Searle(1976)의 논의부터 정표화행의 하위 유형을 분류한 Norrick(1978)과 Searle & Vanderveken(1985), Marten-Cleef(1992)의 분류 기준을 비판적으로 검토한다. 2절에서는 이 기준들의 문제점을 수정·보완하여 화행의 의사소통적 특성을 고려한 이 글의 확장된 분류 기준을 제시한다.

4장과 5장에서는 3장에서 마련한 분류 기준에 의해 정표화행 유형들의 행위적 특성을 기술하고, 의사소통 내에서 성공적으로 수행되기 위한 적정 조건을 제시한다. 이를 통하여 정표화행의 개별 유형들이 수행되는 의미·상황적 조건을 구체적으로 기술한 후, 궁극적으로 정표화행들 간 공통점과 차이점을 살펴봄으로써 각 항목들의 행위적 특성을 구분하여 제시하고자 한다. 또한 한국어 대화 자료를 바탕으로 다양한 언어적 장치를 사용하여 실현되는 정표화행의 수행 형식을 Marten-Cleef(1991)가 제시한 정표화행의 원형적 수행 형식 6가지의 틀을 적용하여 정리해 본다.

6장은 이 논의에 대한 결론으로 논의를 요약하고 논문의 의의와 앞으로의 과제를 제시하며 논의를 마치기로 한다.

제2장

정표화행의 개념과 수행 형식

정표화행의 유형을 분류하기 위해서는 합당한 분류 기준을 마련해야 하는데, 그 설정 기준은 정표화행의 본질을 파악하는 것에서부터 시작된다. 따라서 2장에서는 의도적인 감정 표현인 정표화행의 개념을 고찰하고, 정표화행이 언어적으로 어떠한 표현 방식으로 수행되는지 개관해 보도록 한다.

1. 정표화행의 개념

어떤 개체의 특성은 다른 범주와 비교·대조해 볼 때 명확하게 드러날 수 있으므로, 1항에서는 정표화행과 유사한 특성을 가지고 있는 단언화행(Assertives), 평가화행(Evaluatives) 범주와 정표화행을 구분해 보도록 하겠다. 2항에서는 일반적으로 통용되고 있는 Searle(1969)의 정표화행 정의는 추상적이며 불명확한 점이 있으므로, 세 가지 물음을 통해 구체적으로 정표화행을 정의해 보도록 한다.

1) 정표화행의 범주 구분

가. 정표화행과 단언화행

Searle(1969)에서는 화행을 분류하기 위한 핵심적인 분류 기준으로 '발화
수반 목적(illocutionary point)'과 '말과 사태 간의 일치 방향(direction of fit)',
'심리 상태(psychological state)' 세 가지를 제시하였다. 그리고 이 기준에
의해 단언화행(Assertives), 지시화행(Directives), 언약화행(Commissives), 정표
화행(Expressives), 선언화행(Declarations)이라는 기본 화행 유형을 제시하였
다. Searle은 5개의 기본 화행 범주는 아래의 표와 같은 특징을 가지고
서로 구분된다고 보았다(Searle, 1979 : 12-20).

화행유형	발화수반 목적	방향성	심리적 상태
단언화행	화자가 사용한 명제 표현이 참(진실)이라는 것을 확언	말→세계	믿음
지시화행	화자는 청자가 어떤 것을 하도록 시도	세계→말	원함, 소망
언약화행	화자의 추후 행위 수행에 대한 의지를 표명, 동시에 자신에게 행위 수행에 대한 의무를 부여	세계→말	의도
정표화행	화자의 심리 상태를 표현	없음1)	매우 다양함
선언화행	화자와 특정 사실 관계의 성립을 선언	말↔세계	없음

[표 1] Searle(1979)에서 제시한 화행의 기본 범주

위의 표에서 Searle이 제시한 5개의 기본 화행 범주들은 세 가지 분류
기준에 의하여 서로 겹치지 않고 이론적으로 명확히 구분된다. 그러나
실제 대화 자료 내에서 이 기준에 의해 정표화행과 단언화행 범주를 구

---

1) Searle(1979)은 정표화행에서 명제내용이 참이라는 것이 전제된다고 하였다.

분하기란 쉽지 않다.

다음의 예를 통해 Searle의 분류 기준에 의해 정표화행과 단언화행 범주를 구분할 수 있는지에 대하여 고찰해 보겠다.

(1) ㄱ. 화자1[2] : 아, 참, 너 전 국장 뭐라고 안 해? 아무리 지 새끼라
     도 PT 뺏긴 거 충격 컸을 텐데.
   ㄴ. 화자2 : 그 양반 그런 걸로 내색할 사람이냐.
   ㄷ. 화자1 : 참나, 그렇게 변함없이 주욱 존경스럽냐? <u>내 보기에 인
     간은 별룬데.</u>

Searle의 기본 화행 구분에 의하면 (1ㄷ)은 단언화행과 정표화행 중 무엇으로 판단할 수 있을까? (1ㄷ)에서 발화수반 목적은 두 가지를 상정할 수 있다. 첫째는 '전 국장은 인간성이 좋지 않다.'라는 사실이 참이라는 화자의 믿음을 약하게 단언하기 위한 것이고, 둘째는 그 사람의 인간성이 좋지 않다는 것을 전제한 화자가 전 국장에 대한 비호감을 표현하기 위한 것이다. Searle(1979)의 두 번째 기준인 말과 사태의 일치 방향 역시 '그 인간은 별로다'라는 전 국장에 대한 정보가 사실이라면 말이 세계를 따른 것이겠고, 실제로 그 사람이 그런지는 확인할 수 없으나 화자1이

---

2) 이 글에서 실제로 대화를 분석할 때에는 화자와 청자라는 용어 대신 화자1과 화자2로 표시하겠다. 이는 실제 대화에서 대화 참여자가 2명 이상이 될 수 있고, 2명의 대화참여자가 있다고 가정할 때에도 대화가 진행될 때에는 대화 순서가 한 번만 교체되는 것이 아니라 화자와 청자의 역할이 계속하여 바뀌게 되므로 연속된 대화이동 연속체를 분석하려면 말하는 사람과 듣는 사람의 역할을 모두 포함할 수 있는 용어인 '화자1'과 '화자2'로 표현하는 것이 대화를 분석하기 쉽기 때문이다. 그러므로 이 글에서는 대화참여자를 표시할 때 [화자1, 화자2, 화자3… 화자n]으로 표현하기로 한다. 그리고 준구어 자료를 입력할 때 구어적 특징을 드러내는 어휘는 그대로 사용하며, 맞춤법에 어긋나는 경우에만 연구자가 수정하였다. 또한 대본에는 말줄임표가 6개가 아니라 2개, 3개 등 다양하게 사용되는데 이는 대본의 호흡(휴지)를 나타내는 작가의 의도가 담겨 있다고 한다. 따라서 말줄임표를 비롯한 문장 부호는 대본 그대로 가져와 사용했다.

사실이라고 생각하는 것을 말한 것이라면 말과 사태간의 일치 방향은 없는 것으로 해석될 수 있다.[3]

이렇듯 Searle에서 제시한 세 가지 분류 기준은 실제 대화 자료를 대상으로 화행 분류를 하기에는 추상적이고 모호하다. Searle에서 화행을 구분하는 데 가장 중요한 분류 기준으로 제시한 '발화수반 목적'만 보아도 모호한 점을 파악할 수 있다. 단언화행의 발화수반 목적은 '명제에 대하여 참·거짓을 단언하여 말하는 것'이고, 정표화행은 '화자의 심리 상태를 표현하는 것'이라고 하였다. 문제는 (1ㄷ)에서처럼 명제내용의 참·거짓의 기준을 적용하기에 애매한 경우가 많고, 이때에는 화자의 주관적인 심리 상태가 표현되는 경우가 많다는 점에 있다.[4] 두 번째 분류 기준인 '말과 사태 간의 지향성' 기준 역시 추상적이다. 예컨대 정표화행을 발화하는 화자는 자신의 심리 상태를 표현하게 되는데, 자신의 심리 상태를 하나의 세계로 본다면 정표화행도 단언화행과 마찬가지로 말이 세계를 기술하는 것과 관련이 있다고 해석할 수도 있을 것이다.[5]

따라서 실제 대화에서 단언화행과 정표화행을 구분하기 위해서 Searle

---

3) (1ㄷ)을 실제로 그 사람이 그런지는 확인할 수 없으나 화자1이 사실이라고 생각하는 것을 말한 것으로 본다면, 이 화행은 '평가화행'이다. 평가화행은 기본 화행 범주에 속하지 않아 복잡한 속성을 지니는데, 이에 대해서는 다음 항에서 자세히 논의하겠다.

4) May(1996 : 170)는 단언화행의 문제를 다음과 같이 지적했다. "단언화행의 문제는 이 언어행위가 종종, 아마도 더 나아가 언제나, 주관적인 심적 상태를 나타낸다는 것이다. 어떤 명제를 참이라고 단언하는 화자는 자신의 믿음에 근거하여 그렇게 말한다. (…중략…) 하지만 보다 자세히 들여다보면 '참·거짓'의 기준이 적용되지 않는 많은 '단언' 문장들이 있는 것처럼 보인다. 불평은 참인가? 거짓인가? 불평의 내용이 사실이라면, 즉 참인 방식으로 세상을 나타낸다면, 불평이 정당화된다고 보통 말한다. 하지만 이것은 그 불평이 참이라는 말과 같은 것은 아니다. 따라서 이 기준의 지위는 다소 불확실하다."

5) Austin(1962)에서도 행태화행(Behavitives)과 '진술하기'의 상관성에 대하여 언급한 바 있다. "There are obvious connections with both stating or describing what our feelings are and expressing, in the sense of venting our feelings, though Behabitives are distinct from both of these."(Austin 1962 : 160).

(1979)의 화행 분류 기준은 보완될 필요가 있다. Searle의 문제점은 화행을 화자의 청자에 대한 의도가 담긴 언어 행위로 파악하면서도 지시적 화행을 제외한 나머지 유형에서는 화자의 청자에 대한 발화 의도는 전혀 고려하지 않았다는 점에 있다.[6] 의사소통이란 화자의 일방적인 말하기가 아니라 청자를 고려한 말하기이며, 청자의 반응을 기대하게 되는 행위라는 점을 고려한다면, 화행의 유형 구분 역시 의사소통의 상호작용적 특징이 반영되어야 한다.

Rolf(1990 : 163 ; 조국현, 1999 : 534-535 재인용)는 Searle이 말하는 발화수반 목적이 진정한 의미의 의사소통 행위의 목적과 동일하지 않다고 문제를 제기하였다. 그리고 Searle(1979)의 발화수반 목적의 규정에 포함되어 있지 않은 '화자의 청자에 대한 의도' 조건을 보충하여 기본 화행의 발화수반 목적을 다음과 같이 제시하였다. 아래 [표 3]에서 소괄호 안의 내용이 Searle의 발화수반 목적의 규정에 포함되어 있지 않은 내용으로, 화자의 청자에 대한 의도를 명시한 것이다.

화행유형	발화수반 목적
단언화행	화자가 특정한 사실 관계를 진술, 동시에 진술 내용의 옳고 그름을 판단 또는 확신(청자가 이를 수용하도록 하려는 의도)

---

6) 이러한 Searle의 화자 중심적 관점은 청자가 화자의 의도를 이해하기만 하면 그 화행이 성공적이라고 보는 그의 입장에서도 파악할 수 있다. 실제 의사소통 상황에서 화자의 발화 의도를 청자가 이해한 것만으로 그 화행이 성공적으로 수행되었다고 볼 수는 없다. 예컨대 화자가 주장을 할 때에는 상대방이 인정해 주기를 원하고, 약속을 하면 상대방이 약속한 명제내용에 대하여 기쁘게 받아들이기를 원한다. 또 사과를 하면 용서해주기를 기대하게 된다. 따라서 어떠한 화행이 성공적으로 수행되었다는 의미는 청자의 입장에서 화자가 자신에게 기대하는 바를 적어도 인식해야 한다는 것을 뜻한다. 물론 청자의 실제 반응이 무엇이냐는 이와 별개의 문제이다.

지시화행	화자가 청자의 특정 행위를 희망, 청자가 화자의 뜻대로 이를 수행하도록 하려는 의도
언약화행	화자의 추후 행위 수행에 대한 의지를 표명, 동시에 자신에게 행위 수행에 대한 의무를 부여(청자가 이를 신뢰하도록 하려는 의도)
정표화행	화자의 특정한 느낌 또는 감정을 전달(청자가 이를 공감하도록 하려는 의도)
선언화행	화자가 특정 사실 관계의 성립을 선언(청자가 이를 인지하도록 하려는 의도)

[표 2] Rolf(1990)에서 제시한 기본 화행의 발화수반 목적

이 글도 Rolf(1990)의 청자에 대한 화자의 발화 의도를 고려해야 한다는 입장에 기본적으로 동의하면서, 화행 분류 시, '화자가 화행을 수행함으로써 청자에게 기대하는 바'를 고려할 것을 제안한다. 그리고 이를 '의사소통 목적'이라는 용어로 명명하고자 한다. Searle(1979)이 언급하였던 '발화수반 목적'이 발화 자체에 함축되어 있는 화자의 의도를 뜻하는 것이라면, 이 글에서 제안한 '의사소통 목적'은 무엇 때문에 화자가 청자에게 그러한 발화 행위를 수행하는가?, 발화 행위를 통해 무엇을 원하고 기대하는가?라는 화행 수행의 근본적인 이유에 대한 답을 해 줄 수 있다.[7]

이 글에서는 화자가 화행의 수행 시 청자에게 기대하는 바를 '의사소

---

[7] 이 글의 '의사소통 목적' 개념은 Rolf(1990)처럼 발화수반 목적에 포함시켜 논의할 수도 있을 것이다. 그러나 이 글에서 이 둘을 구분하여 제시한 것은 Searle의 화행 개념으로 대입해 볼 때 의사소통 목적은 발화에 함축되어 있는 화자의 발화 의도인 '발화수반 행위(illocutionary act)'와 화자가 발화를 통해서 청자에게 영향을 끼치는 행위인 '발화효과 행위(perlocutionary act)'의 중간적인 성격을 지니는 것이 아닌가 하는 판단을 하였기 때문이다. 그리고 화자가 발화를 함으로써 청자에게 기대하는 바를 '발화 행위(locutionary act)에 수반되는 목적'과 동일한 개념으로 볼 수는 없지 않은가 하는 이유에서이다. 예컨대 화자가 '한탄'의 발화 행위를 하였을 때, 이 발화에 수반되는 행위(의도)는 '화자가 슬픔을 표현하는 것에 있다. 그리고 화자가 청자에게 이러한 감정을 왜 토로하는가를 생각해 보면, 의사소통 목적은 '청자가 자신의 감정에 공감해 주기를 기대한다는 것'에 있음을 알 수 있다. 따라서 이 글에서는 A라는 화행과 B라는 화행이 발화수반 목적과 의사소통 목적에 차이가 있다면 이는 서로 다른 화행으로 분류할 수 있다고 본다.

통 목적'으로 명명하고, 이에 따라 단언화행과 정표화행 범주를 다음과
같이 구분하였다.

    (2) 단언화행과 정표화행 범주 구분
      ㄱ. 단언화행 :
        1) 발화수반 목적 : 명제의 표현에 대하여 참인지 거짓인지
                  혹은 옳은지 그른지를 정도의 차이를 두
                  고 판단하거나 확언
        2) 의사소통 목적 : 화자는 청자가 자신이 전한 정보를 이해
                  하고 믿고 수용하기를 기대
      ㄴ. 정표화행 :
        1) 발화수반 목적 : 화자의 사태에 대한 감정을 전달
        2) 의사소통 목적 : 화자는 청자가 자신이 전달한 감정에 감
                  정이입[8] 되기를 기대

   이제 (2)에서 제시한 단언화행과 정표화행의 구분에 따라 (1)의 대화
를 다시 가져와 화행 범주를 구분해 보겠다. 논의의 편의상 대화이동을
관찰하기 쉽도록 재배열하였다.

    (3) ㄱ. 화자1 : 1) 아, 참 너 전 국장 뭐라고 안 해?
             2) 아무리 지 새끼라도 PT 뺏긴 거 충격 컸을 텐데.

---

8) '감정이입(empathy)'은 '공감(sympathy)'과 구분되는 개념이다. 감정이입(empathy)이란 "다른 사람의 감정을 자기 일인 것처럼 공유하는 것"을 뜻하는데, 최근의 심리학 연구에서는 감정이입을 "자아와 타아의 구분은 요구하되, 상대방의 감정적 상태에 대해 반응하는 것"으로 정의한다(임칠성 역, 1995 : 125-126 참고). 반면 '공감'이란 상대방의 감정 상태와 나의 감정 상태를 동일시하는 것을 의미한다. 따라서 이 연구에서는 '감정이입'이 정표화행의 발화 의도를 정의하는 데 더 적절한 용어라고 판단하였다. 왜냐하면 청자가 화자의 발화에 대하여 동일한 감정을 느끼는 '공감'이라는 용어보다 상대방의 감정적 상태를 이해하고 그에 대한 반응을 보인다고 보는 것이 정표화행의 모든 유형들을 포괄할 수 있기 때문이다.

ㄴ. 화자2 : 1) 그 양반 그런 걸로 내색할 사람이냐.

ㄷ. 화자1 : 1)참나, 그렇게 변함없이 주욱 존경스럽냐?

2) 내 보기에 인간은 별룬데.9)

이 대화는 '주장(3ㄱ)10)-반박(3ㄴ)-(3ㄷ-1)에 대한 빈정거림'과 '(3ㄷ-2)
의 주장'의 2개의 대화이동 연속체로 진행된다. 이 대화 상황에서 화자1
은 '전 국장'이라는 사람에 대해 좋은 평가를 하고 있지 않은데, 화자2가
(3ㄴ)에서 '전 국장'을 두둔하는 대답을 하여 자신의 기대와 다른 이야기
를 하자 화자1은 (3ㄷ-1)에서 대답에 대하여 빈정거리면서 (3ㄷ-2)에서
화자2가 말한 내용에 대해 부정적 입장을 보이고 있다. 따라서 (3ㄷ-2)는
대상에 대한 화자1의 판단을 상대에게 알리려고 하며, 화자1은 화자2가
자신의 말을 믿고 수용하기를 기대하는 의사소통 목적으로 여겨지므로
(2)에서 제시한 기준에 따라 단언화행으로 구분된다.

나. 정표화행과 평가화행

다음으로 정표화행의 범주 구분과 관련하여 생각해 보아야 하는 부류

---

9) 이 글에서 자료를 처리하는 방식은 대화참여자들의 말 순서인 대화순서(turn)에는 'ㄱ, ㄴ,
ㄷ' 순으로 표시하고, (3ㄱ)처럼 하나의 대화순서가 여러 개의 화행으로 구성이 되어 있으
면 열린 괄호를 사용하여 '1), 2), 3)'으로 표시하였다. 말소리나 빠르기 등의 비언어와 준
언어적인 정보는 의사소통의 기능을 파악하는 데 있어서 매우 중요하지만 이 글에서는
체계적으로 표시하지는 못하였다. 준구어 자료의 경우 지문으로 처리되어 있는 것을 실었
고, 실제 구어 자료에서 전사한 자료의 경우 의사소통 진행 과정에서 중요하다고 생각하
는 상황 정도만 괄호 안에 표시하였다.

10) (3ㄱ)을 질문 행위가 아니라 주장 행위로 보는 것은 (3ㄴ)에서 화자2의 반응 화행을 고
려해서 내린 판단이다. 만약 (3ㄱ)이 질문 행위였다면 "아, 참 너 전 국장 뭐라고 안
해?"에 대하여 (3ㄴ)에서 화자2의 반응 화행은 yes/no로 답변 되었을 것이다. 그러나 (3
ㄴ)에서 화자2는 자신은 화자1의 견해와 다르다는 것을 주장함으로써 상대방의 의견에
반론하고 있다.

는 평가화행이다. 평가화행은 전통적인 화행 유형 분류에서는 나오지 않
는 유형이므로 더욱 복잡한 문제가 있다. 연구자마다 평가화행을 어떤
기본 화행 범주의 유형으로 볼 것인지 의견이 분분하였고, Austin(1962)
에서는 행태화행(Behabitives) 속에, Searle(1969)의 분류에서는 단언화행 속
에 포함되어 있다.

정표화행과 평가화행 범주의 경계를 가르기에는 모호한 점이 있다. 왜
냐하면 정표화행이 수행될 때 화자의 감정이 표현되는데 이 감정은 사
태에 대한 긍정적 혹은 부정적 평가에서 비롯되기 때문이다. 예컨대 정
표화행에 속하는 축하행위나 위로행위를 생각해 보자. 축하행위의 경우
화자가 청자에게 어떤 '좋은 일'이 일어났다는 사태에 대한 평가가 전제
된 후 즐거운 마음을 표현하게 된다. 반면에 위로행위의 경우 화자는 청
자에게 나쁜 일이 일어났다는 사태에 대한 평가를 전제한 후 슬픈 마음
을 표현하게 된다. 이렇게 정표화행이 수행될 때에는 이미 [+가치 평가]
의 의미가 상당히 많이 포함되어 있다.

그러므로 평가화행을 단언화행과 정표화행 중 어느 하나의 특수한 유
형으로 넣어야 할지, 어느 하나의 특수한 유형이라고 본다면 평가화행과
단언화행·정표화행은 서로 어떠한 포함 관계에 있는지에 대하여 논의
의 필요성이 제기된다.11)

---

11) 평가화행을 정표화행의 하위 유형으로 본 연구에는 Austin(1962), Zillig(1983)가 있고,
단언화행의 하위 유형으로 본 연구로는 Searle(1969), 장석진(1987) 등이 있다. 장석진
(1987 : 324)에서는 '평가하다'를 단언화행의 예로 들면서, 이러한 화행에 대하여 단언화
행과 흡사하면서 내용이 'X가 Y이다'인 유형을 다시 하위분류할 수도 있겠다고 하였다.
그가 분류한 단언화행과 단언화행의 하위 유형인 '평가화행'을 형식의미론으로 표기하
면 다음과 같다.
ㄱ. 단언화행
   S : BELIEVE(S, p)
   S : INTEND(S, BELIEVE(H, p))
   예 : 말하다, 단언하다, 서술하다, 정의하다, 항의하다, 동의하다

우선 일상 대화 속에서 평가화행이 수행되었다고 생각할 수 있는 예
들을 보도록 하자.

(4) ㄱ. 화자1 : 넌 그 사람이 어떤데?

ㄴ. 화자2 : <u>응, 그 사람 좋은 사람이야. 따뜻하고 자상하고 나한테
잘해 주고.</u>

ㄷ. 화자1 : 음…… 난 인상이 왠지 별로던데…… 좀 어두워 보이
고…….

ㄹ. 화자2 : (웃음)첫인상은 나도 좀 그랬는데, 사귀어 보니까 다르
더라고.

(5) ㄱ. 화자1 : 자, 어서 해 보자.

ㄴ. 화자2 : 엄마, 여기에다가? 여기에다 동그라미?

ㄷ. 화자1 : <u>그렇지이! 어이구 우리 예지 자알 했어요.</u>

(4ㄴ), (5ㄷ)의 발화만을 단독으로 보면 이 표현들은 평가화행으로 쉽게
이해된다. 아마도 '사물의 가치나 수준 따위를 평함'이라는 '평가'의 사전
적 정의로부터 이러한 직관적인 이해가 비롯되는 듯하다. 그런데 (4)와
(5)의 행위적 특성을 살펴보면 이들을 수행하는 화자의 의사소통 목적에
차이가 있으므로 이들은 서로 다른 화행의 유형이라는 점을 알 수 있다.

우선 (4)의 대화는 '질문(4ㄱ)-대답(4ㄴ)'과 '반대 주장(4ㄷ)-의견 고수
(4ㄹ)'의 대화이동 연속체로 진행이 되고 있다. 밑줄 친 (4ㄴ)에서 화자2
는 화자1의 질문에 대한 반응 화행으로 대답을 하는데, 제3자에 대한 긍

ㄴ. 평가화행

S : BELIEVE(S, BE(X,Y))

S : INTEND(S, BELIEVE(H, BE(X, Y)))

예 : 평가하다, 매기다, 분류하다

정적인 평가를 하고 있다.[12] 화자2의 발화수반 목적과 의사소통 목적을 고려해 보면, 화자2는 (4ㄴ)의 발화를 통해 자신의 생각을 화자1에게 전달하고자 하며, 자신이 전한 정보를 화자1이 믿고 수용하게 되기를 기대한다. 그러나 이 대화에서는 화자1이 화자2의 생각에 동의하지 않고 자신의 의견을 주장함으로써(4ㄷ), 화자2가 기대했던 의사소통 목적은 충족되지 않았다. 그러자 화자2는 (4ㄹ)에서 자신의 의견을 고수하는 발화를 한다. 따라서 (4ㄴ)은 의사소통 목적을 고려해 본 결과, 평가적이면서 단언화행의 성격을 지닌다.[13]

(5)의 대화는 엄마(화자1)와 아이(화자2)의 대화인데, '제안(5ㄱ)−확인 질문(5ㄴ)−칭찬(5ㄷ)'으로 대화이동 연속체가 구성된다. 화자1이 칭찬화행(5ㄷ)의 수행을 통해 의도하는 바는 아이의 행동 때문에 자신이 기쁘고 흡족하다는 것과 아이의 행동이 옳다는 것을 전하는 것이다. 동시에 화자1은 칭찬화행을 수행함으로써 화자2가 앞으로도 이러한 바람직한 행동을 계속 해 나가기를 장려하고 기대하는 의사소통 목적을 가지고 있다. 따라서 (5ㄷ)의 발화는 '너의 행동이 옳았기에 나는 기쁘다'라는 화자1의 평가에 기반한 감정을 전달하는 것이므로 평가적이면서 정표화행의 성격을 지닌다.

---

12) (4ㄴ)의 긍정적 평가에도 분명 제3자에 대한 호감의 감정이 진술되어 있다. 그러나 감정의 진술과 자신의 감정 자체를 표현하는 것은 다르다. Weigand(2002 : 14)에서는 감정의 진술과 감정 표현의 차이에 대하여 엄격히 구분을 하였다. Weigand는 정표화행을 매우 좁은 개념으로 정의하면서 감정의 진술(statement)화행과 정표화행을 엄격하게 구분한다. 예컨대 'I regret it(in everyday talk).', 'I am surprised.'과 같은 예는 정표화행이 아니라 '진술화행'이라는 것이다. 반면 '순수한(genuine) 정표화행'은 "What a surprise!-Indeed." 처럼 특정한 어조를 지닌 '감탄문'으로 실현이 되어야 하며, 상대방이 자신의 감정적 상태에 대하여 반응하는 것이 발화 목적인 화행을 뜻한다고 보았다.

13) (4)의 예처럼 제3자에 대한 평가적 단언화행은 자료들을 분석해 본 결과, 대화이동 연속체의 위치로 볼 때, 다른 사람의 자극 발화에 대한 반응 발화로 수행되는 경향을 발견할 수 있었다. 이때 자극 발화는 주로 대상에 대한 질문 행위가 수행된다.

위의 논의를 통해 평가화행에는 (4)처럼 단언화행의 속성을 지닌 것과 (5)처럼 정표화행의 속성을 지니는 부류가 있다는 것을 확인할 수 있었다. 그러므로 이 글에서는 전자를 '평가적 단언화행'으로 후자를 '평가적 정표화행'으로 구분하고자 한다.14) 평가적 단언화행의 부류로는 '판단하다', '비판하다', '비평하다' 등의 예를 들 수 있고, 평가적 정표화행 부류로는 '칭찬하다', '꾸중하다', '비난하다' 등을 예로 들 수 있다.

[그림 1] 평가화행의 유형

다음으로 정표화행의 유형인 '평가적 정표화행(Evaluative Expressive)'과 이 유형이 아닌 정표화행의 특징에 대하여 기술해 보기로 한다. 논의의 편의상 평가적 정표화행의 여집합인 정표화행 부류는 '감정적 정표화행 (Emotive Expressive)'으로 명명하고, 이 글에서는 정표화행의 하위 범주를 다음과 같이 설정하기로 한다.

---

14) '평가적 단언화행', '평가적 정표화행'처럼 어떠한 화행이 두 가지 성격을 가지는 예는 Searle(1976)에서도 제시된 바 있다. Searle에서는 '확언적 선언화행' 부류를 제시하면서, 이 부류의 특징은 x가 참 또는 거짓이라는 것을 확인할 수 있지만 동시에 또한 참과 거짓에 대해서 최종적으로 판단을 내릴 수 있는 제도적 권위가 필요한 조건하에서 수행되는 화행이라고 정의했다. 예를 들어 판사의 심판이나 심판의 결정 따위가 이에 해당한다고 하였다.

[그림 2] 정표화행의 유형

　평가적 정표화행은 감정을 표현함과 동시에 화자의 옳고 그름에 대한 주관적 평가를 전달하는 특징이 있다. 그리고 (5)에서 칭찬화행의 경우처럼 청자 혹은 제3자의 행위나 언행이 대상으로 있어야 수행된다는 특징이 있다. 감정적 정표화행은 평가적 정표화행과 비교하여 자신의 감정 자체를 전달하는 것에 화자의 발화수반 목적이 있고, 상대방의 행위에 대한 반응으로서만이 아니라 자발적으로 시작 발화의 위치에서 나타날 수 있다는 특징이 있다. 다음은 자발적으로 실현되는 감정적 정표화행의 예이다.

(6) ㄱ. 화자1 : 1) 야, 가자,
　　　　　　　2) 무슨 국가사범도 아닌데, 이렇게 고생을 하냐.
　　ㄴ. 화자2 : 1) 가자.
　　　　　　　2) <u>에잇, 짜증나.</u>

(7) ㄱ. 화자1 : 1) (창밖을 보며) <u>우와, 진짜 멋있어!</u>
　　　　　　　2) 산이 마음으로 들어오는 것 같아.
　　ㄴ. 화자2 : 1) 그렇지?
　　　　　　　2) 나도 여기 가면서 산이 성큼성큼 걸어오는구나 했는데!
　　　　　　　3) 역시 우리 딸은 나랑 통한다니까.

　감정적 정표화행이 자발적으로 실현된다는 것은 대화이동 연속체의 구조를 분석해 보면 뚜렷이 드러난다. (6)의 대화는 2개의 대화이동 연속체로 구성되어 있는데, '제안(6ㄱ)-동의(6ㄴ-1)'와 '분통표현(6ㄴ-2)'으로 진행이 되고 있다. (6ㄴ-2)에서 볼 수 있듯이 감정적 정표화행은 청자나 제3자와 같은 대상이 없이 독립적으로 시작 발화의 위치에서 나타날 수 있다. (7)의 대화에서도 역시 감정적 정표화행의 자발적 발화의 특성을 확인할 수 있다. (7ㄱ-1)은 드라이브를 하다가 밖의 경관을 보며 화자1이 감탄을 한 것인데, 이 역시 감정적 정표화행은 시작 화행의 위치에서 다른 이의 자극 없이 자발적으로 나타날 수 있다는 것을 보여 준다.

이상의 논의를 정리하면 다음과 같다. 화행을 구분하는 중요한 기준을 발화수반 목적과 의사소통 목적에 둘 때, '감정적 정표화행'과 '평가적 정표화행'은 모두 화자의 심리 상태를 표현하여 전달하려는 의도가 있고, 화자는 자신이 전달한 감정에 청자가 감정이입 되기를 기대한다는 점에서 공통적이다. 그러나 이 두 화행 범주는 화행 수행의 자발성과 발화수반 목적에서 차이가 있다. '감정적 정표화행'의 부류 중에는 청자나 제3자를 대상으로 하지 않고 자발적으로 시작 화행의 위치에서 수행되는 유형이 있는 반면, '평가적 정표화행'은 청자나 제3자 같은 대상이 있어야 수행된다. 또한 '평가적 정표화행'은 감정을 전달함과 동시에 상대방의 행위가 옳은지 그른지를 전달하는 데 화자의 발화수반 목적이 있는 반면 감정적 정표화행은 화자의 감정을 전달하는 것에 발화수반 목적이 있다.

이상의 논의를 정리하여 감정적 정표화행과 평가적 정표화행이 성공적으로 수행되기 위한 적정 조건을 제시하면 다음과 같다.

(8) 감정적 정표화행의 적정 조건

  ㄱ. 명제내용 조건 :

   1) 청자와 관련된 사태일 수도 관련이 없는 사태일 수도 있다.

   2) 과거, 현재, 미래의 사태

  ㄴ. 예비 조건 : 화자는 사태에 대하여 긍정 혹은 부정의 인식을
         가진다.

  ㄷ. 성실 조건 : 화자는 사태에 대하여 다양한 감정을 느낀다.

  ㄹ. 본질 조건 :

   1) 발화수반 목적 : 화자는 사태에 대한 자신의 감정을 표현
            한다.

   2) 의사소통 목적 : 화자는 청자가 자신이 전달한 감정에 감
            정이입 되기를 기대한다.

(9) 평가적 정표화행의 적정 조건

  ㄱ. 명제내용 조건 :

   1) 청자나 제3자와 관련된 사태

   2) 과거, 현재의 사건

  ㄴ. 예비 조건 :

   1) 화자는 사태에 대하여 긍정 혹은 부정의 인식을 가진다.

   2) 화자는 명제내용이 사실임을 전제한다.

   3) 화자는 사태에 대한 옳고 그름의 주관적 기준을 가지고 있다.

  ㄷ. 성실 조건 :

   1) 화자는 사태에 대하여 감정을 느낀다.

   2) 화자는 자신의 평가가 옳다고 믿는다.

  ㄹ. 본질 조건

   1) 발화수반 목적 : 화자는 사태에 대한 자신의 감정과 옳고
            그름에 대한 인식을 전달한다.

   2) 의사소통 목적 : 화자는 청자가 자신이 전달한 감정에 감
            정이입 되기를 기대한다.

2) 정표화행의 정의

일반적으로 정표화행이란 Searle(1969)의 정의를 받아들여 '화자의 심리적 태도를 표현하는 행위'로 정의한다. 그러나 여기서 말하는 '심리적 태도'란 무엇인가? '심리'의 범위는 어디까지를 말하는 것이며, '태도'라는 것은 무엇을 뜻하는가? Searle의 정의는 다소 넓은 개념이라서 불분명하고 모호한 점이 있으므로 이 글에서는 정표화행의 정의를 좀 더 구체적으로 수정·보완하여 정표화행의 개념을 명확히 정립해 보고자 한다.

정표화행의 개념 정립은 Searle(1979)이 언급한 정표화행의 발화수반 목적에서 출발하는 것이 타당할 듯하다. 발화수반 목적은 화행의 성격을 결정짓는 본질적인 특성이므로 발화수반 목적을 명확히 알면 해당 화행의 정의 또한 명료해질 것이다. Searle은 정표화행의 발화수반 목적은 "명제적 내용에 상술된 실상에 대해 화자의 특정한 심리적 상태를 표현하는 것"에 있다고 하였다(Searle, 1976 : 12). 이와 관련하여 정표화행의 정의를 구체적으로 내리기 위한 세 가지 질문은 다음과 같다.

(10) ㄱ. '화자의 특정한 심리 상태'란 구체적으로 무엇을 말하는가? 그 범위는 어떻게 설정할 수 있는가?
ㄴ. '명제적 내용에 상술된 실상', 즉 정표화행의 대상이란 구체적으로 무엇을 말하는가?
ㄷ. 정표화행의 발화수반 목적인 "심리적 상태를 표현하는 것"은 의사소통상 어떠한 기능을 하고자 하는 것인가?

첫째, (10ㄱ)에서는 Searle이 말한 '심리적 상태'에서 '심리'가 어떠한 개념으로 사용되고 있는 것인지 구체적으로 밝혀 보고자 한다. '심리'란 인지적인 면과 감정적인 면이 모두 포함된 복잡한 개념이다. 사전적 의미로 '심리(psychological, 心理)'란 "인간의 마음, 생각과 관계되는 것(표준국어대사전)"이며, 유의어로는 '마음, 마음 속, 생각, 의식, 내면 세계' 등이 있다. 사전적 정의에서 나타나듯이 심리란 '마음'뿐만이 아니라 '생각, 의식'과도 관련이 있고, 인간의 내면 세계와 관련이 있는 매우 포괄적인 개념이다.[15] 따라서 '심리'의 범위를 어떻게 설정하는가에 따라 정표화행의 정의는 달라질 수 있다. 예컨대 심리의 범위를 넓게 잡으면 정표화행이란 화자의 마음, 생각, 의식적 상태를 표현하는 행위로 정의할 수 있을 것이고, 그 속에는 다양한 화행의 유형들이 포함될 수 있을 것이다. 반대로 심리의 범위를 화자의 마음에 국한할 경우 정표화행은 좁은 범위 내에서 정의할 수 있다. 우리는 전자의 경우를 '광의의 정표화행'으로, 후자의 경우를 '협의의 정표화행'으로 본다.

우선 심리의 범위를 넓게 보고 있는 연구들(Austin 1962, Bach & Harnish 1979, Searle & Vanderveken 1985)[16]에서 Searle(1969)의 정표화행은 "행태행위(Behabitives, Austin 1962)", "화자태도 반영행위(acknowledgements, Bach & Harnish 1979)"[17] 내에서 논의되었다. Austin(1962)은 행태행위를 사회적

---

15) '심리 동사(psychological verb)'를 연구한 김홍수(1989)에서는 심리동사의 가장 기본적인 전제로 '경험'을 들고 있으며, '기억하다, 생각하다, 짐작하다'와 같은 인지 동사류나 '알다, 생각하다'와 같은 지각 동사류 등 내적 경험이 상정될 수 있는 경우를 모두 포함해서 심리동사로 규정하였다(김홍수, 1993 참고).

16) 이들의 연구 목적은 모두 기본 화행을 분류하는 데 있으므로 심리의 범위를 넓게 처리한 것은 당연한 결과일 수 있다. 이러한 연구에서는 세상에 존재하는 모든 화행의 종류들을 유사한 부류들끼리 묶어서 한 범주 아래에 포함시켜야 하므로, 심리의 범위를 포괄적으로 정의하는 것이 연구 과제를 해결하는 데 부합하기 때문이다. 그런데 이들의 분류가 정교하지는 못하다는 점을 지적할 수 있는데, 예컨대 Austin의 행태행위에 속한 'don't mind'나 'criticize'의 경우, Searle의 분류에서는 단언화행에 속하기도 하고 정표화행에도 속해 있는 것이 관찰된다. 분류를 할 때 이 범주에도 속하고 또 다른 범주에도 속한다면 범주를 구분하는 의의는 사라진다.

17) 'acknowledgement'는 선행연구에서 인사 행위, 정표행위, 화자태도 반영 행위 등으로 번역되었다(이준희, 1999 : 74). 이 글에서는 이 중 '화자태도 반영 행위'가 하위 화행을 모두 포함시킬 수 있는 용어로 적절하다고 생각하여 번역어로 사용하였다.

행위(social behavitive)와 관련이 있는 부류로 정의하고, 사회관계 속에서 다른 사람의 태도에 대하여 반응을 하거나 다른 사람 또는 자신의 태도에 대한 화자의 태도를 표현한다고 정의하였고 다음과 같은 예가 포함된다고 제시하였다(Austin 1962 : 160 참조).[18)]

(11) ㄱ. '사과(apologies)' : 사과하다(apologize)

ㄴ. '감사(thanks)' : 감사하다(thank)

ㄷ. '공감(sympathy)' : 애도하다(deplore), 동정하다(commiserate), 찬사하다(칭찬하다)(compliment), 동정하다(condole), 축하하다(congratulate), 경축하다(felicitate)…

ㄹ. '태도(attitudes)' : 불쾌하다(resent), 무시하다(don't mind), 경의를 표하다(pay tribute), 비평하다(criticize), 불평하다(grumble about, complain of), 성원하다(applaud)…

ㅁ. '인사(greeting)' : 환영하다(welcome), 작별을 고하다(bid you farewell)

ㅂ. '기원(wishes)' : 축복하다(bless), 저주하다(curse), 건배하다(toast), 바라다(wish)…

ㅅ. '도전(challenges)' : 감히~하다(dare), -에 도전하다(defy), 항의하다(pro-test), 도전하다(challenge)…

기본 화행을 분류한 또 다른 연구인 Bach & Harnish(1979)는 "화자 태도 반영행위(acknowledgements)"에 사과행위(Apologize), 동정행위(condole :

---

18) Austin의 화행 분류는 Searle(1979)에서 비판되었듯이 명확하고 일관된 분류의 기본 원칙이 없으며, 하나의 화행 범주 내에 이질적인 목록들이 들어 있다는 문제점이 있다. 실제로 (9ㅁ)과 (9ㄹ)의 화행 동사 목록에서 이질적인 부류들이 섞여 있다는 것을 확인할 수 있다.

commiserate, condole), 수락행위(accept), 축하행위(congratulate : compliment, congratulate, felicitate), 인사행위(greet), 감사행위(Thank), 희망행위(Bid : bid,wish), 거부행위(re-ject : refuse, reject, spurn) 등을 예로 들었고, Searle · Vanderveken(1985)도 Searle(1976)에서는 포함하지 않았던 'protest, boast, compliment'를 정표화행 목록에 추가하였다. 이처럼 심리의 범위를 넓게 본 경우 정표화행 범주 속에는 '무시하다, 비평하다, 불평하다' 같은 화자의 평가적 태도와 '수락하다, 거부하다, 항의하다' 등 다른 사람의 태도에 대한 화자의 반응적 태도가 포함된다.

　반면 협의의 정표화행은 심리의 범위를 마음, 즉, 감정의 영역에 국한하여 정의한다. 대표적으로 Searle(1976), Marten-Cleef(1991 : 26)의 연구가 협의의 정표화행 개념을 사용하는 연구들인데, 정표화행을 자신의 기분이 어떠한지 알리는 행위, 즉 '화자의 감정을 표현하는 행위(Marten-Cleef 1991 : 26)'로 한정지었다. Searle(1976)에서 정표화행의 목록에는 감정을 표현하는 행위들인 '사과', '감사', '축하', '위로', '애도', '환영'이 포함되었고, Marten-Cleef(1991)에서는 Searle(1976)에서 제시한 화행 이외에도 '찬사', '기원', '조롱', '원망', '질타', '질투', '한탄' 등 감정 표현과 관련된 23개의 화행들이 제시되었다.

　이 두 가지 입장은 각기 장·단점을 지닌다. 광의의 정표화행 개념을 사용하게 되면 모든 화행의 유형들이 기본 화행 부류의 어딘가에는 속하게 된다는 장점이 있다. 그러나 Searle(1976)에서 Austin(1962)의 화행 분류를 비판한 것처럼, 하나의 범주 내에 이질적인 부류들을 많이 포함할 수밖에 없기에 일관된 분류 기준과 원칙을 세우기 어렵다는 단점이 있다. 반면 협의의 정표화행 개념을 사용하게 되면 심리의 범위를 감정에 국한하기 때문에 정표화행 부류 자체로는 완결성을 지닐 수 있으나 인간의 생각이나 의식과 관련이 있는 '비난'처럼 기본 화행 중 어디에도 속하기 어려운 화행들의 범주를 판단하는 데 어려움이 생길 수 있다. 이 두 가지 입장 중 이 글에서는 협의의 개념으로 심리의 개념을 사용하고 자 한다. 그 이유는 본 연구의 목적은 모든 화행을 분류하는 것이 아니 라 정표화행의 하위 유형을 세밀히 분류하는 데 있기 때문이다. 분류 대 상의 범위가 넓어질수록 연구 과제에 혼동이 생길 소지가 커지므로 이 글에서는 '심리'의 개념 중 인간의 생각이나 의식을 배제한 감정[19]에 국 한하여 정표화행을 정의하기로 한다.

화자가 갖는 느낌의 구체적 목록은 다음과 같다. 기본 감정 유형인 '기쁨, 분노, 슬픔, 즐거움, 두려움, 놀람, 미움' 등을 토대로 각각의 파생 감정의 범주로 다음과 같은 감정들이 파생된다.[20]

	기본 감정	파생 감정	
쾌	기쁨	즐거움, 신명남, 만족감, 감동, 편안함, 자신감, 기대감, 행복	정(情)
	사랑	애정, 그리움	
불쾌	슬픔	고통, 절망, 외로움	한(恨)
	화	분노, 격분	

19) 김은영(2005 : 104)에서 감정동사는 어떤 자극에 따라 일어나는 감정 상태를 서술하는 기능을 한다고 하였다. 이 논의에서는 감정이란 자극을 전제로 하여 발생하는 '비의도적 인 반응'이라고 보고, 감정동사를 인지동사나 다른 동사 부류와 구분하는 방법으로는 '나도 모르게'를 사용하여 호응하는 것을 감정동사라고 판단하였다.

20) 심리학과 철학 분야에서 기본 감정을 설정하려는 노력들이 있어 왔다. 그러나 기본 감정 의 유형은 문화권과 학자마다 적게는 '희노애락' 4개에서부터 많게는 8개까지 조금씩 제시하는 유형에 차이가 있어 왔다. 이 글에서는 기본 감정이 무엇인지에 대해서는 더 이 상 논의하지 않고 가능한 많은 감정의 유형들을 수집할 수 있도록 Silvan Tomkins(1962) 에서 제시한 여덟 가지 기본 감정 유형을 토대로 [표 4]에 정리를 해 보았다. 위의 표에 나타나는 것처럼 어느 문화권에서나 감정어휘 중 부정적 감정을 노출하는 어휘가 긍정 적 감정을 표현하는 어휘보다 훨씬 많다.

불쾌	두려움	적극적 두려움 : 공포, 불안
		소극적 두려움 : 수줍음, 수치심, 부끄러움, 죄책감
	놀람	경악
	미움(역겨움)	혐오감, 증오, 질투

[표 3] 감정의 유형21)

위에서 보는 것처럼 감정을 나타내는 어휘는 매우 다양하다. 이들은 크게 긍정적 감정인 '쾌'와 부정적 감정인 '불쾌'로 나눌 수 있고, '쾌'에 해당하는 유형보다 '불쾌'에 해당하는 감정의 어휘가 훨씬 세분화되어 있다. 정표화행은 이렇게 화자의 내부에서 일어난 감정들을 어떠한 의도를 실어 표현되는 행위의 유형이다.

둘째, (10ㄴ)에서 정표화행의 대상, 즉 명제 내용의 특성에 관한 문제를 살펴보기로 한다. Searle은 정표화행의 명제 내용에서 언급되는 사태가 화자나 청자에게서 기인해야 한다고 보고 '(P)(S/H＋속성property)'으로 형식화하여 표시하였다(Searle 1976 : 13).22) 그러나 정표화행의 대상은 사태가 제3자로부터 기인한 경우에도 가능하다.

(12) ㄱ. 화자1 : 1) (신문 기사를 보고)야아, 문근영 참 대단하네, 대단해!
　　　　　2) 이거 봤어?
　　　　　3) 글쎄 아무도 모르게 기부를 해 왔대.
　　ㄴ. 화자2 : 정말?

---

21) 김향숙(2003 : 37-49)에서는 서양과 동양에서 감정이 분류되어 온 설을 정리하였다. [표 4]는 이를 참고하였으며 연구자가 '쾌'와 '불쾌'의 영역으로 구분하고 안신호(1997)에서 '恨'에 대한 논의를 빌어 표에 첨가하였다.

22) Searle은 이에 대해 '뉴턴의 운동 제1법칙이 만들어 진 걸 축하해'라고 말하는 것은 특별한 전제 조건이 깔려 있을 때만 가능하다면서 정표화행의 명제내용에 제약을 두었다고 설명한다. 그리고 명제 내용에 괄호를 사용하여 '(P)'로 표시한 이유는 '축하해'처럼 명제내용이 생략되어서도 정표화행이 수행될 수 있기 때문이다.

Searle이 제시한 정표화행의 명제내용 조건에 따르면 명제 내용에서 언급되는 사태가 제3자에게서 기인한 (12ㄱ-1)의 발화는 정표화행이 아 니다. 그러므로 이를 Searle의 화행 분류상에서 구분하자면 단언화행에 포함시킬 수 있을 것이다. 그러나 이 글의 입장에서 (12ㄱ-1)은 앞에서 논의한 범주 구분에 따라 '평가적 정표화행'으로 정표화행에 포함된다.

화행의 특성을 결정짓는 가장 중요한 기준이 화자의 발화 의도와 청 자의 이해를 포함한 의사소통 목적에 있다는 점을 상기해 볼 때, 평가적 정표화행의 의사소통 목적은 화자가 사태에 대한 자신의 긍정적 혹은 부정적 감정을 표현하고, 청자는 화자가 사태에 대하여 느낀 감정에 대 해 감정이입 되는 것이다. (12ㄱ-1)을 발화한 화자1의 의도는 사태에 대 한 경탄의 마음을 표현함과 동시에 이 사태에 대하여 자신이 긍정적인 평가를 하고 있다는 것을 표현하는 것이다. 그리고 화자2도 자신의 평가 에 반응해 주기를 원하기에 뒤이은 대화이동 (12ㄱ-2)에서 확인질문을 하고 있다. 그러므로 이 발화를 화자1이 참이라고 믿고 있는 사실을 언 급하며 '무엇이 그러하다'라고 전달하려는 의도를 지닌 단언화행이라고 판단하는 것은 부적절하므로 평가적 정표화행으로 보는 것이 타당하 다.23)

따라서 이 글에서는 Searle이 제시한 정표화행의 명제내용 대상을 언 급하는 '(P)(S/H+property)' 조건을 '(P)(S/H/E+property)'로 수정하기로 한다. 이는 정표화행에서는 화자와 청자, 화·청자가 공유하는 제3의 대 상이 겪는 사태가 명제내용의 대상이 될 수 있다는 것을 의미한다.24)

---

23) 한편 단언화행의 발화수반 목적은 화자가 무엇인가가 그러하다고 언급하는 것이며 표현된 명제에 화자가 책임을 지는 것이다. 또한 화자는 청자가 자신의 말을 믿어주기를 바란다.
24) 정표화행의 명제내용과 관련하여 논의되어야 할 사항은 명제내용의 대상보다도 정표화 행 수행 시, 명제내용에서의 사태가 누구와 관련된 사태인지, 그 사태가 누구에게 이득 인지, 사태에 대하여 대화 상대자들이 서로 공감하고 있는지 여부 등이다. 이러한 기준

즉, 명제에 상술된 내용은 화자, 청자, 제3자의 행위[25]나 상태에 관한 것
이 모두 포함된다.

셋째, (10ㄷ)은 Searle의 정표화행 정의에서는 언급되지 않았던 사항에
대한 질문으로 화행의 범위를 의사소통의 범위로 확장했을 때 정표화행의
정의를 어떻게 내릴 수 있는가에 대한 질문이다. 이 글에서는 이미 정표
화행의 범주를 논하면서 의사소통적 관점에서 정표화행의 본질 조건을 제
시한 바 있다. 즉, 정표화행이란 화자가 사태에 대한 자신의 감정을 표현
하며 상대방의 감정이입적 반응을 기대하며, 청자는 사태에 대해 느낀 화
자의 감정에 대해 감정이입되길 원한다고 이해할 때 성공적으로 수행되는
화행이라고 하였는데, 여기서는 이에 대하여 자세히 논해 보기로 한다.

Searle도 화행을 의사소통의 최소 단위로 보고(Searle, 1969 : 30) 화행 이
론을 정립하였으나, Searle의 화행 이론이 진정한 의미에서 의사소통을 기
반으로 했다고 보기는 어렵다. 의사소통이란 대화 참여자들의 상호적 발
화 행위 속에서 이루어지는 것이므로 화행 개념 역시 대화 참여자들의
상호작용 속에서 파악되어야 하는데, Searle의 화행 이론은 다분히 화자
중심적으로 고안되었기 때문이다.[26] 즉, Searle의 화행 이론에서는 화자만

들이 정표화행의 유형의 특성을 드러내고 구분하는 기준이 될 것이다. 이에 대해서는 3
장에서 논한다.

25) 이 행위에는 언어적 행위까지도 포함될 수 있다. 예컨대 화자1은 화자2의 웅얼거리는 말
투에 대해 "넌 왜 그렇게 중얼거리니?"라고 평가적 정표화행을 수행할 수 있다.

26) 화자 중심적으로 고안된 Austin을 비롯한 Searle의 전통적인 화행 개념은 실제 대화를 분
석할 때 많은 문제점들을 지닌다. 예컨대 Austin의 발화성공조건이나 Searle의 발화성공
조건의 내용은 청자와는 관련 없이 화자의 의도가 달성되었는지에 초점을 두어 기술되
어 있다. 또한 Serele은 하나의 화행이 기호나 단어 혹은 문장의 형태로 실현된다고 보고
발화수반 행위가 "F(p)"의 형식으로 실현된다고 하였는데(1969 : 49)―여기서 "F"는 발
화수반 역할을, "p"는 명제내용을 기호화한 것이다.―, 실제 대화를 분석해 보면 하나의
화행이 하나의 문장 단위를 넘어서서 연속된 발화(발화연속체)에서 수행되는 경우도 있
다. 단, 예외적으로 Searle에서도 청자를 고려한 화자의 의도가 드러난 화행 부류가 있는
데, 지시화행의 경우 '화자가 청자의 특정 행위를 희망하고, 청자가 화자의 뜻대로 이를

고려되었을 뿐 화자와 함께 의사소통을 구성하는 청자는 거의 고려되지 않았다.27) 따라서 대부분의 정표화행 연구에서 비판 없이 사용되고 있는 "어떤 상태에 대한 화자의 심리를 표현한다."는 정표화행의 발화수반 목적 역시 청자를 고려하지 않은 개념이므로 수정, 보완될 필요가 있다.

정표화행에서 청자를 고려한 화자의 발화 의도는 Rolf(1990), Weigand (2002)28)에서 다음과 같이 제시되었다.

> (13) ㄱ. 화자의 특정한 느낌 또는 감정을 전달하고 청자가 이를 공감하
> 도록 하려는 의도(Rolf, 1990 : 163 ; 조국현, 1999 : 535 재인
> 용)
> ㄴ. 대화 상대자의 감정이입(empathy)적 반응 화행을 목적으로 하는
> 화행(Weigand, 2002 : 14)

Rolf와 Weigand의 정표화행에 대한 정의는 Austin과 Searle이 화행을 논할 때 화자 중심적으로 보고, 문장의 발화가 의사소통 안에서 무엇을 전달하는지에만 관심을 가진 것으로부터 발전된 견해를 제시한다. 이들의 논의에 따르면 정표화행의 발화 목적은 화자의 감정 전달에 그치는 것이 아니라 청자가 이를 공감/감정이입(Rolf/Wiegand)하도록 한다는 데 있다.

(13ㄴ)의 Weigand(2002)의 정의는 Rolf(1990)의 정의보다 발화의 자극과 반응을 염두에 두고 정표화행을 정의하였다는 점에서 대화분석적이

수행하도록 하려는 의도'라고 명시되어 있다. 전통적인 화행 이론에 대한 대화분석론자
들의 문제점 지적 및 비판·수정 내용은 박용익(2001 : 104-114)을 참고할 수 있다.
27) Searle의 화행 성공 조건은 화자 중심적이다. 또한 다섯 개로 구분한 기본 화행 중 청자
를 고려한 것은 지시화행뿐이다.
28) Wiegand(2002)에서는 감정을 지시하는(refer) 화행의 유형에는 정표화행뿐만이 아니라 선
언화행(DECLARATIVE), 진술화행(STATEMENT)이 있다고 주장하며, Austin이나 Searle
이 주장한 전통적인 기본 화행 범주와는 차이가 나는 새로운 시각을 보였다.

다. 즉, Rolf가 정표화행의 발화 목적이 청자가 화자의 발화 의도에 공감
하도록 한다고 기술한 것에서 더 나아가 Weigand는 정표화행을 단순한
감정의 진술(statement)과 구분하였으며, 아래 (14ㄱ)처럼 화자가 정표화행
을 수행하면 (14ㄴ)처럼 화자의 발화에 감정이입을 한 청자가 반응 화행
을 하게 되는 것이 '순수한 정표화행(genuine Expressive)'의 발화 의도라고
하였다. 이러한 Weigand의 정의는 대화이동 연속체 속에서 정표화행을
정의내리고자 한 시도이기에 의의가 있다.

(14) ㄱ. 화자1 : What a surprise!
ㄴ. 화자2 : Indeed! (Weigand 2002 : 14)

Weigand의 견해대로 의사소통 시, 화자가 정표화행을 발화하는 목적
이 상대방으로 하여금 자신의 감정적 상태에 대해 감정이입적인 반응
화행을 보이는 것에 있는가는 대화이동을 관찰해 보면, 화자가 자신의
감정을 표출하고 상대방에게 바라는 바가 무엇인지 역추적할 수 있다.
다음의 협력적 대화와 갈등적 대화의 예를 통해 정표화행을 수행하는
화자의 발화수반 목적을 확인해 보기로 한다.

(15) ㄱ. 딸 : 1) 아휴, 난 왜 이 모양일까.
2) 아무리 해도 모르겠어.
ㄴ. 엄마 : 1) 다, 그런 거지 뭐.
2) 다른 사람들도 다 그랬을 거야.

위의 (15)의 대화는 대화 참여자 간에 협력적으로 의사소통이 이루어
진 예이다. (15)는 논문을 쓰는 딸과 엄마의 대화로, "한탄(15ㄱ)−위로(15
ㄴ)"의 대화이동 연속체로 구성되어 있다. 화자1(딸)은 (15ㄱ)에서 '한탄'

을 통해 자기 자신의 처지에 대한 '불만'을 표현하고 있고, 이에 대해 화자2(엄마)는 (15ㄴ)에서 딸의 감정에 공감하며 '위로'를 함으로써 딸과 엄마의 대화는 협력적으로 진행되고 있다.

반면 갈등 상황이 야기된 대화인 (16)과 (17)을 보자.

> (16) ㄱ. 아들 : 1) 엄마, 오늘 시험 또 망쳤어.
>
>   2) 이번엔 그래도 열심히 했는데…… 도대체 난 왜 이럴까.
>
>   ㄴ. 엄마 : 1) 그런 얘기 할 시간 있으면 들어가서 공부나 해!
>
>   2) 내일 시험 또 망칠 거야?
>
>   ㄷ. 아들 : 1) (방문을 쾅 닫고 자기 방으로 들어간다)
>
>
> (17) ㄱ. 부인 : 1) 나 요즘 불면증 때문에 너무 힘들어.
>
>   2) 일주일째야. 제대로 잠 못 잔 게…….
>
>   ㄴ. 남편 : 1) 운동 해. 운동.
>
>   2) 너무 안 움직이니까 잠이 안 오는 거지.
>
>   3) 코앞에 헬스클럽이 있는데 왜 안 가?
>
>   ㄷ. 부인 : 1) 됐어! 관둬.
>
>   2) 내가 너한테 무슨 말을 하겠냐.

(16), (17)은 화자1이 (16ㄷ)처럼 더 이상의 대화를 거부하고 방으로 들어가 버리거나 (17ㄷ)처럼 화를 내며 대화가 종결되었으므로 의사소통이 잘 이루어졌다고 보기 어려운 예이다. 의사소통이 성공적으로 이루어지지 못한 이유는 화자1(아들/부인)의 대화 의도가 충족되지 못했기 때문이고, 거꾸로 화자2는 화자1의 대화 의도를 적절하게 해석(decoding)하지 못했기 때문이라 풀이할 수 있다.29)

---

29) 의사소통이란 인코딩과 디코딩의 과정이라고 할 수 있다. 화자는 상대방이 이해할 수 있

(16)의 대화는 '한탄(16ㄱ-2)-명령(16ㄴ-1)'의 대화이동 연속체로 구성
이 되어 있는데, (16ㄱ-2)에서 아들은 '도대체 난 왜 이럴까.'하고 한탄
을 하고, 이에 대하여 화자2는 (16ㄴ-1)에서 '명령'을 한다.[30] 이는 비슷
한 상황인 (15)에서 '한탄-위로'의 대화이동연속체로 진행이 되었을 때 대
화가 협력적으로 진행된 것과 대조적이다. (17)의 대화는 '불만토로(17ㄱ)-
제안(17ㄴ-1, 2)'과 '질타(17ㄴ-3)-질타(17ㄷ)'의 2개의 대화이동 연속체로
구성이 된다. 부인은 (17ㄱ)에서 자신의 심정을 토로하며 남편의 '위로'
나 공감적 반응을 바랐으나 남편은 실질적인 해결책을 제안함으로써, 결
국 (17ㄷ)에서 부인이 화를 내면서 대화가 종결된다.

이로써 정표화행의 의사소통 목적, 즉 왜 사람들이 자신의 감정을 대
화 상대자에게 표현하는가?라는 질문에 대한 답변을 할 수 있게 되었다.
화자가 자신의 감정 상태를 표현할 때, 화자는 상대방도 나의 감정에 이
입되어 그와 관련된 정서적 반응을 보여주기를 기대한다. (16ㄴ)의 엄마
의 '명령'이나 (17ㄴ)에서 남편의 '제안' 같은 발화 행위를 반응 화행으
로 기대하지는 않는 것이다.

이상의 논의를 정리하면 정표화행의 정의는 다음과 같다.

도록 표현해야 하며, 청자는 상대방의 발화 의도를 해석할 수 있어야 원활하게 의사소통
이 진행된다. 또한 의사소통을 화행론적으로 풀이하자면, 화자의 발화가 청자의 행동에
영향을 미칠 경우 '의사소통이 되었다'라고 말할 수 있을 것이다. 이것은 결국 화자가
어떠한 발화 행위를 통해 의도한 발화수반행력이 행해진 후, 청자의 발화효과 행위가 있
어야만 의사소통이 이루어졌다고 볼 수 있다는 것을 뜻한다.

30) (16ㄱ-2)를 한탄 행위로 판단할 수 있는 것은 (16ㄷ)에서 화자1(아들)의 반응이 있었기
때문이다. 만약 이 대화에서 화자2(엄마)가 (16ㄴ)에서 아들이 시험을 망친 이유에 대하
여 조곤조곤 설명을 해 주었다면 어떻게 되었을까? 아마도 (16ㄱ-2)는 질문행위로 해석
이 되었을 것이다. 이처럼 화행의 분석에서는 반응 화행의 위치에 오는 발화와 재반응
위치에 오는 발화까지 고려해야 함을 알 수 있다.

(18) 의사소통적 관점에서 협의의 정표화행 정의 :

정표화행이란 화자가 사태에 대한 감정을 표현하고, 청자가 이에
대하여 감정이입 되기를 기대하는 행위

이때, 화자의 감정과 사태의 내용은 다음과 같다.

　　　ㄱ. 감정의 종류 : 쾌(긍정적)/불쾌(부정적)의 감정

　　　ㄴ. 명제내용의 대상 : 화자, 청자, 제3의 대상

2. 정표화행의 수행 형식

1) 화행의 수행 형식 연구

화행이 실현되는 발화 형태는 형태, 통사적 특성뿐만이 아니라 명제의
의미 내용까지 고려하면 수도 없이 많으므로 화행의 수행 형식을 체계
화하여 제시하는 일은 쉽지 않다. 예컨대 '감사'의 기능을 나타내기 위
한 등가적 표현 형태들은 다음과 같이 매우 다양하게 나타난다.

(19) (도움을 받고 나서)

　　　ㄱ. 정말 고마워.

　　　ㄴ. 수고하셨어요

　　　ㄴ. 다음에 너 일할 땐 내가 도와줄게.

　　　ㄷ. 이 빚을 어떻게 갚죠?

　　　ㄹ. 다음에 내가 밥 살게.

　　　ㅁ. 미안해. 귀찮게 해서.

　　　ㅂ. 어휴 시간이 너무 오래 걸렸네. 어떡해……

그러나 어떠한 화행을 수행하기 위하여 언어 공동체에서 정해 놓은 언어적 표현 방식은 분명히 있다. 이것은 우리가 상황에 따라 화행을 수행할 수 있는 다양한 언어적 표현을 적절하게 골라 사용하고 있다는 것으로 예측할 수 있다.

화행의 언어적 수행 형식을 밝히는 방법은 크게 세 가지가 있다. 하나는 통사적·어휘적 형태를 제시하는 방법이고, 둘째는 의미적 내용을 제시하는 방법, 셋째는 이들을 통합적으로 종합하여 제시하는 방법이다.

첫 번째 방법은 화행의 언어적 실현, 즉 발화수반 행위와 발화 행위의 관습적 관계는 1차적으로는 문법적 규칙과 관련이 있을 것이라는 가정으로부터 시작한다.31) 화행의 통사적·어휘적 형태를 제시하려는 시도는 Searle(1979)로 거슬러 올라간다. Searle(1979)은 기본 화행 5가지에 대하여 언어적으로도 이 유형들 각각의 특성을 반영하는 언어적 장치가 있을 것이라는 생각을 하였다. 그리하여 문장 유형으로 5개의 화행 분류를 보여주기 위해 각 화행 유형의 명시적 수행문의 심층 구조를 분석하여 제시했다. 그러나 결론부터 말하자면 통사적 유형으로 각 화행의 분류가 명확히 드러나지는 못하였다.32)

---

31) 한국어에서 서법은 화행의 기능이 문법화되어 고정적으로 나타나는 것으로도 볼 수 있다(윤석민 1999).

32) Serele(1979)에서 제시한 정표화행의 통사구조는 "I verb you+I / you VP ⇒ gerundive nom."이다. 동명사/전치사구(gerundive nom)는 정표화행에서 말과 세상의 방향성이 존재하지 않음을 다시 한번 강조하고자 하려는 것이었다. 정표화행의 이러한 속성 때문에 말과 세상의 방향성으로 인한 문제를 만들 수 있는 형태인 'that'으로 이끌어지는 삽입문과 부정사 형태는 여기서 제외된다고 하였다(예 : *I congratulate you that you won the race). 한편 한국어에서도 장석진(1987)에서 화행 유형을 통사적 유형으로 구분하려는 시도가 있었다. 장석진(1987 : 313)에서는 한국어의 명시적 수행문의 형식은 단일하지가 않고, 화자와 청자가 묵시적이며, 1, 2인칭 지시어나 수행동사의 선정, 도치 여부, 보문 구조 등 통사적 특성과 보문의 명제 내용에 따라 수행문 형식이 다양함을 지적하였다. 장석진(1987)에서는 한국어의 수행문 형식이 발화수반 행위 표출의 필수 성분이 아님을 밝히고 한국어의 수행문 형식은 매우 다양하다고 밝혔다. 그가 정표화행의 통사적 특징

한편 어휘적 형태를 제시한 논의들도 한국어에서 지시화행을 중심으로 논의가 되었는데(지시화행(장경희 2005), 질문화행(이창덕 1999), 요구화행에 대한 응대화행(장경희 2002)[33]), 종결형의 어미와 문형 표현을 중심으로 실현 형태를 제시하였다. 그러나 정표화행의 경우 (19)의 감사행위의 수행 형식에서 보듯이 특정한 종결 어미나 종결 표현을 사용한다고 단정 짓기가 어렵다. 또한 정표화행은 상황맥락에 따라 다양한 방식의 표현이 나올 수 있으므로 의미적 기준에 따라 정표화행의 수행형식을 구분하는 것이 적절할 것이다.

그간 정표화행을 대상으로 수행 형식을 논한 선행 연구들에서는 전략적 관점에서 정표화행의 수행 형식을 논의하였다. 예컨대 '위로'의 전략으로 '공감하기, 염려하기, 단념시키기, 대안제시, 도움 제시하기, 충고·권유·권고, 안심시키기, 기운 북돋기, 긍정적 전망 제시, 노력 치하하기, 주변 탓으로 돌리기, 축소시키기, 기분 전환시키기, 상황의 긍정적 측면 부각시키기, 회피하기, 바람 나타내기' 등으로 실현된다고 하였다(장성환,2005 ; 김선지, 2007 참조). 이와 유사하게 '칭찬'의 표현을 논한 연구들(김현정, 1996 ; 전정미, 2008 ; 장민주, 2009 등)에서는 직접적인 칭찬 표현, 주변적 언급 표현, 직접적인 칭찬 표현과 주변언급이 함께 이루어진 경우로 나누고, 칭찬의 중심 화제와 관련된 의미적 요소를 참조하여 주변적 언급 표현으로 '알아채기, 정보묻기, 개인적 언급, 농담하기, 요청 및 제안하기, 설명하기' 등으로 다시 하위분류를 하였다.

그러나 위의 구분한 전략들에서 정표화행만의 표현 방식을 파악하기란

으로 제시한 내용은 다음과 같다. '(는, ㄴ것)/ㅁ 것을 V(환영하다)', '(X에게) 인사드리다'.
33) 장경희(2002)에서 요구 화행에 대한 응대는 '르게', '겠', '르거', '르래' 등의 의도 표지 형태를 지닌 문장 형식의 발화로 실현된다고 보았다. 그리고 그 기본 언어 형식은 '간투사+수행 의도 표명의 발화'라고 하였다.

어렵다. '직접적 표현/주변적 언급 표현'의 구분은 화행 표현의 '명시적/함축적'인 특성을 들어서 구분한 것으로 보이는데, 이 역시 정표화행만의 수행 형식 특징이라고 보기는 어렵다. 이것은 화행 표현 전체의 보편적인 특성이다.34)

　위의 전략을 논한 방식과는 구별이 되는 논의로는 Hindelang(1983)의 방식을 들 수 있다. Hindelang(1983)은 지시화행의 수행 형식을 의미적 층위와 문법적·어휘적 층위에서 구체적으로 논의하였는데, 이때 의미적 층위에서의 구분은 지시화행의 속성상 청자에게 어떠한 내용을 지시하는지에 따라 다섯 가지로 구분하였다. 그가 제시한 의미적 층위에서 지시화행은 '지식 결핍 지시', '정보 희망 지시', '정보희망', '정보 상태 탐색', '정보 요구'로 구분된다(김갑년 역, 2000 : 124 참고). 이처럼 정표화행의 경우에도 정표화행의 속성이 잘 드러나는 의미적 구분이 필요하다.

2) 정표화행의 원형적 수행 형식

　정표화행은 화자의 사태에 대한 화자의 감정을 표현하는 행위이므로 정표화행의 수행 형식은 감정을 어떠한 방식으로 표현하느냐에 초점을 맞춰야 할 것이다.

　Marten-Cleef(1991 : 121)에서는 감정 표현에 대한 원형적 수행 형식을 여섯 가지로 제시하였다. 이 글에서는 이 기준에 한국어 정표화행들도

---

34) 장경희(2005)에서는 간접성과 관례적이라는 개념에 근거한 지시화행의 유형화는 언어 표현의 보편적이고 일반적인 특성이기 때문에 지시화행만이 지닌 특성을 설명하는 데에는 거리가 있다고 하였다. 따라서 지시화행의 본질을 드러내는 측면에서 지시 화행의 수행 형식이 접근될 필요가 있다고 주장하며 '지시 강도'나 '화자의 지시 욕구 표명의 명료성 정도' 등의 개념으로 설명하였다.

부합하는지 자료를 토대로 알아보고 한국어에서만 나타나는 정표화행의 수행 형식이 있다면 무엇이 있을지 개관해 보도록 하겠다.[35] Marten-Cleef(1991 : 121)에서 제시한 정표화행의 언어 형식의 원형은 6가지로 다음과 같다.

> (20) 정표화행의 원형적 수행 형식
> ㄱ. 수행적 감정 표현 : 명시적 수행 표현, 관용적 표현
> ㄴ. 느낌의 표현 : 감탄사, 단순한 외침
> ㄷ. 감정에 대한 표현 : 명시적으로 느낌을 말하기
> ㄹ. 사실 표현 : 사태를 주제로 한 사실 표현
> ㅁ. 평가 표현 : 대상, 자신과 청자와 관련한 평가
> ㅂ. 사실에 대한 반응으로써 감정을 표현

Marten-Cleef(1991)의 분류에서 정표화행이 수행될 때 명시적인 표현은 (20ㄱ, 20ㄷ)에 불과하고 모두 상황을 서술하는 함축적인 표현을 사용하고 있다. 한국어의 정표화행 수행 형식도 이 원형적 분류 체계 내에서 수행이 되는지 실제의 예를 통해 확인해 보도록 하겠다.

첫째, (20ㄱ)에서 한국어 정표화행의 경우에도 수행성 동사나 수행성 명사를 포함한 표현으로 수행된다.[36] 예를 들어 '고마워, 축하해!, 감사합니다' 등이 이에 해당한다. 그리고 정표화행을 실현하는 관용적 표현 또한 존재한다. 실제 대화에서 사용된 예는 다음과 같다.

---

35) 정표화행의 유형에 따라 아래에서 제시하는 유형 중 수행 형식이 있는 것도 있고 없는 것도 있는 등 차이가 날 것이다.

36) 장석진(1987)에서는 우리말에서 화행이 수행될 때 P=명제적 내용, M=통사적 서법 (mood) 표지(-다, -냐, -라, -자 등 종결어미). DM=평서문 종결어미(-ㅂ니다, -다, -어 등), PV=수행동사, PN=수행명사가 사용된다고 하였다.

(21) ㄱ. 활 : (웃는데 전화 오는, 받는) 네, 김 부장님.

ㄴ. 김 부장 : 아, 신 팀장, 아주 사람들을 들었다 놨더만. 합격이다. <u>축하해!</u>

ㄷ. 활 : <u>감사합니다.</u>

(22) 언니, (결혼) <u>축하해요,</u> 행복하게 사세요.

(23) 화자1 : 제 자식이 못나서 그렇습니다. <u>제가 대신 사과드릴게요. 죄송합니다.</u> 다시는 이런 일은 없을 거예요.

이렇게 수행성 동사나 수행성 명사가 포함한 표현들은 (21ㄷ)이나 (22), (23)처럼 명제내용이 생략되기도 한다. 또한 이들은 명시적이고 직접적으로 화자의 감정을 표현하며 특정한 화맥에서 누구나 알고 있는 관용적 표현을 사용하여 감정을 표현하므로 청자는 화자의 발화 의도를 알아차리기 위해 추론 과정을 거칠 필요가 없다.

둘째, 정표화행은 화자가 사태에 대하여 즉흥적으로 느낀 느낌을 단순한 감탄사나 짧은 외침으로도 수행된다. 예를 들어 '오!'를 통해서도 화자가 느낀 즉흥적인 감정이 표현된다. 의사소통 상황에서 발화된 예들은 다음과 같다.

(24) 하루 : (감격, 놀란, 일어나며) <u>와, 와아!!</u> (신 코치에게) 봤죠? 세 바퀴 보셨어요? 3회전 했어요, 나!!(껑충껑충) <u>와아~!!!!</u> 죽음이닷, 이런 기분이었구나!

(25) <u>젠장젠장젠장!</u> 정말 더러워서 못해먹겠네.

(26) 화자1 : 그 사람이 토익 다섯 번을 만점 받았어.

　　　　화자2 : <u>우와아</u>
　　　　화자3 : 작살이다. 진짜.

　　(27) 오빠 <u>파이팅!</u>

　　(28) <u>앗싸! 가오리~</u> 내가 이겼으니까 밥 사.

　　(29) 어휴. 내 신세야.

　　(30) 어랏?

　　이처럼 짧은 감탄사[37]만으로도 정표화행은 상황맥락에 따라 다양하게 기능할 수 있으며, 명제내용이 없다는 특징이 있다. 감탄사는 주로 구어체에 많이 쓰이며 특히 화자의 감정이 실린 어조나 억양, 얼굴 표정이나 손짓, 몸짓 등 신체적인 표현과 함께 쓰이는 경우가 많으며, 동일한 형태가 여러 가지 다른 감정을 나타내기도 한다. 우리말의 감탄사로는 감정의 종류에 따라 '기쁨'을 표현하는 '오, 와, 아', '화'를 표현하는 '에끼, 이런', '슬픔'을 표현하는 '아이고, 어이구…', '놀라움'을 표현하는 '이크, 아차, 에구머니', '즐거움'을 표현하는 '만세, 좋다' 등이 있다(고영근·구본관, 2008 : 136 참조).
　　셋째, 정표화행의 수행형식으로는 화자가 사태에 대하여 자신이 어떤 감정을 느끼는지 직접 서술하는 것으로 감정과 관련된 어휘들이 함께 사용된다. 주로 평서문으로 표현되며 화자1의 감정을 나타내는 '기쁘다, 슬프다, 그립다, 무섭다, 외롭다' 따위의 감정 어휘와 함께 사용된다.[38]

---

37) 우리말에서 화자의 감정을 타나내는 품사에 '감탄사'가 있다. 이 품사는 다른 단어와 관련을 맺지 않고 독자적으로 화자의 감정을 나타낼 수 있다.

(31) ㄱ. 기자 : 가원 음악상에서 처음으로 한국 연주자가 상을 받았는
　　　　　　데, 감회가 어떠십니까?

　　　ㄴ. 한옥수 이사장 : 그동안 서양 피아니스트에게 주목했던 전 세
　　　　　　　　　　계 음악 흐름이 이제 동양인에게 쏠리고 있어
　　　　　　　　　　요. 에너지 넘치고 탁월한 재능을 지닌 우리
　　　　　　　　　　젊은 연주자를 찾아낼 수 있어 정말 기쁩니다.

(32) 화자1 : 최종 발표 후 하나도 못 썼어. 스트레스만 받고…… 언제
　　　　　쓰냐 언제.
　　　화자2 : 그래도 난 네가 부럽다. 최종 발표라도 했잖냐.

(33) 화자1 : 국어학은 아직 하나도 안 들어 가지고 그거 걱정 돼.
　　　화자2 : 그거 빨리 들어야 되는데

(34) 화자1 : 아~ 씨 어떻게 하지?
　　　화자2 : 되게 난감하네.
　　　화자1 : 쫌 난감하다.
　　　화자1 : 아~ 뭐 어떤 주제가 나와도 난감하다.

(35) 화자2 : 아니면은
　　　화자1 : 어.
　　　화자2 : 처음부터 자료를 주고 세 시간 토론을 하든지.
　　　화자1 : 아~ 너무 엄해.

　　감정 상태를 말할 때 특이한 점은 위의 예에서 보듯이 '정말', '되게',

---

38) 최석재(2008)에서는 우리말에서 감정동사의 개수를 494개를 상정하였는데, 이들은 Shaver
　　et al.(1987)이 분류해 놓은 '사랑, 기쁨, 놀람, 분노, 슬픔, 두려움'의 여섯 가지의 의미
　　속에 포함되었다.

'좀', '너무' 등의 정도부사가 함께 사용이 되곤 한다는 점이다.

넷째, 정표화행은 평가나 감정과 관련된 어휘를 사용하지 않고 단순히 사태를 주장하거나 사실을 기술하여 수행될 수 있다.

(36) 화자1 : <u>누가 내 옷 가져갔어?</u>
화자2 : 난 아니야. 난 아냐.

(37) 순재 : 그리고 앰마! (준하 발로 차며) <u>넌 서재를 쓸려면 좀 깨끗하게
좀 쓰지 맨날 책상에 과자 부스러기 천지야! 너 혼자 쓰냐, 너
혼자 써?</u>
준하 : 아…… 치울려 그랬어요.

(38) 민용 : <u>어제 몇 시에 들어왔어요, 도대체?</u>
민정 : (더듬거리며) 그…… 글쎄…… 한 열 시…….

(39) 민용 : <u>방학이 이렇게 가버리네. 여행 한 번을 못 가고.</u>
민정 : 전 그래두 제주도 가는데~('브이'자를 그리는)

(40) 노인1 : (화투 치며, 쌌다) <u>아우! 쌌다.</u>
노인2 : 쌌어요! 쌌다구! 오늘 술값은 자네가 내야 돼.

(41) (욕실에서) 이 썩은 냄새는 도대체 뭐야?

(42) 노인1 : 자식 애기 하니까 또 자식 생각나서 우는 거예요?
할머니2 : <u>아이…… 그게…… 요즘 허리가 아파 그런지 자식 생각
이 더 나고(울먹) 추석 되니까 더 보고 싶고, 눈이 어른
거리고…….</u>

(43) 성기열(신호 가서 받으면) : 여보세요?

　　큰딸 : <u>어? 아버지! 아버지다! 아버지 맞죠?</u>

　　성기열 : 그래, 아버지다. 아버지야.

(44) 화자1 : <u>헉, 김갑수다!</u>

　　화자2 : 누구?

　　화자1 : 왜 있잖아. 영화배우 김갑수. 저러니까 딴 사람 같네.

위의 표현들은 사태의 의미적 내용에 따라 구분이 가능하다. Marten-Cleef(1991)에서는 사실에 대한 정보를 내용에 따라 크게 '행위의 이행/불이행 여부에 대한 정보'와 '사태에 대한 정보', '상태(존재여부)에 대한 정보' 세 가지로 구분을 한다. 위의 예에서 (36)~(38)은 상대방이 한 행동에 대하여 잘못되었거나 혹은 잘 되었을 때 이와 관련된 내용을 기술한 것이고, (39)~(42)는 화자에게 일어난 사태나 대상물에 일어난 일을 기술한 것이다. (43), (44)는 어떠한 존재의 유무에 대한 정보를 주는 것이라 할 수 있다.

다음으로 평가 표현으로 정표화행을 수행하는 예를 보도록 하겠다.

(45) 아이 : (그네 타며) 할머니 안녕하세요?

　　한순자 : 그래. <u>그 녀석 똘똘하게 생겼네.</u>

(46) 희창 : (민정 손잡고 악수하며 등을 두드리는 스킨십이 많은) 야,

　　　　이런 데서 만나네? 잘 지냈냐? <u>너 안 본 새 꽤 이뻐졌다~</u>

(47) 강 : 얼른 못 일어나겠냐!

　　옥자 : (윗몸 일으키며) <u>증말 너무 하신다.</u>

(48) 큰딸 : (술 가지고 오며) 아버지 보드카도 한 잔 하세요.(하며 따른다.)
성기열 : 그래! 역시 샤슬릭에는 보드카야. 하하하.

(49) 화자1 : <u>아빠, 완전 잘 됐어! 언니, 완전 맛있어.</u> 짱이에요!
화자2 : 완전 맛있지?

(50) 화자1 : 우리가 대놓고 붙어 놓는 거야. 그러면은 두 시간을 때울
수 있어.
화자2 : <u>아~ 그러면</u>(웃음) 아~ 정말 재밌겠다.

(51) 민정 : 내가 정말 그랬다구……?
수경 : 말려도 소용없었어. 통화 안 해 봤어?
민정 : <u>하…… 미치겠다, 정말… 난 정말 죽어야 돼…… 왜 사니…….</u>

평가의 대상은 (45), (46)처럼 청자의 외모나 (47)에서처럼 청자의 태
도가 될 수 있고, (48), (49)처럼 '요리'나 '술' 같은 어떤 대상물이 될 수
도 있다. 또한 (50)처럼 미래의 사건에 대해서도 평가가 가능하며 (51)처
럼 화자 자신에 대해서도 평가가 가능하다. 그리고 평가의 표현 형식에
서 명제내용은 (47), (59), (50), (51)처럼 종종 생략되기도 한다.
마지막으로 어떤 사실에 대한 화자의 반응을 표현함으로써 정표화행
이 수행되는 예이다.

(52) 나 지금 떨려.

(53) 할 말이 없네.

(54) 아낙 갑 : 아유…… 크게 다친 모양이네!

혜경 : (어쩔 줄 몰라하며) 어떡해······.

(55) 화자1 : 와아, 이 와인 끝내준다!
　　　화자2 : 그래, 정말!

이상 Marten-Cleef(1991)에서 제시한 정표화행의 원형적 수행 형식에 한국어 자료를 대입해 봄으로써 의미적 층위에서 느낌을 표현하는 방식은 독어와 한국어가 유사하다는 것을 확인해 보았다. 한국어에서 정표화행 수행 형식의 원형적 틀을 정리해 보면 다음과 같다.39)

(56) 한국어 정표화행의 원형적 수행 형식
　　　ㄱ. 수행적 표현 : 명시적 수행 표현, 관용 표현
　　　ㄴ. 느낌 표현 : 감탄사, 단순한 외침 표현
　　　ㄷ. 감정 표현 : 명시적으로 감정 어휘를 사용하여 느낌을 표현
　　　ㄹ. 사실 표현 : 사태를 주제로 한 사실 표현
　　　ㅁ. 평가 표현 : 화자, 청자, 대상과 관련된 평가 표현
　　　ㅂ. 반응 표현 : 사태에 대한 반응 표현

---

39) 언어 구조나 언어 유형의 차이 때문에 독일어와 한국어 간에 정표화행의 수행 형식에서 차이가 나타날 가능성을 염두에 두었으나 정표화행의 원형적 수행 형식에서는 두 언어 간 차이는 나타나지 않았다. 또한 한국어 정표화행이 실현되는 실제 자료를 검토해 보면 의도하는 바와는 반대로 표현하는 '반어적' 표현들이 자주 발견된다. 그러나 반어적 표현은 감정을 표현하는 정표화행의 수행 형식이라기보다 언어의 일반적인 표현 방식 중 하나로 보아 (56)에 추가하지는 않았다.

제3장

한국어 정표화행의 유형 분류

3장에서는 한국어 정표화행의 유형을 분류하기 위한 기준에 대해 논의해 본다. 1절에서는 Searle(1976)의 화행 분류 기준과 Norrick(1978)과 Marten-Cleef(1991)의 정표화행 분류 기준을 검토하여, 이들이 어떠한 방법으로 화행 분류 기준을 얻었는지, 기존 연구에서 문제점이 있다면 무엇인지에 대하여 비판적으로 검토하기로 한다. 2절에서는 선행 연구의 분류 기준이 화자 중심적이었다는 점을 보완하여 의사소통적 특성을 고려한 정표화행의 분류 기준을 제안하여 본다. 3절에서는 분류 기준의 적용 순서를 제시하고 이에 따라 정표화행 유형의 체계와 목록을 완성해 본다.

1. 화자 중심적 분류 기준

1) Searle(1976 / 1979)의 화행 분류 기준

선행 연구에서 전술하였듯이 화행 분류 기준을 자세히 논의한 최초의 연구는 Searle(1976)이다. Searle(1976)은 화행 분류를 위해 12가지 기준을 제시하였고 이 중에서 '의사소통 목적'과 '세상과 말 간의 일치 방향', '표현된 심리' 세 가지 기준을 이용하여 다섯 가지 기본 화행 유형을 분류하였다.[1] 그러나 Searle이 제안한 세 가지 분류 기준은 개별 화행의 유형을 분류할 때에는 충분조건도 필요조건도 되지 못하였기에 이후 연구자들은 자신이 분류하고자 하는 화행의 특성을 잘 드러내는 여러 가지 의미·상황적 기준들을 제시하였다.[2]

그런데 이 글에서 Searle(1976)에서 제시한 12가지 분류 기준을 다시 검토해 보려는 이유는 언어학자들이 각 화행을 분류하기 위해 세운 기준들이 완전히 새로운 것이 아니기 때문이다. 사실 그들이 제시한 의미·상황적 기준들은 Searle(1976)에서 언급한 12개의 분류 기준에서 크게 벗어나지 않는다. 이 의미는 Searle이 다섯 가지의 기본 화행을 분류하기 위해 세 가지 기준을 사용했을 뿐이지 나머지 화행의 유형을 분류하기 위한 중요한 기준들을 이미 제시하였다는 것을 뜻한다. 예를 들자면 Rolf(1983)는 단언화행을 하위분류하기 위해 1차 분류 기준으로 '단언화행이 대화에서 나타나는 위치'를 들고 이에 따라 시작 화행, 반응 화행, 고수화행으로 구분하였다. 이는 Searle의 12개의 분류 조건 중 '담화 내적 관계에서 나타나는 차이'에 해당한다. 그리고 2차 분류 기준으로

---

1) Mey(1997)는 Searle의 이 세 가지 분류 기준에 대하여 화용론적 관점에서 언어를 연구할 때 중요하게 고려되어야 하는 '화자와 청자', '상황 맥락'이 전혀 고려되지 않았다는 점을 문제점으로 지적하였다.

2) 예를 들어 단언화행의 하위 유형을 분류하기 위해서 Rolf(1983)은 '화행의 존재 유무나 믿음, 지식의 강도'를, 요구화행의 유형을 분류하기 위해서 Hindelang은 '의무나 제재 수단의 존재 여부, 화자와 청자의 관계, 화자와 청자가 요구의 대상이 되는 일에 대해 갖는 필요성과 기호', 언약화행의 하위분류를 위해서 Graffe(1991)은 '화자와 청자의 이해 관계, 신뢰성, 책임 관계가 형성되는 방식'을, 정표화행의 하위분류를 위해서 Marten-Cleef(1991)은 '상황에 대한 인식과 평가' 등을 상세한 기준으로 제시한 바 있다.

제시한 단언화행의 '수용 강도나 믿음의 강도 차이' 역시 Searle(1976)에서 '발화수반 행위 목적을 보여주는 힘 또는 강도의 차이' 기준에 부합한다.

물론 Searle이 제시한 12가지 화행 분류 기준은 화행을 포괄적으로 논의하였으므로 각 화행의 의미·상황적 조건을 자세히 포함하고 있지는 않다. 그러나 그가 제시한 12가지 화행 분류 조건은 화행 분류의 기본적인 틀을 제시하고 있다는 점에서 정표화행의 유형을 분류하기 위해 확인해 볼 만한 의의가 충분히 있다고 생각한다. 그리하여 이 글에서는 Searle이 제시한 화행 유형 분류를 위한 12가지 기준은 매우 유용한 틀이라는 점을 인정하고 정표화행과 관련하여 이 기준들을 검토해 보고자 한다.

Searle에서 제시한 화행 분류 기준은 다음과 같다(Searle, 1976 : 2-7).

(1) Searle(1976)에서 제시한 화행 분류 기준 12가지[3]
   ㄱ. 발화수반 행위의 목적
   ㄴ. 말과 사태간의 일치 방향

---

3) Searle(1976 : 2-7)의 원문은 다음과 같다. (a) Differences in the point(or purpose) of the type of act. (b) Differences in the direction of fit between words and the world. (c) Differences in expressed psychological states. (d) Differences in the force or strength with which the illocutionary point is presented. (e) Differences in the status or position of the speaker or hearer as these bear on the illocutionary force of the utterance. (f) Differences in the way the utterance relates to the interests of the speaker and the hearer. (g) Differences in relations to the rest of the discourse. (h) Differences in prepositional content that are determined by illocutionary force-indicating devices. (i) Differences between those acts that must always be speech acts, and thoese that can be, but need not be performed as speech acts. (j) Differences between those acts that require extra-linguistic institutions for their performance and those that do. not. (k) Differences between those acts where the corresponding illocutionary verb has a performative use and those where it does not. (l) Differences in the style of the performance of the illocutionary act.

    ㄷ. 표현된 심리적 상태

    ㄹ. 발화수반 행위 목적을 보여주는 힘 또는 강도

    ㅁ. 화자1과 화자2의 사회적 지위

    ㅂ. 화자1과 화자2의 이해관계

    ㅅ. 담화에서 다른 부분과의 관계

    ㅇ. 발화수반지시체에 의해 결정된 명제적 내용

    ㅈ. 항상 화행으로 분류되어야 하는 행위와 그렇지 않은 것들

    ㅊ. 언어 수행을 위해 언어 외적인 제도를 요구하는 화행과 그럴 필요가 없는 화행

    ㅋ. 상응하는 발화수반 동사가 수행적 용법으로 쓰인 경우와 그렇지 않은 경우

    ㅌ. 발화수반 행위 수행 시, 스타일의 차이

(1ㄱ)과 (1ㄷ)의 화행 분류 기준은 Searle이 제시한 화행의 적정 조건과 밀접한 관련이 있다. Searle(1969)은 화행을 성공적으로 수행하기 위한 네 가지 구성 조건을 제시한 바 있다. 명제내용 조건(propositional condition), 예비 조건(preparatory condition), 성실 조건(sincerity condition), 본질 조건(essential condition)으로 알려진 것들인데 (1ㄱ)의 '발화수반 행위 목적(illocutionary point)'은 본질적으로 A라는 화행과 B라는 화행의 유형을 구분하는 근간이 되므로 본질 조건과 일치한다. 따라서 정표화행의 유형을 분류할 때에도 정표화행의 본질, 즉 화자의 의사소통 목적이 가장 우선적으로 고려되어야 할 것이다. 이 기준에 의한 분류는 정표화행을 수행하는 화자의 의도가 무엇에 있는지에 관하여 답해 줄 수 있고 궁극적으로 왜 우리가 의사소통상에서 자신이 느낀 감정을 상대방에게 의도적으로 표현하려고 하는가에 대한 해답을 줄 수 있으므로 매우 중요하다.4)

---

4) Marten-Cleef(1991)의 1차 분류 기준에 의한 '화자선호적 정표화행'과 '화자혐오적 정표

(1ㄴ)은 말과 세상과의 관계로 명제내용 조건과 관련이 있다. 그러나 정표화행은 말과 세계의 적용 방향이 없으므로 하위 유형을 분류하는 데에는 적용할 필요가 없다.

(1ㄷ)은 화자가 그의 발화에 대하여 갖는 심리적 태도를 말하는 것으로 Searle(1969)의 화행 성공 조건 중 '성실 조건'과 관련이 있다. 정표화행은 화자의 다양한 감정 상태를 표현하는데, 이것은 단언화행은 '믿음', 지시화행은 '소망', 언약화행은 '의도'처럼 다른 화행들이 동일한 심리를 표현하는 것과 비교했을 때 정표화행만의 특징적인 면이다. 따라서 정표화행의 하위 유형을 구분하기 위해서는 화자의 다양한 감정 상태를 밝히는 작업이 반드시 필요하다.

(1ㄹ)은 화행마다 청자에게 미치는 발화수반 행위의 효력에 차이가 있다는 것으로 이해할 수 있다. 그런데 '발화수반 행위 목적을 보여주는 힘이나 강도'를 파악하려면 화자의 발화 행위에 대한 청자의 반응을 함께 고려해 보아야 이를 정확히 확인할 수 있다. Rolf(1983)에서는 단언화행을 구분할 때 이 기준을 적용하여 '수용의 강도'에 따라 '확신, 동의, 용인' 등을 구분하였는데 정표화행의 하위분류에서 이 기준을 핵심적으로 적용할 필요는 없을 것이다. 정표화행의 효력을 고려할 때 얼마만큼의 힘이나 강도로 영향을 미치는지는 정표화행의 의사소통 목적에 크게 영향을 줄 것으로는 보이지 않기 때문이다.

(1ㅁ)은 발화의 발화수반력에 영향을 미치는 화자와 청자의 사회적 지위 차이를 말한다.[5] 이는 Searle(1969)에서 발화 행위의 성공조건으로 제

화행'에 의하면, 정표화행의 의사소통 목적은 화자가 선호하는 사태에 대한 느낌을 표현하든가 혐오하는 사태에 대한 느낌을 표현하기 위해서라고 답할 수 있다. 그러나 이것은 매우 좁은 의미에서의 의사소통 목적을 이야기한 것이라고 생각된다. 따라서 이 기준으로는 우리가 의사소통 속에서 왜 정표화행을 수행하는가에 대한 근본적인 대답을 줄 수는 없다.

시한 것 중, '예비 조건'에 해당한다. 예비 조건은 화행의 하위유형으로 내려갈수록 구분하는 기준점이 될 수도 있다. 예비 조건을 상세히 분류함에 따라 유형도 자세히 나뉠 것이기 때문이다. 예를 들어 사회적 지위가 높은 사장이 직원에게 '김 부장, 수고했어.'라고 말하면 이것은 칭찬행위로 해석이 된다. 그러나 반대로 사회적 지위가 낮은 학생이 강의를 마친 교수에게 '수고하셨습니다.'라고 말하면 이것은 감사행위로 해석된다.6) 이처럼 한국 사회에서는 화행이 수행될 때 화자와 청자의 사회적 위계는 민감한 요소로 작용할 가능성이 크므로 정표화행의 분류 기준으로 적용할 수 있을 것이다.7)

(1ㅂ)은 발화가 어떻게 화자와 청자의 이익에 관련을 맺는가와 관련이 있다. 이 기준은 (1ㅁ)과 마찬가지로 Searle(1969)에서 제시한 행위의 성공 조건 중 '예비 조건'에 해당하는데 Searle이 제시한 화행 분류 기준 중 청자의 입장을 화행 분류에 반영하였다는 점에서 의의가 있다. 화자와 청자가 어떠한 사태에 대하여 서로 이해관계가 일치하는가 일치하지 않는가의 문제는 Marten-Cleef(1991)에서 '공감 / 반감'으로 고려되었다. 이 글에서도 이 분류 기준을 고려하기로 한다.

(1ㅅ)은 어떤 언어행위가 제대로 기능하고 이해되기 위해서는 각각의 발화와 전체 담화를 연결해야 한다는 의미이다. 이 조건은 화행을 분류

---

6) 이 기준은 '지시화행' 중 '요구화행'의 유형을 분류한 Hindelang(1978)에서 적용된 바 있다.
6) 원칙적으로 '수고하다'라는 표현은 국립국어원에서 발간한 『표준 국어 화법』에 의하면 지위가 낮은 사람이 지위가 높은 사람에게 사용하는 것은 부적절하다고 나와 있다. 그러나 요즘 대학생들을 비롯하여 3, 40대 언중들은 이를 거의 분간하지 않고 청자의 지위와 상관없이 '수고하셨습니다'를 감사화행으로 사용하는 듯하다.
7) 화자와 청자의 사회적 지위는 요구화행의 유형을 분류할 때 중요한 기준으로 사용되기도 하였다. 예컨대 요구화행의 유형을 분류한 김지환(2002)에서는 '지도' 행위는 화자와 청자의 비대칭적인 관계―화자의 계약에 의거한 요구와 이에 대한 청자의 수행―에서 나타난다고 하였다.

할 때에도 발화와 대화의 구조를 연관지어 생각해 보아야 한다는 점을 시사한다. Searle(1969)의 영향을 받은 대부분의 화행 연구들은 화행을 분류할 때 시작 화행에서 수행된 경우에 한정하여 논의하였다(Hindelang 1978, Marten-Cleef 1991 등). 그러나 단언화행을 분류한 Rolf(1983)나 요구화행을 하위분류한 김지환(2002)에서는 어떠한 화행이 다른 화행을 전제로 하는지 여부에 따라 대화 내의 위치와 관계없이 나타날 수 있는 시작 화행(제시화행), 다른 화행 한 개를 전제하는 반응 화행, 다른 화행 두 개를 전제하는 고수 화행으로 유형화하여 논의하였다. 한국어에서도 이렇게 대화 내의 위치를 고려하여 화행 한 개를 전제하는 반응 화행에 관심을 가지고 논의된 연구가 다수 있다(김정연, 1995 ; 박은영, 2000 ; 조정민, 2004 ; 이하나, 2005 ; 최이슬, 2010 등). 이 글에서도 대화이동 연속체를 고려하여 정표화행을 분류하고자 한다. 정표화행이 대화이동 연속체 안에서 오는 위치를 고려하는 것은 화행을 대화 단위로 확장하는 데 중요한 의의를 지닐 뿐만 아니라 대화 구조 안에서 정표화행의 기능을 세밀하게 살펴볼 수 있다는 이점이 있기 때문이다.

(1ㅇ)은 명제적 내용의 차이에서도 화행의 유형이 구분될 수 있다는 것으로 해석된다. '보도하다'와 '예보하다'를 예로 들면 '보고하다'는 '과거의 명제적 내용'을, '예보하다'는 '미래의 명제적 내용'을 이야기하는 것에서 차이가 난다. 이 기준은 정표화행을 분류하는 주된 기준은 아니지만, 유형들을 구분하는 데 고려할 수 있을 것이다.

(1ㅈ)은 항상 언어적으로 수행되는 행위와 꼭 언어적으로 수행되지 않더라도 표현이 가능한 화행 간의 차이를 뜻한다. 예를 들어 '분류하다'의 경우 말로 분류를 할 수도 있으나 비언어적으로 수행될 수 있다. 그러나 '주장하다'의 경우는 항상 말에 의해 수행이 된다는 점에서 차이가 있는 것이다. 이 분류 기준은 어떠한 화행이 말에 의해서 수행되는 경우와 그렇지 않

은 경우가 있다는 것을 시사한다. 하지만 이 글의 연구 대상은 언어적으로 표현되는 경우에 한하여 논하기로 하였으므로 이 기준은 적용하지 않는다.

(1ㅊ)은 화행이 수행될 때 제도적 틀이 필요한 것들과 그렇지 않은 것을 가르는 기준이다. 즉, 언어 외적인 상황 조건을 뜻하는데 (1ㅁ)에서 말하는 화자와 청자 간의 지위 차이와는 다소 차이가 있다. 상황 조건에 의해 화자와 청자의 지위 차이가 일어날 수는 있지만 거꾸로 모든 지위 차이가 이러한 상황 조건 때문에 생기는 것은 아니기 때문이다. 예를 들어 무장 강도가 명령 행위를 수행하는 경우 상황 조건 내에서 무장 강도가 갖는 입장은 지위에서 왔다기보다 무장했다는 언어 외적인 상황 조건에 의해 결정되는 것이다(Hindelang, 2000 참고). 정표화행은 대개 공적 영역보다는 사적 영역에서 많이 수행되는 경향이 있으므로 언어 외적인 상황 조건은 분류를 할 때 핵심적인 기준이 될 수는 없다.[8]

(1ㅋ)은 발화수반동사 중에는 명시적 수행동사가 있고 명시적으로는 사용되지 않는 부류가 있다는 점을 언급한 기준이다. 예를 들어 '모욕하다'의 경우 명시적으로 '나는 너를 모욕해.'라고 말한다고 해서 '모욕행위'가 수행되지 않는 것을 들 수 있다. 이 기준은 Searle이 Austin(1962)은 발화수반동사를 분류한 것이지 발화수반 행위를 분류한 것이 아니라는 비판에서 나온 기준이다. 따라서 화행의 하위분류에서는 더 이상 그리 중요한 의의를 지닐 수 없다고 본다.

(1ㅌ)은 발화수반 목적이나 명제적 내용 조건은 일치하나 말하는 방식, 소위 어떤 것을 말할 때 사용하는 발화 행위의 스타일에 따라 화행의 분류가 가능하다는 것이다. 상식적으로 생각해 보아도 발화 상황과 대화 상대자에 따라 말하는 스타일은 달라질 것이다. 예컨대 공식적인 상황인

---

8) 이 조건이 정표화행의 유형을 가를 때 아예 불필요한 것은 아니다. 예를 들어 치하행위와 칭찬행위, 찬사행위를 구분할 때 사용될 수 있다. 이에 대해서는 4장에서 언급할 것이다.

지 비공식적 상황인지에 따라 언어행위가 달리 수행하는 것과 마찬가지다. 이 기준은 정표화행 개개의 특징을 드러낼 때 언급할 수도 있겠으나 주된 분류 기준으로 적용할 필요는 없다.

이상 정표화행과 관련하여 화행 분류의 고전인 Searle(1979)의 12가지 화행 분류 기준의 의의를 재검토해 보았다. 이 이론을 통해 언어 행위들을 구분할 때 기본적이며 핵심적인 사항들이 무엇인지 파악할 수 있었다. 그러나 이 논의에서는 어떠한 방법으로 화행을 분류하는 12가지 기준을 얻었는지를 밝히고 있지 않으므로 화행 분류의 방법론 자체에 대해서는 힌트를 얻을 수 없었다. 또한 대화분석론자들에 의해 비판을 받아온 것처럼 Searle의 화행에 대한 기본적인 출발점은 지극히 화자 중심적이므로 정표화행의 유형을 분류할 때에는 '청자의 입장'을 고려하기 위한 예비 조건들이 더 상세하게 기술되어야 할 것으로 보인다.

2) 기존 연구의 분류 기준과 문제점

정표화행을 하위분류한 연구로는 Norrick(1978), Searle & Van-derveken(1985)와 Marten-Cleef(1991)가 있다.[9] 이들 연구는 영어와 독어를 대상으로 하였으나 정표화행의 유형은 문화적으로 이질적인 경우들을 제외한다면 언어 보편성을 기대할 수 있는 부분이 더 크므로[10] 이들의 논의를

---

9) 장석진(1987 : 328)에서도 정표화행을 통사 형식에 따라 경조 화행(축하, 환영 등)과 인사 화행(인사, 문안드리다)으로 크게 구분한 바 있으며, 의미적인 면에서는 화자와 청자 간의 감정표현의 관계(청자의 경사, 흉사 등)에 따라 세분할 수 있을 것이라고 언급한 바 있다. 그러나 정표화행의 유형에 대한 더 이상의 언급은 없고 정표화행에 관한 본격적인 연구가 아니므로 선행연구 검토에서는 제외하였다.

10) 정표화행뿐만 아니라 화행의 유형을 논할 때, 언어 보편적인 측면이 더 강할 것 같다는 생각은, 일정한 사회화를 거친 사람이라면 모국어와 상관없이 어떤 상황에서 '사과'를

검토해 보는 것은 한국어 정표화행을 분류하는 데 있어서 의미가 있을
것이다.

Norrick(1978)은 정표화행의 유형에 대하여 자세히 논의한 초기의 연구
이다. 이 연구에서는 Searle(1976)에서 제시한 'apologize, thank, cong-
ratulate, condole, deplore, welcome'은 정표화행의 목록들로써 불충분하
며 특히 'forgive, excuse, pardon'류가 포함되지 않은 것은 이상하다고 지
적하였다(Norrik, 1978 : 278). 또한 명시적 수행 동사로 쓰이지 않은 것들도
정표화행의 분류에 포함시켜 '수행동사'의 분류가 아니라 '발화수반
행위'를 분류했다는 점에서 Searle(1976)의 논의에서 발전된 시각을
보여준다. Norrick(1978)에서는 가치 판단 기준과 역할 부여 기준이라
는 두 가지 기준11)을 이용하여 정표화행의 하위부류로 'apologizing
(사과하기), thanking(감사하기), congratulating(축하하기), condoling(동정하기),
deploring(책망하기), lamenting(한탄하기), welcoming(환영하기), forgiving(용서
해주기), boasting(잘난 척하기)12)' 등 9개를 구분하여 제시하였다.

해야 하고, 어떤 상황에서 '감사'를 해야 하는지 알고 있다는 점에서 증명될 수 있다. 만
약 화행 유형의 수행 조건이 언어 개별적이라면, 사람들은 외국어를 배울 때 각 화행의
표현뿐만이 아니라 수행 조건부터 배워야 할 것이다. 화행의 언어개별적인 측면, 즉 '문
화적으로 이질적인 경우'는 분류의 상위 체계보다는 하위 체계로 내려갈수록 예비 조건
과 표현 면에서 차이를 나타날 것으로 생각한다. 이는 실제 화행이 수행된 언어 자료를
관찰함으로써 밝혀 낼 수 있을 것이다. 한국어 정표화행의 개별적 특성은 4장과 5장, 6
장에서 구체적으로 논하기로 한다.

11) Norrick(1978)에서 제시한 분류 기준은 '사실적 조건(factive condition)'까지 고려하면 세
개이다. 그러나 이 기준은 정표화행이 수행되기 위한 기본 조건으로 전제되는 것으로써,
Searle(1976)에서 정표화행은 세계와 말의 일치 방향이 없고, 정표화행이 수행되었을 때
화자1는 명제내용의 진실을 전제하거나 사태가 실제로 일어났다고 인정하는 것을 전제
로 한다는 조건과 동일한 개념이다. Norrick 자신도 정표화행의 유형들을 기술할 때에는
'가치 판단 조건'과 '역할 부여 조건' 두 가지만을 적용하였다.

12) 그리고 'boasting' 류도 정표화행 목록에 포함되지 않았는데, 'boast'이 명시적 수행동사
로 쓰이지 못한다 하더라도 지나간 행위에 관해 부끄러워하는 '사과' 행위와 마찬가지로
자존감을 가지고 지나간 일을 보고하는 이 부류도 포함되어야 한다고 하여 정표화행의

'가치 판단 조건(value judgement condition)'은 정표화행을 수행하는 화자가 사태에 대하여 어떻게 인식하고 평가하느냐를 말하는 것으로, 이 기준에 따라 각 유형을 긍정적 / 부정적으로 구분하였다.13) '역할 부여 조건(role identification condition)'은 정표화행의 유형들 간 차이를 밝히는 데 가장 중요한 요소라고 지적한 것으로(Norrick, 1978 : 283), 주어진 상황마다 화자가 자신과 청자에게 부여하는 역할 조건을 말한다. 화자는 대화 상황마다 자신 또는 청자를 사태에 책임이 있는 '행위자(agent)'와 이와 반대로 행위의 수혜자가 되는 '대상자(patient)', 그리고 사태와 직접적인 관련은 없으나 대상자 옆에서 사태를 인식하고 있는 '관찰자(observer)' 중 어느 하나로 역할을 부여할 수 있다고 하였다. 그리하여 이 논의에서는 정표화행의 하위 유형마다 대화 참여자들이 이뤄내는 역할의 쌍을 보여주었다. 예를 들어 '사과'의 경우 화자는 사태의 책임자가 되므로 '행위자'의 역할을 하며 청자는 이 행위의 수혜자가 되므로 '대상자'의 역할을 하게 된다. 반대로 '감사'의 경우 사태에 책임이 있는 사람은 청자이므로 청자가 '행위자'이고 화자는 이 행위의 수혜자이므로 대상자가 된다.14)

'역할 부여 기준'과 관련하여 Norrick(1978)에서 발견할 수 있는 중요한 사실은 정표화행의 부류 중에는 청자에게는 어떠한 역할도 주어지지 않

목록에 추가하였다.

13) Norrick은 '가치판단 조건'이 Searle(1969)의 예비 조건에 해당한다며, 이 조건을 좀 더 구체적으로 화자와 청자의 이익도의 측면에서 고려할 필요가 있다고 제시한 바 있다. 이는 매우 타당한 지적으로, 화행 단위를 화자 측면에서 일방적으로 판단할 것이 아니라 대화 단위로 확장하여 보기 위해서는 반드시 필요한 조건이라 하겠다. 그러나 Norrick은 자신의 정표화행 분류 기준에서는 화자1의 입장에서만 가치판단 기준을 적용하였는데, '청자의 사태에 대한 가치 판단 조건'까지 고려하는 것이 정표화행의 특성을 드러내기 위해 필요할 것으로 판단된다.

14) Norrick(1978 : 284)에서는 이를 형식화하여 다음과 같이 기술하였다.
사과화행은 "agent=speaker, value=negative, patient=addressee", 감사화행은 "agent=addressee, value=positive, patient=speaker".

는 유형들이 있다는 것인데, '한탄하기(lamenting)', '자랑하기(boasting)'15)가
그 예이다. 이는 Searle(1976)이 'apologize, thank, congratulate, condole,
deplore, welcome'처럼 정표화행을 청자와 관련이 있는 사태에 대한 화
자의 반응 화행으로 간주한 것과는 다른 관점을 제시한 것이라 하겠다.
이로써 Norrick(1978)에서는 정표화행이 반드시 청자를 대상으로 한 화자
의 반응 행위로만 구성되는 것은 아니라는 점을 주장하였는데, 이는 정
표화행의 중요한 의사소통적 특징을 보여준 것이므로 의의가 있다.

그러나 Norrick(1978)의 연구는 몇 가지 측면에서 문제점을 지적할 수
있다. 첫째, 이 논의는 Searle(1976)의 연구를 토대로 하여 Searle이 간과
했던 화행 부류를 발견해 내기는 했으나 그 목록이 연구자의 직관에 의
해 추가되었다는 한계가 있다. Norrick(1978)에서는 왜 정표화행의 하위
부류를 아홉 개로 설정하였는지에 대한 기술이 필요하다. 둘째, 제시한
정표화행의 유형 중 분류 기준으로 변별이 안 되는 유형이 있다는 점이
다. 이 논의에 의하면 책망행위와 용서행위는 모두 화자의 가치 판단은
부정적이며 역할 부여 조건도 '행위자=청자, 대상자=화자'라는 점에서
일치한다. 언어 직관상 '책망'과 '용서'는 전혀 다른 행위인데, 이들의

---

15) 'boasting'은 Searle(1969)에서는 '단언화행' 속에 포함되어 있다. Norrick(1978 : 290)에서
도 'boasting'은 정표화행 부류의 조건을 만족하기에 몇 가지 결함이 있다고 지적한 바
있다. 다른 정표화행의 부류와는 달리 명시적 수행동사로써 'boast'가 쓰일 수 없고, 간혹
미래에 대해 주장하는 것으로도 잘난 척을 할 수 있기에 정표화행의 중요한 특성인 '사
실이 전제된다'는 명제내용 조건에 맞지 않기 때문이다. 그리하여 Norrick(1978)에서는
과거 행동에 대해 사실적인 것을 주장하는 경우의 'boasting'만을 정표화행 속에 포함시
켰다. 이럴 때 'boasting'은 화자의 '자존감'이나 '자신감'을 표현하는 것으로 본 것이다.
이러한 '잘난척하기'의 사회적 기능은 다른 사람에게 자신의 과거 잘했던 점을 표현하기
위함이고, 화자는 다른 사람에게 잘난척하기를 수행함으로써 그들의 자신감을 고양시키
고 인정받기를 원한다고 하였다. 또한 경우에 따라서 잘난척하기는 경쟁자의 사기를 꺾
는 사회적 기능을 갖는다고 언급하였다. Norrick(1978 : 290)에서 제시한 Boasting의 행위
적 조건은 다음과 같다. "agent=speaker, value=positive, observer=speaker".

분류 기준이 동일하다면 그 기준에 대한 신뢰성을 의심할 수밖에 없다. 셋째, 이 논의는 엄밀한 기준에서 정표화행의 유형을 분류하였다고는 볼 수 없다. 유형화란 유사한 성질을 가진 개체들을 상위 유형과 하위 유형으로 나누어 위계적으로 제시하는 것을 말한다.16) 그런데 Norrick의 연구는 정표화행의 목록을 제시하고 그 특성을 설명한 것이므로 정표화행에 대한 계층적 연구라고는 볼 수 없다.

다음으로 Searle & Vanderveken(1985)는 정표화행의 유형으로 "사과(apologize), 감사(thank), 동정(condole), 축하(congratulate), 불평(complain), 한탄(lament), 항의(protest), 질책(deplore), 잘난 척하기(boast), 찬사(compliment), 칭찬(praise), 환영(welcome), 인사(greet)" 13개 항목을 제시하고, '명제내용 조건'과 '일어난 사태에 대한 화자의 감정', '사태에 대한 긍정적·부정적 인식' 기준을 가지고 정표화행의 특징을 형식 의미론을 사용하여 나타내었다. 이 세 가지 기준은 정표화행의 적정 조건인 '명제내용 조건, 예비조건, 성실 조건"을 화행을 구분하기 위한 기준으로 적용한 것이라 할 수 있다. 그리고 Searle & Vanderveken(1985)은 Searle(1976/1979)과 비교하여 "한탄, 불평, 항의, 잘난 척하기" 등의 유형을 추가하여 제시하였는데, "항의"를 추가한 것으로 보아 정표화행의 범주를 크게 본 것으로 해석된다. 그렇다면 Austin(1962)의 행태화행처럼 더 많은 목록들이 추가될 여지가 있다. 그러므로 목록에 "항의"만을 포함시킨 이유에 대한 설명이 필요하다. 또한 이 논의는 Norrick(1978)과 마찬가지로 목록을 제시하고 그 특성을 설명한 것이므로 정표화행에 대한 계층적 연구로는 볼 수 없다.

정표화행의 유형을 상세히 분류한 본격적인 연구는 Marten-Cleef(1991)

---

16) '유형화'란 비슷한 낱낱의 사물 또는 사실 관계를 특정한 '유형(type)'으로 규정하는 일이며, '유형 분류'란 유형화를 통해서 얻어진 여러 유형들의 관계와 위상을 일정한 체계 하에서 정립하는 일이다(Hartung, 1991, 137f ; 조국현, 1999 : 529 재인용).

이다. 이 논의에서는 정표화행의 유형을 다음의 세 가지 분류 기준에 의해 여섯 가지로 구분하였다.

(2) ㄱ. 1차 분류 기준 : 사태에 대한 화자의 인식과 평가
    ㄴ. 2차 분류 기준 : 사태에 대한 선호나 혐오의 감정이 화자에게
                      만 있는가, 화자와 청자 모두에게 있는가
    ㄷ. 3차 분류 기준 : 화자와 청자가 그 사태에 대하여 느끼는 감정
                      이 공감적인가 반감적인가, 아니면 화자의 내
                      적 흥분을 진정시키기 위해 감정을 말하는 것
                      인가(Marten-Cleef, 1991)

정표화행은 1차 분류 기준인 (2ㄱ)에 의하여 '화자선호적(mit Sprecher-Präferenz) 정표화행'과 '화자혐오적(mit Sprecher-Aversion) 정표화행'으로 구분된다. 이 기준은 Norrick(1978)의 가치판단 기준과 동일한 것으로 화자선호적 정표화행은 어떤 사태에 대하여 화자가 좋은 감정을 가지고 있는 유형이고, 반대로 화자혐오적 정표화행은 어떤 사태에 대하여 부정적 감정을 가지고 있는 유형을 말한다. 그리고 다시 이들은 2차 분류 기준 (2ㄴ)에 의하여 사태에 대한 청자의 가치 평가를 고려하여 '양자 선호 정표화행'과 '화자 선호 정표화행', '양자 혐오 정표화행'과 '화자 혐오 정표화행' 네 가지 유형으로 구분하였다. 다음으로 이 네 유형의 화행들은 (2ㄷ)의 3차 분류 기준에 의하여 대화 참여자들이 같은 마음을 갖고 있는 '공감적 정표화행'과 서로 다른 마음을 가지고 있는 '반감적 정표화행', 그리고 화자의 감정 상태를 이완하고 진정시키기 위한 목적으로 수행되는 '진정적 정표화행'으로 구분하였다. 그리고 각각의 유형은 사태가 일어난 시간이나 사태가 발생했을 때 화자의 위치,17) 화자가 어떤 종류의 감정을 느끼는지 등에 따라 개별적으로 분류하였다.

이상의 기준을 이용하여 Marten-Cleef(1991)에서는 정표화행 유형을 '화자선호-공감적 정표화행'과 '화자선호-반감적 정표화행', '화자선호-진정적 정표화행', '화자혐오-공감적 정표화행', '화자혐오-반감적 정표화행', '화자혐오-진정적 정표화행' 6개의 하위 부류로 구분하고, "칭찬", "축하", "기원", "환영", "호감표현", "감사", "조롱", "승리감 표현", "악의적 바람", "환호", "경탄", "희망", "동정", "염려", "사과", "원망", "질타", "질투", "한탄", "자책", "걱정" 등 총 21개의 정표화행의 유형을 다음과 같은 체계 하에 제시하였다.

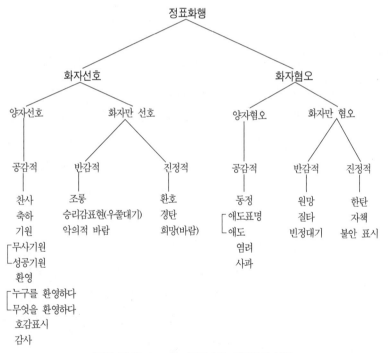

[그림 3] Marten-Cleef(1991)의 정표화행 분류

---

17) '화자의 위치' 기준은 Norrick(1978)에서 제시한 '화자와 청자의 역할'과 동일한 기준이다.

Marten-Cleef(1991)의 연구는 이전에는 복잡한 부류로 인식되었던 정표화행 부류를 체계적으로 기술하여 보여주었다는 점에서 의의가 있다. 우리는 이 논의를 통해 Searle(1976)이나 Norrick(1978)에서는 언급되지 않았던 정표화행의 다양한 유형들을 알 수 있고 그 유형들이 어떻게 구분되는지를 알 수 있다. 또한 이 논의는 동일 차원에서 같은 분류 기준을 적용하였으므로 매우 깔끔하고 이상적인 분류 결과를 보여준다. 그리고 세 가지 분류 기준의 설정 역시 심리학에서 감정을 분류할 때 긍정적 부류와 부정적 부류로 나누는 것과 유관하게 화자의 감정에 대한 인지적·평가적 측면의 특성을 적절히 반영하였으므로 타당하다고 본다. 특히 2차 분류 기준에서 청자의 감정적 특성까지 고려한 점은 화자의 입장에만 치우쳐 연구되어 온 화행 연구의 문제점을 극복해 보려는 시도로 보인다.

그러나 이 연구에서도 몇 가지 문제점을 지적할 수 있다.

첫째, Marten-Cleef(1991)에서 기계적인 분류는 매우 명료하고 이상적인 결과를 보여주었으나 이와는 별개로 분류 결과가 과연 자연 언어의 특성을 잘 보여주고 있는가는 문제점으로 지적할 수 있다. 자연 언어라면 서로 다른 기준이 적용될 여지가 충분히 있을 것으로 예상되며 Marten-Cleef의 결과는 연역법적인 방법론을 취하였기에 도출될 수 있었던 것으로 보인다. 따라서 이 글에서는 연구자가 세워 놓은 분류 기준에 실제 대화를 끼워 넣는 방법이 아니라 실제 대화에서 사용되는 한국어 정표화행 자료를 가지고 세워 놓은 분류 기준을 재검토하여 다시 수정·보완하는 상호적인 방식을 취할 것이다. 이렇게 연역적 방법과 귀납적 방법을 절충하면 분류 과정이 다소 복잡해진다 하더라도 정표화행의 속성들을 잘 보여주는 결과를 도출할 수 있을 것이다.

둘째, Marten-Cleef(1991)의 한계는 정표화행의 연구 범위를 화자에 의한 시작 발화로 제한하였다는 데 있다. 이러한 이유로 21개 정표화행의 유형들을 보여주었음에도 불구하고 용서행위18)를 비롯하여 대화이동 연속체에서 앞에 어떠한 화행을 전제하여 수행되는 유형들은 목록에서 제외되었다. 또한 Marten-Cleef(1991)가 제시한 상대방의 수혜적 행위에 대한 환영행위는 대화이동 연속체를 고려하면 반응 화행의 위치에서만 수행되는 것으로 사람을 환대하는 행위와는 구별된다.19) 이처럼 정표화행의 유형 중에는 대화이동 연속체상에서 그 특징이 더 잘 드러나는 부류가 있으므로 이 글에서는 연구 범위를 대화로 확장하여 논하고자 한다. 또한 정표화행의 완전한 목록을 보여주기 위해서는 대화의 구조 내에서 정표화행이 수행되는 위치도 고려해야 할 것으로 보인다.

　셋째, 3차 분류 기준에 의한 '공감적·반감적·진정적 정표화행'을 같은 위계 층위에서 논하는 것은 적절하지 못하다고 본다. 앞서 언급한 것처럼 Marten-Cleef(1991)의 분류의 특색은 화행 분류 기준을 적용할 때 동일 차원에서 같은 분류 기준을 적용하였다는 점이다. 그러나 '공감적', '반감적', '진정적' 유형들에서 공감과 반감은 서로 밀접한 관련이 있는 반면 '진정적' 기준은 이들과 관련성이 떨어진다. Marten-Cleef가 밝혔듯이 '공감·반감'의 기준은 화자와 청자의 감정 공유 여부에 따라 구분한 것인데 반해 '진정적' 기준은 청자와의 감정 공유와는 무관한 화자의 감정을 진정시키기 위한 부류로 구분한 것이다. 그러므로 정표화행의 특징적 부류인 '진정적 정표화행'을 전체 체계 내에서 다른 유형들과 어떻게 연관지어 설명할 수 있는지에 대한 고민이 필요하다.20) 따라서 이 부

---

18) Marten-Cleef(1991)에서는 용서행위를 사과행위에 대한 반응 화행으로 간주하고 이를 논의 대상에서 제외한 것으로 보인다.

19) 반응 화행으로서 환영행위는 이 장의 2절에서 자세히 논의하였다.

20) '진정적 정표화행'은 Norrick(1978)에서 정표화행 부류 중 "어떤 사태에 대하여 청자가 관찰자(observer) 역할을 하는 것이 있다"라고 말한 부류와 관련이 있다. 이 부류는 의사소통에서 상대방과의 상호작용이 중요하다는 기본적 특징을 고려해 볼 때 매우 흥미있는 유형이다. 선행 연구들에 따르면 진정적 정표화행에 속하는 화행들은 '청자의 역할이

류를 정표화행 체계 내에서 설명하기 위한 설득력 있는 새로운 분류 기준이 요구된다.

마지막으로 생각해 볼 문제는 화행의 보편성과 개별성에 관한 것이다. 정표화행의 상위 유형은 언어 보편적일 확률이 높으나 하위 유형으로 나눠질수록 언어 개별적인 특성이 나타날 수 있으리라 예상된다. 따라서 Marten-Cleef(1991)는 독어를 대상으로 한 연구이므로 하위 유형으로 구분이 될수록 한국어의 정표화행은 어떠한 기준으로 분류할 수 있을지 규명해 내는 일이 필요하다.

2. 의사소통적 특성을 고려한 분류 기준

Searle(1976)이 화행을 분류하는 기준 12가지를 제안한 것처럼 정표화행의 분류 기준 역시 얼마든지 찾을 수 있을 것이다. 그러나 중요한 것은 분류 기준에 의해서 한국어 정표화행의 속성이 얼마나 정확히 구분되는가에 달려 있다. 이 절에서는 선행 연구에서 지적한 문제점들을 수정·보완하고자 의사소통적 특성을 고려한 정표화행의 분류 기준을 제시한다.

없거나(Norrick, 1978)', 의사소통 목적이 화자 자신의 긴장된 감정 상태를 이완시키고 진정시키고자 하는 데(Marten-Cleef, 1991) 있다고 하였다. 그러나 과연 의사소통에서 청자의 역할을 배제한 화자의 의도적인 행위, 즉 화행이 수행될 수 있는 것일까? 이 글은 화행의 수행은 청자를 배제하고는 이루어질 수 없다는 관점에서 선행 연구에서 제시한 '진정적 정표화행'의 특성에 대한 의견에 동의하지 않는다. 이 글에서는 이 부류를 청자의 공감을 유발시키기 위한 '청자 공감유발 정표화행'으로 분류하고, 다음 절에서 이에 대해 상세히 논해 보기로 하겠다.

1) 1차 분류 기준 : 대화이동 연속체 내에서의 위치

그동안 Searle의 화행 분류에 기반을 둔 연구들은 대화의 시작 위치에서 실현되는 화행만을 대상으로 하였다. 정표화행의 선행연구인 Norrick(1978)이나 Marten-Cleef(1991)의 연구도 예외는 아니었다. 그러나 시작 화행만을 고려하면 화행에 대한 분석이 화자 중심적으로 이루어지므로 실제 대화 자료를 분석하는 관점으로는 부적절하다. 또한 화행 유형 중에는 대화 구조 내에서 그 특징이 더 잘 드러나는 부류들이 있으므로 대화이동 연속체 내에서의 위치는 고려되어야 할 기준이다.

다음은 화자가 발화한 단일 문장으로는 화행의 유형을 판단하기 어려운 예이다.

(3) 화자1 : 김 형사, 뭐야?

(3)은 화자의 발화만으로는 질문 화행으로 판단하기가 쉽다. 그러나 다음과 같이 이어진 반응 화행을 고려하면, 청자의 반응이 사과행위인 것으로 보아 (3)은 "질문"이 아니라 청자에 대한 "질타"임을 알 수 있다.

(4) ㄱ. 화자1 : 김 형사, 뭐야?
ㄴ. 화자2 : 죄송해요. 제가 정신이 좀……

위의 대화 예에서 볼 수 있듯이 대화 내에서 수행되는 위치를 고려할 때 화행의 유형을 정확히 판단할 수 있고, 또한 화행 연구를 의사소통의 개념 하에서 비로소 논의할 수 있게 된다.[21] 즉, 언어적 의사소통 행위

---

21) 화행 분류 시 대화이동 연속체를 고려해야 한다는 입장을 밝힌 논의로는 강창우(2002),

는 화자의 발화 측면뿐만 아니라 청자의 반응 측면까지 포함하므로[22] '주는 말'과 '받는 말' 모두를 고려하여 화행을 분석할 때에야 화행 연구를 문장이 아닌 대화 단위로 확장시킬 수 있고, 의사소통 속에서 수행되는 개별 화행의 기능을 정확히 연구할 수 있게 된다.

정표화행의 하위 유형을 분류할 때 대화이동 연속체를 고려하면 다음과 같은 현상을 관찰할 수 있다. 시작 화행의 위치에서 대화 상대방에게 감정을 촉발시키는 화행의 유형에는 무엇이 있는가? 반응 화행의 위치에서 감정의 반응으로써 수행되는 유형에는 무엇이 있는가? 우리는 이 두 가지를 구분하게 됨으로써 정표화행의 특성을 좀 더 명확히 파악할 수 있게 될 것이다.[23] 그리고 시작 화행만을 고려하여 정표화행을 분류한

김지환(2002), 전정미·구현정(2003), 김순자·장경희(2005) 등을 들 수 있다. 또한 대화 흐름에 관심을 가진 연구들에서는 대화의 구조를 '요구와 반응'(김미령, 2006 ; 전정미·구현정, 2003)으로 나누어 대화이동 연속체를 고려하여 논의를 진행하고 있다. 또한 전산 언어학 관련 연구에서도 이러한 대화 구조에 관심을 가지고 화행 주석에 관한 연구가 진행되었다(이현정·서정연, 1997 ; 박혜은·이민행, 1999 ; 서상규·구현정, 2001 등).

22) 조국현(2004)에서는 그동안 화행론을 비롯한 의사소통 행위에 대한 연구는 대부분 화자 1의 발화에만 초점을 맞춰왔다는 문제점을 제시하며 '화행'과 더불어 '청행(聽行)'의 개념을 제시하고 있다. 그는 '청행'이란 화행이 발화를 통해서 의도를 전달하는 것에 대를 이루어 상대의 발화를 수용하고 해당 발화에 담긴 의도를 이해하는 적극적인 행위라고 하였다(조국현, 2004 : 399). 이는 우리가 의사소통을 효과적으로 하기 위해서는 상대방의 말을 단순히 청취(hear)하는 것이 아니라 '경청'해야 한다고 말하는 것과 관련이 있는 개념이다. 결국 경청이란 '능동적 듣기(listen)'를 의미하고, 조국현(2004)에서 말하는 '청행'의 개념은 이와 같은 듣기의 적극적인 기능을 강조한 것으로 판단된다.

23) 정표화행의 유형 중에는 두 개의 발화를 전제하여 세 번째 자리의 위치에서 수행되는 경우도 있다. 이 글의 대화 자료에서는 안도화행 하나가 이러한 예로 발견이 되었다. "안도"는 전형적으로 다음과 같이 '관심 질문-대답-안도화행'의 대화이동 연속체에서 세 번째 자리에서 나타난다.

예) 1) 화자1 : 엄마 하늘인 좀 어때?
   2) 화자2 : 응, 이제 집에서 나와서 껑껑 짖기도 하고 뛰기도 하고 그래. 걱정 마.
   3) 화자1 : <u>아휴, 다행이다.</u>
대화 유형학과 관련된 논의들에서 관계중심적 대화는 원칙적으로 '시작-반응'의 두 개의 대화이동으로 대화가 종료된다고 보고 있다(박용익, 2002 : 174-192 참조). 그러나 위의 예에서 '시작-반응-재반응'의 세 개의 대화이동으로도 관계중심적 대화가 구성

Marten-Cleef(1991)에서는 제시하지 못하였던 반응 화행의 위치에 오는 정표화행의 목록을 새롭게 추가할 수도 있을 것이다. Marten-Cleef(1999)에서 제시하지 못하였던 대표적인 유형으로는 반응 화행의 위치에서 수행되는 "용서"가 있다.

> (5) ㄱ. 화자1 : 언니, 일찍 왔어요? 미안해요. 차가 너무 막혀서. 연대
> 앞부터 여기까지 오는데 30분이나 걸렸어요.
> ㄴ. 화자2 : <u>괜찮어. 나도 지금 왔어.</u> 오늘 뭔 날인가? 나도 오는데
> 차 많이 막히더라.

(5)에서 화자2의 용서행위의 수행은 독립적으로 나타나기보다 약속 시간에 늦은 화자1의 "사과"에 대한 반응으로 나타나는 것이 자연스럽다. 즉, (5ㄴ)과 같은 용서행위는 상대방의 감정을 촉발시키기 위해 독립적으로 수행되기보다는 상대방이 수행한 행위에 대한 감정적 반응으로써 반응 화행의 위치에서 수행되는 것이 전형적이라는 것이다.

물론 실제 의사소통 상황에서는 반응 화행의 위치에 오는 정표화행이 시작 화행의 위치에서 나타나기도 한다. 그러나 이러한 경우, 대화 상대자의 비언어적 행동이나 화자의 상황적 맥락 지식에 의한 전제가 있기에 언어적으로 수행되는 대화이동 단계가 생략된 것으로 볼 수 있다.

다음의 예는 반응 화행의 위치에서 전형적으로 수행되는 용서행위가 시작 화행의 위치에 나타난 경우이다.

> (11) ㄱ. 엄마 : 너 나한테 거짓말 한 거야?

될 수 있다는 가능성이 제기된다. 이 글에서는 재반응 위치에서 전형적으로 나타나는 정표화행 유형에 대해서는 아직 확실하게 유형들을 수집하지 못한 관계로 논의에서 제외하였다. 이에 대한 논의는 후고로 미룬다.

ㄴ. 딸 : (고개 떨구고 눈물)

ㄷ. 엄마 : 이건 한 번 거짓말 한 게 아니야. 한 달 동안 넌 날 계
　속 속인거지.

ㄹ. 딸 : (계속 고개 숙이고 눈물)

ㅁ. 엄마 : 1) (한숨) 이번 한 번만 봐 주는 거야.

　2) 다시는 이런 일 있으면 안 돼.

　3) (방문을 나가며)그리고 인선이 이리 와봐.

(11)의 대화는 딸이 거짓말을 해 왔다는 것을 알게 된 엄마가 속상해서 야단을 치는 상황이다. (11ㅁ)의 용서행위는 전제되는 선행 발화가 없이 시작 화행의 위치에서 수행이 된 것처럼 보인다. 그러나 (11ㅁ)의 발화는 딸이 계속 고개를 숙이고 눈물을 보이는 등의 비언어적 행동이 선행되고, 그것을 본 엄마가 딸이 뉘우치고 있다는 것을 전제하고 나서 발화된 것이므로 용서행위는 반응 화행의 위치에서 전형적으로 나타난다고 보는 것이 타당하다.

한편 Marten-Cleef(1991)에서 분류한 정표화행의 유형 중에는 시작 화행의 위치에서 수행된다고 보았으나 반응 화행의 위치에서 전형적으로 수행되는 유형들이 포함되어 있다. 예컨대 Marten-Cleef(1991)에서 '상대방의 수혜적 행위에 대한 환영행위'는 시작 화행의 하나로 '사람에 대한 환영행위'와 함께 제시되었다. 그러나 상대방의 수혜적 행위에 대한 환영행위는 사람을 반기는 환영행위와는 달리 반응 화행의 위치에서 수행되는 것이 자연스럽다. 다음의 예를 보자.

(12) ㄱ. 할머니 : 어이구 우리 강아지, 어서 와라.

ㄴ. 손자 : 할머니, 너무 배고파요.

(13) ㄱ. 화자1 : 오늘 내 생일이니까 이따 한턱 쏠게!

　　ㄴ. 화자2 : 1) <u>오예~!</u>

　　　　　　　2) <u>당연히 가 주셔야지!</u>

(12ㄱ)은 사람을 반기는 환영행위로 선행 화행을 전제하지 않고도 독립적으로 시작 화행의 위치에서 수행된다. 그러나 (13ㄴ)처럼 상대방의 수혜적 행위에 대한 환영행위는 (13ㄱ)처럼 화자2에게 수혜적인 행위로 기쁨을 주는 발화가 선행되었을 때 이에 대한 '반응 화행의 위치(13ㄴ)'에서 나타나는 것이 자연스럽다.[24] 이렇게 대화 속에서 실현되는 위치를 고려하면 유사한 행위일지라도 단순히 환영의 대상에만 차이가 있는 것이 아니라 대화에서 수행되는 위치가 다르다는 것을 파악할 수 있다. 따라서 화행 자체의 특성을 세밀하게 기술하고 대화 구조 속에서 화행을 파악하려면 대화이동 연속체의 고려가 필수적이라 하겠다.

이상의 논의를 통해 정표화행은 시작 화행과 반응 화행이라는 대화 구조상에서 특정한 위치를 선호하여 나타날 수 있음을 살펴보았다. 대화이동 연속체를 분류 기준으로 하면 의사소통 시 감정을 촉발하는 유형과 감정적으로 반응하는 유형들을 정밀하게 기술할 수 있을 것이다. 또한 이 기준에 의한 분류는 그동안 화행 연구의 한계로 지적되어 오던 화자 중심적 관점을 극복하고 정표화행의 유형 분류를 대화 차원으로 확대할 수 있다는 점에서, 그리고 우리의 머릿속에 저장되어 있는 화행 시나리오의 일단을 파악할 수 있다는 점에서 유용하다.

---

24) 이 글은 이 두 행위를 구분하기 위하여 (12ㄱ)처럼 사람을 반기는 행위는 "환대"로, (13ㄴ)처럼 상대방의 수혜적인 제안을 반기는 것은 "환영"으로 명명하였다. 어휘적 의미로 '환대'는 사람을 반겨 대접하는 일에만 사용되나 '환영'은 (12ㄱ)과 (13ㄴ)의 두 경우 모두를 포괄하여 쓰이므로 (13ㄴ)은 "환대"로 명명하였다. 예) 충남 연기군 지역 교회에선 일단 세종시 수정안 폐기를 환영하면서도 원안대로 공사가 진행될지 예의주시하고 있다. "환대", "환영" 화행의 행위적 특성에 대해서는 4장과 5장에서 각각 자세히 언급하기로 한다.

따라서 1차 분류 기준인 '대화이동 연속체 내에서의 위치'에 따라 정 표화행은 '시작 정표화행'과 '반응 정표화행'으로 구분된다. 시작 정표화 행은 다른 화행을 전제하지 않고 대화 내의 위치와 관계없이 독립적으 로 나타날 수 있는 유형이고, 반응 정표화행은 한 개의 발화를 전제하여 수행되는 것이 자연스럽고 전형적인 유형을 뜻한다.

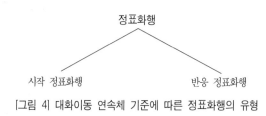

[그림 4] 대화이동 연속체 기준에 따른 정표화행의 유형

2) 2차 분류 기준 : 의사소통 목적

화행의 유형을 구분할 때 가장 중요한 기준은 '발화수반 목적'이다. 즉, 발화를 수행하는 화자의 의도가 무엇인가에 따라 화행의 유형이 구 분되는 것이다. 이 기준은 Searle(1976)에서 다섯 가지의 기본 화행을 구 분할 때에도 유용하게 쓰였고, Marten-Cleef(1991)에서도 1차 분류 기준 역시 발화수반 목적에 따라 구분되었다.25) 그러나 2장에서 Searle의 화 행 이론의 문제점을 지적하였듯이, 발화수반 목적은 화자 중심적인 개념 으로 의사소통의 상호작용적 특성을 적절히 반영하지 못한다. 화행의 수

---

25) Marten-Cleef(1991)에서 1차 분류 기준에 의해 구분된 '화자 선호적 정표화행'과 '화자 혐오적 정표화행'은 정표화행의 발화수반 목적을 '화자가 선호하는 감정을 표현하려는 의도' 혹은 '화자가 혐오하는 감정을 표현하려는 의도'로 크게 구분한 것으로 해석할 수 있다.

행이 청자를 배제하고는 이루어질 수 없다는 점을 상기해 보면, Searle의 발화수반 목적 개념은 만족할 만한 화행 분류 기준이 아니라는 것을 알 수 있다.

이에 이 글에서는 정표화행의 2차 분류 기준으로 대화 연속체성을 바탕으로 한 '의사소통 목적'을 제시하고자 한다. 의사소통 목적이란 화자가 발화를 함으로써 청자에게 무엇을 기대하는가를 고려한 개념이며, 이는 화자의 발화로 대화 참여자 사이에 어떠한 변화가 올 것인지도 관찰할 수 있게 해 주므로 의사소통적 특성을 고려한 분류 기준이라고 할 수 있다.

2장에서 정표화행이란 '화자가 사태에 대한 감정을 표현하고, 자신의 감정적 상태에 대하여 청자가 감정이입을 해주기를 기대하는 언어 행위'라고 정의내린 바 있다. 따라서 정표화행의 의사소통 목적은 화자의 감정을 전하려는 의도와 청자에게 어떠한 감정이입을 기대하는지가 어떻게 상호작용을 일으키는지에 따라 구분될 수 있을 것이다.

이러한 관점에서 이 글은 정표화행을 수행할 때 화자가 청자에게 기대하는 바, 즉 화자의 '의사소통 목적'에 따라 다음과 같이 정표화행의 유형을 구분한다. 우선 화자가 청자에게 공감 유발을 기대하는지 여부에 따라 [+공감유발의도]와 [-공감유발의도]로 구분하고, [+공감유발의도]는 다시 화자와 청자 상호간의 공감 형성을 기대하는 '양자 공감형성 정표화행'과 화자의 인식은 바뀌지 않고 청자 쪽의 공감을 기대하는 '청자 공감유발 정표화행'으로 구분한다. 그리고 [-공감유발의도]의 유형에는 화자가 정표화행의 수행 결과 청자의 반감을 불러일으키길 기대하는 '청자반감유발 정표화행'으로 구분한다. 이를 그림으로 나타내면 다음과 같다.

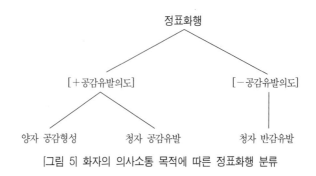

[그림 5] 화자의 의사소통 목적에 따른 정표화행 분류

　'양자 공감형성 정표화행'은 사태에 대한 화자의 인식이 청자와 같다는 것을 알리려는 발화수반 목적을 가지고 있으며, 화행의 수행을 통해 상호간 공감을 형성하고자 기대하는 유형이다. 이 유형은 화자와 청자가 공감대를 형성하게 되어서 인간관계를 유지하거나 개선하고, 친밀한 관계가 아닌 경우에는 새로운 인간관계를 형성하는 것을 의사소통 목표로 한다. 즉, 양자 공감형성 정표화행은 화자와 청자의 관계에 변화를 가져올 수 있는 대인적(interpersonal) 기능을 기대하는 부류이다. 다음의 예를 보도록 하자.

　　(14) ㄱ. 화자1 : 그날 못 가서 너무 미안하다, 야.
　　　　 ㄴ. 화자2 : 아휴 뭘 언니는…… 괜찮아.
　　　　 ㄷ. 화자1 : 돌잔치는 잘 했어?
　　　　 ㄹ. 화자2 : 응, 사람들도 진짜 많이 오고 잘 했지. 결혼식 때보다
　　　　　　　　　　음식도 더 좋더라구.

　(14ㄱ)과 (14ㄴ)은 바로 정표화행의 관계 개선적 기능을 보여주는 대표적인 예이다. (14ㄱ)에서 화자는 "사과"를 수행하여 초대에 응하지 못했던 사태에 대하여 미안함, 아쉬움의 감정을 전달한다. 그러나 (14ㄱ)과

같은 사과화행을 수행할 때 화자가 단순히 미안한 감정만을 전달한다고 보기는 어렵다. 화자는 자신이 사태에 대하여 느끼는 감정이 청자의 감정과 같다는 점을 전달함으로써 상대방과 어그러졌을지도 모르는 인간관계를 우호적으로 유지하거나 유대감을 강화시킬 수 있기를 기대한다.

(14ㄴ)에서 청자의 "용서"도 마찬가지로 단순히 화자의 감정을 전달한다기보다 대화 상대방과의 관계를 잘 유지하고픈 의도가 들어있다. 화자와 청자는 이러한 발화 행위들을 통해 서로에 대한 인상에 긍정적인 변화를 줄 수 있고 이것은 관계를 개선하려는 시도로 간주될 수 있다.26) 이 부류에는 전통적으로 정표화행의 유형 목록으로 언급되어 왔던 "감사", "축하", "환영", "동정", "찬사" 등이 포함된다.

'청자 공감유발 정표화행'은 화자는 화자 자신이나 화자와 관련된 사태에 대한 감정을 분출하여 발산하려는 발화수반 목적을 가지고 있으며, 청자가 자신의 감정에 공감해 주기를 기대하는 유형이다. 이 부류는 선행 연구에서는 청자의 역할이 없다거나(Norrick, 1978), 발화의 목적은 화자 자신의 흥분된 감정을 진정시키기 위한 것27)(Marten-Cleef, 1991)에 있다고 기술되었다. 그러나 청자 공감유발형은 화자가 청자에게 공감을 기대하는 정도가 가장 강한 유형이라는 것을 실제 대화의 예를 통해 확인할 수 있다. 다음의 예를 통해 이 유형의 특성을 설명해 보기로 한다.

---

26) 조국현(1999 : 542)에서는 "사과", "감사", "축하" 등의 화행은 단순히 감정을 표명하는 것을 넘어서 사회적인 행동 관습에 맞추어 화자와 청자의 인간관계의 유지와 관련되어 있다고 말한 바 있다. 한편 정표화행의 관습적 사용과 관련하여 Norrick(1978)은 '사회적 기능(social function)'이 중요하다고 언급하였다. Norrick은 '사회적 기능'이란 발화수반 목적을 기반으로 한 행위를 수행함으로써 화자가 성취하길 바라는 의도된 결과를 말한다고 하였다. Norrick은 발화수반 행위의 사회적 기능은 사회에서 만들어진 역할의 세트로 구성된다고 하였는데 이는 언어 수행이 사회적 약속과 관습 하에서 이루어진다는 점을 강조한 것으로 해석된다.

27) Marten-Cleef(1991)에서는 '한탄하기'나 '자책하기', '환호성 지르기'처럼 화자 스스로의 감정을 표출하는 행위들이 정표화행의 기본 부류라고 언급하기도 하였다.

(15) (하루, 트리플러츠 시도, 엄청난 스피드, 높이, 3회전 성공, 신 코
치, 놀라고 좋아 하루 보는데, 하루, 착지하려다 매트리스에 심하
게 부딪쳐 나동그라지는)

ㄱ. 화자1 : 1) (감격, 놀라 일어나며) 와아, 와아아아아!!!

2) (신코치에게) 봤죠? 봤죠? 세 바퀴!

3) 보셨어요?

4) 3회전 했어요, 나!!

5) (껑충껑충) 와아!!!!! 죽음이닷.

6) 이런 기분이었구나.

ㄴ. 화자2 : (웃음, 놀라고 걱정) 괜찮아?

ㄷ. 화자1 : 그럼요!

ㄹ. 화자2 : 1) (웃음)엉뚱하긴……

2) 잘했어, 하루!!

(16) ㄱ. 화자1 : 1) (기운 없다) 왜 이러지…….(잔기침)

2) 소화도 안 되는 것 같고

ㄴ. 화자2 : 1) 자꾸 아파?

2) 주사까지 맞았는데도 그래?

ㄷ. 화자1 : 나도 이제 다 됐나봐.

ㄹ. 화자2 : 1) 무슨 그런 약한 소리를 해.

2) 잠깐만, 잠깐만 서 있어.(엘리베이터 누르고)

ㅁ. 화자1 : 1) 70 넘었으면 살만큼 살았지 뭐.

2) 동료 잘못 만나 나 때문에 자네가 고생이 많네.

(15)는 선수(화자1)와 코치(화자2)의 대화로 선수가 그동안 수없이 연습
을 하던 동작을 해 내자 기쁨을 표현하는 장면이다. (15ㄱ)에서 화자1은
화자2를 향해 감정을 전달하기 위해서라기보다 자신의 내부에서 일어난
기쁨과 흥분의 감정을 즉흥적으로 분출하고 있다. (16)에서는 향수병에

걸린 화자가 (16ㄷ)에서 자신의 불행한 처지에 대한 슬픔을 발산하고 있는 상황이다. 선행연구에서는 이와 같은 경우 화자가 느낀 사태에 청자는 관여할 여지가 없으므로 청자는 수동적인 역할을 하며, 화자의 발화 초점은 청자가 아니라 화자 자신에게 맞추어져 있으므로 자기중심적인 행위 유형이라고 판단하였다.[28]

그러나 이 글은 선행연구자들의 견해와는 의견을 달리한다. 그 이유는 첫째, '화자가 사태에 대한 주관적 느낌을 표현하고, 청자가 자신의 감정적 상태에 대하여 감정이입적인 반응을 해 주기를 기대하는 언어 행위'라는 정표화행의 정의에 비추어 보면 이 유형 역시 청자에게 감정이입적 반응을 기대하는 행위라는 정표화행의 기본 특성을 배제할 수 없기 때문이다.

둘째, (15)와 (16)의 대화를 분석해 보면 이 유형은 청자의 공감적 반응을 유발하고 있다는 점을 확인할 수 있기 때문이다. (15ㄱ)에서 화자는 '환호(15ㄱ-1)'를 하면서 '확인 질문(15ㄱ-2)'과 '재확인 질문(15ㄱ-3)'을 통해 화자 자신이 기쁘다고 생각하는 사태에 대하여 청자에게 보았느냐고 확인한다. 그리고 (15ㄱ-4)에서 자랑을 하며 또 다시 (15ㄱ-5)와 (15ㄱ-6)에서 환호하는 대화이동을 보여주고 있다. 이 발화에서 화자는 계속하여 상대방에게 확인 질문을 하고 있는데, 이것으로 미루어 보아 화자의 환호 행위가 단순히 자신의 감정을 진정시키기 위한 것이라고는 볼 수 없다. 화자는 환호 행위를 하면서 청자가 자신의 감정에 공감해 주기를 기대하고 유도한다. (16ㄷ)에서 화자의 "한탄" 역시 마찬가지이

---

28) 이러한 정표화행의 자기중심적 특성은 일찍이 선행연구에서도 언급한 바 있다.
Norrick(1978)에서는 '한탄', '자랑' 행위 등을 들며 이들은 화자가 청자에 대한 반응으로서의 행위가 아닌 부류로 청자의 역할이 없는 행위라고 특성을 언급하였고, Marten-Cleef (1991)에서는 이들 행위의 발화수반 목적은 화자가 자신의 긴장된 감정 상태를 이완시키고 진정시키기 위한 것이라 보고 '진정적 정표화행'이라고 명명한 바 있다.

다. (16ㄹ-1)에서 화자2는 화자1이 자신의 처지를 한탄하자 공감적인 반
응을 보이는데, 이에 대해 화자1은 (16ㅁ-2)에서 감사의 발화를 수행하
고 있다. 즉, 화자가 "환호"를 하고 "한탄"을 하는 이유는 단순히 자신
의 내면에서 즉흥적으로 끓어오르는 감정을 분출하는 데 목적이 있는
것이 아니다. 화자는 자신이 환호하는 사태에 대하여 청자도 함께 즐거
워해 주기를 기대하고, 한탄하는 사태에 대하여 청자도 자신의 슬픔을
이해하고 공감해 주기를 기대하는 의사소통 목적을 가지고 있는 것이다.
이것은 위의 대화가 모두 갈등 없이 원활하게 진행되었다는 점에서도
확인할 수 있다. 의사소통이 원활히 진행되었다는 의미는 화자가 기대한
대로 청자가 반응을 해 주었다는 것을 뜻하기 때문이다.

'청자 반감유발 정표화행'은 화자는 청자와 관련된 사태에 대하여, 화
자가 청자와 반대되는 감정을 가지고 있다는 것을 전하려는 발화수반
목적을 가지며, 이러한 표현을 청자에게 전달함으로써 청자에게 반감을
유발하려는 유형이다. 이 유형은 수행 결과 청자의 감정을 상하게 하여
긴장을 유발시키거나 갈등 상황을 만들 수 있다.

양자 공감형성이 화자와 청자의 인식의 변화가 양방향이었던 것에 비
해 청자 반감유발형은 화자의 인식에는 변화가 없고 청자의 인식에만
영향을 주기를 원한다. 다음의 예를 보도록 하자.

(17) ㄱ. 화자1 : 1) (어이없게 웃으며, 재미있다는 듯) 생긴 건 멀쩡해가
　　　　　　　　　지고 뻑하면 괜히 흥분해 갖고 버버거려?
　　　　　　　2) (호철 흉내내는) 니니가, 저저저정신,
　　　ㄴ. 화자2 : 1) 에우, 에우.
　　　　　　　2) 진짜… 못살아.(하고 운전해 가는)
　　　ㄷ. 화자1 : (호철의 반응에 아랑곳없이, 오디오 트는)

(18) ㄱ. 화자1 : 1) (혼자 앉아 있는 남자1에게) 야,

       2) <u>넌 왜 이렇게 시쭈구리해?</u>

       3) 놀 건지 말 건지 태도를 분명히 해, 태도를.

       4) 그러니까 맨날 마누라한테 구박받지.

  ㄴ. 화자2 : 1) (발끈해서) 누가 마누라한테 구박받는대?

(17ㄱ)에서 화자는 청자의 실수나 약점을 따라 하며 "조롱"하고, 청자는 (17ㄴ)에서 상대방의 놀림에 영향을 받아 자기 신세를 "한탄"하고 있다. (17)에서 화자는 청자에게 상대방의 부정적인 사태에 대하여 즐거움을 표현하여 청자의 반감을 불러일으키고 있는 것이다. (18) 역시 (18ㄱ-2)에서 화자는 청자의 태도에 대해 불만을 느끼고 "질타"를 한다. 이에 청자는 (18ㄴ)에서 발끈하는 반응을 보이는데, 이 역시 화자의 발화가 청자에게 반감을 유발하였기 때문이다.29) 이처럼 '청자 반감유발형'은 화자와 청자가 사태에 대하여 서로 상반된 감정을 느끼고 있으므로 화자는 발화를 함으로써 상대방의 반감을 유발하려는 특징을 지닌다. 이러한 유

---

29) (18)의 예에서 우리는 '청자 반감유발 정표화행'이 대화이동 연속체 내에서 하는 기능 한 가지를 관찰할 수 있다. 그것은 바로 하나의 대화이동이 여러 화행으로 구성되었을 때 정표화행은 화자가 주되게 수행하고자 하는 화행을 더욱 강조해 줄 수 있다는 점이다. (18ㄱ)에서 주 화행은 (18ㄱ-3)의 "놀 건지 말 건지 태도를 분명히 하라"는 "핀잔"이다. (18ㄱ-2)는 "핀잔" 이전에 발화됨으로써 청자의 감정을 촉발시켜서 (18ㄱ-3)의 발화 의도를 좀 더 강조하여 전달할 수 있게끔 하는 보조적인 역할을 하고 있다. 이처럼 실제 대화를 분석하다보면 하나의 대화이동은 하나의 화행으로 구성이 될 수도 있으나 대부분 여러 개의 화행이 복합적으로 섞여서 구성된다. 예컨대 우리가 누군가에게 돈을 꿀 때 "부탁이 하나 있는데, 만 원만 빌려줄래?"라고 한다면, 이때 부탁 행위는 하나의 기능을 갖지만 이를 수행하기 위해 두 개의 화행으로 구성이 되어 있는 것이다. 즉, '부탁이 하나 있는데'는 '만 원만 빌려줄래?'라는 발화의 주된 목적을 분명하기 위해 보조적으로 사용되는 것과 마찬가지로 대화분석론에서는 이렇게 하나의 대화기능에서 수행되는 각각의 화행들은 기능적으로 주화행과 보조화행의 계층적 관계를 갖는 것으로 보고 대화를 분석한다(화행의 계층적 관계에 대한 이론은 박용익(2002 : 268-273)에 자세히 설명되어 있음). 이 글에서는 여러 실례들을 통해 정표화행이 대화이동 연속체 내에서 다른 화행을 강조하는 기능을 한다는 것을 확인할 수 있었다.

형으로는 "조롱", "우쭐대기", "악담", "원망", "질타" 등이 있다.

한편 반응 화행의 위치에 오는 반응 정표화행도 시작 정표화행과 마찬가지로 의사소통 목적에 따라 '양자 공감형성'과 '청자 반감유발'로 구분할 수 있다. 다만 반응 화행의 위치에서는 청자 공감유발형은 발견되지 않는데 이는 감정의 분출은 선행 발화를 전제할 필요가 없기 때문으로 보인다.

3) 3차 분류 기준 : 사태에 대한 인식

정표화행은 사태에 대한 화자의 감정을 표현하는 행위이다. 따라서 발생한 사태에 대하여 화자의 인식이 긍정적인지 부정적인지 판단하는 것은 핵심적인 기준이 될 수 있다.[30] 이 기준은 선행 연구들에서도 정표화행의 1차 분류 기준으로 이미 사용된 바 있다. Norrick(1978)에서는 화자가 사태에 대하여 느낀 감정[31]의 유형이 긍정적인지 부정적인지에 따라 '긍정적 정표화행'과 '부정적 정표화행'으로 구분하였고, Marten-Cleef(1991) 역시 사태에 대한 화자의 인식에 따라 '화자선호적 정표화행'과 '화자혐오적 정표화행'으로 분류하였다. 이 글에서도 정표화행을 분류하기 위한 3차 기준으로 사태에 대한 인식 여부를 사용하기로 한다. 다만 Marten-Cleef(1991)에서 '화자선호적 정표화행'과 '화자혐오적 정표화행'이란 사태에 대한

---

30) 이와 관련하여 심리학에서도 감정의 유형을 '긍정적 감정(쾌)'과 '부정적 감정(불쾌)'으로 구분하는 논의는 일반적으로 받아들여지고 있다. 이들 연구에 의하면 '불쾌'의 감정이 '쾌'의 감정보다 훨씬 다양한 종류로 세분화되어 있다고 한다(안신호 외, 1993).

31) 심리학에서는 '감정'과 '정서'를 구분하여 사용한다. '감정'은 의식되는 느낌(feeling)을 뜻하는데 반하여 '정서(emotion)'는 의식되는 감정과 더불어 신체적 변화도 상당히 내포하는 의미로 쓰인다(안신호, 1997 : 70). 그러나 이 글에서는 이 두 용어를 구분하여 사용하지 않고 일반적으로 사용되는 용어인 '감정'으로 기술하였다.

화자의 선호와 혐오를 뜻하는 것인데, 자칫 이 용어는 정표화행 유형 자체가 선호적이거나 혐오적인 것으로 해석될 수 있다.[32] 따라서 이 글에서는 '사태에 대한 긍정적 감정의 정표화행'과 '사태에 대한 부정적 감정의 정표화행'으로 명명하기로 한다.

아래의 그림은 3차 분류 기준인 사태의 인식에 따라 정표화행을 분류한 결과이다.

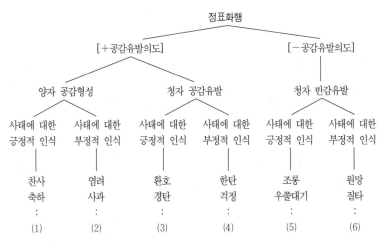

[그림 6] 사태의 인식에 따른 정표화행 분류[33]

위의 [그림 6]은 이 글에서 제시한 세 가지 화행분류 기준에 따라 정표화행의 유형을 구분해 본 것이다. 이 기준에 따르면 정표화행은 총 6개의 하위 부류로 구분이 되며 사태에 대한 인식 기준과 관련한 각각의 특

---

32) 용어상의 혼란으로 '화자 선호적 정표화행'에 속한 조롱화행과 '화자 혐오적 정표화행'에 속한 "염려", "사과" 화행 등은 행위 자체가 선호적 혹은 혐오적인 것으로 잘못 이해되기 쉽다.

33) 이 그림에서 제시된 정표화행의 하위 목록이 완성된 것은 아니다. 각 부류에 속하는 대표적인 유형을 예로 든 것이다.

징은 다음과 같다.

양자 공감형성 정표화행 부류인 (1), (2)는 사태에 대한 화자와 청자의 인식이 같다. 즉, 화자와 청자는 (1)의 부류인 "찬사", "축하"의 동기가 된 사태에 대하여 모두 긍정적으로 인식을 한다. 반면 (2)의 부류인 "염려", "사과"의 경우 화자와 청자는 사태에 대하여 모두 부정적으로 인식한다.

청자 공감유발 정표화행 부류인 (3), (4)는 사태가 화자 혹은 제3의 대상과 관련이 있고 청자와는 관련이 없다는 특징이 있다. 따라서 사태에 대하여 화자는 긍정적 혹은 부정적 인식을 할 수 있으나 청자는 이에 무관하다. 예컨대 화자가 경탄하는 사태에 대해 청자는 긍정적일 수도 있고 부정적일 수도 있고 아예 인식하지 않을 수도 있다. 그러나 화자는 (3), (4)에 속하는 화행을 발화함으로써 청자의 공감이 유발되기를 기대하는데, 이때 청자에게는 인식의 변화가 생길 수도 있고 생기지 않을 수도 있다.

청자에게 반감을 유발하는 정표화행 부류인 (5)와 (6)에서 화자는 단지 자신의 느낌을 청자에게 전달하는 것에 발화수반 목적이 있다. 그리고 화자는 청자에게 반감을 유발하게 되길 기대하므로, 양자 공감형성 정표화행이 의사소통 결과가 쌍방향적이었던 것에 비해 이 부류는 일방향적이다.

Marten-Cleef(1991)에서는 (5), (6)에 해당하는 부류는 사태에 대한 인식이 화자와 청자가 반대라고 보았다. 예를 들어 "조롱", "승리감 표현하기", "악담"은 화자는 선호하고 청자는 혐오하는 유형으로, "원망", "질타", "질투"는 화자는 혐오하고 청자는 선호하는 유형이라는 것이다. 그러나 이 글은 이와 견해를 달리한다. 이 유형들에서 사태에 대한 청자의 인식이 반드시 화자와 반대인 것은 아니다. 다음의 예를 보자.

(19) ㄱ. 화자1 : (밝게) 야, 야, 야, 미안해, 미안. 내가 좀 늦었지?

　　 ㄴ. 화자2, 3 : (동시에) <u>기집애, 너 왜 이렇게 늦었어?</u>

　　 ㄷ. 화자1 : 미안, 미안, 날 죽여도 할 말 없다.

(19)는 화자1이 약속 시간에 늦은 사건에 대하여 화자2, 3이 "질타"를 하는 상황이다. Marten-Cleef(1991)에 의하면 질타화행의 사태에 대한 인식은 화자는 혐오적, 청자는 선호적으로 구분된다. 그러나 위의 예에서 보듯 질타화행이 벌어지는 사태에 대한 청자의 인식이 화자와 마찬가지로 부정적일 수도 있다. 사태를 유발한 화자1은 약속 시간을 어긴 사태에 대하여 화자2, 3과 마찬가지로 부정적 인식을 가지고 (19ㄷ)에서 사과를 하고 있다.

그러므로 (5), (6)의 부류에서 사태에 대한 인식 기준은 화자의 사태에 대한 예비 조건만을 뜻한다. 즉, 화자가 사태에 대하여 긍정적 혹은 부정적으로 인식할 때, 청자는 반드시 반대로 사태를 인식하는 것이 아니라 긍정적으로 인식할 수도 부정적으로 인식할 수도 있다는 것이다. 그러나 (5), (6)의 유형이 화자에게서 발화되었을 때, 청자는 이를 화자가 자신의 감정을 상하게 하거나 자신의 감정에 반(反)하는 발화를 하는 것으로 이해할 때 이 행위가 성공적으로 수행된다.

4) 4차 분류 기준 : 개별 화행 유형의 분류를 위한 기준

4차 분류 기준부터는 정표화행의 개별 화행을 구분하기 위한 기준들로 의미·상황적 조건들에 해당한다. 따라서 위에서 제시하였던 세 가지 분류 기준과는 달리 기준의 적용 내용이 개별 화행마다 다를 수 있다.

가. 사태에 대한 화자의 감정

정표화행의 유형들은 각각 사태에 대한 감정을 표현하는 것이므로, 화자가 느끼는 구체적인 감정의 유형에 따라 화행이 구분된다. 예컨대 "환영"과 "감사"는 모두 시작 정표화행의 위치에 오고, 화자와 청자의 공감을 형성한다는 점에서 같다. 또한 이 두 화행은 화자와 청자 모두 사태에 대하여 긍정적인 인식을 하고 있다는 점에서도 같다. 그러나 이들은 사태에 대하여 화자가 느끼는 감정에서 "환영"은 '기쁨'을 표현하고 "감사화행은 '고마움'을 표현한다는 점에서 차이가 있고, 이에 서로 다른 화행으로 구분된다.

우리가 어떠한 사태에 대하여 느끼는 감정이 매우 다양하듯, 정표화행의 유형들 각각에 의해 표현되는 감정도 다양하다. 따라서 정표화행을 수행할 때 드러나는 감정이 무엇인지 파악하기 위해서는, 감정이 어떻게 분화되었는지 알아볼 필요가 있다. 이를 위해 심리학에서 감정의 유형을 구분하는 연구 결과를 간략히 살펴보기로 한다.

심리학에서는 감정의 유형을 구분하는 작업들을 해 왔는데, 그중 대표적인 것은 감정을 '쾌(快)'와 '불쾌(不快)'로 구분하고, 여기서 다시 기본 감정과 이것에서 파생된 2차적 감정으로 구분하는 것이다. '기본 감정(basic emotion)'[34]이란 감정 중 근본적으로 서로 구분되는 것을 뜻하고,

---

34) 기본 감정(basic emotion)이 무엇이냐는 학자와 문화권마다 조금씩 의견을 달리한다. Oatley & Jonson-Laird(1987)과 Stein & Trabasso(1992)에서는 기본 감정을 구분하는 기준을 다음과 같이 제시한다(Ekman 1999, Ch3에서 재인용). 우리는 이 11가지 구분 기준을 통해 감정의 속성을 보다 명확히 이해할 수 있기에 인용해 보았다. ① Distinctive universal signals, ② Distinctive physiology, ③ Automatic appraisal, ④ Distinctive universals in antecedent event, ⑤Distinctive appearance developmentally, ⑥ Presence in other primates, ⑦ Quick onset, ⑧ Brief duration, ⑨ Unbidden occurrence, ⑩ Distinctive thoughts, memories images, ⑪ Distinctive subjective experience.

인간이 태어나면서 갖고 있는 희노애락(喜怒哀樂) 즉, 기쁨, 화, 미움, 슬픔' 등을 말한다. 2차적 감정이란 기본 감정이 합성되거나 사회적·문화적 배경에 의해 형성되는 감정들이 포함된다. 예를 들어 쓸쓸함, 우울함, 체념, 억울함, 외로움, 상실감, 그리움, 좌절감(불가항력적인, 추상화된 상황에 대한 감정), 허무함, 비애(悲哀, 사람들이 헛된 욕심에 매달리며 사는 모습을 볼 때 느끼는 삶의 허무감을 동반한 슬픔), 연민, 불안감, 사랑, 고독함, 암울함, 암담함, 분개, 지루함, 불행감, 성공감, 실패감, 초조감, 만족감 등의 감정, 타인과의 관계가 얽힐 때 사회적 원인으로 발생하는 승리감, 패배감, 열등감, 우월감, 사람끼리의 호불호(好不好), 애증 등 복합적으로 파생된 감정을 '2차적 감정'이라고 한다(안신호, 1997 : 65 ; 민경환 외, 2007 : 38 ; 박권생 역, 2004 : 38 참고).

한편 한국 사람의 기본 감정을 설정한 연구들에 의하면 김정택(1993 : 364-365)에서는 기본 감정을 '흥미, 기쁨, 놀람, 괴로움, 노여움, 혐오, 경멸, 두려움, 부끄러움' 등으로 구분하였는데, 감정의 강도라는 측면에서 볼 때 한국에는 슬픔의 단계를 넘어서는 '한(恨)'이라는 감정이 있으며, 걱정보다 약한 정서인 '조바심', '안타까움' 등의 정서가 있다고 한 점이 주목된다(김정택, 1993 : 365). 최상진(1997)은 한국인에게 독특한 감정으로 '정(情), 우쭐심리, 한(恨)' 등을 꼽기도 하였다.

심리학에서 다룬 감정 어휘들의 분류를 정리하여 표로 보이면 다음과 같다.

	기본 감정	2차적 감정(사회적·문화적)	한국인의 독특한 감정
쾌	기쁨·즐거움	인정, 사랑, 좋아함, 만족감, 편안함, 자신감, 기대감, 행복, 승리감, 우월감	신명, 정(情), 우쭐심리

	기본 감정	2차적 감정(사회적 · 문화적)	한국인의 독특한 감정
불쾌	분노	지루함, 짜증, 화, 억울함, 분개, 격분, 노여움	
	두려움	수줍음, 수치심, 부끄러움, 죄책감, 초조감, 불행감, 불안감, 걱정, 공포, 불안	조바심, 안타까움
	슬픔	쓸쓸함, 우울함, 체념, 외로움, 상실감, 그리움, 좌절감, 허무함, 비애, 연민, 고독함, 암울함, 암담함, 실패감, 패배감, 열등감	한(恨), 원통함, 원망스러움
	놀람	경악	
	미움 (역겨움)	혐오감, 증오, 질투	

[표 4] 감정 어휘의 분류

　그런데 정표화행의 수가 감정을 개념화한 어휘의 수35)와 동일하거나 비례한다고 예측할 수는 없다. 비유하자면 '신경질이 나다'라는 하나의 감정이 다양한 동인에서 비롯될 수 있는 것처럼 마찬가지로 하나의 정표화행은 다양한 감정을 나타내는 것일 수 있기 때문이다. 또한 언어 보편적으로는 '쾌'보다 '불쾌'의 감정 어휘가 더 발달되어 있다고는 하나 한국어에서 부정적 정서를 표현하는 화행들이 더 발달되어 있을 것이라고 예단할 수는 없다. 왜냐하면 인간의 언어생활에서 긍정적인 정서를 표현하는 행위는 선호되고 장려되나 부정적인 정서를 표현하는 행위는 미성숙한 인간이라는 인상을 주기 쉬우며 인간관계에 좋은 영향을 미치지 못하므로 화자 스스로 억제하는 경우가 많기 때문이다.36)

---

35) 안신호 외(1993)에서는 국어사전에서 감정을 의미하는 단어들을 3,582개를 골라내어 그중 1,340개를 추린 후, 다시 213개의 단어들로 압축하여 제시할 정도로 감정을 나타내는 단어들은 많다.

36) 조긍호(1997)에서는 정서의 통제와 조절 양상에는 문화 차이가 있다고 하였는데, 한국 사회는 집단주의 문화권에 해당하므로 한국 사회에서는 자아 중심적 정서의 표출은 억제되고 타인 중심적 정서의 표출은 장려된다고 하였다. '자기중심적 정서'란 '분노, 공포, 좌절, 자부심, 개인의 욕구, 목표, 원망'처럼 개인의 자율성과 독특성의 추구에 도움이 되는 감정을 말한다. 특히 한국 사회에서는 분노 표현의 억제 및 부(負)적 정서를 수용하는 것이 강조된다고 하였다. 한편 타인중심적 감정이란 대인관계에 민감한 정서로

나. 사태에 대한 대화 참여자들의 역할

정표화행의 유형은 화자가 생각하는 사태에 대한 대화 참여자들의 역할에 따라 구분된다. 화자는 사태에 대하여 자신과 청자에게 행위자(agent), 대상자(patient), 관찰자(observer)로서의 역할을 부여할 수 있는데, 사태의 책임자가 곧 행위자 역할을 맡게 되고, 사태의 수혜자는 대상자 역할을 맡게 된다. 관찰자는 사태에 대한 관여도가 없고 행위자의 옆에서 지켜보고 있는 수동적인 역할을 하는 것을 뜻한다.

이 기준은 Norrick(1978)에서 정표화행을 구분하는데 매우 중요하게 사용되었고, Marten-Cleef(1991)에서는 부차적인 기준으로 사용된 바 있다. 예를 들어 양자공감 형성적이며 사태에 대한 긍정적 감정을 표현하는 "찬사"와 "감사"는 사태에 대한 화자와 청자의 역할에서 차이가 있다. "찬사"는 청자의 소유물이나 좋은 것과 관련되어 있으므로 청자 자신이 행위자이고, 이에 대하여 청자 자신이 수혜를 입으므로 대상자도 된다. 화자는 단지 이 사태에 대해서는 관찰자의 역할을 할 뿐이다. "감사"는 청자의 호혜적 행동에 대해 화자가 수혜자가 되는 행위이므로 청자는 행위자, 화자는 대상자가 된다. 이들을 정리해 보면 다음과 같다.

화행 분류 기준＼화행	찬사화행	감사화행
의사소통 목적	양자 공감형성	양자 공감형성
사태에 대한 인식	긍정적	긍정적
화자의 역할	관찰자	대상자
청자의 역할	행위자, 대상자	행위자

[표 5] 찬사화행과 감사화행의 구분

써 타인에 대한 배려, 타인 관점의 수용과 관련된 정서를 말한다. 이 정서는 관계를 조화롭게 만들고, 상호의존성을 증진시키며 호의적 행위를 교환함으로써 협동적 사회 행동을 유도한다고 한다.

사태에 대한 화자와 청자의 역할이 무엇인가에 따라 화행의 사태에 대한 인식에서 누가 더 긍정적이고 부정적인지도 결정이 된다. 예를 들어 "찬사"와 "감사"의 경우, 화자와 청자는 모두 사태에 대하여 긍정적인 인식을 가지고 있고 공감하고 있으나 행위의 대상자, 즉 수혜자가 누구인가에 따라 감정의 강도가 달라진다. 찬사화행에서는 행위의 대상자가 청자이므로 이 행위는 청자가 더 긍정적으로 느끼며, 반면 감사화행의 대상자는 화자이므로 화자가 더 긍정적으로 느낀다.

다. 사태의 내용과 시제

정표화행을 구분하는 기준으로 사태의 내용과 사태가 일어난 시제를 들 수 있다. 사태의 내용은 정표화행의 수행 동기로도 볼 수 있고, 언어행위의 대상으로도 볼 수 있다. 사태의 내용은 개별 화행마다 각각 다르며, 하나의 화행 유형 내에서도 의미적, 상황적으로 구체적으로 제시할 수 있다. 예를 들어 찬사화행의 대상은 청자가 가진 좋은 자질이나 소유물 등이 되고, 축하화행은 청자가 화자에게 베푼 호의적 행동이 사태의 내용이 된다.

사태의 시제란 그 행위가 과거에 일어났는지 미래에 일어날 일인지에 대한 것으로, 발화 행위가 사태 발생 전에 일어나는지 사태 발생 후에 일어나는지와 관련이 있다. Searle(1969)에서 정표화행은 말과 세상과의 일치 방향이 없으며 명제내용은 사실이라는 것을 전제한다고 하였다. 이에 따르면 정표화행은 과거 사태에 대한 행위만 해당하나 정표화행의 유형 중에는 미래에 일어날 일에 대한 행위도 있다.

(20) 파이팅! 이번엔 꼭 잘 될 거야!

(20)은 상대방의 성공을 희망하는 '기원화행'이다. 화자의 소망을 표현하는 "기원"의 경우 발화 행위가 사태보다 먼저 있고, 사태는 미래에 일어날 일이다. 따라서 정표화행도 유형에 따라 사태의 시제가 구분된다는 것을 알 수 있다.

라. 화자와 청자의 서열

마지막으로 한국어 정표화행의 하위분류에서 고려해 봄직한 분류 기준은 화자와 청자의 서열이다. 화자와 청자의 서열이란 사회적 지위, 항렬, 나이 등을 모두 포함하는 개념이다. 나이나 직급, 친족 관계 등에 따른 대우법이 발달되어 있고 이러한 위계 관계를 중요하게 생각하는 한국 사회에서 화행 수행 시, 화자와 청자의 사회적 위계 조건이 민감하게 적용될 수 있을 것이다. 다음은 화자와 청자의 사회적 지위 차이에 따라 같은 표현이 다른 화행으로 수행되는 예이다.

(21) ㄱ. 팀장 : 강나윤 씨, 그동안 제안서 쓰느라 <u>수고 많았어!</u>
　　 ㄴ. 직원 : (웃으며)팀장님도 <u>수고 많으셨어요.</u>

(21)은 회사에서 팀장과 부하 직원과의 대화이다. '수고 많았다'라는 똑같은 표현이지만 사회적 지위가 높은 팀장이 발화할 때에는 "칭찬"이 된다. 그러나 사회적 지위가 낮은 직원이 발화한 (21ㄴ)은 "감사"가 된다. 즉, 같은 표현도 사회적 지위에 따라 서로 다른 화행 유형으로 구분이 되는 것이다. 그러나 "칭찬"과 "감사"는 대화 참여자들의 사회적 지위 조건뿐만이 아니라 다른 기준에 의해서도 분류가 되는 행위 유형이다.

이에 이 글에서는 사회적 지위에 따른 기준은 정표화행의 분류 기준으로 적용하기에는 부적절하다고 판단했다. 장석진(1987 : 328)에서는 인사화행을 언급하면서 '인사드리다'와 '문안드리다'는 청자가 화자보다 위계적으로 상위라는 한국어 공대 표현의 화용적 규칙이 화행 분류 시 적용된다고 주장하였다. 그러나 '인사드리다/문안드리다'를 포함하여 어휘적 의미에서 화자와 청자의 사회적 지위에 따라 구분되어 사용되는 '축하/경하', '칭찬/찬사/찬미', '사과/사죄' 등이 과연 본질적으로 다른 화행인지에 대한 고민이 필요하다. 예컨대 '경하'는 화자의 지위가 청자의 지위보다 낮을 때 사용되는데, 그렇다고 해서 "경하"와 "축하"의 본질 조건이 다른 것일까? 두 경우 모두 상대방의 좋은 일에 대하여 화자가 즐거워하고 있다는 감정을 전한다는 점에서 본질 조건은 같다. 장석진(1987)에서 제시하였던 '인사드리다'와 '문안드리다'도 마찬가지로 화자는 이 발화를 통하여 청자로 하여금 화자 자신이 청자에게 관심을 가지고 있음을 알게 한다는 점에서 본질 조건은 같다.[37] 따라서 "경하"는 "축하" 화행의 변이형이지 완전히 다른 화행의 유형으로는 볼 수 없고, '인사드리다'와 '문안드리다' 역시 인사화행의 변이형이며 이들을 서로 다른 화행으로 구분할 수는 없다.[38] 그러므로 한국어에서 화자와 청자의 사회적 지위는 표현 방식 면에서는 충분히 달라질 수 있기에 중요한 변수가 될 수 있으나 서로 다른 화행을 구분하는 기준으로는 사용하지 않기로 한다.

---

[37] 인사화행의 본질 조건은 윤석민(1998 : 18)에서 가져왔다.

[38] 강창우(2004 : 199~201)는 화행들의 유형 분류에서 하위분류가 얼마나 상세하게 이루어 질 수 있는지 문제가 된다고 지적한 바 있다. 그리고 화행 유형의 상세화 문제는 결국 어떻게 언어행위의 최소 단위를 규정하느냐 하는 문제와 깊은 관련이 있으며, 이것은 또한 한 가지 화행 유형의 실현체 집합 [SA1, SA2, ···SAn]을 어떤 조건하에서 의사소통 목적상의 독립성을 잃지 않는 범위 내에서 하위분류할 수 있는가 하는 것과 연관되어 있다고 하였다.

3. 한국어 정표화행의 유형

이 글에서 정표화행의 유형을 분류하기 위해 사용하는 기준들을 요약하여 제시하면 다음과 같다.

(22) 의사소통적 특성을 고려한 정표화행의 분류 기준

ㄱ. 1차 분류 기준 : 대화이동 연속체 내에서의 위치

　화행이 실현되는 대화상의 위치를 고려하여 독립적으로 수행되는 '시작 정표화행', 하나의 화행을 전제하는 '반응 정표화행'으로 구분한다.

ㄴ. 2차 분류 기준 : 의사소통 목적

　1) 시작 정표화행은 화자의 의사소통 목적에 따라 화자가 청자에게 공감 유발을 기대하는지의 여부에 따라 [+공감유발의도]와 [−공감유발의도]로 구분되고, [+공감유발의도]는 다시 화자와 청자 상호간의 공감을 기대하는 '양자 공감형성 정표화행'과 청자만의 공감을 기대하는 '청자 공감유발 정표화행'으로 구분된다. 그리고 [−공감유발의도]의 하위에는 화자가 정표화행의 수행 결과 청자의 반감을 불러일으키길 기대하는 '청자 반감유발 정표화행'으로 구분된다.

　2) 반응 정표화행은 시작 정표화행과 마찬가지로 '양자 공감형성 정표화행'과 '청자 반감유발 정표화행'으로 구분이 될 수 있다. 그러나 반응 화행의 특성상 화자 자신에게 의사소통의 초점이 맞춰져 있는 '청자 공감유발 정표화행'은 조사한 자료에서는 발견되지 않았다.

ㄷ. 3차 분류 기준 : 사태에 대한 인식

　　의사소통 목적에 따라 세 가지로 구분된 유형들은 다시 화자의 사
　　태에 대한 인식, 즉 사태에 대한 가치 평가에 따라 '사태에 대한
　　긍정적 감정'과 '사태에 대한 부정적 감정'의 정표화행으로 나눌
　　수 있다.

ㄹ. 4차 분류 기준 : 개별 화행의 유형을 구분하기 위한 기준들로, 각
　　　　　　　　　 유형마다 달리 나타난다.

　1) 사태에 대한 화자의 감정 : 화자가 사태에 대하여 느끼는 감정의
　　 종류로 유형마다 다양하게 나타난다.

　2) 사태에 대한 대화 참여자들의 역할 : 사태에 대한 대화 참여자
　　 들의 역할로, 사태의 책임자인 행위자, 사태의 수혜자인 대상
　　 자, 사태에서 역할이 없는 관찰자로 구분된다.

　3) 사태의 내용과 시제 : 사태의 명제내용과 사태가 발화 행위의
　　 전에 있는지 후에 일어나는지와 관련이 있다.

　위의 분류 기준 중 (22ㄱ), (22ㄴ), (22ㄷ)의 세 가지 기준은 상위 수준
에서 정표화행의 그룹을 구분하는 데 중요한 역할을 한다. 특히 정표화행
관련 선행 연구에서 제시되지 않았던 '대화이동 연속체 내의 위치(22ㄱ)'
와 '의사소통 목적(22ㄴ)' 기준은 상위 수준에서 정표화행의 유형을 분류
할 때 매우 중요하다. 한편 (22ㄹ), (22ㅁ), (22ㅂ)의 세 기준은 하위 수
준에서 개별 화행의 유형을 변별하기 위해 사용되며, 이 기준들에 의해
개별 화행 유형마다 다양한 의미, 상황적 내용이 상정된다.

　이상의 분류 기준을 가지고 한국어 정표화행의 유형을 분류한 결과는
다음과 같다.

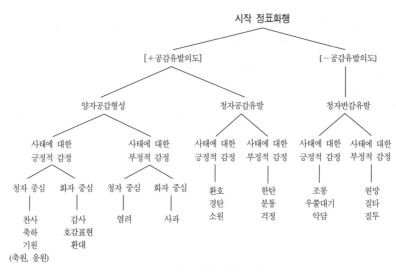

[그림 7] 시작 정표화행의 유형

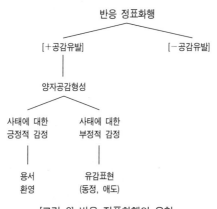

[그림 8] 반응 정표화행의 유형

다음으로 4장부터 5장에서는 위에서 설정한 분류 기준을 적용하여 개별 화행 유형들이 같은 그룹에 속한 다른 화행과 어떠한 차이점이 있는지, 화행을 구성하기 위한 조건은 무엇인지 기술하고 각 화행 유형만의 핵심적인 개념을 정의해 보기로 한다. 또한 개별 화행 유형들이 한국어에서 언어적으로 수행되는 형식을 정리해 본다. 이러한 작업을 통해 개별 정표화행의 유형이 정표화행 범주 안에서 차지하는 위치와 서로 어떠한 공통점과 차이점이 있는지를 제시해 보겠다.

제4장

시작 정표화행 유형의 행위 조건과 수행 형식

4장에서는 화행이 수행될 때 다른 화행을 전제하지 않고 독립적으로 실현되는 시작 정표화행 유형의 행위적 특성과 수행 형식을 기술한다. 1절에서는 '양자 공감형성 정표화행'의 유형인 "찬사", "축하", "기원", "감사", "환대", "호감표현", "염려", "사과" 화행을 기술하고, 2절에서는 '청자 공감유발 정표화행'인 "경탄", "환호", "소원", "한탄", "분통표현", "걱정" 화행을 기술한다. 3절에서는 '청자 반감유발 정표화행'의 유형인 "조롱", "우쭐대기", "악담", "원망", "질타", "질투"화행에 대하여 살펴본다.

1. 양자 공감형성 정표화행

양자 공감형성 정표화행은 정표화행의 유형 중 상호활동이라는 의사소통적 특성이 가장 강하게 나타나는 유형이다. 이 유형의 의사소통 목적은 단순히 화자가 청자와 같은 감정을 가지고 있다는 것을 전달하는

데 있지 않다. 화자는 사태에 대하여 청자와 공감하고 있다는 것을 전달함으로써 두 사람 사이에 공감대를 형성하고, 인간관계를 원활하게 유지하거나 서로 간의 유대감을 증진시키기를 기대한다.

화행이 분화되어 있을수록 해당 언어 행위가 그 사회에서 중요한 위치를 차지하고 있다는 해석이 가능하다. 그런데 양자 공감형성 정표화행에 속하는 정표화행은 이 글에서 분류한 정표화행의 유형 총 23개 중 11개로,1) 정표화행 전체 목록의 과반수 이상을 차지한다. 이는 일상 언어생활에서 정표화행의 수행이 상당 부분 대화 상대방과 공감대를 형성하고, 인간관계를 원활하게 유지하는 기능을 담당하고 있는 것으로 볼 수 있다.

이제 3장에서 분류한 것을 토대로 양자 공감형성 정표화행에 속하는 11개의 화행들에 대하여, '사태에 대한 긍정적 감정을 표현하는 유형'과 '부정적 감정을 표현하는 유형'으로 다시 구분하여 개별 유형들의 행위적 특성과 수행 형식을 살펴보기로 한다.

1) 사태에 대한 긍정적 감정의 정표화행

사태에 대하여 긍정적 감정을 표현하는 정표화행의 유형에는 "찬사", "축하", "기원", "감사", "환대", "호감표현"이 있는데, 이들은 사태가 발생한 시점에서 화자가 인식하기에 사태에 대하여 누가 그 사태의 대상자 역할을 하게 되느냐에 따라 '청자 중심 유형'과 '화자 중심 유형'으로 분류된다.

---

1) 반응 화행의 위치에서 수행되는 양자 공감형성 정표화행의 수까지 더한 것이다.

[그림 9] 양자공감형성 – 긍정적 정표화행

  "찬사", "축하", "기원" 화행의 경우, 청자가 사태에 대하여 대상자 역할을 하게 된다. 즉, 청자는 사태의 수혜자가 되므로 사태에 대한 긍정적 인식은 청자에게 더 강하게 나타난다. 반면 "환대", "감사", "호감표현"은 화자가 사태에 대하여 대상자 역할을 하게 된다. 즉, 이들 부류에서 사태의 수혜자는 화자가 되므로 사태에 대한 긍정적 인식은 화자에게 더 강하게 나타난다.[2]

가. 찬사화행

  찬사화행에 대한 논의를 시작하기 전에, 이 글에서는 "칭찬"과 "찬사"는 서로 구분되는 화행임을 주장하고자 한다.[3] 이는 일상 언어에서는 칭찬의 의미를 포괄적인 개념으로 사용하고 있으나 화행의 측면에서는 칭찬화행과 찬사화행을 구별하고자 하는 것이다.

---

[2] 개별 화행의 사태에 대한 대화 참여자들의 역할은 뒤에서 각 유형별로 상세히 기술할 것이다.

[3] 한국어를 대상으로 한 칭찬화행에 대한 선행연구들은 이 글의 관점에서는 모두 찬사화행에 관한 논의이다. 선행 연구에서는 칭찬의 개념으로 대부분 Holmes(1988)의 정의를 받아들여 사용하고 있다. Holmes(1988 : 446)는 칭찬(compliment)이란 화자를 제외한 누군가에게 화자와 청자가 긍정적으로 평가하는 어떤 좋은 점(소유물, 성격, 기술 등)에 대하여 명시적 혹은 암시적으로 공을 돌리는 발화 행위라고 정의하였다.

먼저 칭찬화행의 행위적 특성에 대하여 살펴보기로 하자. 칭찬화행은 평가적 정표화행의 예비 조건인 '화자는 사태에 대한 옳고 그름의 기준을 가지고 있다.'와 성실 조건인 '화자는 자신의 평가가 옳다고 믿는다' 를 만족한다.[4]

(1) ㄱ. 아이 : 엄마, 여기에다가? 여기에다 동그라미?

　　ㄴ. 엄마 : <u>그렇지! 어이구 우리 예지 자알 했어요.</u> 이거 또 해 봐.

(2) ㄱ. 교사 : 자, 그럼 토의 결과를 얘기해 보죠. 어느 조부터 할까요? 누구 얘기해 볼 사람?

　　ㄴ. 학생1 : 저희 조에서는 비언어적인 것이 언어적인 것보다 스피치를 할 때 더 중요하다고 결론을 내렸습니다. 동영상에 잘 나와 있는데 아무리 언어적인 내용이 훌륭해도 목소리가 작고 제스처도 없으니 지루하게 여겨져서 잘 전달이 되지 않았습니다.

　　ㄷ. 교사 : <u>네, 그렇죠. 2조가 아주 잘 파악했어요.</u>

위의 예는 칭찬화행의 대표적인 상황으로 (1)과 (2) 모두 교육적 상황의 틀 안에서 수행되었다. (1)은 엄마가 아이가 이룬 성과에 대하여, (2)는 교사가 학생이 이룬 학업 성과에 대하여 칭찬한다. 이처럼 "칭찬"은 청자의 태도나 행동에 대하여 화자가 긍정적 평가를 한다는 것을 표현하는 행위이다. 즉, 칭찬화행은 화자의 입장에서 청자가 지켜주었으면 하는 규범이 존재할 때 수행되고, 그것이 청자에 의하여 만족되었을 때 행해진다. 또한 칭찬을 함으로써 화자는 청자에게 앞으로도 같은 행동을

---

4) 2장에서 정표화행은 평가적 정표화행과 감정적 정표화행으로 구분한 바 있다. 칭찬화행은 평가적 정표화행 유형에 속하고, 찬사화행은 감정적 정표화행 유형에 속한다.

할 것을 장려할 수 있고 그 행동이 옳고 바람직하다는 점을 우회적으로
알려줄 수도 있다.[5] 그리고 칭찬화행은 위의 예에서처럼 화자의 사회적
지위가 청자보다 높을 때 수행된다.[6]

한편 감정적 정표화행에 속하는 "찬사"의 의사소통 목적은 화자가 느
낀 사태에 대한 감정이 청자와 같다는 것을 전달하여 상대방과 공감대
를 형성하려는 데 있다. 다음의 예를 보자.

    (3) ㄱ. 화자1 : <u>오오…… 언니, 오늘 좀 어려 보이는데!</u>
        ㄴ. 화자2 : (웃으며)그래? 머리를 좀 잘라서 그런가?

    (4) ㄱ. 화자1 : <u>세상에. 언닌 어쩜 그렇게 잘 그려요?</u>
        ㄴ. 화자2 : 아유, 뭘.

(3)은 화자1이 화자2의 외모에 대한 호감을 표현하고, (4)는 화자1이
화자2의 능력에 대한 부러움을 표현하는 상황이다. (3), (4)에서 보듯이
찬사화행은 화자가 긍정적으로 인식한 청자의 자질(외모나 능력, 소유물 등)
에 대하여 자신도 호감, 부러움 등을 느끼고 있다는 것을 표현함으로써
궁극적으로 상대방과 유대감이나 친밀감을 높이길 기대하는 행위적 성

---

5) Zillig(1982)는 "칭찬"을 "꾸중"과 더불어 전형적으로 교육적 의사소통 환경에서 수행되는
   행위로 보았다(박용익, 2003 : 131-132 재인용). 이러한 칭찬화행의 가능한 결과, 즉 발화
   수반 효과로는 청자의 의욕을 고취시킬 수 있고 상대방의 자아존중감을 높여 줄 수 있는
   등의 교육적인 효과를 상정할 수 있다.
6) 칭찬화행과 유사한 행위로 "치하"를 생각할 수 있다. 치하화행은 공적인 영역에서 화자가
   개인적인 자격이 아니라 공적인 자격을 가지고 청자가 한 일의 공로를 인정하여 상을 주
   는 행위이다. 예컨대 경찰 서장이 공적인 상황에서 직원들의 공로를 인정하여 치하하고
   있는 상황을 들 수 있다. 이처럼 치하화행의 대상이 되는 명제내용에 있어서 칭찬화행과
   차이가 있는데, 치하화행의 명제내용은 '청자가 직무나 조직과 관련하여 책임을 지고 있
   는 일'이 된다. 이 글에서는 평가적 정표화행에 대해서는 다루지 않으므로 더 이상 칭찬
   화행과 치하화행에 대해서는 논하지 않겠다.

격을 지닌다.[7] 또한 "찬사"는 "칭찬"이 화자의 사회적 지위가 청자보다 높을 때 수행되었던 것과는 달리 대화 참여자들의 사회적 지위 조건과 무관하게 수행된다.

위의 예에서 보았듯이 찬사화행은 청자가 지니고 있는 외모나 능력 등에 대하여 화자가 긍정적으로 인식하고, 그에 대해 호감이나 부러움을 표현하는 행위이다. 이때 사태에 대한 화, 청자의 역할을 살펴보면, 청자는 행위자이자 대상자가 되고 화자는 다만 관찰자의 역할을 할 뿐이다. 따라서 찬사화행은 "축하", "기원" 화행과 더불어 청자가 화자보다 사태에 대하여 더 긍정적으로 인식하는 유형에 해당한다. 화자는 "찬사"를 통해 청자가 행위자인 사태에 대하여 호감을 표현하고, 자신도 청자와 같은 취향을 가지고 있다는 것을 전할 수도 있다. 그리고 이러한 표현을 통해 화자는 청자와 공감대를 형성하게 되기를 바라게 된다.

이 글의 분류 기준에 의하면 "찬사"는 다음과 같은 화행적 특성을 지닌다.

대화이동 연속체 내의 위치 :	시작 화행
의사소통 목적 :	양자 공감형성
사태에 대한 인식 :	긍정적
화자의 감정 :	호감, 애착, 놀라움, 부러움
사태의 역할 :	화자─관찰자, 청자─행위자·대상자
사태의 내용·시제 :	청자가 지니고 있는 외모·능력·성격·소유물, 과거·현재

---

7) 전정미(2008 : 103)에서는 찬사화행을 수행한다는 것은 상대방과의 유대관계나 친밀감을 강조하려는 의도를 나타내는 일종의 책략이라고 하였다. 그러나 이것은 책략이 아니라 우리가 왜 찬사화행을 수행하는지에 대한 근본적인 이유이므로, 찬사화행의 중요한 의사소통 목적이라고 본다.

찬사화행은 대화의 위치와 관계없이 독립적으로 발화되는데, 대화 구조 전체에서 볼 때 시작부에서 자주 실현되는 경향이 있다. 이것은 찬사화행의 수행 결과 화·청자 간 공감대를 형성하게 되는 특징이 있기 때문이다. 또한 화자는 찬사의 대상을 화제로 삼아 이야기를 이어가는 경향이 있는데, 찬사화행을 통해 양자 공감형성 기능이 어떻게 발현되는지 다음의 예를 통해 확인해 보도록 하겠다.

(5) (만나자마자)

    ㄱ. 화자1 : <u>오오…… 언니, 오늘 좀 어려 보이는데.</u>

    ㄴ. 화자2 : (웃으며)그래? 머리를 좀 잘라서 그런가.

    ㄷ. 화자1 : <u>잘 잘랐다. 진짜 다섯 살은 어려보인다!</u> 아, 나도 머리 잘라야 하는데. 어디서 잘랐어?

    ㄹ. 화자2 : 그냥 동네 미용실.

(6) (화실 자리에 앉고 난 후, 상대방의 그림을 보며)

    ㄱ. 화자1 : <u>세상에. 언닌 어쩜 그렇게 잘 그려요?</u>

    ㄴ. 화자2 : 아유 뭘.

    ㄷ. 화자1 : 몇 년 그렸어요?

    (…중략…)

    ㅊ. 화자1 : 나도 앞으로 10년 그리면 언니처럼 그릴 수 있을라나?

    ㅋ. 화자2 : 그럼, 나도 처음엔 다 그랬어.

위의 예는 친밀한 두 사람이 만났을 때, "찬사"의 대상을 화제로 삼아 대화를 이어나가는 것을 보여준다. 또한 찬사화행의 표현을 '오!(5ㄱ)', '세상에!(6ㄱ)'와 같은 감탄사로 시작을 하여 자신의 느낌을 드러내어 청자의 주의를 끌고, 반응을 불러오기 위한 언어적 장치로 사용하고 있다. 흥미로운 것은 두 사람이 관계를 형성해 나가는 단계에서도 "찬사"는 대화의 도입부에서 화제를 제시하는 기능을 한다는 것이다.8) 뿐만 아니라 친밀하지 않은 관계에서의 찬사화행은 사교적인 기능을 하여 본격적인 대화를 시작하기 전에 대화의 분위기를 조성하는 역할을 한다.

(7) (초대된 집에 들어서면서)
    ㄱ. 화자1 : <u>우와, 선생님 집이 너무 멋져요.</u> 한강이 다 보이고, 무슨 휴양지 같아요.
    ㄴ. 화자2 : <u>정말 여기 있으면 나가기 싫으시겠어요.</u>
    ㄷ. 화자3 : 응, 근데 하루 종일 여기 있으면 우리가 무슨 노인같이 느껴질 때도 있어.
    ㄹ. 화자4 : <u>어머, 선생님 이 찻잔들도 너무 예뻐요.</u> 특이하고 아기자기하고…… 어떻게 다 모으셨어요?
    ㅁ. 화자3 : 응. 내가 잔들을 좋아해서 여행갈 때마다 산 거야. 되게 싼 것도 있고 좋은 것도 있고…… 예쁘지?

(7)의 대화는 공적인 관계로 만난 동료들이 가장 연장자(화자3)의 집에 처음으로 초대된 상황이다. (7)에서 화자3의 집에 초대된 사람들은 집에 들어서면서 화자3의 소유물인 집과 찻잔을 "찬사"의 대상으로 하여 이를 화제로 삼아 이야기를 시작한다. 이는 초대된 사람들이 화자3의 소유물에 대한 찬사 표현을 통해 자신들도 화자3과 취향이 같다는 점을 표현함으로써 상대방과 공감대를 형성하고, 본격적으로 대화를 시작하기 전에 서로 유대감이나 친밀감을 강화시키기 위한 것으로 보인다. 그리고 여기에서도 '우와(7ㄱ)', '어머(7ㄹ)' 등의 감탄사를 사용하여 자신의 느낌

---

8) 화자와 청자가 처음 만났을 때 자주 수행되는 화행이라는 점에서 찬사화행은 환대화행과 유사한 특성이 있다. 그러나 환대행위는 청자의 출현이 명제내용이 되고, 그에 대한 기쁨을 표현하는 것이므로 찬사행위와 차이가 있다.

을 드러내는 표현을 사용하여 청자의 주의를 끌고 반응을 유도하고 있다.

찬사행위의 사태의 내용은 청자가 지니고 있는 외모·능력·성격·소유물 등의 자질과 관련이 있다.9) 그리고 명제내용이 사실임을 전제하는 정표화행의 특성에 따라 청자는 과거 또는 현재에 이러한 자질들을 지니고 있어야 찬사행위가 성립할 수 있다. 아래와 같이 사태의 시간을 미래로 설정하면 찬사화행이 수행되지 못한다.

(8) 오…… 언니, 내일 좀 어려 보일 것 같은데!

(9) 아가, 넌 내일 한복이 참 잘 어울릴 거야.

(8)과 (9)처럼 사태의 시간이 미래와 관련이 있으면 이 행위들은 "찬사"가 아니라 "축복"이나 "기원" 등 다른 행위로 해석될 수 있다.

"찬사"를 수행할 때 화자의 심리는 호감, 애착, 놀라움, 부러움 등의 복합적인 감정이 섞여 있다. 위의 예문 (5), (6)을 다시 옮겨와 살펴보기로 한다.

(10) ㄱ. 화자1 : <u>오오…… 언니, 오늘 좀 어려 보이는데!</u>
     ㄴ. 화자2 : (웃으며)그래? 머리를 좀 잘라서 그런가?

(11) ㄱ. 화자1 : <u>세상에. 언닌 어쩜 그렇게 잘 그려요?</u>

---

9) 영어 화행 동사를 연구한 Wierzbicka(1987 : 201)는 찬사의 대상이 청자의 능력이나 외모 등 선천적으로 가지고 있는 것과 소유물처럼 후천적으로 갖게 된 것에 따라 PRAISE와 COMPLIMENT를 구분하였다. 예컨대 긍정적 판단의 대상이 청자에게 직접적으로 초점이 가 있는 'What a lovely house you have! Everything in such excellent taste!'는 COMPLIMENT이고, 'You have a lovely house.'는 PRAISE로 본 것이다. 이 글에서는 어휘의미론의 영역에서 개별 어휘들의 의미 차이는 연구 과제에서 배제한 바 있다. 이에 대한 논의는 앞으로의 연구 과제로 남긴다.

ㄴ. 화자2 : 아유, 뭘.

(…중략…)

ㅊ. 화자1 : 나도 앞으로 10년 그리면 언니처럼 그릴 수 있을라나?

찬사화행을 수행하는 화자1은 화자2의 자질에 대해 기본적으로는 애착을 가지고 있으며 호감과 놀라움(10ㄱ-2)·(11ㄱ), 부러움(11ㅊ) 등의 복합적인 감정을 느끼고 있다는 것을 파악할 수 있는데, 이러한 심리가 찬사화행을 수행하는 화자의 동기가 된다.

이상의 내용을 종합하여 찬사화행이 성공적으로 수행되기 위한 적정 조건을 제시하면 다음과 같다.

(12) 찬사화행의 적정 조건[10]

　　ㄱ. 명제내용 조건

　　　　1) 찬사의 대상은 청자의 자질(외모, 능력, 성격)이나 소유물 X와 관련된다.

　　　　2) 청자의 사태는 현재 또는 과거와 관련이 있다.

　　ㄴ. 예비 조건 : 화자는 청자의 X를 긍정적으로 인식한다.

　　ㄷ. 성실 조건 : 화자는 청자의 X에 호감, 애착, 놀라움, 부러움 등의 복합적인 감정을 느낀다.

　　ㄹ. 본질 조건 : 화자가 청자에게 관심과 호감을 표현하는 것이며, 청자와 공감대를 형성하려는 시도이다.

---

10) "찬사"의 적정 조건에 의하여, 발화된 표현만으로는 "찬사"와 매우 유사한 "아부"를 구별할 수 있다. 아부화행은 찬사화행과 마찬가지로 그 대상이 청자의 자질(외모나 능력, 소유물 등)이며 화자가 그것에 대해 긍정적으로 인식하고 있다는 점을 표현한다. 그러나 아부화행의 본질은 청자와 공감대를 형성하고자 하는 것이 아니라 화자가 상대방에게 어떤 이득을 얻고자 하는 데 있다. 그러므로 아부화행의 본질적 속성 상 주로 사회적 지위가 낮은 화자가 사회적 지위가 높은 청자에게 수행한다. 그리고 화자는 청자가 자질X를 실제로 갖고 있지 않은데도 사실인 것처럼 말하거나 실제보다 과장한다는 점에서도 찬사화행의 예비 조건을 어긴다.

다음으로 한국어에서 찬사화행이 수행되는 형식과 특징에 대하여 살펴보기로 한다. 선행연구들에 의하면 한국어에서 찬사행위는 '멋지다, 예쁘다' 등의 직접적인 평가 어휘로 실현되기보다[11] 대상과 연관된 주변적인 언급으로 주로 수행이 되며, 이 두 가지가 동시에 사용이 되는 경우도 나타난다.[12]

선행 연구에서는 찬사화행의 수행 시, 주변 사항을 언급하는 전략으로 상대방의 변화를 '알아채기'(헤어스타일이 바뀌었네!), '정보 묻기'(그 옷 어디서 샀어?), 화자의 감정이나 생각 등 '개인적 의견을 말하기(넥타이도 컬러풀하고 좋은데요!)',[13] 대상의 좋은 점에 관하여 '요청/제안하기'(요리 비결좀 알려주세요), '농담하기(누군지 몰라보겠는걸!)' 등을 들었다. 그러나 '알아채기', '정보 묻기', '개인적 의견을 말하기', '농담하기' 등의 전략이 찬사화행만의 표현상 특징이라고 말하기는 어렵다. 따라서 이 글에서는 2장에서 제시했던 정표화행의 수행 형식의 틀 안에서 찬사행위의 수행

---

11) Manes & Wolfson(1981 : 121-123)은 COMPLIMENT가 어떠한 표현 형식으로 수행되는지를 연구하였다. 이 연구에 따르면 미국 중산층 집단의 화자들은 찬사화행을 수행할 때 9가지 구문으로 정리될 수 있을 만큼 매우 제한적이고 정형화된 표현을 사용한다고 한다. 그리고 9가지 구문 중 'NP is/looks (really) ADJ(53.6%)', 'I (really) love/like NP(16.1%)', 'PRO is (really) (a) ADJ+/NP(14.9%)' 구문이 85% 이상을 차지한다고 하였다. 그러나 한국어의 경우, 상황맥락에 따라 다양하게 찬사행위가 실현이 되므로 영어처럼 정형화된 구문을 사용하는 비율은 낮다. 전정미(2008 : 108)에서는 칭찬화행을 수행할 때 부가적인 표현이 명시적 칭찬 표현만을 사용하는 것보다 높은 빈도로 나타난다고 보고, 그 이유를 상대방에 대한 관심과 배려의 표시를 더 많이 나타내기 때문이라고 보았다.

12) 김현정(1996)을 필두로 김영주(2002), 송영미(2003), 김은정(2008) 등에서 대조언어학이나 중간언어학적 관점에서 칭찬화행이 연구되었고, 이원표(1996), 김형민(2003), 전정미(2008), 장민주(2009)는 한국어만을 대상으로 칭찬화행의 양상을 살펴보았다. 선행연구에서는 찬사행위를 수행하기 위한 전략이 매우 다양하게 제시되었는데, 연구자마다 조금씩 차이가 있기는 하였으나 대부분 '알아채기, 정보 묻기, 개인적 의견, 농담하기, 요청 및 제안' 등의 다양한 전략들을 제시하였다.

13) 전정미(2008)에서는 찬사행위의 여러 가지 표현 중 이러한 표현 방식이 가장 높은 빈도로 나타난다고 하였다. 특히 동성의 여성 화자와 청자에게 선호되는 방식이라고 하였다.

형식을 기술해 보기로 한다.

찬사화행이 수행되는 형식은 다음과 같다.14) 첫째, 찬사화행은 '오', '와'나 '세상에!' 같은 감탄사나 단순한 외침과 같은 느낌 표현만으로 수행될 수 있다.

> (13) ㄱ. 화자1 : <u>우와아~ 김진경!!!</u>
>
> ㄴ. 화자2 : 나 예뻐?
>
> ㄷ. 화자1 : 엉. 내가 본 신부 중 제일 예쁘다!

(13)은 결혼을 앞둔 두 사람이 웨딩드레스를 맞추러 간 장소에서 화자 2가 드레스를 입고 나오자 화자1이 찬사를 보내는 상황이다. 화자1은 화자2가 드레스를 입고 등장하자 (13ㄱ)에서 '우와아'라는 감탄사로 호감과 놀라움을 표현하고 있다.15) 그러나 실제 대화에서 느낌 표현은 독립적으로 사용되기보다 '오오…… 언니, 오늘 좀 어려 보이는데', '세상에, 언닌 어쩜 그렇게 잘 그리세요?', '우와, 선생님 집이 너무 멋져요.', '우와, 정말 부럽다, 부러워'처럼 감정 표현 어휘나 사실 표현, 평가 표현 등과 동반되어 찬사를 표현하는 것이 일반적이다.

둘째, 찬사화행은 청자의 사태에 대한 화자의 감정을 감정 어휘를 사용하여 명시적으로 표현함으로써 수행된다. (14)에서 화자는 청자가 가진 자질이나 소유물에 대한 부러운 마음을 '부럽다'를 사용하여 명시적으로 표현하고 있다.

---

14) 앞으로 제시하게 될 각 화행의 수행 형식은 그 화행의 언어적 표현 방식의 총체라고 볼 수는 없다. 다만 이 글의 자료 내에서 대표적으로 발견된 예들을 가지고 유형화하여 수행 형식을 분류해 본 것이다.

15) 화자의 사태에 대한 '놀람'과 '감탄'을 '와아~', '오오~'와 같은 감탄사로 표현한다는 점에서 "찬사"는 "경탄"과 유사하다. 그러나 "찬사"의 사태의 대상이 청자가 행위자인 것인데 반해 "경탄"의 사태는 화자의 새로운 경험이나 인식이라는 점에서 차이가 있다.

(14) ㄱ. 화자1 : <u>우와, 정말 부럽다, 부러워.</u> 언니 혼자만 좋은 거 먹고
　　　　　사는 거 아니에요?

　　ㄴ. 화자2 : (웃으며) 무슨, 이젠 나도 다 갔어.

셋째, 찬사화행은 청자가 가지고 있는 자질의 상태를 사실 그대로 기술함으로써 수행될 수 있다.

(15) ㄱ. 화자1 : 이 언니 피부 좀 봐. <u>모공이 하나도 없어.</u> 도대체 뭘 먹
　　　　　고 사는 거야?

　　ㄴ. 화자2 : (웃으며)무슨······.

(16) ㄱ. 화자1 : 125페이지? <u>야, 그 쪼그만 머리에서 어떻게 125페이지</u>
　　　　　<u>가 나왔을까? 짱! 짱!</u>

(15ㄱ)에서 화자1은 상대방의 얼굴에 모공이 하나도 없다는 사실을 기술하여 찬사행위를 수행한다. (16ㄱ)은 화자2가 125쪽이라는 분량의 글을 쓴 사실을 기술함으로써 찬사행위를 수행하고 있다. 단, 이때 명제내용은 누구나 긍정적으로 여기는 사실이다. 만약 찬사의 명제내용이 가치 중립적일 경우에는 찬사 표현이라는 것을 확실히 하기 위하여 평가 표현이 동반되어 나타나기도 한다. 다음의 예를 보자.

(17) ㄱ. 화자1 : 1) <u>교수님 머리 바뀌셨네요,</u>
　　　　　2) <u>예뻐요.</u>

　　ㄴ. 화자2 : (웃으며)아, 네, 좀 잘랐어요.

(17ㄱ-1)의 명제내용은 '머리 모양이 바뀌다'로 가치 판단에 있어서 중립적이다. 화자1은 사실 표현(17ㄱ-1) 뒤에 '예뻐요'(17ㄱ-2)라는 긍정

적인 평가 표현을 덧붙여 찬사행위를 수행하였다. 사실 (17)처럼 공적인 관계에서는 평가 표현이 뒤따르지 않아도, (17ㄱ-1)의 화자2의 자질과 관련된 사실 표현만으로도 찬사 표현이라는 것을 함축한다. 그러나 친밀한 관계에서는 명제내용이 중립적일 때 긍정적 평가가 뒤따르지 않으면 그것이 찬사행위인지 아니면 그 반대인지 판단하기 애매한 경우가 생길 수 있다. 다음의 예는 엄마와 딸의 대화로 매우 친밀한 관계에서 이루어지는 대화이다.

> (18) ㄱ. 딸 : 엄마, 머리 했네!
>
> ㄴ. 엄마 : 응. 이번엔 그 머리 짧은 애한테 잘랐어.
>
> ㄷ. 딸 : 그래? 어쩐지 좀 스타일이 다르더라. 그 사람 별로야, 엄마. 이거 봐. 뒤에 선도 안 맞고······.

위의 대화에서 (18ㄱ)의 발화만으로는 이것이 "찬사"인지 여부를 판단하기가 어렵다.16) 딸은 (18ㄷ)에서 엄마의 머리 모양에 대하여 부정적 평가를 내리고 있는 것으로 보아 (18ㄱ)은 찬사화행으로 수행된 것이 아니라는 것을 알 수 있다. 이렇게 친밀한 관계에서는 명제내용이 가치중립적일 경우, 사태에 대한 기술만으로 찬사행위 여부를 판단하기란 어려울 수 있다.

넷째, 찬사화행은 청자의 외모, 성격, 능력, 소유물 등에 대하여 긍정적으로 평가하는 표현을 사용하여 수행할 수 있다. 다음은 긍정적 평가 어휘인 '꼼꼼하다, 자상하다(19ㄱ), 잘 어울리다(20ㄱ), 멋지다(21ㄱ), 예쁘다(21ㄷ)' 등이 사용된 예이다. 이와 같은 경우 평가 어휘 앞에 정도를 강

---

16) 물론 모든 발화에는 화자의 비언어적, 준언어적 표현이 동반되므로 청자는 그것이 찬사화행인지 아닌지를 더 쉽게 판단할 수 있을 것이다.

조해주는 부사 '참, 정말, 진짜, 너무, 아주' 등이 결합하기도 한다.

(19) ㄱ. 장모 : <u>남자가 어쩜 이리 꼼꼼하고 자상해?</u>
    ㄴ. 화자2 : (쑥스러운 미소)

(20) ㄱ. 화자1 : <u>아가, 넌 한복이 참 잘 어울리는구나</u>
    ㄴ. 화자2 : 감사합니다, 아버님.

(21) ㄱ. 화자1 : <u>우와, 선생님 집이 너무 멋져요.</u>
    ㄴ. 화자2 : 정말 여기 있으면 나가기 싫으시겠어요.
    ㄷ. 화자3 : <u>선생님 이 찻잔들도 진짜 예뻐요.</u>

그리고 이 긍정적 평가 어휘들에 '-아/어 보이다'가 결합한 '좋아 보이다(22ㄱ), 어려 보이다(23ㄱ)' 형태들도 찬사화행을 수행할 때 사용된다.

(22) ㄱ. 화자1 : <u>언니, 오늘 좋아 보인다!</u> 무슨 좋은 일 있지?
    ㄴ. 화자2 : 좋은 일? 글쎄~

(23) ㄱ. 화자1 : <u>오…… 언니, 오늘 좀 어려 보이는데.</u>
    ㄴ. 화자2 : (웃으며)그래? 머리를 좀 잘라서 그런가.

그리고 평가 표현을 사용하여 찬사화행을 수행할 때 형식화한 '[어쩌면/어쩜]+[이렇게/그렇게]+평가 어휘+의문형 어미?' 구문이 사용되기도 한다. 이와 유사한 구문은 여러 형태로 쓰여 "찬사"를 표현한다.

(24) ㄱ. 화자1 : 아이구, 이뻐라. <u>어떻게 저렇게 안목이 있을까.</u> 물건을
              하나 사두 사람이 이렇게 안목이 있어야 되는 건데.
    ㄴ. 화자2 : 마음에 드세요, 어머니?

다섯째, 찬사화행은 사실에 대한 반응 표현으로 수행되기도 한다.

(25) ㄱ. 화자1 : 우와, 선생님 집이 너무 멋져요. 한강이 다 보이고, 무
슨 휴양지 같아요.
ㄴ. 화자2 : <u>정말 여기 있으면 나가기 싫으시겠어요.</u>
ㄷ. 화자3 : 응, 근데 하루 종일 여기 있으면 우리가 무슨 노인같
이 느껴질 때도 있어.

(26) ㄱ. 화자1 : 이 언니 피부 좀 봐. 모공이 하나도 없어. 도대체 뭘
먹고 사는 거야?
ㄴ. 화자2 : (웃으며)무슨…….
ㄷ. 화자3 : <u>진짜 장난 아니다!</u>

(25)는 화자2가 소유한 집에 대한 반응으로, (26)은 화자2의 피부가 좋
다는 사실에 대한 반응 표현으로 찬사화행이 실현되고 있다. 사실에 대
한 반응으로 찬사화행이 실현될 때에는 이처럼 다른 사람의 찬사가 선
행되고(25ㄱ, 26ㄱ), 그 후에 자신도 찬사화행을 수행하여 나타나는 경향
이 있다.

이상에서 한국어에 나타나는 찬사화행의 수행 형식을 정리하면 다음
과 같다.

(27) 찬사화행의 언어적 수행 형식
ㄱ. 느낌 표현 : 예) 와, 우와, 세상에!
ㄴ. (느낌 표현)[17)]+감정 표현 : 예) 우와/정말 부럽다, 부러워…….
ㄷ. (느낌 표현)+사실 표현 : 청자의 상태를 기술함.

---

17) 소괄호는 수의적 요소임을 표현한 것이다.

1) 화자와 청자가 모두 긍정적으로 인식하는 사실 기술

예) 모공이 하나도 없어/얼굴이 CD만해/얼굴이 정말 하얗다

2) 명제 내용이 가치중립적인 사실+(평가 표현)

예) 교수님 머리 자르셨네요!/ 엄마 머리 잘랐네! 예쁘다

ㄹ. (느낌 표현)+평가 표현 :

1) 청자의 X+(최상급 정도 부사 : 참/정말/진짜/아주/너무 등)+
긍정적 평가 어휘(좋다/대단하다/멋지다/예쁘다/귀엽다……)

예) 선생님 집이 너무 멋져요.

2) 청자의 X+(최상급 정도 부사 : 참/정말/진짜/아주/너무 등)+
긍정적 평가 어휘+'-아/어 보이다'

예) 오늘 좀 예뻐 보이는데.

3) [어쩌면/어쩜]+[이렇게/그렇게]+긍정적 평가 어휘+의문
형 어미?

예) 남자가 어쩜 이리 꼼꼼하고 자상해?

ㅁ. 반응 표현 : 예) 진짜 장난 아니다!

나. 축하화행

축하화행은 청자에게 이익이 되거나 좋은 일에 대하여 화자가 함께
기뻐한다는 것을 표현하는 행위이다(Searle & Vanderveken, 1985 : 212). 이
글의 분류 기준에 따른 "축하"의 특성은 다음과 같다.

대화이동 연속체 내의 위치 :	시작 화행
의사소통 목적 :	양자 공감형성
사태에 대한 인식 :	긍정적
화자의 감정 :	기쁨, 즐거움
사태의 역할 :	화자-관찰자, 청자-행위자・대상자
사태의 내용・시제 :	청자에게 일어난 사건이나 개인적 축일, 과거・현재

축하화행의 사태에 대한 내용은 청자에게 일어난 좋은 일 혹은 개인적인 축일이며, 이 사태에 대하여 화자는 관찰자일 뿐이므로 사태와는 직접적인 관련이 없다.18) 이러한 관점에서 "축하"는 이타적인 행위로 볼 수 있고, 화자는 청자의 기쁨이나 행운을 함께 기뻐함으로써 청자와 공감대를 형성하려는 의도를 가지고 있으므로 양자 공감형성 정표화행에 속한다. 또한 축하화행의 수행 결과 화자와 청자는 끈끈한 유대감을 형성할 수 있다.

"축하"와 "찬사"는 화자가 청자의 사태에 대하여 긍정적으로 인식하고 그에 대하여 공감을 표현하는 행위라는 점에서 유사하다. 그러나 찬사화행은 주로 청자의 '상태'를 대상으로 하여 수행되고, 축하화행은 주로 청자의 '행위' 및 '개인적인 축일'을 대상으로 한다는 점에서 차이가 있다. 그리고 "찬사"의 대상은 청자의 외모, 소유물, 능력, 성격 등 청자의 자질이나 소유물에 국한되는 반면 "축하"는 그 대상이 좀 더 다양한 것으로 나타난다. 또한 한국어에서 이 두 화행은 청자의 반응 화행에서도 차이가 있다. "축하"의 반응 화행으로는 주로 "감사"와 같은 "축하"를 수용하는 표현이 오는 경우가 많고 화자도 이러한 반응을 기대한다. 그러나 한국어에서 "찬사"의 반응 화행은 찬사를 직접적으로 수용하기보다 적극적으로 수용하지 않는 간접적인 응대 표현이 오는 경우가 많다(이원표, 1996 ; 이하나, 2005 ; 전지원, 2005 참고).19)

---

18) 화자와 청자의 관계에 따라 관찰자로서의 역할에도 정도의 차이가 있는 듯하다. 예컨대 자식이 어떤 일을 성취해 내었을 때, 부모가 자식의 성공에 대해 축하하는 것과 지인의 기쁜 소식을 듣고 축하하는 것에는 개입의 정도가 다르므로 기쁨을 함께하는 정도에 있어서는 차이가 있다.

19) 찬사화행의 응대 전략에 관한 논의(이원표, 1996 ; 이하나, 2005 ; 전지원, 2005)에 의하면 한국어에서는 찬사를 직접적으로 수용하기보다 적극적으로 수용하지 않는 간접적인 응대 표현의 가짓수가 더 많은 것으로 나타난다. 전지원(2005)에서 한국어의 찬사에 대한 반응 유형 비율을 조사한 결과 비껴가기(칭찬 내용의 확인, 당혹감/의구심의 표시, 화

축하화행이 성공적으로 수행되기 위한 적정 조건을 살펴보자.[20)]

첫째, "축하"의 명제내용은 청자와 관련된 사태로, 청자에게 이익이 되거나 청자가 노력의 결과 성취한 일, 그리고 청자 개인의 축일(생일, 졸업, 결혼 등) 등이 있다.

    (1) ㄱ. 화자1 : 축하해! 될 줄 알았어.
        ㄴ. 화자2 : 키햐~ 역시 너밖에 없다.

    (2) ㄱ. 화자1 : 수영아, 어제 생일이었다면서? 늦었지만 축하해!
        ㄴ. 화자2 : 고마워. 근데 어떻게 알았어?

  (1)에서 축하의 대상은 화자2가 면접에서 합격한 일로 화자2가 노력에 의해 달성한 것이다. 그러나 (2)는 화자2의 이익이나 노력에 의한 성취와는 관련이 없는 개인의 축일이 축하의 대상이 된다. 개인의 축일은 '생일, 졸업, 결혼' 등 우리 사회에서 관례적으로 정해 놓은 날들이 해당한다.

둘째, 화자의 사태에 대한 인식이 긍정적일 때 축하화행이 성공적으로 수행될 수 있다. 화자는 청자에게 일어난 사건이 청자에게 이익이 되거

제 전환 등)가 52.5%로, 거절하기(부정하기, 칭찬 축소하기)가 14.5%로 수용하기(감사하기, 동의하기, 기쁨을 표현하기)의 12.5%에 비하여 높은 비율로 나타났다. 이것은 한국 문화가 유교의 영향을 받아 상대방의 찬사에 대해 긍정적으로 수용하기보다는 '겸양'의 태도를 나타내는 것이 바람직하게 받아들여지기 때문인 것으로 보인다. 그러나 이하나(2005)에서는 화자와 청자가 친밀하고, 연령대가 낮은 경우 한국어에서도 '수용/동의'의 응답 방식이 높은 빈도로 실현되고 있다고 하였다.

20) Searle(1969 : 67)에서는 축하행위의 구성조건을 다음과 같이 제시하였다.
    1. 명제내용 조건 : 어떤 사건(Event) 또는 행위(Act)등 E가 H에 관계되어 있다.
    2. 예비 조건 : E는 H의 이익이고, S는 E가 H의 이익이라고 믿는다.
    3. 성실 조건 : S는 E를 좋아한다.
    4. 본질 조건 : E에 대한 즐거움의 표현으로 본다.

나 좋은 것이라고 인식할 때 "축하"를 수행한다. 이와는 반대로 화자가 일어난 사태를 청자에게 손해가 되거나 나쁜 일로서 부정적으로 인식하였을 때 '축하해!'라는 발화를 한다면 이것은 아래의 경우처럼 상대방을 놀리는 조롱화행이 된다.

> (3) ㄱ. 화자1 : <u>시험 또 떨어졌다며? 축하해!</u>
> ㄴ. 화자2 : 지금 불난 집에 부채질해?

셋째, 축하화행의 성실 조건은 화자는 청자에게 일어난 사태에 대하여 진심으로 함께 기뻐하고 즐거워해야 한다는 것이다. "축하"를 수행하는 화자의 동기는 이러한 기쁨과 즐거움의 감정을 느끼는 것으로부터 나온다.

> (4) ㄱ. 화자1 : 장학금 받았다면서?
> ㄴ. 화자2 : 네.
> ㄷ. 화자3 : 대단하네. 장학금도 받고. 축하해!
> ㄹ. 화자1 : <u>그거 뭐 똥통 학교에서 받는 거 뭐…… 어쨌든 안 받는</u>
> <u>것보단 낫지. 축하해.</u>
> ㅁ. 화자2 : (기분 상한다) 네, 그럼 저 먼저 가 볼게요.

(4ㄹ)에서 화자1은 '축하해'라고 명시적으로 축하 표현을 하기는 했으나 축하화행의 성실 조건을 위배하였으므로, 이는 축하 화행으로 간주할 수 없다. (4ㅁ)에서 화자2의 반응 역시 화자1의 발화를 "축하"로 이해하지 않는다는 것을 보여준다.

이상의 내용을 종합하여 축하화행의 적정 조건을 정리하면 다음과 같다.

(5) 축하화행의 적정 조건

　　ㄱ. 명제내용 조건 :

　　　　1) 청자에게 이익이 되는 사건이나 행운, 청자의 노력에 의하
　　　　　여 성취한 사건

　　　　2) 청자의 개인적인 축일

　　　　3) 과거, 현재의 일

　　ㄴ. 예비 조건 : 청자에게 일어난 사태가 청자에게 이익이 되거나
　　　　　　　　　좋은 것이라고 화자는 믿는다.

　　ㄷ. 성실 조건 : 화자는 기쁨과 즐거움을 느낀다.

　　ㄹ. 본질 조건 : 화자가 청자의 좋은 일에 대하여 함께 기뻐하고
　　　　　　　　　있다는 것을 전달함으로써 청자와 유대감을 높이
　　　　　　　　　고자 하는 시도이다.

축하화행이 수행되는 언어적 수행 형식에는 다섯 가지가 있다.

첫째, 축하화행은 수행동사 '축하하다'를 사용하여 명시적으로 표현
된다.

(6) ㄱ. 화자1 : <u>아버님, 생신 축하드려요.</u> 오래오래 건강하셔요 돼요.

　　ㄴ. 화자2 : 그래, 고맙다.

(7) ㄱ. 화자1 : 1) 아, 신 팀장, 아주 사람들을 들었다 놨더만.

　　　　　　2) 합격이다!

　　　　　　3) <u>축하해.</u>

　　ㄴ. 화자2 : (긴장했지만 차분히) 감사합니다.

　　ㄷ. 화자3 : (기뻐하고 축하하는) <u>수고했어!</u> 파티하자!

(6)은 시아버지의 생신을 며느리가 축하하는 상황으로, '생신 축하드
려요'라는 명시적이고 관용적인 표현을 사용하여 축하화행을 수행한다.

(7)은 부장이 아래 직원에게 프레젠테이션의 결과를 알려 주며 축하를 하는 장면이다. 축하화행은 대화 내에서 화자1과 화자2가 이미 축하할 대상에 대한 정보를 알고 있어야 수행이 된다. 그러므로 (7)에서 화자2가 축하의 내용을 아직 모르고 있으므로 화자1은 축하 표현 전에 예비적으로 화자2가 한 일에 대하여 상황을 전달하고(7ㄱ-1), 긍정적 사태의 결과를 보고하여 알려 준다(7ㄱ-2). 그러고 나서 축하화행을 수행한다(7ㄱ-3). 한편 화자2와 화자3은 동료로서 사회적 지위가 같은데, 이때 화자3은 화자2에게 '수고하다'라는 관용적 표현으로 축하를 표현하였다(7ㄷ).

(6)과 (7)의 감사화행에 대한 반응 화행으로는 모두 감사화행이 수행되고 있는 것을 알 수 있는데(6ㄴ, 7ㄴ), "축하-감사"의 대화이동 연속체는 자연스럽게 실현되며, 대화 참여자들에게 기대되는 대화이동 연속체의 예이다.

둘째, 축하화행은 다음과 같이 '얼씨구나', '지화자!'처럼 단순한 외침의 표현을 통해 수행될 수 있다. 이러한 느낌 표현은 독립적으로 쓰이기보다 (8ㄹ)처럼 수행적 감정 표현인 '축하하다' 등과 동반되어 표현된다.

> (8) ㄱ. 화자1 : 아, 신 팀장, 아주 사람들을 들었다 놨더만. 합격이다!
> 축하해.21)
>
> ㄴ. 화자2 : (긴장했지만 차분히) 감사합니다.
>
> ㄷ. 화자3 : (기뻐하고 축하하는) 수고했어! 파티하자!
>
> ㄹ. 화자4 : 얼씨구나~! 지화자! 축하한다!
>
> ㅁ. 화자5 : 잘했다!

---

21) 공적인 관계에서 화자의 지위가 청자보다 높을 때 축하화행을 수행하면, 칭찬화행과 유사하게 청자로 하여금 그런 노력을 앞으로도 계속하게 하는 응원으로서의 효과도 가져올 수 있다(Norrick, 1978 : 286).

셋째, 축하화행은 청자에게 일어난 긍정적인 사태를 그대로 기술함으로써 수행될 수 있다.

(9) ㄱ. 화자1 : 나 날짜 잡았다.
    ㄴ. 화자2 : 헉, 무슨 날짜? 결혼 날짜?
    ㄷ. 화자1 : 응.
    ㄹ. 화자2 : 정말? 정말? <u>드디어 언니가 가는구나!</u> 내가 왜 다 떨리냐.

(9)는 결혼 소식을 기대했던 화자1에게 기쁜 소식을 듣고 화자2는 '드디어 언니가 가는구나!(9ㄹ)'라고 사실을 그대로 표현함으로써 "축하"를 수행하고 있다. (9ㄹ)에서 '드디어'라는 부사의 사용은 화자2 역시 청자에게 일어난 사태가 실현되기를 바라고 있었다는 마음을 드러내며 함께 기쁨을 나누고 있다는 것을 전해주는 장치이다. 여기에서도 축하화행의 양자 공감형성 정표화행의 특성이 잘 드러난다.

그런데 사실을 기술할 때에는 '축하하다' 같은 수행 표현이 동반되어 "축하"를 표현하는 경우도 많다.

(10) ㄱ. 화자1 : <u>아들 낳았다면서. 축하해.</u>
     ㄴ. 화자2 : 고맙습니다.

(11) ㄱ. 화자1 : 1) (분위기파악) 뭐야. 팀장님 드디어! 우와~ 대박!
                2) <u>임원진 앞에서 왕건이로 피티하시네!</u>
                3) 팀장님 <u>축하드려요</u>
     ㄴ. 화자2 : 고마워.

(10ㄱ)은 '아들을 낳은 사실'을 기술하고, '축하해'라는 수행 동사를 사용하여 축하화행을 수행하고 있다. (11ㄱ)에서는 '느낌 표현(11ㄱ-1)'과

'사태 기술(11ㄱ-2)', '명시적 수행동사(11ㄱ-3)'를 함께 사용하여 상대방의 성과를 더욱 강조하면서 축하를 하는 효과를 내고 있다. 더불어 화자1의 기쁨이 더 크다는 것을 표현할 수도 있다.

넷째, 청자의 사태에 대한 평가 표현으로도 축하화행을 수행할 수 있다. 사태 표현과 마찬가지로 수행 동사가 동반된다.

(12) ㄱ. 화자1 : 1) 김 사장, 나이스 샷!
　　　　　　 2) 축하해!
　　 ㄴ. 화자2 : 하하하 고마워. 내가 한턱 쏠게.

(13) 대단하네, 축하해.

(12)는 (12ㄱ-1)에서 '공을 잘 쳤다'는 평가 표현에 이어 (12ㄱ-2)에서 명시적 수행동사를 동반하여 축하 표현을 수행한다. 이 경우에 '축하해(12ㄱ-2)'라는 명시적 축하 표현이 없으면 화자2의 능력에 대한 찬사행위로 해석이 될 수도 있다.

다섯째, 축하화행은 청자의 좋은 사실에 대한 반응으로써도 나타난다. 아래에서 화자2는 화자1의 결혼 소식을 듣고 (14ㄹ-1)과 (14ㄹ-3)의 반응을 보임으로써 상대방의 좋은 일에 함께 기뻐하며 즐거워하고 있다는 것을 표현한다.

(14) ㄱ. 화자1 : 나 날짜 잡았다.
　　 ㄴ. 화자2 : 헉, 무슨 날짜? 결혼 날짜?
　　 ㄷ. 화자1 : 응.
　　 ㄹ. 화자2 : 1) 정말? 정말?
　　　　　　 2) 드디어 언니가 가는구나!
　　　　　　 3) 아 근데 내가 왜 다 떨리냐.

(14ㄹ-1)처럼 반복적인 말을 사용한다거나 (14ㄹ-3)처럼 자신의 기대되는 마음을 표현하여 사태에 대하여 반응함으로써 화자2는 화자1을 축하하고 있다. 물론 사실에 대한 반응 표현을 할 때에도 수행적 표현이 동반되기도 한다.

이상에서 한국어에 나타나는 축하화행의 언어적 수행 형식을 정리하면 다음과 같다.

(15) 축하화행의 언어적 수행 형식

　ㄱ. 수행적 표현 : 예) 축하하다, 수고하다

　ㄴ. 느낌 표현+(수행적 표현)

　　예) 지화자!/ 얼씨구나! 축하해

　ㄷ. (강조 부사)+사실 표현+(수행적 표현) :

　　예) <u>드디어</u> 언니가 가는구나!/ 아들 낳았다면서, 축하해.

　ㄹ. 평가 표현+(수행적 표현) :

　　예) 김 사장, 나이스 샷! 축하해!

　ㅁ. 반응 표현 :

　　예) 정말? 정말?/ 내가 다 왜 떨리냐.

다. 기원화행

기원화행은 화자가 청자에게 미래에 좋은 일이 일어나기를 바라는 희망이나 기대감을 표현하는 행위이다. 기원화행의 경우 사태의 시제가 미래라는 점이 특징적인데, 이는 대부분의 정표화행 부류가 사태의 시제는 과거인 것과 차이가 있다. Searle(1976)은 정표화행의 명제내용은 이미 참으로 전제된다고 언급하였다. 그러나 이 조건은 수정될 필요가 있는데, 기원화행처럼 사태의 시제가 미래인 경우 이 조건을 만족하기란 어렵기 때문이다. 정표화행 유형 중 미래의 사태에 대하여 화자의 기대감이나 희망을 표현하는 행위로는 청자가 미래에 부정적인 일을 당하길 바라는 악담화행과 화자 자신과 관련된 사태에 대한 희망인 소원화행이 있다. 이들은 의사소통 목적에서 각기 차이가 있다. "기원"은 '양자 공감형성형'이고, "악담"은 '청자 반감유발형'이며 "소원"은 '청자 공감유발형' 정표화행에 속한다.

이 글의 분류 기준에 따른 기원화행의 행위적 특성은 다음과 같다.

대화이동 연속체 내의 위치 :	시작 화행
의사소통 목적 :	양자 공감형성
사태에 대한 인식 :	긍정적
화자의 감정 :	희망, 기대감
사태의 역할 :	화자-관찰자, 청자-행위자 혹은 대상자
사태의 내용·시제 :	청자에게 긍정적인 상태나 행위, 미래

화자는 청자가 바라는 사태에 대하여 자신 역시 희망한다는 기대감을 표현함으로써 청자에게 관심과 호감을 표현하게 된다. 이로써 화자는 청자와 공감대를 형성하게 되기를 기대하고, 그리하여 기원화행의 수행은 양자 공감형성 정표화행의 속성인 인간관계 유지나 유대감을 증진시키는 등의 의사소통 목적을 갖게 된다. 기원화행의 대상은 청자의 사태이므로, 청자는 행위자나 대상자의 역할을 하나 화자는 관찰자로서 수동적인 입장이다. 그러므로 "기원"은 "축하"와 함께 대표적으로 이타적 언어행위라 할 수 있다.

기원화행은 사태의 내용에 따라 청자의 미래 상태에 대한 기원인 "축원"과 청자의 미래 행위에 대한 기원인 "응원"으로 구분된다.[22]

[그림 1이 기원화행의 유형

축원화행은 주로 청자의 건강, 행복, 다가올 미래의 상태와 관련이 있다.23) 다음의 대화는 축원화행의 대표적인 예이다.

(1) ㄱ. 화자1 : <u>건강하세요.</u>
　　ㄴ. 화자2 : 고마워요. 잘 가요……. 안부 전하고…….
(2) ㄱ. 화자1 : <u>행복하게 잘 살아라.</u> 잘 가
　　ㄴ. 화자2 : 고마워, 언니. 잘 있어. 가서 연락할게.

(1)은 화자1과 화자2가 헤어지는 상황에서의 대화이다. 화자1은 화자2의 건강을 기원하면서 축원화행을 수행하고(1ㄱ), 이에 대해 청자는 고맙다는 "감사"로 반응한다(1ㄴ). (2)의 상황 역시 화자1과 화자2가 헤어지는 상황이다. 화자1은 청자의 행복을 기원함으로써 "축원"하고(2ㄱ), 이에 대해 화자2는 '고마워, 언니'라면서 "감사"로 반응하고 있다(2ㄴ). 위의 예에서 축원화행의 대화이동 연속체에서의 특징은 화자의 기원화행

---

22) Marten-Cleef(1991)는 청자의 미래 상태에 대한 기원은 '무사기원화행'으로, 청자의 미래 행위에 대한 기원은 '성공 기원화행'이라고 하였는데 이 글에서는 이를 각각 "축원"과 "응원" 화행으로 명명하였다. 이 글의 응원 화행은 선행연구나 일상 언어에서 '격려'로 많이 쓰이고 있는 개념이다. 그러나 '격려'는 그 의미 개념이 포괄적이어서, 이 글의 '응원'의 개념도 포함하고 청자가 불행한 일을 당했을 때 위로의 하위 전략으로도 사용되고 있다. 따라서 이 글은 이보다 좁은 개념으로 '청자의 미래의 행위에 대하여 기대감을 표현하는 행위'를 "응원"이라는 용어로 명명하였다.
23) 새해인사인 '새해 복 많이 받으세요' 등의 축원하는 인사화행은 발화수반 목적이 예의를 표현하고자 하는 것에 있다고 보아 이러한 종류의 화행을 축원화행에서 다루지 않았다.

에 대하여 청자는 감사를 표현한다는 것을 들 수 있다. 즉, "축원"-"감사"의 연속체는 대화에서 자연스럽게 나타난다.

응원화행은 청자의 미래의 행위가 대상이 되며 청자가 미래에 성취하고자 하는 일이 올 수 있다.[24] 응원의 대상은 '시험, 금연, 다이어트' 등 현재 청자가 목표 달성을 위해 노력하고 있는 일이 될 수도 있고, 청자가 일생에 한 번 실현되기를 바라는 꿈도 응원의 대상이 될 수 있다.

  (3) ㄱ. 화자1 : 창원아, 넌 잘 할 수 있을 거야. 기운 내라! 파이팅!
      ㄴ. 화자2 : 1) 고마워, 누나.
                2) 알러뷰.

  (4) ㄱ. 화자1 : 저는 아프리카에 한번 가보는 게 소원이에요. 사막에서 별 보면서 잠도 자 보고 하는 거…… 죽기 전엔 한 번 가 봐야 할 텐데…….
      ㄴ. 화자2 : 갈 수 있을 거예요. 꿈은 이루어지라고 있는 거잖아요.
      ㄷ. 화자1 : 고마워요. 제 꿈을 인정해 준 사람은 선영 씨가 처음이에요.

---

24) 선행 연구에서는 "응원"과 "위로"를 구분하지 않았다. 關山健治(1998, 1999)에서는 실제의 발화에서 위로와 응원을 명확히 판별하는 것은 극히 곤란하다고 하였으며, 응원을 위로화행을 표현하기 위한 하나의 전략으로 보기도 했다(김선지, 2007 : 9 재인용). 위로화행에 관한 중간언어적 관점의 연구인 김선지(2007) 역시 關山健治(1998, 1999)의 견해를 받아들여 위로화행과 응원화행을 구분하지 않았다. 그러나 이 글에서는 응원화행과 위로화행은 행위적으로 명백히 구분된다고 본다. 응원화행은 청자의 미래 사태에 관한 것이고, 위로화행은 청자의 과거 사태에 대하여 수행되는 행위이므로 명제내용 조건에서 차이가 있다. 또한 응원화행은 주로 화자의 사회적 지위가 청자보다 높거나 적어도 같을 때 행해지며, 대화이동이 "응원-감사"의 연속체로 자주 나타난다는 특징을 지닌다. 응원화행의 이러한 특징에 대해서는 후술하기로 한다(선행 연구에서 이 글의 응원화행에 대응하는 개념은 '격려'라고 칭하고 있다. 각주에서는 개념상 혼동을 막기 위해 '격려'를 '응원'으로 바꾸어 기술하였다).

(3)은 시험을 앞둔 화자2에게 화자1이 "응원"을 해 주는 상황이며, 화자2는 화자1의 응원화행에 대한 반응으로 "감사"(3ㄴ-1)와 "호감 표현"(3ㄴ-2)을 하고 있다. (4)는 소개팅에서 처음 만난 남녀의 대화이다. 화자1이 아프리카 여행을 하고 싶은 것이 소원이라고 하자(4ㄱ), 화자2는 상대방의 꿈에 대하여 "응원"하고 있다(4ㄴ). 그러자 화자1은 상대방의 응원에 대해 "감사" 표현을 한다(4ㄷ).

청자는 상대방의 기원행위에 대하여 왜 감사를 표현하게 되는 것일까? 감사화행의 명제내용 조건은 '상대방이 베푼 호의적이고 도움이 되는 행위'이다. 따라서 이 조건에 따르면 화자의 응원의 말이 청자에게 호의적으로 느껴지고 정신적으로 도움이 되었다고 해석할 수 있다.[25]

기원화행의 양자 공감형성적 특징은 (1)~(4)의 대화에서 기원행위의 수행 결과 화자와 청자가 서로 호감을 갖게 된다는 점에서 드러난다. "기원"은 기본적으로 상대방에 대한 관심, 호감에서 비롯되어 청자의 건강과 행복을 기원하거나 성공을 빌어주거나 꿈의 실현을 지지하게 되는 것이다. 한편 청자는 화자의 기원 표현에 대하여 고마움과 함께 호감을 느끼게 되는 듯하다. 이는 위의 대화에서 청자의 반응 화행으로 '알려줌'(3ㄴ-2)이라는 호감표현이 수행된 것과 (4)의 소개팅 장면이 성공적으로 이어진 것으로 추정할 수 있다.

이상의 논의를 정리하여 기원화행이 성공적으로 수행되기 위한 적정 조건을 밝히면 다음과 같다.

---

25) Wierzbicka(1987 : 228)에서 WISH는 화행 중 가장 말의 힘이 강한 부류라고 해석하였는데 그 이유가 재미있다. WISH는 고대의 주술적인 말에 준하는 기능을 가졌다고 이야기를 하였는데, 사람들은 상대방의 'Have a nice day!', '빨리 회복하기를 바라.'와 같은 기원을 통해 이 말이 실제로 어떤 도움을 주지는 못할지라도 그의 말이 실현된다고 상상을 하고 믿음을 갖게 된다는 것이다. 그래서 사람들은 별이 떨어지면 '소원을 빌어!'라고 말하고, 생일 케이크의 촛불을 불기 전에는 '소원을 빌어!'라고 말하곤 한다는 것이다.

(5) 기원화행의 적정 조건

　ㄱ. 명제내용 조건 : 청자의 미래의 상태E나 미래의 행위 A

　　1) E는 청자의 건강, 행복, 앞일과 관련이 있다.

　　2) A는 청자가 미래에 이루기를 소망하는 행위 모두가 올 수 있다.

　ㄴ. 예비 조건 : 화자는 E, A에 대하여 긍정적으로 인식한다.

　ㄷ. 성실 조건 : 화자는 E, A에 대하여 희망과 기대감을 느낀다.

　ㄹ. 본질 조건 : 화자는 청자의 안녕(安寧)과 행운을 빌어줌으로써
　　　　　　　　청자에게 관심을 표현하고 따뜻함과 삶의 의욕을
　　　　　　　　주고자 하는 시도이다.

한국어에서 기원화행은 다음과 같은 네 가지 형식으로 수행된다.

첫째, 기원화행은 '바라다' 등의 희망을 의미하는 수행 동사가 명시적으로 사용되기도 하며, 관용 표현들도 많이 사용된다.

(6) 여러분들이 모두 자신감을 가지고 면접을 볼 수 있길 <u>바랍니다.</u>

(7) ㄱ. 화자1 : 아버님, 생신 축하드려요. <u>오래오래 건강하셔야 돼요.</u>

　　ㄴ. 화자2 : 그래, 고맙다.

(8) 행복하게 잘 살아라./행복하게 잘 살아야 된다.

(9) 정말 이번엔 잘 됐으면 좋겠다.

(6)은 '명제내용+ -하기를 바라다' 구문으로 기원화행이 수행되는 예이다. (7)과 (8)은 축원화행에서 청자의 건강이나 행복을 기원할 때 관용적[26]으로 사용되는 표현들이다. (9)는 응원화행의 예인데, 청자가 성취하

---

26) 여기서 관용적이라 한 것은 표현 형식이 관례화되어 있고, 이러한 상황에서 화자와 청자가 발화하는 멘트를 쉽게 예상할 수 있다는 의미이다.

고자 하는 미래의 행위에 대한 화자의 감정을 '잘 되면 좋겠다' 구문으로 표현하고 있다.

둘째, 단순한 외침인 '파이팅', '힘내'와 같은 청자의 기운을 북돋우는 표현을 통해 화자의 바람, 기대감 등을 나타낼 수 있다.

(10) 시험 잘 봐. 파이팅!

(11) ㄱ. 화자1 : 한지민, 어깨 펴고 힘내!
    ㄴ. 화자2 : 네, 아빠
    ㄷ. 화자1 : 기운 내고!

(12) ㄱ. 화자1 : 가는 거야! 이젠 딴 생각하지 말고 무조건 그냥 가는
            거야!
    ㄴ. 화자2 : (웃음) 네, 그럴게요.

(13) ㄱ. 화자1 : 우리 아들 지금부터 10kg 빼는 거야, 할 수 있어! 고고씽!
    ㄴ. 화자2 : 아자아자, 파이팅!

(10)처럼 외래어 '파이팅'은 응원화행으로 매우 빈번히 사용되며, 이와 유사한 표현으로 '힘 내(11ㄱ)', '기운 내(11ㄷ)'도 사용이 된다. (12ㄱ)과 (13ㄱ)도 유사한 표현으로 '가는 거야!', '고고씽'과 같은 표현으로 응원화행을 수행할 수 있다.

셋째, 화자는 청자가 희망하는 미래 사태를 기정사실화하여 표현함으로써 자신의 바람을 나타낸다. 사태의 시제가 과거인 다른 정표화행과는 달리 기원화행은 사태를 있는 그대로 기술하는 것이 아니라 미래의 사태를 기정사실화하여 화자의 확신을 표현한다.

(14) ㄱ. 화자1 : 나 될 수 있을까? 정말 그 역 하고 싶은데…….

ㄴ. 화자2 : 꼭 됐으면 좋겠다, <u>아니, 될 거야 넌!</u>

ㄷ. 화자1 : 그래, 나도 이번엔 꼭 좀 됐음 좋겠어.

(15) ㄱ. 화자1 : 저 뽑힐 수 있게 응원해 주세요.

ㄴ. 화자2 : <u>분명히 심사위원들이 알아봐 줄 거예요.</u> 힘내세요!

(16) ㄱ. 화자1 : <u>어떻게 보면 밑바닥부터니까 열심히 하면 잘 될 거다.</u>

ㄴ. 화자2 : 형님, 정말 고마워요.

(17) 이번엔 꼭 좋은 사람 만날 수 있을 거야.

(14), (15), (16)은 청자가 희망하는 미래의 사태를 명제내용으로 하고 '-ㄹ 것이다' 구문을 사용하여 "응원"화행을 수행하고 있다. '-ㄹ 것이다' 구문은 미래의 사태에 대한 화자의 확실성을 강하게 드러내는 추측 표현으로, 화자는 확신의 발화를 통해 기원화행을 수행하고 있다. (17)에서는 청자가 희망하는 미래의 사태를 명제내용으로 하고 '-ㄹ 수 있다' 구문을 사용하여, 청자가 바라는 행위가 실현 가능성이 있으며 화자 자신도 희망한다는 것을 전한다.

넷째, 청자에 대한 긍정적 평가를 함으로써 기원화행을 실현할 수 있다.

(18) 화자1 : 1) <u>형은 날 실망시킬 리가 없어.</u>

2) <u>꼭 해 낼 수 있을 거야.</u>

3) 형아, 파이팅!

(19) ㄱ. 화자1 : 초원이 다리는?

ㄴ. 화자2 : 백만불짜리 다리.

ㄷ. 화자1 : 몸매는?

　　ㄹ. 화자2 : 끝내줘요.

　　ㅁ. 화자1 : <u>그래, 우리 초원인 잘할 수 있어!</u>

　(18), (19)에서 화자1은 화자2의 능력을 긍정적으로 평가함으로써 응원화행을 실현한다. 화자1은 '실망시킬 리가 없다(18-1)', '꼭 해 낼 수 있다(18-2)', '잘 할 수 있다(19ㅁ)'와 같은 표현을 사용하여 화자2의 미래의 사태에 대한 희망과 기대감을 표현한다.

　이상에서 한국어에 나타나는 기원화행의 언어적 수행 형식을 정리하면 다음과 같다.

　(20) 기원화행의 언어적 수행 형식

　　ㄱ. 수행적 표현 : 관용표현(명제내용+-하기를 바라다/-하면 좋
　　　　　　　　　　겠다)

　　　예) 건강하세요/정말 이번엔 잘 됐으면 좋겠다.

　　ㄴ. 느낌 표현 : 예) 파이팅/힘내/기운 내!

　　ㄷ. 사실 표현 : 미래의 사태에 대한 화자의 확신을 표현

　　　1) 명제내용+'-ㄹ 것이다' 구문 :

　　　　예) 분명히 심사위원들이 알아봐 줄 거예요.

　　　2) 명제내용+'-ㄹ 수 있다' 구문

　　　　예) 이번엔 꼭 좋은 사람 만날 수 있을 거야.

　　ㄹ. 평가 표현 : 청자의 능력에 대한 평가

　　　예) 형은 날 실망시킬 리가 없어, 꼭 해 낼 수 있을 거야.

라. 감사화행

이 글의 분류 기준에 의한 감사화행의 특성은 다음과 같다.

대화이동 연속체 내의 위치 :	시작 화행
의사소통 목적 :	양자 공감형성
사태에 대한 인식 :	긍정적
화자의 감정 :	고마움, 즐거움
사태의 역할 :	화자-대상자, 청자-행위자
사태의 내용·시제 :	청자가 화자에게 한/할 행위, 과거나 미래와 관련

　감사화행이 앞에서 보았던 "찬사", "축하", "기원" 등 다른 양자 긍정적-공감형 정표화행과 다른 점은 행위의 동기가 되는 사태에서 찾을 수 있다. 감사화행이 유발되는 사태의 행위자는 청자로써, 청자가 화자에게 베푼 호의나 도움이 감사 화행의 동기가 된다. 이에 대하여 화자는 긍정적으로 인식한 후 고맙고 즐거운 감정을 느끼게 되어 '고마움'을 표현하게 되는 것이다.27) 감사화행이 양자 공감형성 정표화행에 속하는 이유는 "감사"의 수행이 단순히 화자의 고마움을 표현하는 일방적인 행위가 아니라 화자와 청자의 인식에 서로 영향을 줄 수 있는 대인적(interpersonal) 행위의 성격을 갖기 때문이다.28)

　감사화행은 흔히 (1)의 "축하-감사"의 연쇄처럼 상대방의 행위에 대한 반응 화행의 위치에 올 것으로 생각하기 쉬우나 (2)와 같이 시작 화행의 위치에서도 나타나므로 대화의 위치에서 독립적인 시작 화행으로 구분하였다.

---

27) Searle & Vanderderveken(1985 : 212)에서는 감사행위는 '고마움(gratitude)'을 표현하는 것이 목적이며, 예비 조건은 청자가 책임지는 어떤 행위가 화자에게 이익이 되거나 좋은 것이라고 하였다.

28) 이와 관련하여 Coulmas(1981)는 모든 사회에 일반적으로 존재하는 감사화행은 문화적으로 특수한 기준이 있어서 그것이 예의의 관점에서 중요한 역할을 한다고 보았다.

(1) ㄱ. 화자1 : 김 사장, 나이스 샷! 축하해!

ㄴ. 화자2 : 하하하 <u>고마워</u>. 오늘 한턱 낼게.

(2) ㄱ. 화자1 : <u>야, 진짜 고마웠어</u>. 너 아니면 나 혼자 그렇게 못 했을 거야.

ㄴ. 화자2 : 에헤 고맙다는 말 그만해. 우리 사이에.

위의 예를 통하여 감사화행은 대화이동 연속체의 위치와 무관하게 독립적으로 수행될 수 있다는 것을 확인할 수 있다.

감사화행이 성공적으로 수행되기 위한 구성 조건을 살펴보도록 하자.

첫째, 감사화행은 청자가 화자에게 베푼 호의적이고 도움이 되는 행위로부터 발단이 된다. Searle(1969 : 67)에서는 감사화행의 대상을 '청자가 한 과거의 행위'로 제한하였으나29) 감사행위는 상대방의 "약속"이나 호의적인 "제안", 또는 "초대"가 있을 경우 미래의 일에 대해서도 수행될 수 있다.

(3) ㄱ. 화자1 : 자료는 내가 내일 보내 줄게. 한번 보고 쓸 건 쓰고 버릴 건 버려.

ㄴ. 화자2 : <u>언니, 정말 너무 고마워요</u>. 어떻게 하나 걱정했었는데…….

(4) ㄱ. 화자1 : 다음주 월요일에 우리 집으로 다들 초대하려고 하는데, 다들 괜찮나?

---

29) Searle(1969 : 67)에서 제시한 감사행위의 적정 조건은 다음과 같다. ㄱ) 명제내용 조건 : 청자가 한 과거의 행위A ㄴ) 예비 조건 : A가 화자에게 도움이 되었으며, 화자는A가 자신에게 도움이 되었다고 믿는다. ㄷ) 성실 조건 : 화자는 A에 대하여 즐거움 또는 고마움을 느낀다. ㄹ) 본질 조건 : 감사의 표현으로 본다.

ㄴ. 화자2 : <u>선생님, 저희야 너무 감사하죠.</u> 그런데 사람 수가 너무
많아서 번거롭지 않으시겠어요?

(3)에서 화자2는 화자1이 내일 자료를 주겠다는 "약속"을 호의로 받아
들이고 "감사"를 표현하고 있다. (4)에서도 화자1의 "초대"는 미래의 행
위이며 화자2는 감사를 표현한다. 따라서 미래에 일어날 일이라도 화자
에게 호의적이고 도움이 되는 행위로 긍정적 인식을 한다면 감사화행을
수행할 수 있다.

둘째, 감사화행의 예비 조건은 화자는 청자가 제공한 행위가 자신에게
도움이 되거나 이익이 된다고 믿는다는 것이다. 그리고 이 행위의 수혜자
는 화자 자신이므로 사태에 대하여 화자가 청자보다 더 긍정적인 인식을
하게 된다. (5)는 예비 조건을 만족한 경우 감사화행이 수행된 예이다.

(5) ㄱ. 화자1 : 아저씨, 오늘 또 공쳤어요. 장사 잘 하는 노하우 좀 가
르쳐 주세요.
ㄴ. 화자2 : 노하우는 이게 또오 어차피 개인적인 상대기 때문에
특별히 노하우라고 할 수 있는 건 없고 친절이죠,
뭐…… 물건 인자 뭐, 좋은 거 같다가 이렇게…….
ㄷ. 화자1 : 친절은 잘 하는데
ㄹ. 화자2 : 하다보면은 그건은 다 인자 다 터득할 수 있는 거지.
ㅁ. 화자1 : <u>고맙습니다. 아저씨.</u>

(5)는 '부탁(5ㄱ)-조언(5ㄴ)-감사(5ㅁ)'의 대화이동 연속체로 구성이 된
다. 화자1은 화자2에게 (5ㄴ)에서 장사가 잘 되는 노하우를 조언해 주고,
이에 대하여 화자2는 자신에 도움이 되는 말이라고 긍정적으로 인식한
후 (5ㅁ)에서 감사화행을 수행한다.

반면 (6)은 예비 조건을 충족시키지 못한 경우, 감사화행이 성공적으로 수행되지 못하는 예를 보여준다.

(6) ㄱ. 화자1 : 그래, 그럼 선물은 니가 좀 준비해 줘.
  ㄴ. 화자2 : 1) 네 알았어요.
      2) <u>고마워요. 언니.</u>
  ㄷ. 화자1 : 응? 뭐가? 뭐가 고마워?

(6)의 대화는 두 개의 대화이동 연속체로 구성이 되어 있으며 각각의 대화이동 연속체는 '부탁(6ㄱ)－수락(6ㄴ-1)'과 '감사(6ㄴ-2)－따지기 질문(6ㄷ)'으로 진행되고 있다. 화자1은 화자2에게 부탁(6ㄱ)을 하였으므로 이 행위는 화자2에게 호혜적인 상황이 아니고, 부담을 갖게 되는 상황이다. 이러한 상황에서 화자2가 사태에 대하여 긍정적 인식을 갖는다는 것은 흔한 일이 아니다. 따라서 화자2의 "감사(6ㄴ-2)"는 예비조건을 위반한 채 발화된 것이므로, 화자2가 명시적인 감사 표현을 했음에도 불구하고 이 발화는 감사화행으로 수행되지 못하고 있다. 감사화행의 예비 조건을 알고 있는 화자1 역시 (6ㄷ)에서 '뭐가 고마운지'를 묻고 있는 것으로 보아 (6ㄴ-2)의 발화가 "감사"로 기능하지 못하였다는 것은 명백히 드러난다. 이는 의례적인 말 혹은 거짓인 말로 기능할 뿐이다.

셋째, 감사화행의 성실 조건은 화자는 청자의 행위에 대하여 고마움과 즐거움, 흐뭇함 등을 느낀다는 것이다. 그런데 한국어에서는 청자의 행위가 화자에게 이익이 되거나 도움이 되지 않는데도 화자가 '고마움'을 느끼며, 화자와 청자가 감사화행이 수행되었다고 받아들이는 경우가 있다. 김선희(1990 : 72)는 "나는 그 사람이 잘 된 것이 고맙다."의 예를 들면서 경험주가 대상을 자기와 동일한 범주에 있다고 인식하였을 때 그 사람이 잘된 것은 나에게 어떤 도움도 되지 않지만 '고맙다'를 사용될 수 있다고 하였다. 다음의 예를 보자.

(7) (중환자실에서)

ㄱ. 할아버지 : (산소 마스크, 손을 잡으며)<u>고맙네, 고마워. 좋은 학</u>
<u>교도 들어가주고.</u>

ㄴ. 손녀 : (눈물을 글썽이며)할아버지…….

(7)에서 손녀의 대학 입학은 할아버지에게 직접적인 이익을 주거나 도움을 주지 않는데도 할아버지는 '고마움'을 표현한다. 이것은 할아버지가 손녀와 자신을 매우 친밀한 관계로 여기므로 손녀에게 생긴 좋은 일이 결국 자신에게 이익을 주는 좋은 일이라 인식하기에 '흐뭇함, 즐거움, 고마움'을 느껴서 감사화행을 수행한 것이다. 손녀도 할아버지의 이러한 마음에 공감하고, 끈끈한 유대감을 할아버지에게 느끼면서 (7ㄴ)에서 눈물을 글썽인다. 이렇게 청자에게 직접적인 이득이나 도움이 없는데도 "감사"가 수행되고, 청자에게도 감사로 이해되는 경우는 혈연관계처럼 매우 친밀하고 가까운 관계에서 가능한 듯하다.

다음의 예 역시 종교적인 맥락에서 감사화행이 수행되는 특수한 현상으로, 화자는 자신에게 이득이나 도움이 안 되는 사태에 대하여 '감사'를 표현하고, 청자 역시 이를 "감사"로 이해한다.

(8) ㄱ. 신도 : 목사님, 우리 아들이 드디어 취직 됐어요!

ㄴ. 목사 : <u>아고, 감사합니다.</u>

ㄷ. 신도 : <u>저도 너무너무 감사해요.</u> 이번에도 떨어질 줄 알았는
데…….

(8ㄴ)과 (8ㄷ)에서 목사와 신도는 신도의 아들에게 이익이 되는 행위에 대하여 감사행위를 수행하고 있다. (8ㄷ)은 (7)과 마찬가지로 혈연관계로 맺어진 아들과 자신을 동일시하여 수행되는 것으로 볼 수도 있으나 (8ㄴ)의 목사의 감사화행은 이러한 경우로는 설명하기가 어렵다. 이는 종교적 맥락에서 목사와 신도의 감사 대상은 하나님이 베풀어 주신 은혜이고, 그 은혜가 자신들에게 미친다는 긍정적 인식에서 수행된 감사 표현으로 이해하는 것이 타당할 듯하다.30)

이처럼 무엇보다도 감사화행의 본질은 화자가 청자의 행위에 대하여 고마움을 느끼고 이를 표현함으로써 상대방과 공감대를 형성하기를 기대하는 것에 있다. 그리하여 감사화행의 수행으로 상대방과 유대감을 공고히 하는 효과가 발행한다.

이상의 논의를 정리하여 감사화행이 성공적으로 수행되기 위한 적정 조건을 밝히면 다음과 같다.

(9) 감사화행의 적정 조건
　　ㄱ. 명제내용 조건 :
　　　　1) 청자가 화자를 위해 베푼 호의적이고 도움이 되는 행위 A
　　　　2) 행위A는 과거나 미래(약속, 호의적 제안, 초대 등)와 관련
　　　　　이 있다.
　　ㄴ. 예비 조건 : 화자는 청자가 제공한 행위A가 자신에게 도움이
　　　　　　　　　　되거나 이익이 된다고 믿는다.
　　ㄷ. 성실 조건 : 화자는 고마움, 즐거움, 흐뭇함을 느낀다.

---

30) 김선희(1990 : 71)의 각주에서는 '그 사람이 잘 된 것이 고맙다'라는 표현도 기독교의 '은사'라는 종교적 용어에서 비롯하여 점차 일반화된 것이 아닌가 추정하였다. 그리고 이러한 표현은 이제는 화자의 자기중심적(egocentictic) 표현으로 굳어진 것이 아닌가 한다고 하였다. 그러나 이 글에서는 이러한 표현은 (7), (8)의 대화에서 보듯이 자기중심적 표현이 아니라 화자와 청자의 공감을 형성하고 확인하는 기능을 가지고 있다고 본다.

ㄹ. 본질 조건 : 화자가 청자에게 고마움을 표현함으로써 청자와 공
감대를 형성하고 유대감을 높이고자 하는 시도이다.

다음으로 감사화행의 수행 형식에 대하여 논의해 보겠다.

첫째, 감사화행은 (10), (11)과 같이 '고맙다', '감사하다'의 수행동사
로 명시적으로 표현되며, '뭐라고 감사의 말을 드려야 할지 모르겠어
요(12)' 등의 관용 표현으로도 실현된다. 그리고 (12)의 관용 표현은 감
사의 내용을 더 강조하는 기능을 한다. (14)에서 '고생 많이 했다'와 같
은 관용 표현은 화자1의 지위가 화자2보다 낮을 때나 화자1의 지위가
화자2와 같을 때 감사화행으로 수행될 수 있다.

(10) ㄱ. 화자1 : 이사갈 때 내가 도와줄게. 얘기만 해.
ㄴ. 화자2 : 말만이라도 고마워.

(11) ㄱ. 의사 : 오늘은 지난번에 검사 받으신 결과를 (…중략…) 제가
할 수 있는 범위 내에서 최대한 돕도록 하겠습니다.
ㄴ. 환자 : 감사합니다. 그렇게 하도록 하겠습니다.

(12) ㄱ. 화자1 : 가서 건강하고, 잘 살아.
ㄴ. 화자2 : (울먹이면서) 뭐라고 감사의 말을 드려야 할지 모르겠
어요. 아줌마 아저씨께 신세만 지고 가요.

(13) 이 은혜를 어떻게 갚아야 할지 모르겠어요

(14) ㄱ. 화자1 : 진짜 고생 많이 하셨어요.
ㄴ. 화자2 : 뭘, 이런 걸 가지고……

그런데 위의 예와는 달리 "감사"를 표현하는 수행동사가 화자의 예의 바름을 드러내기 위해 쓰이는 경우도 있다. 이 글에서는 아래와 같은 예를 순수한 감사화행과 구분하여 '감사인사화행'으로 구분할 것을 제안한다. 이들 표현들은 명제내용이 생략된다는 특징이 있다.

(15) (식당에서)
　　ㄱ. 손님 : 언니, 여기 물 좀 주세요.
　　ㄴ. 종업원 : (갖다 준다)
　　ㄷ. 손님 : <u>감사합니다.</u>

(16) ㄱ. 교사 : 이번 스피치는 아주 좋았어요. 지난번보다 목소리도 커
　　　　　　지고 자세도 좋고. 본론 구성도 좋았고요.
　　ㄴ. 학생 : <u>감사합니다.</u>

(17) 발표자 : (자신감 넘치는)딸을 시집보내는 세상에서 가장 슬프고도
　　　　　　기쁜 아빠의 떨림이었습니다. 앞으로 여러분의 떨림의
　　　　　　순간순간을 U통신이 함께 하겠습니다. 지금까지 고려 기
　　　　　　획의 신활이었습니다. <u>감사합니다.</u>

(15)－(17)의 예는 감사화행의 본질 조건을 만족하지 않는다. 감사화행의 본질은 화자가 청자가 베푼 행위에 대하여 고마움을 표현함으로써 청자와 공감대를 형성하고 유대감을 높이기를 기대하는 시도이다. 그러나 위의 예에서 손님과 종업원, 학생과 교사, 발표자와 청중 간 사태에 대하여 공감대를 형성하고, 그로 인해 유대감을 높이는 발화 효과가 있었다고 보기는 어렵다. 특히 (17)은 자신의 발표를 들어 준 청중들에게 종결의 인사를 대신하는 표현으로 '감사하다'를 사용하고 있다. 위의 예들에서 화자의 발화 의도는 궁극적으로 화자 자신이 매너가 있고 예의

바른 사람이라는 점을 표현하려는 데 있다. 또한 청자 역시 화자의 발화를 통해 상대방이 예의바른 사람이라는 것을 인식하게 된다. 따라서 이 글에서는 이처럼 의례적인 성격이 있는 행위를 '감사인사화행'으로 명명하고, 인사화행의 유형으로 포함시키기로 한다.31)

둘째, "감사"는 사태를 주제로 한 사실을 표현함으로써 수행된다.

> (18) ㄱ. 화자1 : 지난번에 아줌마가 주신 김치 정말 잘 먹었어요.
> ㄴ. 화자2 : 그래? 다음에 깍두기 담그면 더 줄게.

> (19) ㄱ. 화자1 : 빌려주신 돈은 잘 썼어요. 형편 나아지면 꼭 갚을게요.
> ㄴ. 화자2 : 미숙 씨하고 나 사이에 무슨 그런 말을……

(18), (19)에서 명제내용은 화자2가 제공해 준 수혜적 행위가 되고, 화자1은 이를 사실 그대로 기술함으로써 감사를 표현한다.

셋째, 감사화행은 사태에 대한 화자의 고마움, 즐거움 등의 감정을 직접 표현함으로써 수행될 수 있다.

> (20) ㄱ. 화자1 : 내가 도와줄게. 말해요.
> ㄴ. 화자2 : 나 지금 울컥했어. 감동 먹어서…… 고마워.

---

31) 영어에서 감사행위는 정표화행 중 가장 형식화되어 있고, 진심에서 나오는 행위적 측면이 가장 적다고 밝혀진 바 있다(Norrick, 1978 : 285). 영어의 'Thanks/thank you—you're welcome'의 대응쌍이나 'How are you?—Fine, thanks.'와 같은 인사에 대한 반응 화행으로서의 'thanks'가 그러한 예이다. 한국어에서는 대표적으로 서비스 업체에서 대화를 종결지을 때나 마지막 인사말로 '감사합니다, 또 오세요'와 같은 표현들을 의례적으로 사용하고 있으며, 이때 '고맙다'보다는 '감사하다'라는 수행동사를 사용하는 경향이 있다. 식사 전후에 식탁에 앉아서 하는 '잘 먹겠습니다', '잘 먹었습니다'와 같은 발화도 감사인사화행에 포함될 수 있겠으나, 이 글은 인사화행은 연구 범위에서 제외하였으므로 더 이상 이에 대해서는 논의하지 않겠다.

(21) ㄱ. 화자1 : 이거 받아. 별로 좋은 것은 아니지만 내 마음이야.

　　 ㄴ. 화자2 : 민수 씨, 나 정말 기뻐. 정말 행복하다! 고마워.

위의 예에서 보듯이 '울컥하다, 감동 먹었다, 기쁘다, 행복하다' 등의 명시적 감정 어휘를 기술함으로써 화자는 감사 화행을 수행한다. 그리고 이때 수행동사가 동반되어 쓰이기도 한다.

넷째, 감사화행은 청자의 호혜적 행위에 대한 평가 표현으로서 수행될 수 있다.

(22) 화자1 : (놀란) 어, (이내 좋은, 기대감으로 보는) 올 줄 몰랐는 데…… 와주니까 정말 좋다.

(23) 화자1 : (태도 바꿔 부드럽게) 내가 서울서 아는 사람이 자네 밖에 없다. 5년 전에, 하루 엄마캉, 자네 아버지캉 돌아가셨을 때, 자네가 유산조로 하루한테 거금 내준 거, 내 고맙게 생 각한다.

(24) ㄱ. 화자1 : 그거 내가 해 줄게.

　　 ㄴ. 화자2 : 우리 엄마 최고!

(22)에서는 평가적 어휘인 '좋다'를 사용하여 사태에 대하여 긍정적으로 평가하여 감사 표현을 하였다. (23)에서는 수행 동사 '고맙다'에 '－게 생각하다'를 붙여 역시 사태에 대한 평가를 통해 감사화행을 수행하고 있다. (24)에서는 화자1의 수혜적 행위에 대하여 '최고'라는 평가 표현으로 고마움과 즐거움을 표현하고 있다.

다섯째, 사실에 대한 반응으로써 고마움의 감정을 표현할 수도 있다. (25)에서는 상대방이 자신을 믿어준 사실에 대하여 반응함으로써 감사화행을 수행하고 있다.

 (25) ㄱ. 화자1 : 축하해! 될 줄 알았어.
   ㄴ. 화자2 : 키햐아! 역시 너밖에 없다!

 이상에서 한국어에 나타나는 감사화행의 언어적 수행 형식을 정리하면 다음과 같다.

 (26) 감사화행의 언어적 수행 형식
   ㄱ. 수행적 표현 : 수행 동사(고맙다, 감사하다), 관용 표현
    예) 고맙다/감사하다/뭐라고 감사의 말을 드려야 할지 모르겠
     어요.
   ㄴ. 감정 표현+(수행적 표현) : 사태에 대한 화자의 고마움, 즐거
    움 등의 감정 표현
    예) 나 정말 기뻐./정말 행복하다! 고마워.
   ㄷ. 사실 표현 : 청자가 베푼 사태를 주제로 한 사실을 표현
    예) 빌려주신 돈은 잘 썼어요./주신 김치 정말 잘 먹었어요.
   ㄹ. 평가 표현
    1) 사태에 대한 긍정적 평가 : 수행 동사+-게 생각하다
     예) 와주니까 정말 좋다./고맙게 생각해.
    2) 청자에 대한 긍정적 평가 : 예) 엄마 최고!
   ㅁ. 사실에 대한 반응 : 예) 키햐아! 역시 너밖에 없다!

마. 환대화행

 이 글의 분류 기준에 의하면 환대화행은 다음과 같은 행위적 특징을 보인다.

대화이동 연속체 내의 위치 :	시작 화행
의사소통 목적 :	양자 공감형성
사태에 대한 인식 :	긍정적
화자의 감정 :	반가움, 즐거움, 기쁨
사태의 역할 :	화자 – 대상자, 청자 – 행위자
사태의 내용 · 시제 :	청자의 출현 · 방문, 과거

환대화행은 화자의 장소에 청자가 온 사태에 대한 반가움 · 즐거움 · 기쁨을 표현하는 행위이다.32) 환대화행의 수행 시, 화자는 사태에 대하여 대상자로서 역할을 하게 된다. 왜냐하면 청자가 출현함으로써 반가움 · 기쁨 등을 느끼게 되는 역할은 화자가 하게 되기 때문이다. 사태에 대한 수혜자인 화자는 이러한 긍정적인 감정을 표현함으로써 청자에게 편안함을 느끼게 하고, 자신의 방문을 화자가 좋아하고 있다는 것을 알리고자 한다. 그러므로 "환대"는 양자 공감형성을 의사소통 목적으로 하는 행위에 속하게 된다.

이 글의 분류 기준에 의하면 환대화행은 사태의 내용 기준만 제외하면 감사화행과 동일한 행위적 조건을 지닌다. 이로부터 사람을 환영하는 행위는 어떤 사람의 방문에 대한 감사화행과 유사하다는 것을 알 수 있다. 다만 "환대"는 어떤 사람이 화자의 장소에 도착했을 때 수행되고, 감사는 여러 다른 상황에서도 발생하므로 수행되는 상황이 다를 뿐이다. 이러한 이유로 Norrick(1978 : 289)에서는 환대화행을 감사화행의 특별한 경우로 보기도 하였고, Wierzwicka(1987)에서는 THANK 그룹 안

---

32) Wierzbicka(1987)에서 WELCOME은 화자가 청자가 자신의 장소에 온 것에 대하여 자랑스러워한다는 것을 알리려는 의도가 있으며, 청자가 자신의 장소에 와 있다는 것이 좋고 기쁘다는 긍정적인 감정을 표현하는 것이라고 하였다. 또한 WELCOME은 청자가 어떤 장소로 오고, 화자는 움직이지 않는다는 것을 함의한다고 하였다.

에서 WELCOME을 논하기도 했다.

환대화행이 성공적으로 수행되기 위한 적정 조건은 다음과 같다.

> (1) 환대화행의 적정 조건
>> ㄱ. 명제내용 조건 :
>>> 1) 화자의 장소에 청자가 방문한다.
>>> 2) 청자는 오랜만에 혹은 처음으로 화자의 장소에 방문한다.
>> ㄴ. 예비 조건 : 화자는 청자의 방문을 긍정적으로 인식하며 기다
>>> 려 왔다.
>> ㄷ. 성실 조건 : 청자의 방문에 반가움, 즐거움, 기쁨을 느낀다.
>> ㄹ. 본질 조건 : 화자가 청자의 방문에 즐거워한다는 것을 표현함
>>> 으로써 상대방에게 호의를 표현하기를 원하는 시
>>> 도이다.

환대화행이 수행된 전형적인 예를 통해 위의 내용을 확인해 보도록 하겠다.

> (2) ㄱ. 화자1 : <u>어서오십시오! 환영합니다.</u>
>> ㄴ. 화자2 : (쑥스럽다)그동안 안녕하셨어요?
>> ㄷ. 화자3 : (필남 손 와락 잡으며) <u>어서오세요. 이렇게 만나 뵈니
>>> 너무 반갑네요. 호호!</u>
>> ㄹ. 화자4 : (왜 저러나) <u>아유, 어서 오십시오.</u>
>> ㅁ. 화자2 : 초대해 주셔서 너무 감사해요. 따님께서도 이렇게 반
>>> 겨주시고 여기(과일 바구니 내민다) 약소하지만 제 성
>>> 의랍니다.

(2)는 화자1의 집에 초대된 화자2를 화자1과 화자1의 가족들(화자2, 화자3)이 반기는 상황이다. 위의 대화는 '환대(2ㄱ)-인사(2ㄴ)'와 '환대(2ㄷ, ㄹ)-감

사(2ㅁ)'의 두 개의 대화이동 연속체로 진행되고 있다. (2ㄱ)에서 화자1은 자신의 집에 방문한 화자2를 긍정적으로 인식하고, 반가움과 기쁨을 표현한다. 그리고 (2ㅁ)에서 화자2는 상대방의 환대에 대하여 감사를 표현하는 것으로 보아 화자1이 환대를 표현함으로써 화자2에게 호감을 전달하였다는 것을 알 수 있다. 이로써 환대화행은 대화 참여자들에게 긍정적 감정을 공유하게 하여 인간관계를 형성하는 데 도움이 되므로 양자 공감형성 정표화행의 특징을 지닌다고 볼 수 있다.

한편 환대화행은 두 사람이 만나는 상황에서 수행되므로 인사화행과 함께 수행되는 경우가 많다. "인사"와 "환대"는 청자에게 좋은 감정을 느끼며 관심을 표현하고, 의사소통의 상호 작용을 시작하는 신호로 사용이 되고[33], 서로의 관계를 확인하고 상대방과 교감을 형성하는 등 화·청자의 공감을 형성할 수 있다는 점에서 유사하다.[34] 그러나 전술하였듯이 환대화행의 의사소통 목적은 화자의 장소에 청자가 온 것에 대한 기쁨을 표현하는 것에 있고, 인사화행은 예의를 표현하고자 하는 데 발화수반 목적이 있으므로 구별이 된다.[35] 다음과 같은 예는 인사화행이 수행된 예로 환대화행과는 구분된다.

(3) ㄱ. 부인 : (주방쪽에서 나오며) 어머, 당신 오셨어요, 늦으셨네요!

　　ㄴ. 남편 : (보면)

　　ㄷ. 부인 : (잠옷차림에 여기저기 흐트러진 모습) 지금 야참 먹는
　　　　　　 중이었는데…… 같이 드실래요오?

---

33) 인사화행과 마찬가지로 환영화행도 이야기를 시작하려는 의지를 함의한다(Wierzwicka, 1987 : 220).

34) 인사화행의 개념에 대해서는 박수란(2005)을 참조하였다.

35) Searle & Vanderveken(1985 : 215-216)에서 인사화행은 명제내용이 없는 것이 특징이며 "Hello"와 같은 인사화행은 화자의 예의바른 인식을 나타내는 데 의사소통 목적이 있다고 하였다.

　　ㄹ. 남편 : 많이 들어요. (하더니 안으로 돌아서는 뒷모습)

　　(3ㄱ)은 "환대"가 아니라 "인사"로 (1)에서 제시한 환대화행의 적정 조건을 모두 만족하지 않는다. 우선 이 장소는 '두 사람의 장소'이며, 남편은 아침에 출근을 하고 돌아온 것이므로 (1ㄱ)명제내용 조건을 만족하지 않는다. 둘째, (3ㄷ)에서 부인의 태도로 보아 부인이 남편의 방문을 긍정적으로 인식하며 기다려온 것으로도 볼 수 없으므로 (1ㄴ)예비 조건도 만족하지 않는다. 셋째, 이 대화 어디에도 부인의 반가움, 기쁨의 감정은 표현되지 않았으므로 (1ㄷ)성실 조건도 만족하지 않는다. 마지막으로 (3ㄱ)의 발화는 환대화행의 본질 조건인 '화자가 청자의 방문에 즐거워한다는 것을 표현함으로써 상대방에게 호의를 표현하기를 원하는 시도(1ㄹ)'로 볼 수 없다. 따라서 인사화행과 환대화행은 청자의 방문이라는 유사한 상황에서 수행되나 이 둘은 언어행위로써는 구분이 된다.

　　다음으로 환대화행이 수행되는 몇 가지 형식을 살펴보기로 한다.

　　첫째, 환대화행은 수행 동사 '환영하다'와 '어서 오세요'와 같은 관용 표현을 사용하여 명시적으로 수행된다. 우선 (4)~(6)은 수행 동사로 환대화행이 수행된 예이다.

　　(4) ㄱ. <u>회장님! 무사히 귀국하신 걸 환영합니다.</u>

　　(5) ㄱ. 화자1 : 안녕하세요, 더 로에 이어 이번에 새로운 브랜드를 오
　　　　　　　　　픈하는 더 캣츠 대표, 엄기중입니다.
　　　　ㄴ. 화자2 : 안녕하세요, 이번에 엄 대표님의 새 브랜드를 맡게 된
　　　　　　　　　제1팀 과장, 오달잡니다.
　　　　ㄷ. 화자1 : <u>돌아온 걸 환영합니다.</u> 오달자씨. 과장 승진도 축하하구요,

(6) ㄱ. 화자1 : 자, 자, 주목해주세요.

　　 ㄴ. 모두 : (필남을 본다)

　　 ㄷ. 화자1 : 이분은 우리 아버지 친구 분인 이필남 여사세요. (필남
　　　　　　　 에게) 저희 집 일 도와주시는 분들이세요. 인사하세요.

　　 ㄹ. 화자2 : 안녕하세요. 처음 뵙겠습니다.

　　 ㅁ. 화자3 : <u>환영합니다. 환영합니다.</u> (박수)

　위의 예에서는 '환영합니다'라는 수행동사를 사용하여 "환대"가 수행
되고 있다. (4)와 (5)는 각각 회사에서 회장과 비서, 대표와 과장이라는
공적인 관계에서 환대화행이 수행되고 (6) 역시 공적인 관계에서 화자2
를 소개하는 자리이다. 이를 통해 수행동사 '환영하다'는 대개 화자와
청자의 관계가 공적이며 친밀감이 낮을 때 표현되는 형식이라는 것을
알 수 있다.

　다음의 예는 관용 표현을 사용하여 환대화행이 수행되는 경우이다.

(7) ㄱ. 화자1 : 1) <u>아휴, 선생님. 어서오세요.</u>

　　　　　　　 2) 오시느라 고생 안 하셨어요?

　　 ㄴ. 화자2 : 뭘요, 고속도로로 오니까 생각보다 금방 오던데요.

(8) ㄱ. 할머니 : <u>어이구 우리 강아지, 어서 와라.</u>

　　 ㄴ. 손녀 : 할머니이…… 나 너무 배고파.

　(7), (8)에서 환대를 수행하는 관용 표현은 대우법에 따라 '어서오세요
(4ㄱ)', '어서 와라(5ㄱ)'로 표현이 되었다. 그리고 관용 표현 앞에는 반가
움을 나타내는 감탄사와 상대방을 부르는 호칭어 '아휴, 선생님(7ㄱ-1)',
'어이구, 우리 강아지(8ㄱ)'가 동반되어 청자의 방문에 대한 반가움, 기쁨
의 감정을 표현하는 것을 볼 수 있다.

그리고 수행 동사와 관용 표현이 모두 사용되어 환대화행을 실현하기도 한다.

> (9) ㄱ. 화자1 : <u>어서오십시오! 환영합니다.</u>
> ㄴ. 화자2 : (쑥스럽다) 그동안 안녕하셨어요?

"환대"의 관용 표현으로는 '반갑다'와 (11)의 예처럼 '어서오세요'라는 표현과 함께 나타나기도 한다.

> (10) ㄱ. 화자1 : 수곤 에미 친구 중에서는 니가 제일 자주 왔을 거다.
> <u>좌우간 이렇게 보게 되니까 옛날 생각도 나고 반갑다!</u>

> (11) <u>어서오세요.</u> 이렇게 만나 뵈니 너무 <u>반갑네요.</u> 호호!

둘째, 상대방을 부르는 외침으로도 환대행위가 수행된다.

> (12) (출국장에서 나오는 아빠를 보고)
> 화자1 : <u>아빠야! 아빠! 여기야, 여기</u>

> (13) 화자1 : <u>달짜야아아아!!!!</u>
> 화자2 : <u>언니이이이이!!!!</u> (벌떡 자리에서 일어나더니)
> (그대로 두 사람 몇십 년 만의 상봉처럼 서로 뛰어가 공항 가운데서 부둥켜안고 끌어안고)

위의 대화에서처럼 상대방의 호칭이나 이름을 부르는 것으로 상대방의 도착에 대한 기쁨과 반가움을 표현한다.

셋째, 청자의 등장에 대한 사실을 그대로 기술함으로써 환대화행을 수행한다.

    (14) ㄱ. 화자1 : <u>세상에, 민혁아. 야 이게 얼마만이냐.</u> 우선 이리 앉아.
              앉아서 술이나 한잔 하자.
       ㄴ. 화자2 : (영호에게 술을 따르며) 우리도, 너한테 연락해볼라고
              했는데, 연락이 돼야 말이지.

    (15) ㄱ. 화자1 : (집에 들어서며) <u>아이구, 희원이도 왔구나!</u>
       ㄴ. 화자2 : 네, 안녕하셨어요.

    (16) ㄱ. 화자1 : <u>어? 오빠도 왔네!</u> 잘 지냈어?
       ㄴ. 화자2 : 응, 어제 제주도에서 왔어.

  (14)에서는 화자1이 화자2와 오랜만에 만난 사실을 기술하고 있다. (15)와 (16)에서는 상대방이 왔다는 사실을 기술함으로써 화자의 반가움과 기쁨을 표현하고 있다. (15), (16)은 화자1의 집에 못 올 줄 알았던 화자2가 온 사실을 알고, 반가움을 표현하는 환대화행을 수행하고 있다. 이때에도 '세상에(14ㄱ), 아이구(15ㄱ), 어(16)' 등의 짧은 감탄사와 감탄문 어미가 사용되어 화자의 반가움을 더 강조하게 된다.

  넷째, 사태에 대한 평가 표현으로 환대화행을 수행할 수 있다.

    (17) ㄱ. 화자1 : (놀란) 어, (이내 좋은, 기대감으로 보는) <u>올 줄 몰랐는</u>
              <u>데…… 와주니까 정말 좋다.</u>
       ㄴ. 화자2 : (사랑하는, 수인의 뺨 만지고, 입술 만지는)

    (18) 할머니 : 1) 아이구 우리 강아지들 왔냐.
          2) <u>니들이 오니까 사람 사는 집 같구나.</u>

(17ㄱ)에서는 화자2가 온 사실에 대하여 '좋다'라는 평가를 하고 있고, (18)에서는 손주들이 온 사실을 기술하고(18-1), 사태에 대한 긍정적인 평가(18-2)를 함으로써 환대화행을 수행하고 있다.

이상 한국어에서 환대화행이 수행되는 형식을 정리하여 제시하면 다음과 같다.

    (19) 환대화행의 언어적 수행 형식
        ㄱ. 수행적 표현 : 수행동사(환영하다), 관용 표현(어서오세요)
           1) 수행 동사 : 공식적 관계에서 사용됨
           예) 회장님! 무사히 귀국하신 걸 환영합니다.
           2) (감탄사)+(호칭어)+관용 표현(어서오세요/어서 와라)
           예) 아휴 선생님. 어서오세요.
           3) 수행동사+관용 표현 : 예) 어서오십시오! 환영합니다.
           4) (관용 표현 : 어서오세요)+반갑다
           예) 좌우간 이렇게 보게 되니까 옛날 생각도 나고 반갑!
        ㄴ. 느낌 표현 : 상대방을 부르는 짧은 외침
           예) 아빠아! 아빠! 여기야, 여기
        ㄷ. 사실 표현 : 청자의 등장에 대한 사실을 그대로 기술
           (감탄사)+[사실 기술]+감탄문 어미!
           예) 아이구, 희원이도 왔구나!
        ㄹ. 평가 표현 : 청자의 등장에 대한 긍정적인 평가
           예) 와주니까 정말 좋다.

바. 호감표현화행

이 글의 분류 기준에 의하면 호감표현화행은 다음과 같은 특성을 보인다.

대화이동 연속체 내의 위치 :	시작 화행
의사소통 목적 :	양자 공감형성
사태에 대한 인식 :	긍정적
화자의 감정 :	호감, 사랑
사태의 역할 :	화자-대상자, 청자-행위자
사태의 내용·시제 :	청자의 현존, 현재

호감표현화행이란 청자가 현재 존재한다는 사실 자체에 대하여 화자가 호감을 표현하는 행위이다. 호감표현화행은 사태의 시제가 과거가 되면 수행되지 못한다. 예를 들어 '10년 전에 내가 너 되게 좋아했었다.'와 같은 발화는 사태를 기술하여 그 당시 자신의 감정을 회고하여 전달하는 데 발화 목적이 있으므로 단언화행이다. 이 발화는 화자의 감정을 표현하고 청자에게 감정이입적 반응을 기대하는 정표화행의 본질 조건을 만족하지 못한다.

호감표현화행은 "찬사"와 유사한 면이 있다. 찬사화행도 상대방에게 호감을 표현하는 기능을 하기 때문이다. 그러나 찬사화행의 경우, 화자는 관찰자로서의 역할을 하며, 청자는 행위자이자 대상자의 역할을 한다는 점에서 차이가 난다. 이 글의 구분에 의하면 찬사화행은 청자중심적 행위이고, 호감표현화행은 화자중심적 행위이다. 또한 사태의 내용도 "찬사"는 청자가 지니고 있는 외모, 능력, 성격, 소유물 등이지 청자 자체의 존재는 아니라는 점에서 두 화행의 행위적 특성은 명확히 구분된다. 이러한 구분에 따라 다음의 예는 호감표현화행이 아니라 찬사화행으로 구분된다.

(1) ㄱ. 화자1 : <u>어머, 인상이 굉장히 좋으시네요.</u>
　　ㄴ. 화자2 : 감사합니다.

(1ㄱ)의 발화에서 화자2는 행위자이자 대상자이며, 화자1은 관찰자의 역할을 수행한다. 명제내용은 화자의 외모이며, 화자2의 현존 자체가 화행의 대상은 아니다.[36] 따라서 (1)에서 화자1은 찬사화행을 수행한 것으로 볼 수 있다.

사태의 역할 기준을 보면 청자는 자신의 존재만으로 행위자의 역할을 하고, 화자는 청자의 존재로 인해 호감을 느끼게 되므로 사태의 대상자가 된다. 이러한 화자와 청자의 사태에 대한 역할은 환대화행, 감사화행도 동일하다는 점을 앞에서 살펴보았다. "환대"도 청자의 방문이라는 사태에 대하여 청자는 행위자의 역할을 하고, 화자는 청자의 방문 행위에 의해 기쁨의 감정을 느끼게 되므로 대상자의 역할을 한다. 감사화행 역시 청자의 행위에 대하여 화자가 고마움을 느끼게 되므로 화자는 대상자, 청자는 행위자의 역할을 한다. 그러므로 "호감표현", "환대", "감사"는 모두 화자중심적인 행위로 구분할 수 있다.

화자는 청자에게 호감을 표현함으로써 무엇을 기대하는 것일까? 호감표현을 수행하는 화자의 의사소통 목적은 화자 자신이 표현한 호감에 대하여 청자 역시 공감해 주기를 바라는 것에 있다. 그리고 청자와 공감대를 형성하여 화자와 청자가 친밀한 관계를 맺게 되기를 기대하게 된다. 그러나 호감표현화행은 화자중심적 행위의 특성이 있으므로 청자중심적 행위인 "찬사", "축하", "기원" 화행과 비교해 보았을 때, 청자가 화자의 감정에 공감하지 않을 확률을 배제할 수 없다.

호감표현화행이 수행된 전형적인 예를 통해 위의 기준들을 확인해 보도록 하겠다.

---

36) 일상 언어에서 (1ㄱ)과 같은 표현은 흔히 '호감을 표현하는 법'으로 소개가 되는 예이다. 이렇게 화행의 명명어가 일상 언어에서 사용되는 어휘적 의미 때문에 혼동이 오는 경우가 종종 있다. 화행의 명명어는 행위 조건에 의해 명확히 설정되어야 하며 화행의 명명어와 어휘적 의미는 구분하여 연구되어야 한다는 점을 강조하고자 한다.

(2) ㄱ. 화자1 : <u>만호 씨, 사랑해요.</u>

ㄴ. 화자2 : 나두요.

ㄷ. 화자1 : 고마워요…… 정말.

(2)의 대화는 호감표현화행의 가장 전형적인 경우로 연인 사이에서의 대화이다. 화자1은 (2ㄱ)에서 화자2의 존재를 대상으로 하여 호감을 표현하고, 이러한 표현을 통해 화자2에게도 '호감'이라는 공감대가 형성되길 기대한다. (2ㄴ)에서 화자2는 화자1의 이러한 기대에 부합하는 반응을 보이며 공감 표현을 하고, 화자1은 (2ㄷ)에서 고마움을 표현하고 있다.

아래의 예는 화자1은 호감표현화행을 수행했으나 화자2가 호감표현화행으로 이해하지 못한 경우이다. 왜 화자2는 화자1의 발화 의도를 이해하지 못한 것인지 살펴보도록 하겠다.

(3) ㄱ. 화자1 : <u>은규 씨, 제가 요즘 잠이 안 와요.</u>

ㄴ. 화자2 : ?

ㄷ. 화자1 : <u>은규 씨 때문에 잠을 못 자겠어요.</u>

ㄹ. 화자2 : 죄송해요. 제가 요즘 계속 실수만 해서…….

ㅁ. 화자1 : 아니, 그게 아니라.

ㅂ. 화자2 : (말 끊으며) 제발 자르지 말아주세요. 사장님, 앞으로 열심히 할게요.

(3)은 사장(화자1)과 종업원(화자2)의 대화이다. 화자1은 (3ㄱ)과 (3ㄷ) 두 차례에 걸쳐 간접적으로 호감표현화행을 수행하나 화자2는 화자1의 의도를 잘못 이해하여 자신의 실수를 사장이 꾸짖는 것이라고 해석하고 (3ㄹ)에서 "사과"와 (3ㅂ)에서 "간청"을 하고 있다. 이 대화에서 화자1의 화행이 실패한 이유를 이 글의 적정 조건 기준 내에서 찾아보면 청자가

화자의 존재에 대하여 긍정적으로 인식하지 않았기 때문으로 해석할 수 있다. 이렇듯 호감표현 화행은 화자중심적인 성향이 강하기 때문에 성공적인 수행을 위해서는 청자 조건이 예비 조건으로 요구된다.

이를 정리하여 호감표현화행이 성공적으로 수행되기 위한 적정 조건을 제시하면 다음과 같다.

(4) 호감표현화행의 적정 조건
ㄱ. 명제내용 조건 : 청자가 현재 존재한다.
ㄴ. 예비 조건 :
1) 화자는 청자가 존재하는 사태에 대하여 긍정적으로 인식한다.
2) 청자는 화자의 존재에 대하여 긍정적으로 인식한다.
ㄷ. 성실 조건 : 호감을 느낀다.
ㄹ. 본질 조건 : 호감을 표현함으로써 청자와 친밀한 관계를 맺게 되기를 기대하는 언어적 시도이다.

한국어에서 호감표현화행은 다음과 같은 표현 방식에 의해 수행된다.
첫째, 호감표현화행은 '사랑해', '좋아'와 같은 명시적 감정 어휘를 기술함으로써 수행될 수 있다.

(5) (헤어지면서)
ㄱ. 화자1 : 난 널 참 응원하고, <u>나는 널 참 사랑해.</u> 찌아요우!
ㄴ. 화자2 : 어엉, 고마워.

(6) ㄱ. 화자1 : 알았어요, 아버지. 둘째는 제가 타이를게요. 어서 들어 가세요. 다른 분들 다 들어가셨어요.
ㄴ. 화자2 : 그래, <u>사랑한다, 우리 딸들</u>(하며 안아준다.)

(7) ㄱ. 화자1 : 진짜 당신 앞으로 그런 실수 한 번만 더 하면 내 손에
　　　　　　죽을 줄 알아!(울먹인다)

　　ㄴ. 화자2 : 자기야, 알았어! (미원 껴안고) <u>박미원, 사랑한다!</u> 다시
　　　　　　는 속 안 썩일게. 좋은 남편 될게. <u>알러뷰!</u>

(8) ㄱ. 화자1 : <u>당신이 좋아.</u>

　　ㄴ. 화자2 : ……!

　　ㄷ. 화자1 : 이렇게 같이 있다는 게…… <u>참 좋아.</u>

　위의 예를 통해 '사랑해'와 같은 명시적 감정 어휘를 사용하여 호감을
표현하는 경우는 연인 관계(5, 8), 혈연관계(6), 부부 관계(7)처럼 매우 친
밀한 관계에서 가능하다는 것을 알 수 있다. 그리고 이러한 호감표현화
행은 대화 구조 내에서 (5)의 헤어지면서, (6), (7)에서는 사태가 종결되
면서 수행되는 경향이 있다는 것을 알 수 있다.37)

　둘째, 청자의 존재가 있다는 사실 자체를 기술함으로써 호감을 표현한다.

(9) ㄱ. 화자1 : 그렇게 좋으세요?

　　ㄴ. 화자2 : (술 마시고) 하하…… 그래. <u>너희들 보니까 그냥 웃음이</u>
　　　　　　<u>나온다.</u>

(10) ㄱ. 화자1 : (작게) <u>나 오빠 없는 세상 상상도 하기 싫어.</u>

　　ㄴ. 화자2 : (쓰게 웃는다)

---

37) '사랑해'라는 명시적 호감표현화행이 대화 구조의 마지막에서 사용되는 경향은 점차 이
　　표현 자체가 의례적으로 사용되는 경향이 생기는 것은 아닌가 하는 추측을 할 수 있다.
　　특히 라디오 DJ나 쇼프로그램의 사회자, 가수들이 프로그램이 끝날 때 '좋은 밤 되세요,
　　여러분 사랑해요.', '그럼 우리 내일 봐요, 사랑해요 여러분!' 등과 같은 마무리 멘트를
　　하는 데에서 많이 나타난다.

(11) 난 엄마 없으면 못 살아.

특히 (10), (11)은 청자의 존재가 없는 경우를 가정하고 있는데, 이것은 청자의 존재가 있다는 사실 자체를 강조하는 기술로 여겨진다.

셋째, 평가 표현으로 호감표현화행을 수행할 수 있다. 그중 청자에 대한 긍정적 평가로 호감을 표현한다.

(12) ㄱ. 화자1 : 내가 박혜원 씨 아끼는 거 알지?
　　 ㄴ. 화자2 : 그럼요, 알죠.

(13) 그쪽이 참 마음에 들어요.

(14) ㄱ. 화자1 : <u>잘 웃어서 이뻐, 툭하면 찡그리는게 이뻐. 쑥스러워할줄</u>
　　　　　　 <u>알아서 이쁘구, 부끄러워할줄도 알아서 이뻐. 때로는 퉁</u>
　　　　　　 <u>명해서 이쁘구, 때로는 어른스러워서 이뻐. 지금 이대</u>
　　　　　　 <u>로…… 너무 이쁘다구.</u>
　　 ㄴ. 화자2 : (감동……! 다시 홀쩍 고개 돌리며 손끝으로 얼른 눈물
　　　　　　 닦아내더니) 어우 닭살이다 진짜.

(15) ㄱ. 화자1 : <u>어이구 이뻐 죽겠다 증말!</u> (하면서 더 꼭 끌어안는다)
　　 ㄴ. 화자2 : 아우 아아! 숨막혀어어!!!

(16) (탁자에 몸을 기대며, 준영의 머릴 흩뜨리고, 볼을 꼬집으며) 귀여
　　 운 놈!

호감표현화행은 대개 연인, 친구, 혈연관계 등 매우 친밀한 관계에서 잘 나타나는데, (12)는 공적인 관계인 직장 상사와 팀원 간에 수행된 호감표현화행의 예를 보여준다. 표현 형식면에서도 의문문 형식을 사용하

여 호감을 매우 간접적으로 표현한다는 특징이 있다.

한편 호감표현화행은 상황에 대한 긍정적 평가로도 수행된다.

(17) 누구 말대로 그게 오기일수도 있고, 승부욕일수도 있어요, <u>내 감
정의 정체가 뭐였든 지금은 계속 달자 씨하고 있는 게 좋아요.</u> 이
렇게 같이 식사도 하고, 얘기도 나누고……

넷째, 반응 표현으로 호감표현화행은 수행될 수 있다.

(18) ㄱ. 화자1 : 만호 씨, 사랑해요.
　　ㄴ. 화자2 : <u>나두요.</u>

이상 한국어에서 호감표현화행이 수행되는 방식을 정리하여 제시하면
다음과 같다.

(19) 호감표현화행의 언어적 수행 형식
　　ㄱ. 감정 표현 : '사랑해', '좋아'와 같은 명시적 감정 어휘
　　　　예) 나는 널 참 사랑해./당신이 참 좋아.
　　ㄴ. 사실 표현 : 청자의 존재가 있다는 사실 자체를 기술
　　　　예) 난 엄마 없으면 못 살아./너희들 보니까 그냥 웃음이 나온다.
　　ㄷ. 평가 표현 :
　　　　1) 청자에 대한 긍정적 평가
　　　　예) 어이구 이뻐 죽겠다 증말!/ 내가 박혜원 씨 아끼는 거 알지?
　　　　2) 상황에 대한 긍정적 평가
　　　　예) 내 감정의 정체가 뭐였든 지금은 계속 달자 씨하고 있는
　　　　　　게 좋아요.
　　ㄹ. 반응 표현 : 예) 나두요.

2) 사태에 대한 부정적 감정의 정표화행

사태에 대하여 부정적으로 인식하는 정표화행의 유형에는 "염려", "사과" 화행이 있다. 이들 유형은 청자중심적 행위로, 사태가 발생하거나 발생할 시점에서 청자가 사태의 대상자가 되므로 화자보다 그 사태에 대하여 부정적으로 인식한다는 특징이 있다. 화자는 "염려", "사과" 화행의 수행을 통해 청자의 부정적 사태에 대하여 자신도 공감하고 있다는 것을 전달함으로써 청자와 공감대를 형성하고, 원활한 인간관계를 유지하게 되기를 기대한다.

가. 염려화행

이 글의 분류 기준에 의하면 염려화행은 다음과 같은 특성을 지닌다.

대화이동 연속체 내의 위치 :	시작 화행
의사소통 목적 :	양자 공감형성
사태에 대한 인식 :	부정적
화자의 감정 :	걱정, 불안, 두려움
사태의 역할 :	화자-관찰자, 청자-대상자 혹은 행위자
사태의 내용·시제 :	청자에게 일어날 일, 미래

염려화행은 Marten-Cleef(1991)에서 "다른 사람이 부정적인 일을 당할 것을 걱정하는 마음을 수용자에게 알리는 행위"라고 하였다. 그러나 염려화행의 수행은 단순히 걱정하는 마음을 수용자에게 알리는 것에 그치는 것이 아니다. 화자는 염려화행의 수행을 통해 청자의 앞일에 대하여 자신이 당사자만큼 관심이 있고 배려를 하고 있다는 것을 알림으로써

청자와 공감대를 형성하고자 한다. 따라서 염려화행은 '양자 공감형성' 정표화행에 해당한다. 그리고 청자는 부정적인 사태의 행위자 혹은 대상자가 되고, 화자는 관찰자의 역할을 한다. 청자가 대상자 혹은 행위자라는 점은 화자가 대상자이거나 행위자인 걱정화행과 구분이 되는 기준이 된다.

염려화행이 성공적으로 수행되기 위한 적정 조건은 (1)과 같다.

(1) 염려화행의 적정 조건
　　ㄱ. 명제내용 조건 :
　　　1) 청자의 미래의 사태 E
　　　2) E의 명제 내용은 청자의 행복, 건강, 앞일과 관련이 있다.
　　ㄴ. 예비 조건 : 화자는 E에 대하여 부정적으로 인식한다.
　　ㄷ. 성실 조건 : 화자는 걱정, 불안감, 두려움을 느낀다.
　　ㄹ. 본질 조건 : 화자가 청자의 앞일에 대하여 걱정을 표현함으로써, 화자가 청자에게 관심이 있고 배려를 하고 있다는 것을 알리기 위한 시도이다.

다음에서 염려화행이 수행된 예를 통해 적정 조건을 확인해 보자.

(2) ㄱ. 화자1 : 1) (큰 소리로)그러다 넘어져!
　　　　　　2) 뛰지 마, 천천히 와.
　　ㄴ. 화자2 : (웃음)아빠는 내가 무슨 앤 줄 아나봐.
　　ㄷ. 화자3 : (웃음)그러게 말이다. 서른 넘은 애한테…….

(2)의 대화에서 화자1(아버지)은 화자2(딸)가 뛰다가 넘어질 일에 대하여 (1ㄱ), 부정적으로 인식하고(1ㄴ), 걱정하고 있다는 것을 표현한다(1ㄷ). 이 대화 상황에서 딸(화자2)은 아버지(화자1)가 걱정하는 사태에 대하여 화자

1만큼 부정적으로 인식하고 있지는 않다. 따라서 화자2는 화자1의 염려를 '괜한 염려'나 '잔소리' 정도로 이해하게 된다. 그러나 염려화행의 본질이 화자가 청자에게 관심이 있고 배려를 하고 있다는 것을 알리기 위한 시도이므로, 화자1의 염려화행의 수행은 화자2에게 관심과 배려로 받아들여진다. 이에 화자2는 화자1의 (2ㄱ-2)의 지시 화행에 대하여 기분 나빠하는 것이 아니라 (2ㄴ)에서 웃으며 상대방의 "지시"를 받아들이는 것이다.

다음으로 염려화행이 수행되는 몇 가지 형식에 대하여 살펴보기로 한다.

첫째, 염려화행은 사태에 대해 걱정하는 감정을 '걱정하다', '염려하다' 등의 수행동사를 사용하여 명시적으로 수행한다.

(3) 이번엔 네가 하는 일이 잘 되어야 할 텐데 <u>걱정이다.</u>

(4) 그렇게 촐랑대다가 이번에도 또 바람 맞는 건 아닌지 정말 <u>걱정된다.</u>

위의 예에서 수행동사를 생략한 채 '명제내용＋ -ㄹ 텐데(터인데)(5)', '명제내용＋ -ㄴ 것은 아닌지(6)'의 표현만을 사용하여 염려화행을 실현할 수도 있다.

(5) 이번엔 네가 하는 일이 잘 돼야 할 텐데…….

(6) 그렇게 촐랑대다가 이번에도 또 바람 맞는 건 아닌지…….

둘째, 염려화행은 청자와 관련된 미래 사태에 대한 평가로 수행될 수 있다. 아래의 예를 보자.

(7) ㄱ. 화자1 : (술 다 깬, 기지개 켜며) 벌써 다 왔네, 아우, 고새 푹
        잤다.

ㄴ. 화자2 : 1) (걱정되는, 딱딱하게) 앞으로 너, 혼자 광고주 만나
　　　　　　　 서 술 마시고 그런 거 하지 마.
　　　　　　2) 나이도 먹을 만큼 먹은 애가 분별력이 그렇게……
　　　　　　3) <u>너 그러다 큰일 치러.</u>
ㄷ. 화자1 : (웃는, 하늘 보며 심호흡) 아, 밤공기…… 난 이맘때가
　　　　　 참 좋아……. 무지 추운 날에 털 많은 고양이 만지는
　　　　　 기분…… 너 알어?

　(7)은 서로 호감을 느끼고 있는 두 남녀의 대화이다. (7ㄴ)에서 화자2
는 화자1의 미래의 일을 걱정하여 표면적으로는 (7ㄴ-1)에서 "금지의
명령"을 하고 (7ㄴ-2)에서는 "비난"을 한다. 그리고 이어서 (7ㄴ-3)에서
상대방의 미래의 일에 대해 걱정하는 화자의 마음을 표현한다. 이때 화
자2는 상대방이 앞으로 안 좋은 일이 생길 것이라는, 미래의 걱정되는
사건을 평가함으로써 염려화행을 수행하는데 당사자인 화자1은 이를 자
신에 대한 화자2의 "염려"로 이해하고, (7ㄷ)에서 흐뭇하게 웃으며 다른
화제를 꺼낸다. 위의 대화를 통해 호감을 가진 두 사람의 관계에서 화자1
은 화자2의 염려를 관심과 배려의 표현으로 이해하고 있다는 것을 알
수 있다. 이러한 지표들을 통하여 염려화행이 양자 공감형성 정표화행이
라는 증거를 얻을 수 있다.
　또한 염려화행은 아래와 같이 청자가 맞게 될 미래의 사태와 연관하
여 청자가 힘들겠다는 추측의 표현을 통해 실현되기도 한다.

　(8) ㄱ. 화자1 : 아프시기 전에는 그랬죠……. 지금은 좀 편찮으세요.
　　　ㄴ. 화자2 : ……많이?
　　　ㄷ. 화자1 : 예……. 치매 증세가 조금…… 있으세요.
　　　ㄹ. 화자2 : 1) <u>힘들겠다.</u>

2) 사진 같은 거 보여드리세요. 화분 기르시는 것두
   좋은데…….

(8)에서 화자2는 (8ㄹ-1)에서 염려화행을 수행하여 상대방의 감정에
공감한 후 (8ㄹ-2)에서 실질적인 도움을 주기 위해 여러 가지를 "제안"
한다. (8ㄹ-1)에서 화자2가 표현한 '힘들겠다'의 '-겠-'은 사태의 대상
자가 청자이고 화자는 관찰자이므로 청자의 상태를 추측하는 표현을 사
용한 것으로 보인다.

셋째, 염려화행은 있는 그대로의 사태를 기술하고 미래의 걱정되는 사
태에 대하여 평가함으로써 수행되기도 한다.

(9) ㄱ. 화자1 : 1) <u>애가 그냥 얼굴이 반쪽이 됐어.</u>
              2) <u>그놈의 박사 따다가 다 죽게 되겠네.</u>
    ㄴ. 화자2 : (웃음)

(9ㄱ)에서는 두 개의 화행 연속체가 염려화행을 수행하고 있다. (9ㄱ-1)
에서 화자는 현재 청자의 사태인 얼굴이 핼쑥해지고 말랐다는 사실을 기
술한 후 (9ㄱ-2)에서는 미래의 걱정되는 사건에 대해서 평가한다. 이렇
게 '사태 기술+미래의 사태에 대한 평가'가 한 세트가 되어 염려화행이
수행될 수 있다.

넷째, 염려화행은 사태에 대한 반응으로써 걱정하는 감정을 표현하여
수행될 수 있다.

(10) ㄱ. 화자1 : (휘청하는) 아이고…… 아이고!!
     ㄴ. 화자2 : (부축하며)<u>괜찮으세요?</u>

(10)에서 '괜찮으세요?'는 화자1의 사실에 대한 화자2의 반응 표현인데, 이러한 발화를 통해 염려화행을 수행할 수 있다. 그리고 이때 명제내용은 생략된다.

이상 한국어에서 염려화행이 실현되는 몇 가지 방식을 제시하면 다음과 같다.

(11) 염려화행의 언어적 수행 형식

ㄱ. 수행적 표현 : 명제내용+수행동사

예) 이번엔 네가 하는 일이 잘 되어야 할 텐데 걱정이다.

ㄴ. 평가 표현 : 화자와 관련된 미래 사태에 대한 평가

예) 힘들겠다./너 그러다 큰일 치러.

ㄷ. (사실표현)+평가 표현 : 미래의 걱정되는 사건에 대한 평가

예) 애가 그냥 얼굴이 반쪽이 됐어. 그놈의 박사 따다가 다 죽게 되겠네.

ㄹ. 사태에 대한 반응 : 예) 괜찮으세요?

나. 사과화행

이 글의 분류 기준에 의하면 사과화행은 다음과 같은 특성을 지닌다.

대화이동 연속체 내의 위치 :	시작 화행
의사소통 목적 :	양자 공감형성
사태에 대한 인식 :	부정적
화자의 감정 :	후회, 미안함, 회개
사태의 역할 :	화자-행위자, 청자-대상자
사태의 내용·시제 :	청자에게 피해를 준 일, 과거

사과화행이란 화자가 청자에게 피해를 준 사태에 대하여 후회, 미안함을 표현하는 행위이다. 화자는 이러한 사과 표현을 통하여 자신이 벌인 일에 대하여 책임을 느끼며 후회한다는 것을 청자에게 전달한다. 그리고 여기에 그치는 것이 아니라 화자에게 청자가 상처를 받았거나 실망을 하였다면 그 마음을 달래주어 자신이 받을지도 모르는 비난을 피하고자 한다. 사과화행은 궁극적으로 청자에게 용서를 구하기 위한 것이고, 화자는 "사과"를 통해 사태가 마무리되고 인간관계가 유지되기를 원한다.[38] 따라서 화자와 청자 간의 상호적인 인식의 변화를 발화 효과로 기대하므로 양자 공감형성 정표화행에 속한다. 사과화행의 경우 일어난 사태에 대한 인식은 화자와 청자 모두 부정적이지만, 사태의 대상자는 청자이므로 부정적 인식은 청자가 더 강하다. 또한 사태의 내용은 화자가 청자에게 정신적·물리적으로 피해를 준 일이 되고, 그 사태는 이미 벌어진 것이므로 시제는 과거가 된다.

사과화행의 적정 조건은 (1)과 같이 정리된다.

(1) 사과화행의 적정 조건
    ㄱ. 명제내용 조건 : 화자가 청자에게 잘못하거나 피해를 준 내용
    ㄴ. 예비 조건 :
        1) 화자에게는 사태에 대한 책임이 전제된다.
        2) 화자는 자신이 청자에게 잘못하거나 피해를 주었다는 것을 인식한다.
    ㄷ. 성실 조건 : 화자는 미안함, 후회의 감정을 느낀다.
    ㄹ. 본질 조건 : 자신의 행동이 청자에게 피해를 입혀서 미안함과

---

38) Norrick(1978 : 284)에서 사과화행은 사태에 대한 책임을 인정하고 화자의 양심의 가책, 후회, 그리고 용서를 구하는 것을 함축하는 행위이므로 사회생활을 원활하게 유지하는 데 핵심적이라고 보았다.

후회를 표현하고, 그에 대한 책임을 인정하는 행
위이다. 또한 갈등 상황이 마무리되고 인간관계가
유지되기를 원하는 시도이다.

다음에서 사과화행이 수행된 예를 살펴보자.

(2) ㄱ. 화자1 : <u>야, 미안해.</u>

ㄴ. 화자2 : 아휴 언니는…… 괜찮아.

ㄷ. 화자1 : 그 날 위가 너무 아파서 집에 갔었어.

ㄹ. 화자2 : 아, 맞어. 그랬다고 그랬지.

ㅁ. 화자1 : 돌잔치는 잘 했어?

ㅂ. 화자2 : 사람들도 진짜 많이 오고 잘 했지. 결혼식 때보다 음
식도 더 좋았는데…… 언니, 왔으면 좋았을 텐데.

ㅅ. 화자1 : 그러게 갔으면 좋았겠다. 사람들도 다 보고…… 근데
요즘 배가 아파서…… 뭐.

ㅇ. 화자2 : 아, 맞다.

ㅈ. 화자1 : 다음에 내가 효린이 선물 사 가지고 집에 한번 갈게.

(2)의 대화는 일상 대화에서 사과화행이 수행되는 전형적인 예이다.
위의 대화에서 화자1은 화자2의 돌잔치 초대에 응하지 못해서 섭섭하게
했다는 것을 알고 있다(1ㄱ). 청자 역시 (2ㅂ)에서 '왔으면 좋았을 텐데'라고
발화한 것으로 보아 화자가 초대에 응하지 않은 사실이 섭섭하다(1ㄴ-3). 화
자는 자신이 돌잔치에 갈 수도 있었지만 못 간 것에 대해 책임을 느끼고,
(2ㄷ)에서 어쩔 수 없이 못 간 이유를 설명하며 미안함을 표현한다(1ㄷ).
그리고 (2ㅈ)에서 자신의 행동에 책임을 지기 위한 한 방편으로 아이의
선물을 사 가지고 집에 가겠다고 약속한다(1ㄴ-1). 화자는 (2ㄱ)에서 미안
한 마음을 표현하고 (2ㅅ)에서 갔으면 좋았을 것이라는 후회와 아쉬움을

표현한다(1ㄷ). 결국 화자는 (2ㄱ)의 사과행위를 통해 청자와 마찬가지로 자신도 돌잔치에 가지 못한 것이 아쉽고 후회가 된다는 점을 표현함으로써 공감대를 형성한 후, 균열이 생길 뻔한 둘 사이의 관계를 다시 유지하게 된다(1ㄹ).

(1ㄴ-1)의 '화자에게는 사태에 대한 책임이 전제된다'는 예비 조건은 사과화행이 성공적으로 수행되지 않은 다음의 대화에서 명백하게 나타난다.

> (3) ㄱ. 화자1 : (심하다 싶은) <u>사고 난 건 정말 미안하게 됐는데</u>, 내가 사고 날 줄 알고 그랬어? 아니잖아. 시간은 되고, 욕심은 나고…… (불쑥) 프로듀서, 할래요. 국장님이 안 된대도, 선배만 허락해 주면, 타이틀에 이름 떼고라도 내가 맡은 일이니까 끝까지 최선,
> ㄴ. 화자2 : (돌아보며, 담담하게) 너 진짜 미안해?
> ㄷ. 화자1 : ? (가만 보다, 화가 나는) 아니.
> ㄹ. 화자2 : (화나 보는)
> ㅁ. 화자1 : 준영 솔직히 내가 뭘 그렇게 잘못했는지…… <u>나 잘 모르겠어. 최선을 다한 게 대체 뭐가 문제 건지, 정말 모르겠어.</u>

(3)의 대화에서 화자2는 (3ㄴ)에서 '너 진짜 미안해?'라고 물으며 사과의 성실 조건을 지키고 있는지 묻고 있다. 그러자 화자1은 '아니'라고 답하며 (3ㅁ)에서 자신은 그 사태에 대하여 책임이 없다는 것을 밝히고 있다. 이처럼 사과화행을 성공적으로 수행하려면 화자의 사태에 대한 책임이 반드시 전제되어야 한다.

다음으로 사과화행이 수행되는 몇 가지 방식을 살펴보기로 하겠다.

첫째, 사과화행은 명시적으로 '사과하다'라는 수행동사로 표현되기도 한다. 이때 아래의 예와 같이 '미안해'라는 "사과"의 관용 표현을 동반

하는 경향이 있다.

(4) 정말 미안해. 사과할게. 그때 얘기하려고 했는데 이상하게 기회가
없었어.

(5) 미안했어, 다시 사과할게. 어젯밤에 생각해봤는데 내가 쓸데없이 흥
분한 것 같더라.

(4), (5)에서 화자는 '사과하다'라는 수행동사를 '미안하다'라는 관용
표현 뒤에서 함께 사용하고 있다. 이러한 표현은 화자의 사과를 더 강조
하여 표현하는 기능을 할 수 있다.

또한 사과화행은 '미안하다', '죄송하다', '입이 열 개라도 할 말이 없
다'와 같은 관용 표현으로 수행할 수 있다. 특히 '미안하다, 죄송하다'는
표현은 "사과"의 매우 전형적인 표현으로, 사회적으로 그 발화를 해야
되는 상황이 정해져 있다. 즉, '미안하다'와 '죄송하다'가 사용되는 상황
에서 청자는 당연히 화자가 그것을 말할 것을 기대하고 그래야만 한다
고 생각하는 것이다. 예컨대 '늦어서 미안해', '못 가서 미안해'와 같은
표현이 이에 해당한다. 그러나 실제 대화에서 명제내용은 이미 화자와
청자가 공유하고 있으므로 생략되기도 한다.

(6) ㄱ. 화자1 : (밝게) 야, 야, 야, 미안해, 미안. 내가 좀 늦었지?
ㄴ. 화자2, 3 : (동시에) 기집애, 너 왜 이렇게 늦었어?[질타]
ㄷ. 화자1 : 미안, 미안, 날 죽여도 할 말 없다.

(7) (활만 보며 걸어가다 웨이터와 부딪히는)(당황, 웨이터에게)
아, 죄송합니다. 괜찮으세요?

(8) ㄱ. 화자1 : (비아냥대는) 잘나신 양반들이 어쩌다 이렇게 되셨나,
  해달라는 대로 다 해 줬더니 일을 이 따위로. 나가, 안
  나가!

ㄴ. 화자2 : <u>죄송합니다</u>, 부장님. 입이 열 개라도 드릴 말씀이,

ㄷ. 화자3 : (화나지만 참고) <u>죄송합니다</u>, 어떻게든 책임지고 다시 해 보
  겠습니다.

"사과"의 적정 조건에 따르면 사과행위는 위의 예처럼 화자가 청자에
게 정신적이거나 물질적 피해를 입혔을 때 수행된다. 그러나 사과의 관용
표현인 '미안하다', '죄송하다'는 이러한 조건을 만족시키지 못하거나 혹
은 피해의 정도가 아주 약할 때에도 의례적으로 사용되는 경우가 있다.

(9) ㄱ. 화자1 : 너 몇 월생이야?

ㄴ. 화자2 : 팔월 삼십일일이요.

ㄷ. 화자1 : 어! 진짜?

ㄹ. 화자2 : 왜요?

ㅁ. 화자1 : 아~ 아무것도 아냐.

ㅂ. 화자2 : (웃음)뭐예요?

ㅅ. 화자1 : <u>아~ 내가 착각했어. 미안해.</u>

(10) ㄱ. 웨이터 : 박현섭 부장님 맞으시죠?

ㄴ. 현섭 : 너 그래서 장사하겠냐. 나 전번에 온 거 몰라? 어서 오
  세요가 나와야지, 맞으시냐가 왜 나와? 자식이······.

ㄷ. 웨이터 : (웃으며) <u>죄송합니다.</u> 이리 오십시오(하고, 가는)

(9)에서 화자1은 자신의 착각에 대하여 인정한 후, 마지막에 '미안해'
라는 말을 한다. 이는 상대방을 괜히 귀찮게 한 것에 대하여 화자1이 약
한 후회를 느끼고 표현하는 것일 수도 있겠으나, 이 상황이 청자에게 정

신적·물리적 피해를 주었다고 보기에는 다소 무리가 있다. (10)은 웨이터가 손님을 못 알아보자 손님의 핀잔(10ㄴ)에 대하여 바로 (10ㄷ)에서 사과를 하는 것이다. 이때 웨이터의 발화 역시 의례적인 발화로 보인다. 이렇게 청자에게 입힌 피해의 정도가 약할 때 하는 의례적인 사과행위는 화자가 자신의 예의바름이나 교육을 잘 받았음을 나타내려 하거나 상대방을 존중해 준다는 느낌을 주는 것에 의사소통 목적이 있다. 따라서 이 글에서는 이러한 경우 실제적인 사과행위는 구분하기로 한다.[39]

또한 한국어에서 '미안하다'와 '죄송하다'가 쓰이는 상황에는 차이가 있다. '죄송하다'는 화자의 사회적 지위가 청자보다 낮을 때 사용되며, 화자와 청자의 사회적 지위가 같을 경우에는 친밀도가 떨어지거나 공적인 관계일 때 사용된다.[40]

> (11) ㄱ. 감독 : (가볍게)아이고, 더 웃어야겠네. 보조개가 쏙쏙 들어가
> 줘야 이쁜데……. (모델 향해서) 미라 씨, 마지막 한 컷
> 인데, 마지막 한 컷이 어렵다 그지?
> ㄴ. 모델 : (지친, 감기에 고생) <u>죄송합니다</u>(코 풀고, 힘든)

---

39) Goffman(1971 : 286)에서는 사과를 의례적(ritual)인 사과와 실제적인(substantive) 사과로 구분하였다. 이혜전(2008 : 42)에서는 한국어의 경우 영어에 비하여 의례적인 상투어가 쓰이는 빈도가 낮고, 의례적인 사과와 실제적인 사과를 명확히 구분할 수 없으므로 한국어에서 의례적 사과를 구분하는 것은 무의미하다고 하였다. 그러나 (9), (10)의 예에서 본 바와 같이 한국어에도 분명히 의례적 사과는 존재한다. 따라서 실질적인 사과와는 구분해야 한다.

40) 박선호(1993)의 조사에 의하면 한국어 사과화행에서 한국어 원어민은 윗사람에게는 '미안하다'는 전혀 사용하지 않고, '죄송합니다'만을 사용하였다고 했다. 또한 사회적 지위가 높은 교수가 사회적 지위가 낮은 학생들에게 사과할 때도 '죄송하다'는 표현은 단 한 번도 사용하지 않았고, 오직 '미안하다'는 표현만이 나타난다고 하였다 그러나 '언니, 미안해요/엄마, 미안해'처럼 청자가 윗사람일지라도 친근한 관계라면 '미안하다'라는 표현은 실현 가능하다.

(12) ㄱ. 직원1 : 죄송해요, 이런 개인적인 부탁을 드려서.

ㄴ. 직원2 : 뭘요. 별일도 아닌데요.

(11)은 감독과 모델 간의 대화로 모델의 사회적 지위가 감독보다 낮을 때 '죄송하다'가 사용된 예이다. (11)에서 모델은 자신의 일을 제대로 완수하지 못하자 감독에게 피해를 준 것에 대하여 '죄송하다'라고 표현하고 있다. (12)는 회사 동료 간에 이루어지는 대화로 화자와 청자의 사회적 지위가 같은 경우이지만 공적인 관계에서 상대방에게 부탁을 하면서 부담을 주기에 '죄송하다'라는 표현을 하며 사과행위를 하고 있다. 이렇게 한국어에서 '죄송하다'는 화자와 청자의 사회적 지위와 친밀도에 따라 사용되는 경향이 있다. 이는 '미안하다'가 반말체인 '미안해'의 형태로도 사용되는 반면 '죄송하다'는 합쇼체나 해요체로만 표현이 되지 '죄송해'와 같은 반말체로는 실현이 안 된다는 사실로도 증명이 된다.

둘째, 사과화행은 '후회', '미안함' 등의 감정을 '후회하다' 등으로 명시적으로 표현함으로써 수행된다.

(13) ㄱ. 화자1 : 나 정말 후회 많이 하고 있어. 우리 다시 시작하자.

ㄴ. 화자2 : 싫어. 난 그때로 다시 돌아가고 싶지 않아.

셋째, 사과화행은 행위의 불이행에 대한 정보를 줌으로써 수행된다.

(14) ㄱ. 화자1 : (기가 막혀) 뭐 저 딴 새끼가, (활 보며) 당신도 나가, 왜 안 나가,

ㄴ. 화자2 : (화나지만 참고) 부장님, 경쟁 피티에서 제가 드린 말씀 기억하십니까? 저희한테 맡겨주시면 목숨 다해 보답하겠다…… (진심으로 사과하는) 제가 제 약속을 지키지 못했습니다.

(15) ㄱ. 화자1 : (밝게) 야, 야, 야, 미안해, 미안. <u>내가 좀 늦었지?</u>

　　ㄴ. 화자2, 3 : (동시에) 기집애, 너 왜 이렇게 늦었어?

　　ㄷ. 화자1 : 미안, 미안, 날 죽여도 할 말 없다.

　(14)에서 화자2는 자기가 해야 할 일은 완수를 못했다는 사실을 있는 그대로 기술함으로써 "사과"를 수행한다. (15)에서 화자1은 자신이 시간에 맞춰 오지 못했다는 사실을 기술하며 사과화행을 수행한다. 그런데 이렇게 사실을 기술할 때에는 (15ㄱ)에서처럼 '미안해, 미안' 등의 감정을 표현하는 말과 함께 쓰여 사과화행이 수행되기도 한다.

　넷째, 관용 표현이 동반하여 일어난 사태에 대한 정보를 기술함으로써 사과화행을 수행할 수 있다.

　(16) 죄송해요, 이런 개인적인 부탁을 드려서.

　(17) 늦어서 미안해요, 차가 너무 많이 막혔어요.

　다섯째, 사과화행은 화자 자신의 행동을 평가한 표현으로 수행할 수 있다. 이때에도 (17)처럼 사과의 관용 표현이 동반되어 나타날 수 있다.

　(18) (약봉지 보곤 뭉클해서, 활 안 보고 외치듯) <u>잘못했어,</u>

　　　(활 보며) <u>잘못한 거 알어,</u> 한 번만 기회 주면 안 될까?

　(19) 내 실수였어. 미안해.

　(20) ㄱ. 화자1 : 니가 전화 안 받는 게 당연해. <u>난 너한테 매를 맞아도 싸.</u>

　　　ㄴ. 화자2 : …….

(21) 내가 너무 편협했어. 괜한 자격지심 때문에…… 화 풀어.

이상 한국어에서 사과화행이 실현되는 몇 가지 방식을 제시하면 다음과 같다.

(22) 사과화행의 언어적 수행 형식
　　ㄱ. 수행적 표현 : 수행 동사(사과하다), 관용 표현(미안하다, 죄송
　　　　　　　　　하다, 입이 열 개라도 할 말이 없다)
　　ㄴ. 감정 표현 : 예) 나 정말 후회 많이 하고 있어.
　　ㄷ. 관용 표현+사실 표현 :
　　　1) 관용 표현+행위의 불이행에 대한 사실 표현
　　　예) 야, 야, 야, 미안해, 미안. 내가 좀 늦었지?
　　　2) 관용 표현+사태 기술
　　　예) 늦어서 미안해요, 차가 너무 많이 막혔어요.
　　ㄹ. 평가표현+(관용 표현) : 화자 자신의 행동을 평가한 표현+(감
　　　정 표현)
　　　예) 내 실수였어, 미안해.

2. 청자 공감유발 정표화행

청자 공감유발 정표화행은 청자를 배제한 화자 자신이나 제3의 대상과 관련된 내용을 사태로 하여, 화자의 감정을 분출하는 특성이 강하게 나타나는 부류이다.[41] 이 유형에서 청자는 사태에 대하여 관찰자 역할을 하므로 기존 연구에서 이 유형들은 화자 중심적이며 청자의 역할이 배제된 화행 유형으로 간주되었다. 그러나 이 글은 이 유형은 청자의 감정

---

41) Norrick(1978), Marten-Cleef(1991)에서는 이러한 유형에 속하는 화행은 화자는 그 감정
을 스스로 제어하기가 어려운 상태라서 감정을 분출하게 되는 것이라 설명하였다.

이입적 반응을 기대하는 기대치가 높은 화행의 부류로 본다.

1차적으로 청자 공감유발 정표화행의 발화수반 목적은 화자 스스로가 처한 상황에 대하여 감정을 분출하려는 데 있다. 그러나 화자가 자신의 감정을 분출하는 근본적인 이유는 의사소통 참여자인 청자를 고려해 보았을 때, 화자가 토로한 감정에 대해 청자가 공감해 주기를 기대하기 때문이다. 예컨대 한탄화행을 수행하는 화자는 단순히 자신의 부정적 처지에 대한 슬픔만을 표현하고 전달하기 위해 이 발화를 하는 것이 아니다. 화자는 청자도 자신의 사태에 대하여 공감해 주기를 원하며, "위로"와 같은 공감적 행위를 기대하게 되는 것이다. 이 글에서는 이러한 화자의 의사소통 목적을 '청자 공감유발'에 있다고 보고, "경탄", "환호", "소원", "한탄", "분통표현", "걱정" 화행을 이 유형에 포함하여 다루고자 한다. 그리고 개별 화행 유형들을 기술하면서 '청자 공감유발'의 의사소통 목적을 협조적으로 대화가 진행된 자료들을 분석함으로써 증명해 보일 것이다.

청자 공감유발 정표화행은 화자의 사태에 대한 인식에 따라 긍정적 유형과 부정적 유형으로 나뉘고, 사태에 대한 긍정적 감정의 정표화행에는 "경탄", "환호", "소원" 화행이, 사태에 대한 부정적 감정의 정표화행에는 "한탄", "분통표현", "걱정" 화행이 속한다.

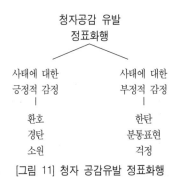

[그림 11] **청자 공감유발 정표화행**

이 글의 여섯 가지 분류 기준을 바탕으로 각 화행의 행위적 특성과 성공적으로 수행되기 위한 적정 조건을 기술하고 언어적 수행 형식을 살펴보기로 한다.

1) 사태에 대한 긍정적 감정의 정표화행

'청자 공감유발—긍정적 정표화행'의 유형에는 "경탄", "환호", "소원" 화행이 있다. 이들 부류는 모두 사태의 내용이 화자와 관련되어 있고, 화자의 사태에 대한 인식은 긍정적이며, 청자는 관찰자의 역할을 한다는 공통점이 있다.

가. 경탄화행

이 글의 분류 기준에 의하면 경탄화행은 다음과 같은 행위적 특성을 지닌다.

대화이동 연속체 내의 위치 :	시작 화행
의사소통 목적 :	청자 공감유발
사태에 대한 인식 :	긍정적
화자의 감정 :	기쁨, 즐거움, 신기함
사태의 역할 :	화자—관찰자, 청자—관찰자
사태의 내용·시제 :	화자의 경험, 과거·현재

경탄화행이란 화자가 자신이 경험한 상황에 대하여 즐거움, 신기함 등의 감정을 느끼고 이를 표현하는 행위이다. "경탄"과 "환호"는 모두 기

뿜을 표현하는 행위이나, "환호"는 화자가 자신이 수행한 행위에 대해서, "경탄"은 제3자의 행위에 대해 기쁨을 표현하는 것에 차이가 있다. 따라서 경탄화행의 수행 시, 화자와 청자는 사태에 대하여 모두 관찰자의 역할을 하게 된다.[42] 그런데 화자는 제3자가 행위자이자 대상자인 일에 대하여 왜 자신이 기쁨을 느끼고 이러한 감정을 표현하는 것일까? 그리고 화자가 경탄화행을 수행함으로써 기대하는 의사소통 목적은 무엇일까?

경탄화행이 수행된 전형적인 예를 통해 위의 기준들을 자세히 설명해 보기로 하겠다.

(1) (한국 국가대표 축구팀이 월드컵에서 그리스 국가대표 축구팀을 이겼을 때)
　　ㄱ. 화자1 : <u>이겼다!</u>
　　ㄴ. 화자2 : 1) 와아아아아아!!!!
　　　　　　　 2) 정말 잘 했다, 잘 했어!

(1)의 대화 상황은 화자1과 화자2가 TV로 월드컵 경기를 함께 보고 있는 장면이다. 화자1은 한국 국가대표 축구팀이 승리를 한 것에 대하여 '이겼다!(1ㄱ)'라고 발화하며 기쁨을 표현한다. 화자1은 자신이 응원하는 팀이 승리를 거둔 일을 발화 상황에서 경험하게 되었고, 이에 대해 긍정적으로 평가하며 자신이 느낀 기쁨의 감정을 표현하고 있다. 화자1은 화자2와 함께 TV를 보고 있었으므로 화자2도 이 사실을 알고 있다. 따라서 화자1의 발화 목적이 승리의 사실을 전달하는 것에 있다고는 볼 수 없으며, 자신의 흥분되고 격앙된 감정을 순간적으로 분출하는 데 1차적

---

42) 청자가 관찰자가 아니라 사태의 행위자가 되면 이 화행은 찬사화행과 유사하게 기능할 수 있다.

인 발화 의도가 있는 것으로 해석된다. 그리고 2차적으로 화자의 발화 의도는 자신의 이러한 흥분되고 기쁜 감정을 화자2와 공유하기를 기대하는 것에 있다. 이를 아래의 예를 통해 확인해 보도록 하겠다.

> (2) (손담비 '미쳤어' 전주 흐르고)
> ㄱ. 화자1 : 와아! 죽인다!
> ㄴ. 화자2 : (의아해 흘낏 보면)……?
> (화면에 흐르는 손담비 의자 춤추는 모습)
> ㄷ. 화자1 : 완전 섹시하지? 남자들이 다 쓰러진다니까? 너도 좀
> 봐봐.

(2)에서 화자1은 자신이 좋아하는 스타가 TV에 나오자 그 장면을 보고 (2ㄱ)에서 기쁨을 표현한다. (1ㄱ)과 마찬가지로 화자1은 자신의 흥분되고 격앙된 감정을 순간적으로 분출하여 표현하는 데 1차적인 발화 의도가 있다. 그러나 (2)의 대화에서 화자2는 화자1의 감정에 공감하지 않는 반응을 (2ㄴ)에서 보인다. 그러자 화자1은 (2ㄷ)에서 다시 한번 자신이 경탄한 대상에 대해 긍정적인 평가를 하면서 화자2도 TV를 볼 것을 "권유"한다. 이를 통하여 화자1은 자신이 경험한 감정을 화자2도 공감하여 느끼기를 기대하며 경탄화행을 수행한다는 것을 알 수 있다.

이렇게 청자가 존재하는 의사소통 상황에서 화자가 경탄화행을 수행한다면, 화자의 발화수반 목적은 경험에 의해 느낀 감정을 분출하는 데 있고, 의사소통 목적은 청자도 자신이 느낀 감정에 공감하도록 청자 공감을 유발하는 데 있다고 볼 수 있다.[43]

---

43) 준구어 자료인 드라마 대본에서 경탄화행은 주로 화자의 독백 상황에서 많이 수행되었다. 예컨대 주인공이 혼자 길을 걸어가며 계속해서 주위 풍경에 대해 소리를 내어 경탄을 하는 장면이 연출된다. 그러나 실제 상황에서 혼자 길을 걸으며 '야, 경치 죽인다! 끝

이를 정리하여 경탄화행이 성공적으로 수행되기 위한 적정 조건을 제시하면 다음과 같다.

(3) 경탄화행의 적정 조건
    ㄱ. 명제내용 조건 :
       1) 화자가 관찰자의 입장에서 새롭게 경험하게 된 일
       2) 제3자나 화자를 둘러싼 환경이 사태의 내용이 된다.
    ㄴ. 예비 조건 : 화자는 사태에 대하여 긍정적으로 인식한다.
    ㄷ. 성실 조건 : 화자는 즐거움, 신기함을 느낀다.
    ㄹ. 본질 조건 : 화자는 자신의 감정을 분출함으로써 자신이 경험
           한 사태에 대한 기쁨, 즐거움을 표현하고, 청자에
           게도 공감을 유발하기를 기대한다.

한국어에서 경탄화행은 다음과 같은 표현 형식으로 수행된다.

첫째, 경탄화행은 '죽인다, 끝내준다' 같은 관용 표현으로 수행될 수 있는데, 이때 '와아, 오오, 어머' 같은 감탄사와 동반되어 자주 나타나며, 명제내용이 생략된 채 관용 표현만으로도 경탄화행이 수행될 수 있다.

(4) 와아! 죽인다!

(5) ㄱ. 화자1 : <u>오우! 오늘 오프닝 멘트 죽이는데!</u>
    ㄴ. 화자2 : (웃음) 김 선배 작품이야. 역시 안 죽었어. 김 선배!

내 준다, 정말!'과 같은 드라마 속의 발화를 소리내어 하는 일은 흔치 않을 것이다. 준구어 자료인 드라마 대본은 등장 인물들의 독백이 많고, 화자의 발화 후 청자의 반응 발화는 생략된 채 장면이 전환되면서 다른 등장 인물의 이야기로 주제가 바뀌는 등의 특성을 보여 실제 대화와 차이가 발생한다. 특히 공감 유발 정표화행 유형에 속하는 "환호", "경탄" 화행의 경우 청자와 함께 있는 상황에서 발화가 되더라도 반응 화행 없이 화자의 독백처럼 대사가 처리되는 경우가 많았다.

(6) ㄱ. 화자1 : (좌석에 앉아 쿠션을 즐기며) 우와, 승차감 죽이고! 완
      전 죽음이다!
    ㄴ. 화자2 : (웃음) 그렇게 좋아?

(4)에서는 명제내용 없이 감탄사 '와아'와 관용 표현 '죽인다'로 경탄
화행이 수행되었다. 그러나 (5), (6)에서는 경탄의 대상이 명제내용으로
주제화되어 제시되고, 관용 표현이 '죽이는데!', '죽이고!'와 같은 형태로
실현되었다.

위의 예를 통하여 경탄화행은 화자1과 화자2가 친밀한 관계일 때 수
행되는 것이 자연스럽다는 것을 알 수 있다. (4)의 친구 관계나 (5)의 오
래된 동료 사이, (6)의 옆집 아저씨와 아이의 관계처럼 대화 참여자들이
친밀한 관계이며 사적인 대화 상황에서 "경탄"은 주로 수행이 된다. 이
글의 자료에서 공적인 상황이거나 화자와 청자의 관계가 친밀하지 않을
때 경탄화행이 수행된 경우는 나타나지 않았다.44)

둘째, '와아아아!', '오우!', '세상에', '어머', '어머나'와 같은 감탄사만
으로도 화자의 기쁨을 표현하여 경탄화행을 수행할 수 있다.

(7) ㄱ. 화자1 : (오픈카 덮개가 천천히 열리는, 놀란) 어머! 우와아아아아!

---

44) 조긍호(1997)에서는 한국 사회가 집단주의 문화에 속하며 타인에 대한 관심과 배려, 조
   화의 추구 등을 중요하게 생각하는 사회라고 보았다. 집단주의 문화에서는 타인 중심적
   (other-focused) 정서를 체험하고 권장하며, 정서 표현의 억제 및 부정적 정서의 수용과
   이를 통한 자기 개선을 강조한다. 반면 개인주의 문화에서는 자율성, 자기주장 등을 강
   조하기 때문에 자아중심적 정서(ego-focused emotion)를 체험하고 권장하며, 정서 표현을
   권장하고 부정적 정서의 배척과 긍정적 정서의 추구를 강조한다. 이러한 견지에서 경탄
   화행에서 표현되는 화자의 감정은 자아중심적 정서이며 경탄화행의 수행 자체는 청자를
   고려하지 않은 자기중심적 행위로 볼 수 있다. 그러므로 공적인 관계나 친밀하지 않은
   관계에서 경탄화행이 잘 나타나지 않는 것으로 판단된다.

(8) ㄱ. 화자1 : (문을 열고 들어오다가) 와아! 세상에!

　　　　　 (카메라, 돌아가면, 은은한 조명에, 바닥에 흰천이 깔

　　　　　 려 있고, 와인에, 치즈에, 크래커에, 과일을 바닥에 세

　　　　　 팅한 한결 보이는)

　　 ㄴ. 화자2 : (수줍게, 웃으며) 왔어?

　셋째, 화자가 새롭게 경험하게 된 사태를 그대로 기술함으로써 화자는
그 사태에 대한 즐거움, 신기함의 감정을 표현할 수 있다.

(9) ㄱ. 화자1 : (호들갑스럽게) 어머, 어쩌면 좋아? 옛날 그대로네! 여

　　　　　 기 오니까 금방 알겠어.

　　 ㄴ. 화자2 : (운전석에서 내리며) 그러게 하나도 안 변했네!

　　 ㄷ. 화자3 : 어머, 어머, 정말 거기야. 20년이 지났는데 어쩜 그대로

　　　　　　 있냐?

　　 ㄹ. 화자4 : 그대로지 그럼. 강이 어디로 가나?

　　 ㅁ. 화자3 : 왜 당신은 만날 그렇게 삐딱해? 참나…… 하튼.

(10) (활, 해윤, 현태, 들어오다 보고 놀란, 온 집안에 널린 빨래들)

　　 ㄱ. 화자1 : (쿵쿵, 들어오며) 야아~, 이거 무슨 냄새야? 우리 집에

　　　　　　 서 장미 향기가 나네!

　　 ㄴ. 화자2 : (어이없는 웃음, 한편 귀여운) 누가 보면 우리 집에 식

　　　　　　 모 들어온 줄 알겠다.

　(9)에서 화자1, 화자2, 화자3은 20년이 지나 찾아온 장소가 하나도 변하
지 않았다는 사실을 그대로 기술하면서 경탄을 한다. 위의 대화는 '경탄(9ㄱ)
-맞장구(9ㄴ)(경탄)-경탄(9ㄷ)'으로 대화가 원활하게 진행되다가 화자4가
(9ㄹ)에서 경탄에 대해 전혀 공감적으로 반응하지 않고, 화자3의 말을

비판하면서 갈등 상황을 만들고 있다. 이 대화의 흐름에서 화자가 경탄
화행을 수행함으로써 기대하는 바가 무엇인지 알 수 있다. 원만하게 대
화가 진행된 것을 화자의 의사소통 목적이 충족된 것으로 가정할 때, 전
술한 바와 같이 경탄화행을 수행하는 화자는 청자의 공감 유발을 기대
하고 있다는 것을 확인할 수 있다.

(10)은 사태의 행위자가 집을 비운 상태에서 화자1, 2가 새로운 상황
을 경험하고 (10ㄱ)에서 화자1이 사태에 대한 신기함과 즐거움을 표현하
는 상황이다. 이렇게 사태를 그대로 기술하여 "경탄"을 수행할 때에는
어말 어미에 '-네'를 사용하여 새로운 경험하게 된 사태에 대한 화자의
느낌을 표현한다는 것을 알 수 있다.

넷째, 대상에 대한 평가 표현으로 경탄화행을 수행할 수 있다.

(11) (사람들 많은 벚꽃 길)

   ㄱ. 화자1 : 1) <u>와ー 너무 이쁘다!</u>

            2) 선배님 이쁘죠? 이쁘죠?

   ㄴ. 화자2 : 사람 많아 어지럽다, 식당이 어디야? (성큼 성큼 빨리
          걷는)

(12) (세경과 신애가 밖을 내려다보고 있다. 케이블카 창으로 비친 서
    울야경이 아름답다.)

   ㄱ. 화자1 : 1) <u>우와~ 진짜 멋지다.</u>

            2) 언니 저기 봐.

            3) 너무 멋있지?

   ㄴ. 화자2 : 어. 너무 멋있다.

(13) (자옥, 열쇠 들고 아이처럼 방방 뜨며 완전 신났다.)

   ㄱ. 화자1 : 1) <u>아우. 정말 넓고 좋다~</u>

      2) 어머, 저기 봐.
      3) 저거 매점아냐? 어머어머, 식당도 있네. 오다보니까
         헬스클럽까지 있던데~
  ㄴ. 화자2 : (심드렁하게) 찜질방 진짜 처음 와 보세요?
  ㄷ. 화자1 : 어. 생전 처음이야. 나 한 번도 찜질방 와 본 적 없어.
  ㄹ. 화자2 : 정말요?

  "경탄"은 위의 예에서처럼 대상에 대하여 '예쁘다, 멋지다, 좋다' 등
평가 표현을 사용하여 수행할 수 있다. 특히 (11)~(13)의 예에서 보듯이
'감탄사(와 / 우와 / 아우) + 정도부사(너무 / 진짜 / 정말) + 평가어휘'의 구
문으로 "경탄"을 표현할 수 있다. 그리고 (12), (13)에서 경탄화행은 화
자가 새롭게 경험하거나 인식하게 된 사태에 대하여 일어나는 것이 자
연스럽다는 것도 알 수 있다.

  위의 대화를 통해 경탄화행을 발화하는 화자의 의사소통 목적이 청자
의 공감 유발에 있다는 것을 재확인된다. (11), (12), (13)에서 경탄화행
을 수행하는 화자는 '경탄(11ㄱ-1/12ㄱ-1)−확인 질문(11ㄱ-2/12ㄱ-3)'의
화행 연속체로 상대방의 공감을 유도하는 발화를 한다. (12), (13)에서
화자는 "경탄(12ㄱ-1/13ㄱ-1)" 화행에 이어 (12ㄱ-2/13ㄱ-2)에서 화자가
경탄하고 있는 대상을 보라고 청자에게 "제안"을 한다. 이러한 화행 연
속체를 통해 화자가 경탄화행의 수행을 통해 청자에게 기대하는 바는
청자의 공감을 유발하는 데 있다는 것을 확인할 수 있다.

  이상 한국어에서 경탄화행이 수행되는 형식을 제시하면 다음과 같다.

  (14) 경탄화행의 언어적 수행 형식
      ㄱ. 수행적 표현 : (감탄사)+(명제내용의 주제)+관용 표현(죽인다,
                      끝내준다)

예) 와아! 죽인다!/오우! 오늘 오프닝 멘트 죽이는데!

ㄴ. 느낌 표현 : 감탄사 ('와아아아!', '오우!', '세상에', '어머', '어

머나'……) 표현

예) 와아! 세상에!/어머, 우와아아아아아

ㄷ. (느낌 표현)+사실 표현 : 화자가 새롭게 경험하게 된 사태를 기

술. 주로 종결 어미 '-네'가 사용됨

예) 어머, 어쩌면 좋아? 옛날 그대로네!/ 하나도 안 변했네!

ㄹ. 평가 표현 : 대상에 대한 긍정적 평가

'감탄사(와/우와/아우)+정도부사(너무/진짜/정말)+평가어휘'

예) 와- 너무 이쁘다!/우와! 진짜 멋지다.

나. 환호화행

이 글의 분류 기준에 의하면 환호화행은 다음과 같은 특성을 지닌다.

대화이동 연속체 내의 위치 :	시작 화행
의사소통 목적 :	청자 공감유발
사태에 대한 인식 :	긍정적
화자의 감정 :	기쁨(즐거움, 만족감, 성취감)
사태의 역할 :	화자- 행위자·대상자, 청자-관찰자
사태의 내용·시제 :	화자가 행한 일, 과거·현재

환호화행이란 화자 자신이 행한 행위에 대하여 기쁨, 즐거움, 만족감, 신명 등의 감정을 느끼고 이를 표현하는 행위이다. 환호화행은 화자가 행한 일에 대하여 긍정적으로 인식하고 기쁨의 정서를 표현한다는 점에서 우쭐대기화행과 유사하다. 그러나 이 유형들의 차이점은 사태에 대한 청자의 역할에 있다. 환호화행의 사태는 청자와 관련이 없으므로 청자는

관찰자의 역할을 하지만, 우쭐대기화행에서 청자는 사태의 대상자가 된다. 이러한 사태에 대한 입장 차이는 화자의 발화수반 목적이나 의사소통 목적에 영향을 미치게 된다. 즉, "환영"을 하는 화자는 청자의 공감을 유발하고자 화행을 수행하나 "우쭐대기"화행을 수행하는 화자는 청자에게 반감을 유발하고자 화행을 수행한다.

환호화행이 수행된 전형적인 예를 통해 위의 기준들을 자세히 살펴보기로 하겠다.

(1) ㄱ. 화자1 : <u>와아! 끝났어!</u>
ㄴ. 화자2 : 아이고, 속이 다 시원하다! 축하해!
ㄷ. 화자1 : 아, 정말 너무 힘들었어.
ㄹ. 화자2 : 1) 어휴, 그래.
　　　　　　2) 우리 이제 뭐 할까? 뭐 하고 싶어?

(1)에서 화자1은 자신이 책임을 맡았던 어려운 일을 끝맺게 된 것에 대하여 긍정적으로 인식하고, 기쁨과 만족감을 '와아! 끝났어!(1ㄱ)'라는 발화로 표현한다. 화자1은 자신이 행한 행위에 책임을 지고 있으므로 사태에 대해 행위자이자 대상자 역할을 하나, 화자2는 사태와는 관련이 없으므로 관찰자 역할을 할 뿐이다. 위와 같은 상황에서 화자1은 (1ㄱ)의 표현 대신 '일 다 끝냈어.'라고 단언하며 사실을 설명하여 전달할 수도 있었을 것이다. 그러나 화자1은 (1ㄱ)에서 '와아! 끝났어!'라는 외침을 통해 자신이 느낀 기쁨과 만족감의 감정을 화자2에게 표현한다. 화자1은 상대방에게 사실을 전달하고 싶은 것이 아니라 자신이 느낀 감정을 표현하고, 이에 대하여 화자2가 공감해 주기를 기대하는 의사소통 목적을 가지고 있기 때문에 환호화행을 수행한 것이다.

대화가 갈등 없이 협력적으로 진행되는 이유는 화자1의 발화 의도나 의사소통에서 기대하는 바를 화자2가 잘 이해하고 반응 발화를 하기 때문이다. (1)의 대화는 협력적으로 진행되고 있으므로 화자2가 화자1의 발화 의도를 잘 해석한 경우에 해당한다. (1)의 대화 구조 분석을 통해 왜 화자는 환호화행을 수행하는지, 환호화행의 수행을 통해 기대하는 발화 효과는 무엇인지 상세히 고찰해 보도록 한다.

(1)의 대화는 '환호(1ㄱ)−축하(1ㄴ)'와 '한탄(1ㄷ)−동정(1ㄹ-1)'의 두 개의 대화이동연속체로 이루어진다. 그리고 마지막에서 화자2의 질문(1ㄹ-2) 화행에 의해 새로운 대화이동 연속체가 시작이 되며 화제가 전환되었다. 첫 번째 대화이동 연속체에서 화자2는 화자1의 "환호"에 대하여 "축하"로 반응하고 있는데, "축하"는 양자 공감형성 정표화행으로 상대방의 발화에 공감하고 있다는 것을 표현하는 데 적합하다. 또한 두 번째 대화이동 연속체에서도 화자2는 화자1의 "한탄"에 대해 "동정"을 수행함으로써 다시 한번 공감을 표현하여 대화를 협조적으로 진행하였다. 이러한 점은 환호화행의 의사소통 목적이 '청자 공감 유발'에 있다는 것을 증명할 수 있는 근거가 된다. 즉, 화자는 환호화행을 수행하여 청자의 공감이 유발되기를 기대한 것이다.

이를 정리하여 환호화행이 성공적으로 수행되기 위한 적정 조건을 제시하면 다음과 같다.

> (2) 환호화행의 적정 조건
>   ㄱ. 명제내용 조건 : 화자가 행한 일E
>   1) E는 화자의 수고, 노력에 의해 이루어졌다.
>   2) E는 청자와는 관련이 없다.
>   ㄴ. 예비 조건 :
>   1) 화자는 사태에 대하여 긍정적으로 인식한다.
>   2) 화자는 E의 실현을 바라고 있었다.

ㄷ. 성실 조건 : 화자는 기쁨, 즐거움, 만족감, 성취감 등을 느낀다.

ㄹ. 본질 조건 : 화자는 자신이 성취한 일에 대한 기쁨과 만족감을
표현하고, 청자에게도 공감이 유발되기를 기대한다.

한국어에서 환호화행은 다음과 같은 표현 방식에 의해 수행된다.[45)]

첫째, 환호화행은 매우 다양한 감탄사와 단순한 외침 표현들로 수행될
수 있다. 예컨대 '와아, 앗싸, 야호, 만세' 등과 같은 감탄사나 '됐어!', '좋
았어!'[46)]와 같은 단순한 외침으로 화자의 느낌을 표현하여 수행될 수 있다.

(3) ㄱ. 화자1 : 야호! 만세!

ㄴ. 화자2 : 무슨 좋은 일 있어?

ㄷ. 화자1 : 드디어 이 오빠가 로봇을 만드셨다는 거 아니냐.

(4) (여학생들 비명을 질어대며 죽어라 뛰어가는)

ㄱ. 화자1, 2 : (무서워하는) 으악~(봐 정말이잖아, 어떡해, 으-악
등등의 애드립.)

ㄴ. 화자3 : 좋았어! 아싸 가오리!

---

45) 여기에서 제시한 환호화행의 수행 형식은 지극히 제한된 경우일 수 있다는 것을 밝힌다.
이 글에서 수집한 자료 내에서 환호화행이 수행되는 상황은 주로 화자가 어려운 일을
성취해낸 경우였다. 그리고 환호화행은 다른 정표화행과 비교하여 드라마 대본 안에서
현격히 적게 나타났는데, 이것이 한국어에서 환호화행이 수행되는 빈도가 낮기 때문인
지 아니면 이 글에서 수집한 자료의 한계 때문인지는 명확한 판단이 서지 않는다. 드라
마 대본 내에서는 2인 이상의 의사소통 상황보다는 독백으로 환호화행이 실현되는 경우
가 많았는데, 이러한 발화는 환호화행 자료에서 제외했다.

46) '좋았어!(4ㄴ)'와 '됐어!(5ㄱ)는 [조아 : 써], [되애 : 써]처럼 앞 음절에 강세를 주고, 각
각 두 번째 음절과 첫 번째 음절을 약간 길게 끌면서 마지막 음절을 스타카토처럼 짧게
끊어서 발음하여 환호화행을 수행할 때 빈번히 나타났다. 이 표현은 가끔 환호 표현으
로 나타나는 '예스!' 등과 마찬가지로 사용되며, '좋다', '됐다'의 어휘적 의미는 사라져
서 사용되므로 환호화행의 고정된 표현으로 사용되는 것처럼 보이기도 하였다. 그러나
상황 맥락이 완전히 배제되었을 때, 이 표현이 "환호"인지는 알기 어렵기 때문에 관용
표현이 아니라 '단순한 외침'인 느낌 표현으로 분류하였다.

ㄷ. 화자4 : (낄낄댄다)

(5) ㄱ. 화자1 : (확 끌어안으며)됐어! 임마! 타이틀 곡 맡으란다! 이번
에 꼭 띄워서 대박 한번 터뜨려보자! 우리 다 같이 돈
방석에 한번 앉아 보자구!

ㄴ. 화자2 : (믿어지지 않는 듯) 정말이에요?

(6) ㄱ. 화자1 : (한눈에 일 잘된 게 느껴진다. 차창 열고 고개 내밀고 보는)

ㄴ. 화자2 : (양손 흔들며) 대박! 대박! 대박!(마치 안아 달라고 달
려오는 포즈)

ㄷ. 화자3 : (천진하고 귀엽다. 하하 웃음)

위의 예처럼 환호화행은 감탄사(3ㄱ, 4ㄴ)나 단순한 외침(4ㄴ, 5ㄱ, 6ㄴ)만
으로도 수행될 수 있다. 위의 예에서 사태의 내용은 모두 화자가 노력하
여 얻은 것이거나(4), 어렵게 성취한 것(3, 5, 6)이다. 그리고 (3)처럼 청자
가 아직 화자가 행한 일의 결과를 모르는 경우에 화자의 환호는 청자의
관심을 유도하여 '무슨 좋은 일 있어?(3ㄴ)'라고 "관심 질문"을 유도할
수도 있다.

둘째, 화자가 긍정적으로 인식하는 사태를 있는 그대로 기술함으로써
화자는 즐거움과 만족감, 성취감 등의 감정을 표현한다. 그런데 대부분
이러한 사실 표현에는 느낌 표현이 동반된다.

(8) ㄱ. 화자1 : 컷! 수고하셨어요. 우우~드디어 끝났다! (하고, 신나게
박수 두 번 치고, 일어나고)

ㄴ. 화자2 : 수고하셨습니다, 선배님.

(9) ㄱ. 화자1 : (갑자기 결의문 옆의 벽을 치며) 앗싸! 잡았다! 바퀴 벌레!

ㄴ. 화자2 : (벙찐 얼굴) 큰 일 하셨수.

(10) ㄱ. 화자1 : <u>아! 유레카! 드디어 알아냈어! 알아냈다구!</u>

ㄴ. 화자2 : 정말? 축하해 정말.

(11) ㄱ. 화자1 : <u>이렇게 하면 되는 거였어! 하하하하하하, 아하하하하하</u>

ㄴ. 화자2 : 깝치기는. 혼자 보기 아깝네.

환호화행은 위의 예에서처럼 '촬영이 끝난 사실(8)', '바퀴벌레를 잡은 사실(9)', '문제점을 알아낸 사실(10, 11)' 등 화자가 노력을 기울이고 있던 사건에 대해 기술함으로써 수행된다. 그리고 이러한 표현 앞에는 '우우(8)', '앗싸!(9)', '아!(10)' 등의 감탄사가 동반되어 나타난다.

이상 한국어에서 환호화행이 수행되는 방식을 제시하면 다음과 같다.

(12) 환호화행의 언어적 수행 형식

ㄱ. 느낌 표현 : 다양한 감탄사와 단순한 외침 표현

예) 와아, 앗싸, 야호, 만세, 됐어!, 좋았어!, 오예!

ㄴ. (느낌 표현)+사실 표현 : 화자가 긍정적으로 인식하는 사태를 기술

예) 앗싸! 잡았다! 바퀴벌레!/우우~드디어 끝났다!

다. 소원화행

이 글의 분류 기준에 의하면 소원화행은 다음과 같은 특성을 지닌다.

대화이동 연속체 내의 위치 :	시작 화행
의사소통 목적 :	청자 공감유발
사태에 대한 인식 :	긍정적
화자의 감정 :	희망, 기대감, 욕구
사태의 역할 :	화자—행위자·대상자, 청자—관찰자
사태의 내용·시제 :	화자와 관련된 일, 미래

  소원화행은 화자가 바라는 미래 상황이 도래하기를 희망하는 행위이다. 화자가 사태에 대하여 희망의 감정을 표현하는 화행에는 기원화행도 있는데, 이 두 화행은 사태의 내용이 화자와 청자 중 누구와 관련이 되어 있는지에 따라 구분된다. 화자가 자신의 신상과 관련한 희망을 말하면 소원화행이고, 청자의 신상과 관련한 희망을 말하면 기대 화행으로 구분된다.

  소원화행은 대체적으로 화자의 노력에 의해 성취되는 것이 아닌 운이나 요행, 혹은 다른 사람의 힘에 의해 이루어질 수 있는 것이 사태의 내용으로 온다. 그리고 사태에 대한 화자의 희망, 기대의 감정은 발화 상황에서 즉흥적으로 일어나는 경향이 있다.

  (1) ㄱ. 화자1 : 지금 딱 눈 감았다 떴을 때 집에 도착해 있었으면 좋겠다.
     ㄴ. 화자2 : 나두. 오늘 왜 이렇게 피곤하냐.

  (2) ㄱ. 화자1 : 소원 있으면 하나만 말해 봐. 내가 다 들어줄게.
     ㄴ. 화자2 : 없어. 없는데……
     ㄷ. 화자1 : 그러지 말고 하나만 말해 봐. 다 들어 준다니까.
     ㄹ. 화자2 : 뭐 로또나 하나 맞았음 좋겠다.
     ㅁ. 화자1 : 칫, 소원이 그거야? 왜 뭐 하고 싶은 거 있어? 돈 필요해?
     ㅂ. 화자2 : 로또 되면, 뭐 모든 게 해결되지. 집도 사고, 너 맛있

　　는 것도 사 주고…….
　ㅅ. 화자1 : (흐뭇) 으응. 그러려고?

　(1ㄱ)의 사태에 대한 내용은 실현 가능성이 없는 가상의 상태에 대한 바람이다. (2ㄹ)에서 화자2가 로또에 맞았으면 좋겠다는 미래 사태에 대한 내용은 운에 의해 성취될 수 있는 것이다. 화자1이 노력해서 되는 것도 아니고 화자2가 도와줄 수 있는 것도 아니다. 따라서 (1), (2)에서 화자2의 역할은 관찰자로서 '사태에 대한 개입의 여지가 없으므로 수동적인 입장이다. 따라서 위의 대화에서 화자1의 발화만으로 소원화행의 의사소통 목적을 발견하기란 쉽지 않으므로 전체 대화 구조 내에서 청자에 대한 발화 의도를 찾아보고자 한다.[47]

　(1)의 대화는 갈등 없이 원만하게 진행된 경우이고, (2)는 화자1의 기대와 어긋나는 답변에 갈등 상황이 진행되다가(2ㅁ), (2ㅂ)에서 화자2의 대답에 화자1이 공감하게 되는(2ㅅ) 대화의 흐름을 보여준다. 먼저 대화가 원만하게 진행된 (1)의 대화를 분석해 보면, (1)의 대화는 '소원표현(1ㄱ)-동의(1ㄴ)'의 화행 연속체로 진행되고 있다. (1)에서 화자1의 소원 표현에 대한 청자의 반응 '동의(1ㄴ)'는 화자1의 사태에 대한 감정에 화자2도 공감한다는 것을 보여준다. 한편 (2)의 대화는 화자2의 "소원" 표현(2ㄹ)에 대하여 화자1이 공감하지 못하고 (2ㅁ)에서 반문을 한다. 이에 대해 화자2가 이유를 말하고(1ㅂ), 화자1은 그제야 화자2의 "소원"에 대해 공감을 하게 된다. 이를 통해 화자가 소원화행을 수행하였을 때 청자에게 기대하는 바는 청자의 공감과 이해와 지지라는 것을 알 수 있다.

---

47) Marten-Cleef(1991)에서는 소원화행은 화자가 자신의 미래에 대한 희망의 감정을 분출하기 위해, 혹은 자신의 감정을 진정시키기 위하여 수행한다고 보았다. 그러나 이 글에서는 이 견해에 동의하지 않는다. 이 글은 기본적으로 화자의 의사소통적 의도가 청자를 배제할 수는 없다고 보기 때문이다.

다음의 예는 사태에 대한 명제 내용이 화자의 노력에 의해 달성이 가능한 경우이다. 이때 화자는 미래에 대한 화자의 희망을 청자에게 강하게 전달하고자 한다.

> (3) ㄱ. 화자1 : 글쎄다. 워낙 오래 쉬어서 쉽게 결젠 안 나겠지만 적극적으로 얘기해 볼게! 근데 어쩐 일이냐? 다시는 음악 안 하겠다구 하더니?
> ㄴ. 화자2 : 1) 장 피딜 위해서 꼭 성공하고 싶어요!
> 2) 이번 일 뿐만 아니라 더 큰 그림도 그리고 있으니까 도와주세요!

> (4) ㄱ. 화자1 : 나 정말 이번 선거 잘해 보고 싶어.
> ㄴ. 화자2 : (심히 찔린다) 그…… 그래?
> ㄷ. 화자1 : 1) 응. 정말이야.
> 2) 니들한테 보답하기 위해서라도 꼭 당선되고 싶어.
> ㄹ. 화자3 : 그래, 넌 할 수 있어. 할 수 있고말고.
> ㅁ. 화자1 : 그러니까 이번에 나 좀 도와줘.

(3ㄴ-1)에서 화자2는 소원화행의 수행을 통해 미래 사태에 대한 희망을 표현하고, (3ㄴ-2)에서 자신을 도와달라는 "부탁"을 한다. (4)에서도 마찬가지로 화자1은 (4ㄱ, ㄷ)에서 소원화행을 수행하고 (4ㅁ)에서 도움을 요청하는 "부탁"을 한다. 이처럼 사태의 내용이 화자1과 화자2의 노력에 의해 달성될 수 있을 때 소원화행은 "부탁"을 하기 위한 예비 화행으로 기능할 수 있다. 따라서 이때에도 (1), (2)와 마찬가지로 화자는 자신의 감정에 대해 청자가 공감하고 이해해 주기를 바라는 것에 의사소통 목적이 있다고 볼 수 있다.

다음의 (5)의 대화에서 화자2의 소원화행의 발화는 대화 내에서 다른 기능을 한다. 화자2는 (5ㄴ-2)에서 자신의 소원을 말함으로써 신세를 한탄하기 위한 이유를 대고 있다.

> (5) ㄱ. 화자1 : 니들 이모 말야. 대학가는 것도, 결혼하는 것도 하는 일마다 나는 니 할머니랑 싸우고, 밥 굶고 싸워가며 길 닦아놓으면 니 이모는 낼름 그 길을 참 쉽게도 가더라. 내가 그렇게 힘들게 싸우는 동안 자기 하고 싶은 일 다 하고 놀 거 다 놀고…… 그러더니 시집 가서도 그래. 할머니한테 말도 맘대로 하고, 친정 오면 뭐 챙겨갈 거 없나 비누 하나라도 집어가고.
> 　 ㄴ. 화자2 : 1) 근데…… 엄마.
> 　 　 　 2) <u>나도 가끔 그러고 싶어. 그냥 내 맘대로…… 공부 말고, 연애도 해보고 싶고, 뜨개질도 잘해서 엄마한테 떠주고 싶고…….</u>
> 　 　 　 3) 근데 그게 안 되니깐 그래서 자꾸 심술이 나.
> 　 　 　 4) (씨익 어설프게 웃으며) 나 참 못됐지.

(5)의 대화이동 연속체는 '한탄(5ㄱ)－한탄(5ㄴ)'으로 진행된다. 화자2의 한탄은 복합적으로 구성이 된다. (5ㄴ-1)에서 화자1의 '한탄(5ㄱ)'에 대해 화자2가 공감하지 않는다는 것을 '근데…… 엄마(5ㄴ-1)'라는 표지로 나타내고, (5ㄴ-2)에서 소원화행을 수행하여 자신이 왜 화자1에게 공감하지 않는지를 표현한다. 위의 예에서도 소원화행을 수행하는 화자2의 의사소통 목적은 상대방이 자신의 감정에 대해 공감하고 이해해 주기를 바라는 데 있다고 볼 수 있다.

이상 소원화행이 의사소통을 할 때 성공적으로 수행되기 위한 조건을 정리해 보면 다음과 같다.

(5) 소원화행의 적정 조건
> ㄱ. 명제내용 조건 : 화자의 미래 신상과 관련된 일
>> 1) 화자의 노력에 의해 성취되는 것이 아닌 운이나 요행에 의
>> 해 실현될 수 있는 일
>> 2) 현실에서는 실현 가능성이 없는 일
>> 3) 화자나 청자의 노력에 의해 실현될 가능성이 있는 일
> ㄴ. 예비 조건 : 긍정적
> ㄷ. 성실 조건 : 희망, 기대감, 욕구
> ㄹ. 본질 조건 : 화자는 자신의 미래에 대한 희망, 욕구를 표현하
> 여 청자가 자신의 희망에 대하여 공감하고 지지
> 해 주기를 기대한다.

한편 소원화행은 이 글에서 수집한 자료 내에서는 주로 (1)~(4)에서 나타나듯이 미래의 사태에 대한 바람을 '-으면 좋겠다', '-하고 싶다' 구문을 사용하여 수행된다.

2) 사태에 대한 부정적 감정의 정표화행

'청자 공감유발-부정적 정표화행'의 유형에는 "한탄", "분통표현", "걱정" 화행이 있다. 이들 부류는 모두 사태의 내용이 화자와 관련되어 있고, 화자는 사태에 대하여 부정적으로 인식하며, 청자는 관찰자의 역할을 한다는 공통점이 있다.

가. 한탄화행

이 글의 분류 기준에 의하면 한탄화행은 다음과 같은 특성을 지닌다.

대화이동 연속체 내의 위치 :	시작 화행
의사소통 목적 :	청자 공감유발
사태에 대한 인식 :	부정적
화자의 감정 :	슬픔(속상함, 체념, 후회)
사태의 역할 :	화자-(행위자)·대상자, 대상자·관찰자, 청자-관찰자
사태의 내용·시제 :	화자가 처한 상태, 과거/현재

한탄화행은 화자 자신이 처한 부정적 사태에 대한 슬픔을 표현하는 행위이다. 한탄화행과 화자의 슬픔을 표현하는 유감표현화행(동정·애도)을 비교하면, 유감표현화행은 사태의 내용이 청자와 관련이 되어 있으며, 청자의 불행에 대한 슬픔을 표현한다는 데에 차이가 있다. 그리고 한탄화행은 시작 화행의 위치에서 수행되나 유감표현화행은 반응 화행의 위치에서 주로 수행된다는 차이도 있다.

사태의 내용에 따라 한탄화행을 수행하는 화자의 역할에 차이가 있을 수 있다. 화자 자신이 책임을 지는 사태에 대해서 화자는 사태의 행위자이자 대상자 역할을 한다. 그러나 암 선고처럼 자신의 의지와는 무관하게 불행한 일을 당했을 때, 화자는 사태의 대상자이자 관찰자 역할을 한다. 후자의 경우 화자는 일방적으로 사건을 당할 뿐이며 그 일을 제3자의 눈으로 관찰하는 역할을 할 수밖에 없기 때문이다. 한편 청자는 사태에 대해 관찰자로서 수동적인 역할을 한다. 그리고 한탄화행을 수행할 때 화자는 슬픔, 체념 등의 감정을 표현하게 되는데, 화자가 사태의 행위자일 경우, 단순한 슬픔보다는 후회에 가까운 감정을 표현할 때가 더 많다(Norrick, 1978 : 288).

화자는 한탄화행을 수행함으로써 청자에게 자신의 슬픈 사정에 관심을 기울이게 한다. 그리고 청자의 공감을 유발하는 데 의사소통 목적을 둔다.48) 한탄화행을 수행할 때 화자는 단순히 자신의 불행에 대하여 슬픔을 토로하는 것이 아니라 청자도 자신의 사태에 대하여 공감해 주기를 바라며 "위로"나 "유감표명(동정·애도)" 등의 공감적 반응을 기대한다.

실제 대화의 예를 통하여 한탄화행의 이러한 특성을 확인해 보도록 하겠다.

> (1) ㄱ. 화자1 : 그래도 넌 심사니까 많이 썼겠네. 좋겠다.
>
> ㄴ. 화자2 : 많이 쓰긴. 나 심사 하루 전에 맹장 수술하고 난리도 아니었잖아. <u>정말 내 인생은 왜 이 모양이냐.</u>
>
> ㄷ. 화자1 : 허억 그랬어? 그래서 이번에 심사 받는 거구나? <u>장난 아니게 힘들었겠다.</u>

> (2) ㄱ. 화자1 : (한숨)<u>우리 왜 이렇게 됐니? 내 꼴이 이게 다 뭐냐. 전생에 무슨 죄를 졌길래.</u>
>
> ㄴ. 화자2 : <u>우리 점이나 보러갈까?</u>
>
> ㄷ. 화자1 : 용한데 아는 곳 있어?
>
> ㄹ. 화자2 : 없어.
>
> ㅁ. 화자1 : (처량, 한심, 우울)

(1ㄴ)과 (2ㄱ)에서 화자2와 화자1은 모두 자신이 처한 불행한 상황에 대하여 신세 한탄을 하고 있다. 그리고 이에 대하여 상대방은 (1)에서는 '장난 아니게 힘들었겠다(1ㄷ)'는 표현으로 동정화행을 수행하며 화자1의 사태에 대하여 공감을 표현한다. (2)의 대화에서 화자2는 화자1의 답답

---

48) Norrick(1978)과 Marten-Cleef(1991)에서 한탄화행은 청자를 고려하지 않은 화자의 진정적 행위로 분류되었으나, 이 글에서는 의사소통의 기본 개념상 청자의 역할을 배제할 수 없다고 보는 입장이다. 그리고 실제 대화를 분석해 본 결과 한탄화행을 수행하는 화자는 청자의 공감적 반응을 기대하며, 청자의 공감적 반응이 수행될 때 그 대화가 원활하게 진행되는 것을 확인할 수 있었다.

하고 슬픈 마음을 공감한다는 것을 전제로 한 '제안(2ㄴ)'을 한다. 위의 대화는 대화가 원활하게 진행되는 예를 보여주는데, 이로써 한탄화행이 수행될 때 화자가 청자에게 기대하는 반응은 공감 유발이라는 점을 확인할 수 있다.

이에 반해 한탄화행이 수행되고, 대화가 갈등적으로 진행된 예를 보도록 하자.

> (3) ㄱ. 화자1 : <u>이젠 뭐가 뭔지 하나도 모르겠어. 나 완전 바본가봐.</u>
> ㄴ. 화자2 : 너 바본 거 이제 알았어? 때려쳐라, 때려쳐.
> ㄷ. 화자1 : 뭐? 지금 불난 집에 부채질 하는 거야?
> ㄹ. 화자2 : 그니깐, 그냥 죽어다 하고 열심히 하라고오.

(3)의 대화는 화자1의 "한탄(3ㄱ)"에 대하여 화자2가 "조롱(3ㄴ)"을 하는 반응을 보인다. "조롱"은 상대방의 감정에 반감을 유발하게 되므로 (3ㄷ)에서 화자1은 발끈 화를 내며 따지고 있다. 그러자 (3ㄹ)에서 화자2는 "충고"를 하는 것으로 이 대화는 진행된다. (3)의 대화는 (2)와는 달리 '한탄(3ㄱ)—조롱(3ㄴ)'의 대화이동 연속체로 이어져 화자1의 반감을 유발시키므로 대화가 갈등상황으로 접어든 것을 알 수 있다. 이를 통해 화자1이 한탄화행의 수행을 통해 기대하는 것은 "조롱"과 같은 반감을 유발하는 반응이 아니라 자신의 감정에 공감해 주는 청자의 반응을 기대한다는 것을 알 수 있다.

그런데 화자가 한탄화행을 수행할 때, 항상 청자의 공감적 반응을 직접적으로 기대하는 것 같지는 않아 보인다.[49] 다음의 예를 보자.

---

49) Norrick(1978 : 288)에서 한탄(lamenting)은 때로는 정표화행의 역할을 하지 못하는 경우가 있다고 하였는데, 그 이유는 한탄을 할 때 청자가 반드시 필요한 것은 아니라고 보았기 때문이다. 그러나 청자가 없을 때의 한탄은 독백 상황으로 의사소통 상황이 아니다.

(4) ㄱ. 화자1 : <u>(조금은 쓸쓸한 느낌으로, 그러나 짐짓 편하게, 우동 먹</u>
<u>으며)</u>웃기다, 내 팔자두. 몇 년 전 이곳에선 선배한테
사랑 고백을 하더니, 이젠 선배 애인 안부나 묻고 앉아
있으니. 참⋯⋯.
ㄴ. 화자2 : (쳐다봄, 웃음)

(5) ㄱ. 화자1 : 아, 장모님, 그러지 말고 따악 3만 원만 주세요. 미운
놈 떡 하나 더 준다고요.
ㄴ. 화자2 : 뭐야! 저리 비키지 못해! 어유, 어유. 사내가 되가지고
돈 3만 원도 해결 못하니, 이를 뭐에다 써. (돈 주면서)
<u>아유, 내 팔자야.</u>

위의 예는 흔히 한국 사람들이 팔자타령, 신세타령을 한다고 여기는 경우
이다. 이러한 유형의 발화는 대화 중에서 상당히 많이 발견이 되었는데, (4),
(5)와 같은 유형의 한탄화행의 특징은 화자는 자신이 처한 사태에 대하여
스스로의 힘으로는 어찌할 수 없는 운명이라 여기고, 체념적 태도를 보인다
는 점에 있다. 이때 화자의 발화는 자신이 처한 상태에 대한 자조적인 어투
로 수행이 되므로 독백과도 유사하게 보인다. 그러나 분명 화자는 청자를
앞에 두고 (4ㄱ)이나 (5ㄴ)을 발화하고 있으므로 이는 독백과는 구별된다.
다만 (4), (5)의 예는 (1)~(3)의 한탄화행이 직접적으로 청자에게 자신
의 슬픔을 표현하는 것과는 달리 우회적으로 자신의 슬픔과 속상함, 체
념 등의 감정을 표현하고 있다. 그러나 (1)~(3)의 예와 마찬가지로 청자
가 자신의 감정 상태에 공감하고 이해해 주기를 기대한다는 점은 같다.
이상의 내용을 정리하여 한탄화행이 성공적으로 수행되기 위한 적정
조건은 다음과 같이 제시할 수 있다.

따라서 화행의 범주 내에서 논의할 거리는 아니다.

(6) 한탄화행의 적정 조건

    ㄱ. 명제내용 조건 : 화자가 처한 상황

      1) 사태에 대한 책임이 화자에게 있는 상황

      2) 사태에 대한 책임이 화자에게는 없으나 사태의 대상자는
         화자인 상황

    ㄴ. 예비 조건 : 사태를 부정적으로 인식하고 이러한 상황을 바라
         지 않는다.

    ㄷ. 성실 조건 : 슬픔, 후회

    ㄹ. 본질 조건 : 화자는 자신의 슬픔을 청자가 공감하고 이해해 주
         기를 기대한다.

다음에서 한탄화행의 수행 형식을 구체적인 예를 통해 살펴보기로 한다.

첫째, 한탄화행은 '신세, 팔자' 등의 명사를 포함한 관용 표현을 사용하여 수행된다. 이때 관용 표현과 함께 주로 화자가 처한 상황을 그대로 기술하여 "한탄"을 수행한다.

(7) ㄱ. 화자1 : 1) <u>드러운 놈의 내 신세.</u>

         2) <u>어째 남편 복 없는 년은 자식 복도 없다더니……</u>

    ㄴ. 화자2 : 왜 그래? 석호가 또 말썽 피웠어?

(8) ㄱ. 화자1 : (놀라) 왜, 배 아파?

    ㄴ. 화자2 : 1) (배 잡고 주저앉으며, 엄살) <u>새벽같이 올라오느라 쫄</u>
         <u>쫄 굶었더니, 셈도 떨어지고, 다리도 아프고,</u>

         2) <u>아으, 내 팔자야.</u>

         3) (활 보며, 불쌍하게) 나 밥 쫌……

    ㄷ. 화자3 : (귀여운, 큭큭) 그래, 애 밥은 멕이야지, 서울 인심 참
         야박하네, 야박해,

(9) 1) 웃기다, 내 팔자두.

　2) 몇 년 전 이곳에선 선배한테 사랑 고백을 하더니, 이젠 선배
　　애인 안부나 묻고 앉아 있으니. 참

　위의 예는 모두 한탄의 관용 표현(7ㄱ-1, 8ㄴ-2, 9-1)과 화자가 처한 부
정적인 사태에 대한 기술(7ㄱ-2, 8ㄴ-1, 9-2)이 동반되어 "한탄"을 수행하
는 것을 보여준다. 그리고 한탄화행은 대화 내에서 (7ㄱ)에서 보듯이 대
화 상대방의 관심을 불러일으키는 기능을 하기도 하고, (8ㄴ-3)에서 "요
청"을 하기 전에 상대방의 공감을 얻기 위해 예비적으로 수행되기도 하
는 등 대화 내에서 다양한 기능을 한다. "한탄"의 이러한 대화 내에서의
기능은 한탄화행의 의사소통 목적이 청자 공감 유발에 있다는 것을 증
명해 준다.

　둘째, 명시적으로 화자의 감정을 표현하여 한탄화행을 수행할 수
있다.

　(10) ㄱ. 화자1 : 야, 대성인가 뭔가 하는 사람 이해심 너무 없는 거 아
　　　　　니냐? 일단 널 못 믿는 거잖아.
　　　ㄴ. 화자2 : 그러니까요. 속상해 죽겠어.
　　　ㄷ. 화자1 : 야, 민지야. 네가 속상하다고 하니까 내 마음도 아프다.

　(11) ㄱ. 화자1 : 매번 있는 일이지만, 매번 힘들어.
　　　ㄴ. 화자2 : (미안한) 있잖아, 내 말은…… 자기가 힘들지 않단 얘
　　　　　기가 아니고, 소송꺼리는 아니다 뭐 그런…….

　(10ㄴ)에서 화자2는 애인이 자기를 믿어주지 않는 상황에 대하여 '속
상하다'는 감정을 명시적으로 표현함으로써 "한탄"을 수행한다. 그리고

화자2의 "한탄"에 대하여 화자1은 공감적으로 반응한다(10ㄷ). (11ㄱ)에서 화자1은 자신이 한 수술 때문에 환자가 죽은 것은 아닌지 괴로워하며 '힘들다'는 감정을 표현함으로써 한탄화행을 수행한다. 이렇게 화자는 자신이 당한 불행한 사태에 대하여 느끼는 감정을 명시적으로 표현함으로써 한탄화행을 수행하기도 한다.

셋째, 사실에 대한 기술로 한탄화행을 수행할 수 있다.

(12) ㄱ. 화자1 : <u>아, 나 나 올해는, 올해는 남자 친구랑 같이 즐기려고 했는데 리포트에 치여서 이러고나 있고…….</u>
ㄴ. 화자2 : 리포트 다아 쓰고 만들면 되죠 뭐. 널린 게 남잔데!

(13) ㄱ. 화자1 : (음식 자르다 보며) 무슨 말하는 거야, 실술 했단 거야? 오늘 조사위원회에서 동료들 증언에 문제없었다며? 그럼 소송해도,
ㄴ. 화자2 : (말꼬리 자르며, 맘 아픈) <u>사람이 죽었어. 죽었다고.</u>
ㄷ. 화자1 : (달래듯) 매번 있는,
ㄹ. 화자2 : 매번 있는 일이지만, 매번 힘들어.
ㅁ. 화자1 : (미안한) 있잖아, 내 말은…… 자기가 힘들지 않단 애기가 아니고, 소송꺼리는 아니다 뭐 그런…….

(14) ㄱ. 화자1 : <u>너 없이 난 이제 어떻게 사니.</u>
ㄴ. 화자2 : 엄마도 참…… 내가 뭐 죽으러 가나. 금방 지나갈 거예요.

위의 예에서 화자는 자신이 처한 불행한 상황을 그대로 기술함으로써 "한탄"을 수행한다. 이러한 경우 발화 맥락을 고려해야 각각의 표현을 한탄화행으로 해석할 수 있다.

위의 대화에서 "한탄"의 의사소통 목적이 청자 공감유발에 있다는 것을 확인할 수 있다. (12), (14)는 대화가 협력적으로 진행되었고, (13)은 갈등적인 대화로 진행되었는데 그 이유를 "한탄"에 대한 청자의 반응화행에서 찾을 수 있다. (12), (14)에서는 화자2가 "위로(12ㄴ, 14ㄴ)" 화행을 수행하여 화자의 "한탄"에 공감적인 반응을 보였다. 반면 (13)에서 화자1은 화자2의 "한탄"에 대하여 과제중심적으로 해결 방안을 제시하려고 하였으므로(13ㄱ, 13ㄷ), 이 대화는 갈등 속에 진행되었다고 해석된다. 따라서 이를 통하여 한탄화행의 의사소통 목적은 청자의 공감을 유발하는 데 있다는 점을 확인할 수 있다.

넷째, 화자가 처한 상태에 대한 부정적 평가 표현으로 한탄화행이 수행된다.

(14) 정말 내 인생은 왜 이 모양이냐.

(15) 내 꼴이 이게 다 뭐냐. 전생에 무슨 죄를 졌길래.

(16) ㄱ. 화자1 : (울먹이며, 맘 아픈) 언니, 나 지금 내가 너무 싫다. 언니한테도, 그 누구보다 엄마한테…… 너무 미안하고…… 언니, 나 지금 내 자신이 너무 싫다. 너무 싫고 미워.(하고 눈물 닦으며) 너무 싫고, 미워서 어쩔 줄을 모르겠어.
ㄴ. 화자2 : (미수 안쓰러워 보는)

(14), (15)에서 화자는 자신의 인생이나 처한 상황에 대하여 부정적으로 평가한다. (17)에서 화자1은 사태의 책임이 자신에게 있다고 여기고 화자 자신에 대하여 부정적으로 평가한다.

이상 한국어에서 한탄화행이 수행되는 방식을 제시하면 다음과 같다.

(18) 한탄화행의 언어적 수행 형식

　ㄱ. 수행적 표현 : 관용 표현(신세, 팔자)+화자가 처한 상황 기술

　　예) 새벽같이 올라오느라 쫄쫄 굶었더니, 셈도 떨어지고, 다

　　　　리도 아프고, 아으, 내 팔자야.

　ㄴ. 감정 표현 : 화자의 불행한 사태에 대한 감정 어휘 기술

　　예) 속상해 죽겠어.

　ㄷ. 사실 표현 : 화자의 불행한 상태에 대한 정보

　　예) 아, 나 나 올해는, 올해는 남자 친구랑 같이 즐기려고 했

　　　　는데 리포트에 치여서 이러고나 있고…….

　ㄹ. 평가 표현 : 화자 자신과 화자가 처한 상태에 대한 부정적 평가

　　예) 정말 내 인생은 왜 이 모양이냐.

나. 분통표현화행

이 글의 분류 기준에 의하면 분통표현화행은 다음과 같은 특성을 지
닌다.

대화이동 연속체 내의 위치 :	시작 화행
의사소통 목적 :	청자 공감유발
사태에 대한 인식 :	부정적
화자의 감정 :	화(분노, 짜증, 불만족)
사태의 역할 :	화자-(행위자)·대상자, 대상자·관찰자 청자-관찰자
사태의 내용·시제 :	화자가 처한 상태, 과거·현재

분통표현화행은 화자 자신이 처한 상황을 부정적으로 인식하고 이에
대하여 화를 표현하는 행위이다.[50] 화는 순식간에 일어나는 감정으로,
잠깐 품는 적개심은 화의 범주에 들지만 오랜 적개심(원한)과는 차이가

있는 감정이다.[51] "분통표현"과 "한탄"은 이 글의 분류 기준 중 화자의 감정에서만 차이가 난다. 앞에서 언급하였듯이 "한탄"은 화자가 바라지 않은 상황에 대한 화자의 슬픔을 표현하고, "분통표현"은 화를 표현한다. 한편 화를 표현하는 "질타"화행은 화를 유발한 사람이 청자라는 점에서 분통표현화행과 구분된다.

분통표현화행도 한탄화행과 마찬가지로 사태의 내용에 따라 화자의 역할이 달라지고 화자의 감정에 차이가 있을 수 있다. 즉, 화자가 사태의 행위자이면서 대상자가 될 때, 화자는 화를 기본으로 하여 좌절감, 실망감 등을 느끼고 이를 분통표현화행의 수행을 통해 표현한다. 한편 화자가 사태의 대상자이면서 관찰자일 때에는 화를 기본으로 하여 격분, 짜증 등을 느끼고 분통표현화행의 수행을 통해 표현하게 된다. 그리고 청자는 사태에 개입되지 않으므로 관찰자 역할을 하게 된다.

(1) ㄱ. 화자1 : 젠장! 미치겠다 진짜! 도대체 만날 들여다보고는 있는데 왜 진도가 나가질 않냐.

ㄴ. 화자2 : 내 말이…… 나도 그래. 만날 앉아는 있는데 도무지 뭘 하는지 모르겠어.

ㄷ. 화자1 : 아휴 어떡해. 어떻게 해야 되냐.

---

50) 선행 연구(미즈시마 히로코 2003, 조정민 2005)에서 불평 화행은 청자에게 책임이 있다고 보는 행위나 사건에 대해 화자의 부정적 견해를 나타내는 화행으로 정의된다. 이 글에서는 사태에 대한 책임이 청자에게 있는 경우는 질타화행으로 구분하였고, 사태에 대한 책임이 화자에게 있는 화행 유형을 구별하기 위해 "분통표현화행" 개념을 제시하였다. 한편 Searle & Vanderveken(1985 : 213)에서 제시한 'complain'은 이 글의 분통표현화행과 유사한 개념으로 보인다. 이 논의에서 complain은 화자의 욕구불만을 표현하는 것이고 예비 조건에서 화자가 불평하는 것에 대하여 청자의 책임이 반드시 있지는 않다고 하였다.

51) 감정과 감정이 아닌 것을 구분하려는 연구들에서는 감정이란 [−지속성]의 속성을 갖는다고 말한다. 증오나 원한처럼 [+지속성]의 속성을 가지는 것은 '감정적 태도'로 구분하고 증오와 같은 것은 '감정적 집착'으로 보기도 한다(이민아 역, 2006 : 195 참고).

(2) ㄱ. 화자1 : <u>아 돌아버리겠네.</u> 누가 자꾸 우리 집 대문에다 오줌을
　　　　　 눠요 할머니.

　　 ㄴ. 화자2 : 아니, 도대체 어느 놈이 그런 짓을 해?

(1)은 화자1이 행위자이자 대상자인 상황이고, (2)는 화자가 대상자이자 관찰자인 상황에서 분통표현화행을 수행한 예이다. 두 경우 모두 화자는 상황에 대하여 화를 표현하고 있으나 (1)의 경우 '좌절감' 등의 감정이 함께 나타나며 (2)의 경우에는 불만의 감정이 함께 나타난다.

"분통표현"의 의사소통 목적은 청자의 공감을 유발하기 위한 것에 있다. 상황마다 정도의 차이는 있으나 분통표현을 수행하는 화자는 청자가 자신의 감정을 이해하고 공감해 주기를 기대한다. 이것은 대화가 원활하게 진행된 경우의 대화 분석을 통해 알 수 있다. (1)의 대화는 "분통표현(1ㄱ)-동의(1ㄴ)"와 "걱정(1ㄷ)" 두 개의 대화이동 연속체로 구성이 되었다. 화자1은 (1ㄱ)에서 자신이 처한 사태에 대한 화, 불만, 짜증, 속상함 등의 복합적인 감정을 표현한다. 이에 대한 반응으로 화자2는 (1ㄴ)에서 화자1의 말에 공감한다는 것을 표현함으로써 사태에 대하여 부정적인 감정을 표현한다. 그리고 (1ㄷ)에서 화자1은 걱정화행으로 새롭게 대화를 이어나간다. (2)의 대화는 "분통표현(2ㄱ)-분통표현(2ㄴ)"의 화행 연속체로 진행이 되고 있다. 화자2는 화자1의 '분통표현(2ㄱ)'에 대해 함께 분통표현화행을 수행함으로써 화자1에게 공감을 표현한다.

위의 대화 분석을 통해 분통표현화행을 수행한 화자가 청자에게 기대하는 바는 청자의 공감을 유발하는 것임을 알 수 있다. 그리하여 화자는 자신이 화가 난 사태에 대하여 청자가 이해하고 지지해 주기를 기대한다.

이상의 논의를 정리하여 분통표현화행이 성공적으로 수행되기 위한 적정조건을 제시하면 다음과 같다.

(3) 분통표현화행의 적정 조건

ㄱ. 명제내용 조건 : 사태에 대한 책임이 화자에게 있거나 사태에
대한 책임이 화자에게는 없으나 사태의 대상
자는 화자인 상황

ㄴ. 예비 조건 :
1) 화자는 사태에 대하여 부정적으로 인식한다.
2) 화자는 청자가 이 사태에 대하여 책임이 없다고 생각한다.
3) 화자는 사태의 책임이 자기 자신이나 제3자에게 있다고
생각한다.

ㄷ. 성실 조건 : 화(분노, 짜증, 불만족)를 느낌

ㄹ. 본질 조건 : 자신이 처한 사태에 대한 화를 표현하고 청자가
자신의 감정 상태에 대하여 공감하고 지지해주기
를 기대한다.

다음으로 한국어에서 분통표현화행이 수행되는 형식을 구체적인 예를
통해 살펴보기로 한다.

첫째, 분통표현화행은 다음과 같은 관용 표현으로 수행되며, 관용 표
현과 함께 '아, 어우, 참나' 등의 감탄사나 '진짜, 정말'과 같이 강조하는
부사가 동반되기도 한다.

(4) 화자1 : 1) 아 돌아버리겠네.
2) 누가 자꾸 우리집 대문에다 오줌을 눠요. 할머니.

(5) 화자2 : 어우 내가 돌아 진짜.

(6) 화자1 : 1) 내가 미친다 정말.
2) 이 기집애 어떻게 된 거냐? 찾지 말란 메모 한 장만
남기고 어딜 갔다냐?

(7) ㄱ. 화자1 : 1) <u>참나, 이게 뭔 마른 하늘에 날벼락이냐?</u>

　　　　　　2) 아니 우리 태환이가 뭘 잘못했다고 손해배상 청구

　　　　　　　소송을 내냐고?

　　ㄴ. 화자2 : 진정하세요, 아주머니.

(8) ㄱ. 화자1 : 1) <u>내가 정말 못살아, 못살아.</u>

　　　　　　2) 그러게 내가 뭐랬냐? 장가 가랬지!

　　ㄴ. 화자2 : 글세, 내가 알아서 한다고.

　둘째, "분통표현"은 단순한 외침이나 감탄사로 수행된다. 특히 욕이 많이 사용되며(9ㄱ-1, 10-1, 11-1), 현재 화자가 처한 사태를 기술하거나(9ㄱ-2) 화자의 상태에 대한 기술(11-2)이 동반되기도 한다.

(9) ㄱ. 화자1 : 1) (대본 안 보고, 어이없는)<u>어우 씨,</u>

　　　　　　2) <u>돈다!</u>

　　ㄴ. 화자2 : (울고 싶다) 도는 정도냐, 난 미쳐 길길이 뛸 판이야.

(10) 화자1 : 1) <u>예미 씨팔!</u>

　　　　　2) <u>미치겠다 진짜!</u>

(11) 화자1 : 1) (답답한, 맘에 시계를 보며) <u>염병,</u>

　　　　　2) <u>애간장이 녹네, 녹아.</u>

　　　　　3) 시간 넘어간다, 빨리빨리 하자, 빨리빨리.

　(11)에서처럼 여러 개의 화행으로 화자의 대화 순서가 구성이 되었을 경우, 분통표현화행(11-1, 2)은 주화행인(11-3)요구 화행에 대한 선행 발화로 나타나 요구를 더 강력하게 만드는 기능을 한다. 화자1은 "분통표현"

을 통해 화를 표현함으로써 상대방에게 사태의 심각함에 대하여 공감하게 한 후, (11-3)에서 "요청"을 함으로써 청자가 자신의 "요청"에 따르도록 만든다. 분통표현화행이 요청화행에 선행하여 수행되는 것[52]은 분통표현화행의 의사소통 목적이 청자에게 공감을 유발하는 데 있기 때문이다.

셋째, 사태에 대해 화가 난 자신의 감정을 기술함으로써 분통표현화행을 수행할 수 있다.

(12) ㄱ. 화자1 : 1) 10반 애네들 또 시작이니?
　　　　　　　2) 걸핏하면 시위에 설문조사에 <u>정말 지겹다!</u>
　　 ㄴ. 화자2 : 누가 아니래! 거기다 뭐? 초대? 웃기고 있네, 그냥 가자!

(13) ㄱ. 화자1 : 작은언니, <u>나 너무 화나고 슬프다.</u> 우리가 그렇게 믿고 좋아했던 큰형부가 어떻게 이럴 수가 있냐? 큰언니 불쌍해서 어떡해?
　　 ㄴ. 화자2 : 나도 속에서 불덩이가 치밀어 올라오는 게 확 미쳐버리겠다

(14) ㄱ. 화자1 : 우리한텐 한학기 동안 쌓인 애정이 어쩌구 저쩌구 하더니.
　　 ㄴ. 화자2 : <u>짜증 지대로다 진짜!</u> 이래서 사람 믿겠냐? 반장이 한학기 동안 우릴 속인 것도 모자라서 이제 담임까지.

넷째, 분통표현화행은 사태에 대한 평가 표현으로 수행된다.

---

52) 강현화·황미연(2009 : 21)에서는 구어 코퍼스를 분석하여 대화상에서 불평화행이 구현되는 양상을 살펴보았는데, 불평 화행은 "요구"나 "명령" 화행에 선행하여 나타난다고 하였다.

(15) ㄱ. 화자1 : 1) (찡그리며) <u>날씨 꼬라지 하고는!</u>

　　　　　　　 2) 차는 어딨는 거야?

　　 ㄴ. 화자2 : 왜 그래? 무슨 일 있어?

(16) ㄱ. 화자1 : <u>쳇, 잘 나갈 때만 아는 척 하는 더러운 세상! 파일럿 만</u>

　　　　　　　 <u>들 땐 본 척도 안하더니.</u>

　　 ㄴ. 화자2 : 1) 이 바닥이 만날 다 그랬지 뭐.

　　　　　　　 2) 기분도 좋은데 우리 근사한데 가서 회의하자. 점심

　　　　　　　　 도 거기서 먹구.

　(15)는 '분통표현(15ㄱ)-관심 질문(15ㄴ)'의 대화이동 연속체로 진행되고 있다. (15ㄱ)에서 화자1은 날씨에 대한 불만(15ㄱ-1)을 표현하고 항상 같은 위치에 차가 있다는 것을 알면서도 (15ㄱ-2)를 통해 짜증을 표현하며 분통표현화행을 수행한다. 이에 대한 반응 화행으로 화자2는 화자1의 (15ㄱ-2)를 질문으로 해석하지 않고 (15ㄴ)에서 화자1에게 어떤 안 좋은 일이 있었는지에 대하여 "관심 질문"을 한다. 이를 통해서 분통표현화행은 청자에게 화자의 사태에 대하여 관심을 갖게 하는 기능이 있다는 것을 알 수 있다. 그리고 이러한 관심 질문은 화자의 감정에 공감을 유발하기 위한 전 단계의 장치로 사용될 수 있다. (16)은 화자1의 "분통표현(16ㄱ)"에 대하여 화자2가 "공감적 반응(16ㄴ-1)"을 하고, (16ㄴ-2)에서 "제안"을 하는 두 개의 대화이동 연속체로 진행이 되고 있다. 이처럼 대화가 협력적으로 진행된 예를 통해 화자1은 분통표현화행을 수행할 때, 화자2가 공감적 반응을 해 주기를 기대한다는 것을 알 수 있다.

　이상 한국어에서 분통표현화행이 수행되는 방식을 제시하면 다음과 같다.

(17) 분통표현화행의 언어적 수행 형식

   ㄱ. 수행적 표현 : 관용 표현

     예) 내가 미친다, 정말./아, 돌아버리겠네.

   ㄴ. 느낌 표현+(사실 표현) : 단순한 외침, 욕+(사실 표현)

     예) 염병, 애간장이 녹네, 녹아.

   ㄷ. 감정 표현 : 화가 난 자신의 감정을 기술

     예) 짜증지대로다 진짜!/정말 지겹다!

   ㄹ. 평가 표현 : 사태에 대한 평가

     예) 날씨 꼬라지 하고는!

다. 걱정화행

이 글의 분류 기준에 의하면 걱정화행은 다음과 같은 특성을 지닌다.

대화이동 연속체 내의 위치 :	시작 화행
의사소통 목적 :	청자 공감유발
사태에 대한 인식 :	부정적
화자의 감정 :	두려움(공포, 불안감, 초조함)
사태의 역할 :	화자−(행위자)・대상자, 대상자・관찰자, 청자−관찰자
사태의 내용・시제 :	화자의 상태, 미래

걱정화행은 자신이 처할 미래의 상황이 부정적일 것이라는 데 대한 두려움을 표현하는 행위이다. 화자가 '두려움'의 감정을 표현하는 정표화행으로는 염려화행이 있다. 그러나 걱정화행과 염려화행은 사태의 내용, 사태의 역할, 의사소통 목적에서 모두 차이가 있으므로 서로 구별되는 행위이다. 염려화행은 걱정화행과는 달리 사태의 내용으로 청자가 처

할 미래의 상황이 오며, 화자는 관찰자의 역할을 한다는 점에서 차이가
있다. 또한 의사소통 목적에서 염려화행과 걱정화행은 모두 공감 유발을
의도하나 "염려"는 화자와 청자 모두의 공감을 형성하는데 의사소통 목
적이 있으며, "걱정" 화행은 청자가 공감해 주기를 기대하고 이를 유도
하게 된다는 점에서 차이가 있다.

걱정화행이 수행된 전형적인 대화의 예를 통해 위에서 언급한 행위적
특성을 확인해 보도록 하겠다.

> (1) ㄱ. 화자1 : 아후, 나 이번에도 또 떨어지면 어떡하냐.
>   ㄴ. 화자2 : 할 수 있을 거야. 쫌만 더 힘을 내 봐.

위의 대화는 화·청자 간에 협력적으로 대화가 진행된 경우이므로, 화
자1의 발화 의도가 충족되었다고 볼 수 있다. (1)은 화자1이 면접시험을
앞두고 또 불합격할까 봐 걱정하고 있는 상황이다(1ㄱ). 따라서 화자1은
사태의 행위자이자 대상자가 되며 화자1 자신이 책임질 일에 대하여 '불
안감'을 표현한다(1ㄱ). 이에 대해 화자2는 화자1을 응원(1ㄴ)함으로써 화
자1의 성공적인 미래를 기원한다. 응원화행은 4.1.1.다에서 양자공감 형
성 정표화행으로 분류했던 행위로, 화자2는 화자1의 감정에 공감을 표현
하는 것으로 반응하고 있다는 것을 알 수 있다.

이상의 내용을 정리하여 걱정화행이 성공적으로 수행되기 위한 적정
조건을 제시하면 다음과 같다.

> (2) 걱정화행의 적정 조건
>   ㄱ. 명제내용 조건 : 화자와 관련된 미래의 사태
>   ㄴ. 예비 조건 :
>   1) 화자는 사태에 대하여 부정적으로 인식한다.

2) 화자는 사태의 행위자일 때 책임을 느낄 수 있다.

ㄷ. 성실 조건 : 두려움(공포, 불안감, 초조함)을 느낌

ㄹ. 본질 조건 : 화자가 미래에 처할 사태에 대하여 두려움을 표현
함으로써 청자가 나의 두려움에 공감해 주고 이와
관련된 반응을 보여주길 기대한다.

다음으로 한국어에서 걱정화행이 수행되는 언어적 표현 방식을 살펴
보기로 한다.

첫째, 걱정화행은 수행 명사 '걱정'을 직접 사용함으로써 수행이 되며,
'나 어떡해'라는 관용 표현으로도 실현이 된다.

(1) ㄱ. 화자1 : 1) <u>그래서 나두 걱정이야.</u>

2) 보비가 내 비밀도 알고 있는데 다 불어버릴까봐.
보비 걔 나팔수잖아.

3) 애들아 <u>나 이제 어떡해.</u>

ㄴ. 화자2 : 큰일이다, 야. 걔 완전 방송국인데.

(2) ㄱ. 화자1 : (굳어진, 놀라서)엄마야…… 윤정아…… <u>나 어떡해.</u>

ㄴ. 화자2 : 왜에?

ㄷ. 화자1 : (떨리는) 나 옛날에 보비한테 내 비밀 말해줬거든. 아
주 중요한 거?

ㄹ. 화자2 : 그게 뭔데?

(1)의 대화는 '걱정(1ㄱ)-염려(1ㄴ)'의 대화이동 연속체로 진행이 되었
다. 화자2는 염려화행으로 반응을 보이면서 화자1의 사태에 대한 감정에
공감하고 있다는 것을 표현한다. (2)의 대화는 "걱정(2ㄱ)-관심 질문(2ㄴ)
-대답(2ㄷ)"으로 진행되었다. (1)과 달리 화자1이 걱정하는 이유에 대한

정보가 없는 화자2는 (2ㄴ)에서 '관심 질문'을 하고 이에 대해 화자1이 (2
ㄷ)에서 설명을 한다. 이렇게 걱정화행은 대화 내에서 상대방의 관심을
불러일으키는 기능을 하기도 한다. 그리고 (1)과 (2)에서 화자는 걱정화
행의 수행을 통해 상대방이 나의 두려움에 공감해 주고 이와 관련된 반
응을 보여주길 기대한다는 것을 알 수 있다. 이는 걱정화행이 청자 공감
유발의 의사소통 목적을 한다는 증거가 된다.

둘째, 화자의 두려운 감정을 표현하는 감정 어휘를 사용하여 걱정화행
을 수행한다.

(3) ㄱ. 화자1 : 1) (울며 운전해가며, 조심스레) 언니, 나 불안해.
　　　　　　　 2) 다시 한번 돌아도 엄마 없으면. 언니 어떡해.
　　 ㄴ. 화자2 : 1) (눈가 그렁해, 차창만 보며) 진정하고,
　　　　　　　 2) 말 시키지 마.
　　　　　　　 3) 말하다, 엄마 못 본다.

(4) ㄱ. 화자1 : 꿍꿍이라니?
　　 ㄴ. 화자2 : 1) 거야 나두 모르지!
　　　　　　　 2) 암튼 수상하니까 좀 알아봐!
　　　　　　　 3) 정말 불안해 죽겠다!

(5) ㄱ. 화자1 : 근데…… 이거 은근히 긴장되는데요? 문제아들이라니
　　　　　　　 깐…….
　　 ㄴ. 화자2 : 긴장 푸세요. 알고 보면 다 똑같은 애들이더라고요.

(3)의 상황은 자매(화자1, 화자2)가 집을 나간 치매 걸린 엄마(제3자)를 찾아
나서는 장면이다. 이 대화는 "걱정(3ㄱ)-위로(3ㄴ-1)"와 "지시(3ㄴ-2, 3)"[53]
의 두 개의 대화이동 연속체로 진행이 되고 있다. 화자1의 걱정이 '나 불

안해(3ㄱ-1)'라는 감정 표현과 관용 표현 '어떡해(3ㄱ-2)'를 통해 표현되고, 이에 대하여 화자2가 동생(화자1)을 안심시키기 위하여 (3ㄴ-1)에서 "위로 화행"를 수행하고 있다. 그 후, (3ㄴ-2, 3)에서 과제중심적 대화로 새로운 주제로 대화를 시작하고 있다. "걱정-위로"의 화행 연속체에서 보듯, 걱정화행은 청자의 공감을 유발하는 것을 기대하는 행위이다.

(5)는 '긴장되는데요?(5ㄱ)'라는 표현을 통해 화자가 걱정화행을 수행하고 있으며, 이에 대하여 화자2는 "조언(5ㄴ)"을 해 주고 있다. "조언"이란 화자가 특정한 문제유형의 해결방법에 대하여 경험을 갖고 있어야 할 뿐만 아니라, 청자의 상황으로 입장을 바꾸어서 생각해야 가능한 행위이다(김지환 2002 : 76).[54] 따라서 (5)의 대화에서 화자2가 명시적으로 화자1의 걱정 표현에 대하여 공감을 하지는 않았으나 이미 조언화행에는 청자의 상황에 대하여 감정이입을 하여 공감하고 있다는 것을 전제하므로 위의 대화는 원만하게 진행되었다 할 수 있다. 만약 이 경우 화자2가 화자1의 감정에 공감적인 반응을 보이지 않고 "상담 안 해 봤어요? 뭐 이 정도 가지고 그래요?"처럼 반감을 유발하는 발화를 하였다면 이 대화는 갈등 국면으로 접어들었을 확률이 높다.

셋째, 사태로 주제로 하여 사실을 표현함으로써 걱정화행이 수행된다.

(6) 이번 일은 잘 안 될 것 같아. 어쩌냐.

---

53) 지시화행이란 화자와 청자의 공동의 이해와 연관된 요구의 한 유형이며, 이와 같은 요구의 수행을 통해서 자신들에게 주어진 실제적 문제의 해결을 목표로 하는 행위를 말한다. 지시를 통하여 화자는 실제적 문제를 직접적으로 조정하는 요구를 할 수 있다. 또한 청자는 화자의 지시를 통해 공동의 목표가 더 나은 방법으로 실현될 것을 기대한다(김지환 2002 : 68).

54) 김지환(2002)에서는 조언의 종류를 구분하고 (5ㄴ)의 경우 "충고"라는 명명어를 사용하였으나 이 글에서는 일반적인 용어인 '조언'을 사용하였다. 이 논의에서 조언은 시작화행의 위치에서보다 반응화행의 위치에서 실현되는 것이 전형적이라 보았다.

(7) ㄱ. 화자 1 : 이거 끝낼 수 있을까? 정말 걱정이다.

    ㄴ. 화자2 : 그럼 할 수 있어. 부지런히 하면 다 할 수 있지.

(8) 이 많은 빚을 어떻게 다 갚을지…… 휴우, 정말 걱정이야.

(9) ㄱ. 화자1 : 아유 머리야! 찬도 마땅치 않은데 고모님은 하필 이럴
               때 오셔서…… 그나저나 뭘 좀 해드리지?

    ㄴ. 화자2 : 뭘, 걱정해 엄마. 그냥 우리 먹던 대로 해 드리면 되지.

화자는 (6), (7), (8)에서처럼 미래에 자신이 바라지 않는 사태가 이행되
었을 경우의 사실을 기술하여 걱정화행을 수행한다. 이때 '어떡하나(6)',
'어쩌나(7)', '정말 걱정이다(8)' 등의 수행적 표현들을 동반하기도 한다.
넷째, 반응 표현으로도 걱정화행을 수행할 수 있다.

(10) ㄱ. 화자1 : 중간에서 주임님 난처해지시면 어떡해요? 설마 이걸
                노리고 김 부장님이 오더 주신 건 아니겠죠?

     ㄴ. 화자2 : 설마요……. 설마 그렇게까지…… (말은 그렇게 해 놓
                고 찝찝하다)

이상 한국어에서 걱정화행이 수행되는 언어적 표현 방식을 제시하면
다음과 같다.

(11) 걱정화행의 언어적 수행 형식
     ㄱ. 수행적 표현 : 수행 명사 '걱정', '나 어떡해'/'어쩌냐' 등의 관
                       용 표현
        예)나두 걱정이야./나 어떡해.
     ㄴ. 감정 표현 : 화자의 두려운 감정을 표현하는 감정 어휘
        예) 정말 불안해 죽겠다!/이거 은근히 긴장되는데요?

ㄷ. 사실 표현+(관용 표현/감정 표현) :

미래에 자신이 바라지 않는 사태가 이행되었을 경우의 사실을 기술

예) 이번 일은 잘 안 될 것 같아. 어쩌냐/이거 끝낼 수 있을까? 정말 걱정이다.

ㄹ. 반응 표현 : 예) 설마요……. 설마 그렇게까지…….

3. 청자 반감유발 정표화행

청자 반감유발 정표화행은 앞에서 검토한 양자 공감형성 정표화행, 청자 공감유발 정표화행과는 달리 화자는 이 화행의 수행을 통해 청자의 공감을 유발하고자 하는 의도가 없다. 특히 양자 공감형성 정표화행이 쌍방향적 의사소통적 특징에 충실한 유형이었다면 청자 반감유발형 정표화행의 초점은 일방적으로 청자에게 감정을 전달하는 데 발화 의도가 있다.

이 유형에서 사태는 모두 청자와 관련이 있다는 공통점이 있다. 화자는 청자와 관련된 사태에 대하여 청자와는 반대의 인식을 가지고 있으며 반감을 표현하게 된다. 화자는 화행을 수행함으로써 청자에게도 역시 반감을 유발시켜 상대방의 마음에 상처를 주거나 모욕을 주는 등의 효과를 기대한다. 따라서 청자반감유발 정표화행의 수행 결과, 화자와 청자 사이에는 긴장이 조성되고 갈등 대화로 대화가 진행된다.

청자 반감유발 정표화행에는 "조롱", "우쭐대기", "악담", "원망", "질타", "질투"가 있고, 이들 유형은 다시 화자가 청자와 관련이 있는 사태에 대하여 긍정적으로 인식하는 "조롱, "우쭐대기", "악담" 화행과 사태에 대

하여 부정적으로 인식하는 "원망", "질타", "질투" 화행으로 구분된다.

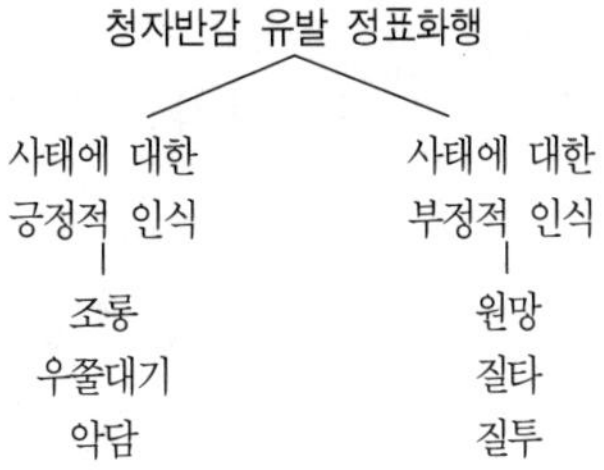

청자반감 유발 정표화행

사태에 대한
긍정적 인식

사태에 대한
부정적 인식

조롱
우쭐대기
악담

원망
질타
질투

[그림 12] 청자 반감유발 정표화행

1) 사태에 대한 긍정적 감정의 정표화행

이들 유형의 공통된 특징은 화자가 청자의 감정을 손상시킴으로써 자신은 좋은 감정을 갖게 된다는 것이다. 그리고 청자는 사태에 대하여 대상자 역할을 한다는 점이 공통적이다. 화자는 청자와 밀접한 관련이 있는 사태에 대해 반감을 표현함으로써 청자도 반감이 유발되기를 기대한다. 이 유형에는 "조롱", "우쭐대기", "악담"이 있다.

가. 조롱화행

이 글의 분류 기준에 의하면 조롱화행은 다음과 같은 특성을 지닌다.

대화이동 연속체 내의 위치 :	시작 화행
의사소통 목적 :	청자 반감유발
화자의 감정 :	즐거움, 고소함

사태의 역할 :	화자-관찰자, 청자-행위자·대상자
사태의 내용·시제 :	청자의 불행/불운한 사태/청자의 약점, 과거

조롱화행은 청자의 불행한 사태에 대하여 화자는 긍정적으로 인식하고 즐거움(고소함, 기쁨)을 표현하는 행위이다. 즉, 화자는 조롱화행의 수행을 통해 청자가 사태에 대하여 느끼는 불쾌한 감정과 반대 감정을 표현한다. 이러한 행위는 결과적으로 청자의 반감을 유발하게 되어 대화 참여자들 간에 갈등을 일으킬 수 있다.

조롱의 동기가 되는 청자의 사태 내용은 상황에 따라 다양하며 청자가 행위자의 역할을 하는 경우와 청자가 대상자의 역할을 하는 경우로 구분된다.

우선 청자가 사태에 대하여 행위자의 역할을 하는 경우는 대화 상황에서 청자가 한 구체적인 행동이나 과거에 겪은 청자의 불행한 경험이 사태의 내용이 되는 것이다.

(1) ㄱ. 화자1 : (너무 놀라고 화난, 뭐 이런 애가 있나 싶은 얼굴로, 열
　　　　　　　받은, 흥분해 버버대는) 신당동은 무슨! 너, 너…… 죽
　　　　　　　을라고…… 이게 진짜 몇 번을 내, 내가 말해. 차, 차가
　　　　　　　오는데 겁대가리 없이. 너, 너 정신이 있어, 없어?
　　　ㄴ. 화자2 : (어이없게 웃으며, 재밌다는 듯) 생긴 건 멀쩡해가지고
　　　　　　　뻑하면 괜히 흥분해 갖고 버버거려? (호철 흉내내는) 니
　　　　　　　니가, 저저저정신,
　　　ㄷ. 화자1 : 에우, 에우, 진짜……. (하고, 운전해 가는)

(2) ㄱ. 화자1 : (비웃는) 너 6급 시험 또 떨어졌다며?
　　　ㄴ. 화자2 : (웃는) 너 나한테 은근히 관심 있구나? 왜, 내가 신경
　　　　　　　쓰여?

(1)에서 화자2가 조롱하는 사태는 화자1이 흥분하여 말을 더듬는 실수를 한 것이다. (2)에서는 화자2가 과거에 겪은 불행한 일-시험에 불합격한 일-이 조롱의 대상이 되었다. 위의 예에서 조롱의 동기는 청자의 실수나 불운에서 비롯한다고 할 수 있다.

한편 "조롱"의 사태에 대하여 청자가 대상자가 되는 경우, "조롱"의 동기가 되는 사태의 내용은 청자의 신체적 특성과 관련이 있다. 이에 해당하는 다음의 예를 보자.

(3) ㄱ. 화자1 : 어디, 아 해 봐. 아하하하하…… 어금니가 정말 없네!

ㄴ. 화자2 : 뭐야, 남의 아픔을 가지고.…… 에이, 진짜. 절루 가.

(4) ㄱ. 화자1 : 돼지, 돼지, 꿀돼지!

ㄴ. 화자2 : (울음) 우앙- 나 돼지 아니야!

ㄷ. 화자1 : 돼지 돼지 꿀돼지이이~돼지돼지 꿀돼지이~ 꿀꿀꿀 꿀…….

(일동 웃으며 놀림)

(5) ㄱ. 화자1 : (보다가 짐짓) 사이즈가 짧아서 머리까지 손이 올라올라나.

ㄴ. 화자2 : (옆구리 퍽 치며) 옆구리도 있거든!

위의 예에서 화자는 각각 상대방의 이가 없음, 뚱뚱함, 키가 작음 등 신체적 특성에 대하여 "조롱"을 하고 있다. 청자는 화자가 "조롱"하는 것을 약점으로 여기고 있을 수도 있고 자신의 신체에 대하여 부정적 인식을 가지고 있지 않을 수도 있다. 반면 화자는 정상 범주라고 여기는 판단 기준에서 벗어난 청자의 상태에 대해 결함이 있다고 여기고 청자를 "조롱"하게 된다.[55]

조롱화행이 수행될 때 화자가 표현하는 감정은 기본적으로 '기쁨·즐
거움', 혹은 청자의 불행에 대한 '고소함'이다. 특히 고소한 감정의 표현
은 (2)에서처럼 화자와 청자가 경쟁 관계라서 청자의 불행이 곧 화자의
기쁨이 될 때 드러난다.56)

이상의 내용을 정리하여 조롱화행이 성공적으로 수행되기 위한 적정
조건을 제시하면 다음과 같다.

(6) 조롱화행의 적정 조건
  ㄱ. 명제내용 조건 :
    1) 청자의 E(불행한 경험, 불운, 대화 상황에서의 실수, 신체
       적 약점) 등이 사태의 내용이 된다.
    2) 사태는 이미 발생하였다.
  ㄴ. 예비 조건 :
    1) 화자는 청자에게 사태E가 부정적으로 인식이 될 것이라고
       생각한다.
    2) 화자는 청자의 사태E에 대하여 긍정적으로 인식한다.
  ㄷ. 성실 조건 : 화자는 사태E에 대하여 기쁨(즐거움, 고소함)을 느
       낀다.

---

55) Marten-Cleef(1991)에서는 청자의 항구적 결함, 즉 그의 신체적 특징 때문에 비롯된 화행
    은 조롱으로 보지 않고, "VERHOHNEN(조소화행)"으로 구분하였으나(김갑년, 1997 :
    170-173 참고) 김갑년(1997)에서는 조소화행을 조롱화행의 하나의 가능한 유형으로 포
    함하여 함께 논하였다. 김갑년(1997 : 172)에서는 Marten-Cleef의 조롱의 개념이 편협하
    게 이해되었다고 비판하면서 조롱 상황의 전제 조건으로는 객관적 조건인 청자의 실수
    나 결함보다 청자에 대한 혐오적 감정의 정도가 조롱의 발생에 결정적인 요소로 작용한
    다고 하였다. 예컨대 청자에게 아무 문제가 없어도 화자는 청자를 조롱할 수 있다고 본
    것이다. 이 글에서는 청자의 신체적 결함도 청자의 불운에 포함된다고 판단하여 조롱화
    행 속에 조소화행을 포함하여 논하였다.
56) 조롱화행에서 표현하게 되는 '기쁨, 즐거움, 고소함'의 감정의 동인으로 Marten-Cleef(1991)
    는 '우월감'을 들었다. 화자의 우월성에 대한 자각이 화자에게 조롱을 수행하게 되는 감
    정인 즐거움을 일으킨다는 것이다(김갑년, 1997 : 170 참고).

ㄹ. 본질 조건 : 청자의 불행한 사태에 대하여 기쁨을 표현함으로
써, 청자의 불행에 화자가 공감하지 않는다는 것
을 전함으로써, 화자는 청자의 반감을 유발하게
되기를 기대한다.

한국어에서 조롱화행이 수행되는 형식을 살펴보면 다음과 같다.

첫째, 이 글에서 분석한 자료 내에서는 조롱화행을 수행하는 관용 표
현으로 '쌤통이다'와 같은 표현이 발견될 뿐, 수행적 표현은 나타나지
않았다.

(7) ㄱ. 화자1 : <u>고것 참 쌤통이다!</u>
ㄴ. 화자2 : 너 말 다 했어?
ㄷ. 화자1 : 벌 받은 거야. 벌 받았어. 니가 그동안 한 짓을 생각해
봐라.

(7)에서 화자1은 화자2가 남자 친구에게 차였다는 말을 듣고, '고것
참 쌤통이다!'라는 관용 표현으로 조롱화행을 수행한다. '[고것/그것/거]
+[참/정말]+쌤통이다'의 변형형이 사용된다.

둘째, 사태에 대한 감정을 표현하여 조롱화행을 수행할 수 있다. (8)은
청자의 감정에 대해 화자가 표현하고 있고, (9)는 청자의 사태에 대한 화
자의 감정을 명시적으로 표현하고 있다.

(8) ㄱ. 화자1 : (가만 보며, 놀리듯) <u>속이…… 타나보다? 무지무지 답답</u>
<u>한가보네?</u>
ㄴ. 화자2 : (꼬나보는, 화가나는)…….
ㄷ. 화자1 : <u>화도…… 나나보다?</u>
ㄹ. 화자2 : 나 갖고 놀면 재밌어?

(9) (영호, 역시 조금 절룩거리며 걷는다. 깔깔대며 웃는 미스 리)

    ㄱ. 화자1 : 와하하하, 진짜 웃긴다!

(9)에서 화자1은 화자2가 자신의 실수에 화가 나 있자 청자의 감정을 대신 표현함으로써 "조롱"을 수행한다. 화자2의 '속이 타고, 답답하고(9ㄱ)', '화가 나는(9ㄷ)' 감정을 화자1이 발화함으로써 화자1은 상대방의 이러한 사태에 대하여 반대의 감정을 가졌다는 것을 표현한다. (9)는 상대방이 절룩거리며 걷는 모습을 보며 '즐겁다'는 자신의 감정을 (9ㄱ)에서 표현함으로써 상대방을 조롱한다.

셋째, 조롱화행은 청자가 가지고 있는 부정적인 특성을 그대로 기술함으로써 수행된다.[57] 특히 아래의 예에서처럼 화자가 상대방의 신체적 약점에 대하여 놀리려고 할 때 이러한 표현 방식이 자주 사용된다.

(10) ㄱ. 화자1 : 1) 어디, 아 해 봐. 아하하하하…… 이가 정말 없네!

    ㄴ. 화자2 : 뭐야, 남의 아픔을 가지고…… 에이, 진짜. 절루 가.

(11) ㄱ. 화자1 : 아까 우리 마누라 얼굴 볼만하던데요? 화가 나서 얼굴은 빨개지고, 숨 쉴 때마다 가슴은 빵빵 D컵이 됐다 도로 스몰 A컵이 됐다 들썩들썩하고…….

    ㄴ. 화자2 : (재하 팔꿈치로 치며)스몰 A는 아니걸랑요?

    ㄷ. 화자1 : 그럼 스몰 B로 정정?

    ㄹ. 화자2 : (또 친다)

(12) ㄱ. 화자1 : (보다가 짐짓) 싸이즈가 짧아서 머리까지 손이 올라올라나.

---

57) 이 글에서 분석한 자료에서 조롱화행의 수행 형식 중 가장 많은 수를 차지한 것이 '사실 표현'에 의한 것이었다.

　　ㄴ. 화자2 : (옆구리 퍽 치며) 옆구리도 있거든!

또한 "조롱"은 청자가 경험한 불행한 사태를 기술함으로써 수행된다.

(13) ㄱ. 화자1 : (비웃는) <u>너 6급 시험 또 떨어졌다며?</u>

　　　ㄴ. 화자2 : (웃는) 너 나한테 은근히 관심 있구나? 왜, 내가 신경
　　　　　　　　　쓰여?

(14) ㄱ. 화자1 : 1) (혼자 앉아 있는 남자1에게) 야, 넌 왜 이렇게 십주
　　　　　　　　　구리해?
　　　　　　　　2) 놀 건지 말 건지 태도를 분명히 해. 태도를!
　　　　　　　　3) <u>그러니까 만날 마누라한테 구박받지.</u>

　　　ㄴ. 화자2 : (발끈해서) 누가 마누라한테 구박받는대?

　　(13)에서 화자1은 화자2가 시험에 떨어진 사태를 있는 그대로 기술하
고, (14)에서도 화자1은 마누라한테 만날 구박 받는 화자2의 상황을 있
는 그대로 기술하여 조롱화행을 수행한다. 위의 대화에서 청자가 '시험에
또 불합격하고(11ㄱ)', '마누라한테 구박 받는(14ㄱ)' 상황은 청자에게는 부
정적으로 인식될 수밖에 없는 상황이다. 그런데 이에 대하여 화자는 (13ㄱ)
에서 '확인 질문'의 방법으로 그대로 기술하여 상대방의 기분을 상하게
하고자 한다. 그리고 (14ㄱ-3)에서 화자는 청자의 태도를 "질타"(14ㄱ-1, 2)
하면서 그런 태도 때문에 청자가 '마누라한테 구박 받는다'는 "조롱"의
사태로 귀결시켜 상대방을 "모욕"하고 감정을 상하게 하여 청자의 반감
을 유발시키려 한다.

　　넷째, 조롱화행은 청자를 평가함으로써 수행될 수 있다.

(15) 화자1 : <u>벌 받은 거야. 벌 받았어. 니가 그동안 한 짓을 생각해 봐라.</u>

(16) ㄱ. 화자1 : <u>글쎄. 창피한 줄 모르고 꺼이꺼이 우는 어떤 남자보다</u>
　　　　　　　<u>는 낫지.</u>(하고 현세 보고 도망친다)
　　 ㄴ. 화자2 : (눈을 부라리며 따라 뛴다) 너 아주 잡히기만 해봐.
　　 ㄷ. 화자1 : (얼른 피해 뛰면서 메롱 하는 제스처) <u>메~롱이다. 울</u>
　　　　　　　<u>보야!</u>

(17) ㄱ. 화자1 : (놀리는) <u>니네 둘 중 니가 여자지. 뻑하면 삐지는 거 보</u>
　　　　　　　<u>니까, 니가 여자야, 그지?</u>
　　 ㄴ. 화자2 : 후…… (하고, 한숨쉬고, 나가버리는)

(15)에서 화자는 불행한 사태를 야기한 청자의 태도를 평가하고 있고, (16)에서 화자1은 화자2의 행동에 대해 평가를 하며 조롱화행을 수행한다. (17)에서 역시 청자의 태도에 대하여 평가하며 조롱화행을 수행하고 있다.

다섯째, 사태에 대한 반응 표현으로도 조롱화행을 수행할 수 있다.

(18) (고스톱을 치고 있는 형태와 난희)
　　 ㄱ. 화자1 : 앗싸 청단. 앗싸 똥까지~ 너 피박에 광박에~ 고~!
　　 ㄴ. 화자2 : (몸을 긁으며) 아이씨.
　　 ㄷ. 화자1 : <u>(낄낄대며) 그렇게 가려워?</u>
　　 ㄹ. 화자2 : 널 믿은 내가 바보지.

(18)에서 화자1은 화자2가 고스톱에서 져서 짜증을 내는 분통 화행을 수행하자(18ㄴ), 이를 고소하게 여기면서 (18ㄷ)에서 화자2의 사태에 대하여 반응을 보이며 상대를 조롱하고 있다.

이상 조롱화행이 수행되는 방식을 살펴보았는데, 조롱화행은 명시적으로 수행되기보다는 상당히 암시적인 방법으로 실현된다는 것을 알 수 있다.

(19) 조롱화행의 언어적 수행 형식
    ㄱ. 수행적 표현 : 관용 표현
        예) [고것/그것/거]+[참/정말]+쌤통이다
    ㄴ. 감정 표현 :
        1) 사태에 대한 청자의 감정을 화자가 표현
        예) 속이 타나보다? 무지무지 답답한가보네?
        2) 사태에 대한 화자의 감정 표현
        예) 와하하하, 진짜 웃긴다!
    ㄷ. 사실 표현 : 청자의 상태나 일어난 사태에 대한 기술
        1) 청자의 부정적 특성을 기술
        예) 아하하하하…… 이가 정말 없네!
        2) 청자가 경험한 사태를 기술
        예) 너 6급 시험 또 떨어졌다며?
    ㄹ. 평가 표현 : 청자를 평가함
        예) 벌 받은 거야. 벌 받았어. 니가 그동안 한 짓을 생각해
          봐라.
    ㅁ. 반응 표현 : 예) (낄낄대며) 그렇게 가려워?

나. 우쭐대기화행

이 글의 분류 기준에 의하면 우쭐대기화행은 다음과 같은 행위적 특성을 지닌다.

대화이동 연속체 내의 위치 :   시작 화행
의사소통 목적 :   청자 반감유발
사태에 대한 인식 :   화자-긍정적, 청자-부정적
화자의 감정 :   기쁨, 우월감(승리감, 만족감, 성취감)
사태의 역할 :   화자-행위자, 대상자 청자-대상자
사태의 내용·시제 :   화자의 승리나 성공, 과거

우쭐대기화행은 화자가 청자와 경쟁을 통해 거둔 승리나 성취에 대하여 느낀 기쁨, 우월감을 표현하는 행위이다. 우쭐대기화행을 수행할 때 화자가 유발한 사태는 화자 자신에게는 긍정적으로 인식되나 청자에게는 부정적으로 인식이 된다. 따라서 화자는 사태에 대하여 기쁨, 우월감, 승리감, 성취감 등의 긍정적 감정을 느끼는 반면 청자는 패배감, 시기심 등의 부정적 감정을 느끼게 된다. 그리하여 우쭐대기화행의 수행 결과 청자의 반감을 유발하게 되는 결과를 가져온다.[58]

우쭐대기화행과 유사한 행위로는 환호화행이 있다. 환호화행은 화자가 수행한 사태에 대하여 기쁨(승리감)을 표현하는 행위라는 점에서 우쭐

---

58) 이 글에서 우쭐대기화행은 자랑화행(BOAST)과 유사하나 이보다 특수한 개념으로 정의하였다. Searle & Vanderveken(1985 : 215)에서 'boast'는 단언화행에 속할 수도 있고 정표화행에 속할 수도 있다고 하였는데, 그 이유는 '나는 어떤 좋은 것을 했다.' 또는 '어떤 좋은 일이 내게 일어났다'라는 사실을 설명하는 표현으로도 자랑할 수 있기 때문이라고 하였다. 즉, 화자가 자신의 감정을 드러내는 표현을 하지 않더라도 화자는 자랑을 할 수 있다고 본 것이다. 이 글에서는 자랑화행을 단언화행으로 보아야 할지 정표화행으로 보아야 할지 아직 결론을 내리지 못하였다. 그러나 화자가 자신이 가진 좋은 것들을 기술하여 상대방에게 전달하는 데 발화 의도를 두는 것이 아니라, 사태에 대한 자신의 기쁨이나 만족감을 표현하는 것에 발화 의도를 둔다면 자랑화행은 정표화행으로 포함시킬 수 있을 것이라고 생각한다. 이 경우 자랑화행은 화자 자신이 스스로에 대해 찬사를 보내는 것으로 찬사화행과 매우 유사한 속성을 지니는 듯하다. 자랑화행은 그 사태가 실제로 좋은 것일 수도 있고 아닐 수도 있으며, 이미 발생한 일일 수도 미래의 일일 수도 있으며, 참일 수도 무용담과 같은 경우 약간의 거짓이 섞여 있을 수도 있는 등 복잡한 양상을 보인다. 자랑화행에 대한 논의는 다음으로 미루기로 한다.

대기화행과 유사하다. 그러나 환호화행을 수행할 때 청자의 사태에 대한 역할은 관찰자이므로 두 화행은 차이가 있다. 그리고 환호화행의 경우 사태에 대하여 화자 혼자 감정을 갖게 되는데 반해 우쭐대기화행은 화자와 청자가 서로 상반된 감정을 갖게 된다는 점에서도 차이가 있다. 이러한 결과 우쭐대기화행을 수행하는 화자의 발화 의도가 자신의 감정을 일방적으로 전하려는 데 있다면, 환호화행을 수행하는 화자의 발화 의도는 청자의 공감을 유발하기를 원한다는 점에서 차이가 있다.

우쭐대기화행이 성공적으로 수행되기 위한 적정 조건은 (1)과 같이 정리된다.

(1) 우쭐대기화행의 적정 조건
ㄱ. 명제내용 조건 :
1) 화자가 청자에게 거둔 승리나 성공
2) 사태에 화자와 청자는 모두 관련되어 있다.
3) 화자는 사태의 행위자로서 행위의 결과에 대해 책임이 있다.
ㄴ. 예비 조건 :
1) 화자는 사태에 대하여 긍정적으로 인식한다.
2) 청자는 사태에 대하여 부정적으로 인식한다.
ㄷ. 성실 조건 : 화자는 기쁨, 우월감, 승리감, 성취감을 느낀다.
ㄹ. 본질 조건 : 자신이 청자보다 우위임을 전달하고자 하며, 이로써 청자의 사기를 꺾고자 하는 행위이다. 그리고 화자는 청자의 반감을 유발하고자 한다.

다음에서 우쭐대기화행이 수행된 예를 살펴보자.

(2) (고스톱을 치고 있는 형태와 난희)
ㄱ. 화자1 : 1) 앗싸 청단. 앗싸 똥까지~ 너 피박에 광박에~

　　2) 고~!

ㄴ. 화자2 : (몸을 긁으며) 아이씨.

ㄷ. 화자1 : (낄낄대며)그렇게 가려워?

ㄹ. 화자2 : 1) 널 믿은 내가 바보지,

　　　　　2) 망했다 망했어.

(2)의 대화에서 화자1은 화자2와의 고스톱을 치고 있고(1ㄱ-2), 이것은 화자1이 행위자로서 결과에 대해 책임을 지는 일이다(1ㄱ-3). 그리고 화자1은 이 게임에서 승리를 거두고 있다(1ㄱ-1). 게임에 이기고 있는 화자1은 자신의 승리를 긍정적으로 여기고 있고, 화자2는 이러한 사태를 부정적으로 인식한다(1ㄴ). 화자는 현재의 사태에 대하여 승리감과 상대를 이겼다는 우월감을 느끼고(1ㄷ), 이를 표현함으로써 자신이 청자보다 우월하다는 것을 알린다(1ㄹ). 또한 화자는 아직 끝나지 않은 게임이지만 앞으로도 자신이 승리를 할 것이라는 자신감을 우쭐대기화행의 수행을 통해 보이고자 한다. 이러한 우쭐대기화행의 수행 결과 (2ㄴ)처럼 화자2의 반감을 유발시키고, (2ㄹ-2)에서처럼 상대방의 사기를 꺾을 수도 있으며, 대화참여자 간에는 갈등 상황이 만들어질 수도 있다(1ㄹ).

그런데 우쭐대기화행은 (2)의 대화에서 보듯이 화자와 청자가 매우 친밀하고 사회적 지위 차이가 없을 때 수행된다. 청자가 화자보다 사회적 지위가 높고 두 사람의 관계가 친밀하지 않을 경우, 정상적인 상황에서라면 우쭐대기화행이 수행되는 일은 드물다. "우쭐대기"는 화자와 청자가 사태에 대한 인식이 반대라는 것을 전제로 하기에 굳이 화자가 발화를 수행하여 청자의 반감을 유발하려는 일은 없기 때문이다. 또한 우쭐대기화행은 화자의 우월감을 표현하는 행위이므로 청자의 사회적 지위가 높을 때 수행되는 것은 부적절하다. 상대방의 체면을 위협하거나 무례한 행동으로 보일 수 있기 때문이다.

다음으로 우쭐대기화행이 수행되는 몇 가지 수행 형식을 살펴보기로 하겠다.

첫째, '앗싸'와 같은 감탄사에 긍정적인 사태를 기술함으로써 화자는 자신의 승리감이나 성취감을 표현한다.

(3) (축구 경기 이긴 듯 골인 성공시키고 환호성 지르고 난리다.)
    <u>앗싸! 이겼다아!</u> (순신, 욱 향해) 자~ 쫄면 쏘시지요~

(4) 앗싸 청단. 앗싸 똥까지~ 너 피박에 광박에~

둘째, 화자가 긍정적으로 여기는 사태를 주제로 하여 그대로 기술함으로써 우쭐대기화행을 수행한다.

(5) ㄱ. 화자1 : 미친 사람 같아, 왜 자꾸 웃어? 뭐가 웃겨?
    ㄴ. 화자2 : 1) (빼기듯 윙크하고, 웃으며) <u>시청률 나왔잖냐, 내가.</u>
              2) <u>이번 주 엔딩은…… 내가 장담하는데, 삼십이야.</u>
    ㄷ. 화자1 : 어제 준기 씨 만났어.

(5)에서 화자2는 화자1과 회사 동료로서 경쟁 관계에 있다. 화자2는 자신의 프로그램 시청률이 높게 나왔다는 사실을 그대로 말하면서 성취감과 만족감을 표현하고 있다. 이에 대하여 화자1은 (5ㄷ)에서 화제를 전환하여 화자2가 우쭐대기 위해 언급한 사태에 대해서는 무시를 하고 있는데, 이는 화자2의 발화가 화자1의 반감을 유발하였기 때문으로 보인다. 그리고 우쭐대기화행은 (5ㄴ-2)처럼 미래의 사실을 기정사실화하여 장담하여 기술함으로써도 수행될 수 있다.

셋째, 화자 자신에 대한 긍정적 평가로서도 우쭐대기화행을 수행할 수 있다.

(6) ㄱ. 화자1 : 요즘 제법인데 너?
ㄴ. 화자2 : <u>요즘? 예전에도 잘했어.</u>
ㄷ. 화자1 : 아이구, 언제부터 일 좀 했다고…… 정말.

(6)은 일의 파트너이자 경쟁 관계에 있는 두 사람의 대화이다. 이 대화는 '찬사(6ㄱ)-우쭐대기(6ㄴ)-빈정대기(6ㄷ)'의 대화이동 연속체로 구성이 되어 있다. 화자2는 상대방의 찬사에 대하여 우쭐대며 자신의 능력을 긍정적으로 평가한다. 이로써 화자2는 자신에 대한 만족감을 표현함과 동시에 청자에게는 이 일에 있어서 자신의 능력이 화자1보다 낫다는 우월감을 드러낸다. 그러자 화자1은 이에 대하여 반감을 느끼고 (6ㄷ)에서 자신의 "찬사"를 취소하는 발언을 한다.

그리고 사태에 대한 평가로도 우쭐대기화행을 수행할 수 있다.

(7) ㄱ. 화자1 : 어유, 일 너무 잘하시네.
ㄴ. 화자2 : 우리보다 손이 더 빠르시네.
ㄷ. 화자3 : <u>이깐 게 무슨 일이겠어요? 소꿉장난이죠!</u>
ㄹ. 화자4 : 아니 무슨 일을 그렇게 잘 하십니까?
ㅁ. 화자3 : 우리 친정이 대농사였어요. 논이 80마지기나 되구요.
　　　　　　모내기철이면 학교도 안 보내고 하루종일 들로 논으로 새참해다 나르고 했지요! <u>호호호! 이 정도 일이요? 껌 씹는 것보다 쉽죠!</u>
ㅂ. 화자5 : (인상 씀)…….

(7)의 대화는 화자5가 화자3을 골탕 먹이려고 밭농사를 끌고 나간 상

황으로 두 사람은 경쟁 상태에 있다. 화자3은 자신을 시험하려고 한 화
자5에게 (7ㄷ)과 (7ㅁ)에서 농사일이 자신에게는 매우 쉽다는 평가를 내
림으로써 우쭐 화행을 수행한다. 이렇게 상대방이 어렵다고 평가한 것에
대해 화자는 반대의 평가를 내려 자신이 이 게임에서 이겼다는 승리감
을 간접적으로 표현할 수 있는 것이다.

(8) 우쭐대기화행의 언어적 수행 형식

   ㄱ. 느낌 표현+사태 기술 :

      예) 앗싸 이겼다아/앗싸 청단. 앗싸 똥까지~ 너 피박에 광박에~

   ㄴ. 사실 표현 :

      1) 화자가 긍정적으로 여기는 사태를 기술

      예) (뻐기듯 윙크하고, 웃으며) 시청률 나왔잖냐, 내가./이겼다!

      2) 미래의 사태를 기정사실화하여 기술

      예) 이번 주 엔딩은 내가 장담하는데, 삼십이야.

   ㄷ. 평가 표현 :

      1) 화자 자신에 대한 긍정적 평가

      예) (나) 예전에도 잘했어.

      2) 사태에 대한 평가 : 일이 매우 쉽다고 평가함

      예) 이깟 게 무슨 일이겠어요? 소꿉장난이죠!

다. 악담화행

이 글의 분류 기준에 의하면 악담화행[59]은 다음과 같은 특성을 지닌다.

---

59) 악담화행은 '저주 화행'이라고 명명할 수도 있을 듯하다. 그러나 '저주'라는 어휘는 주술
   적인 면이 강하고 특별한 능력을 가진 화자가 행할 수 있는 뜻을 내포하고 있어서 보다
   일상적 어휘인 '악담'을 사용하였다.

대화이동 연속체 내의 위치 :	시작 화행
의사소통 목적 :	청자 반감유발
사태에 대한 인식 :	화자-긍정적, 청자-부정적
화자의 감정 :	악의적인 희망
사태의 역할 :	화자-관찰자, 청자-행위자, 대상자
사태의 내용·시제 :	청자 혹은 청자 주변에 관한 신상, 미래

악담화행이란 청자가 부정적으로 인식하는 미래의 사태가 일어나길 바라는 화자의 희망을 표현하는 행위이다. 즉, 화자는 청자의 앞날이 불행하거나 불운이 따르기를 바라며 이를 표현한다. 그리고 이러한 사태가 실현되는 것에 대하여 화자는 긍정적으로 인식한다.

악담화행은 사태의 내용이 청자의 미래의 신상과 관련이 있다는 점에서 기원화행과 유사하다. 그러나 "기원"은 화·청자의 사태에 대한 인식이 같아서 양자 간 공감을 형성하는 것에 화자의 발화 의도가 있고, "악담"은 화자와 청자의 인식이 서로 반대이므로 화자는 청자의 반감 유발을 기대하게 된다는 점에서 차이가 있다. 따라서 악담화행과 기원화행은 정반대의 성격을 지닌 화행 유형이라고 볼 수 있다.

악담화행이 수행된 전형적인 예를 통하여 위의 기준들에 대해 자세히 논의해 보겠다.

(1) ㄱ. 화자1 : 이 기집애야, (앞에 있는 세수대야 발로 뻥 차는!) 너 잘 들어! 쌍문동 마땀뚜 이 홍숙자! 다신 니 아들들 중신 안 선다. 그리고 동창들한테 다 소문내서 절대 배옥희 네 중신하지 말라 할 거야 알았어? 내가 니 아들들 네 놈 다 총각으로 늙혀 죽여 버릴거라구 알았어어어!

ㄴ. 화자2 : 숙자야…….

(1)의 대화는 화자1이 화자2의 아들을 중매했다가 망신을 당하고 와서 화자2의 집에 찾아와 화를 내는 상황이다. (1ㄱ)에서 화자1은 화자2의 자식의 미래에 대하여 "악담"을 하고 있다. 화자1은 화자2가 부정적으로 인식하는 미래의 사태에 대하여 긍정적으로 인식하고, 희망을 표현한다. 따라서 화자1은 악담화행을 통해 화자2의 반감을 유발시키기를 기대하고, 결국 상대방의 기분이 상하게 되는 것을 기대한다.

(1ㄱ)에서 화자의 악담 표현은 상황 맥락을 제외하고 보면 언약 화행처럼 이해될 수도 있다. 그러나 위의 상황에서 화자1이 저주하는 대상이 정말로 손해를 입기 원하는 것은 아니며, 자신이 말한 것에 대하여 반드시 책임을 지겠다는 의지를 표현하는 것도 아니므로 언약 화행과는 구분된다. 화자1은 (1ㄱ)을 통해 화자2로부터 비롯된 사태 때문에 자신이 매우 화가 났고, "악담"에 의해 화자2에게 반감을 불러 일으켜 화자2의 마음에 상처를 입히기를 기대하는 것이다.[60] 그러므로 악담화행의 의사소통 목적은 청자의 반감을 유발하는 것에 있다.

이를 정리하여 악담화행이 성공적으로 수행되기 위한 적정 조건을 제시하면 다음과 같다.

---

60) Wierzbicka(1987 : 164)에서는 악담화행(CURSE)은 청자를 대상으로 하여 말하고 있으므로 청자중심적인 화행인 것 같으나 실은 화자중심적인 화행이라고 하였다. 그 이유는 화자가 청자를 목표로 하여 나쁜 일이 일어나길 바란다는 욕망을 표현하고는 있으나 화자가 악담을 하여 얻길 원하는 것은 그 일이 미래에 정말 일어날 것이라 상상함으로써 자신의 감정을 다스리는 것이라고 보았기 때문이다. 그녀의 주장은 한 편으로는 타당해 보이기도 한다. 악담화행에는 분명히 "환호", "경탄", "한탄", "분통" 화행처럼 화자의 감정을 분출하고 이로써 자신의 감정을 진정시키거나 추스르고자 하는 화자의 발화 의도가 들어 있기 때문이다. 그러나 이 글에서는 이 의견에 전적으로 동의하지는 않는데, 악담화행을 수행하는 화자에게는 분명 청자의 감정을 상하게 하고, 모욕을 주고자 하는 의사소통 목적이 포함되어 있기 때문이다. 따라서 이 글에서는 이 두 가지 측면 중 악담화행은 후자의 발화 의도가 더 본질적인 것이라고 보아 악담화행을 '청자 반감유발 정표화행'으로 분류하였다.

(2) 악담화행의 적정 조건

ㄱ. 명제내용 조건 : 청자의 신상과 관련된 미래의 일

ㄴ. 예비 조건 :

1) 화자는 미래의 사태 실현에 대하여 긍정적이다.

2) 청자는 미래의 사태 실현에 대하여 부정적이다.

ㄷ. 성실 조건 :

1) 화자는 현재 청자에게 화, 미움 등의 감정을 느끼고 있다.

2) 화자는 미래 사태의 실현에 대하여 기대감, 희망을 느낀다.

ㄹ. 본질 조건 : 청자에게 반감을 유발시켜 상대방의 기분이 상하

거나 모욕을 주는 것을 기대한다.

한국어에서 악담화행은 다음과 같은 표현 방식에 의해 수행된다.

첫째, "악담"은 '잘 먹고 잘 살아라!', '평생 그렇게 살다가 죽어라'류의 관용 표현으로 수행될 수 있다. 화자는 청자에 대한 악의적 바람을 '잘 살아라'라는 반어적 표현을 사용하여 나타낸다.

(3) (버럭)야 장아영! 그래에 넌 그렇지! 내가 그럴 줄 알았어 너. 난 그래도 니가 상처받았을까봐 걱정도 되고, 안 그려려고 해두 자꾸 니 생각이 나는 게 괴로워죽겠는데 혼자 어딜 간다구? 미구욱? 그래 잘가라! <u>가서 잘먹구 잘살아라 이 기집애야!</u>

(4) <u>그래, 만날 그 모양 그 꼴로 평생 방구석에만 붙어서 잘 살아라, 씨!</u>

(3)에서는 '가서 잘 먹고 잘 살아라'라는 표현만으로 악담화행이 수행되었다. 그러나 (4)에서는 관용 표현 앞에 화자가 현재 청자에 대해 부정적으로 생각하는 사태가 앞으로도 지속될 것이라는 내용이 동반하여 사용되었다.

한편 화자는 청자에 대한 악의적 바람을 청자가 현재 처한 나쁜 상황을 명제내용으로 하여 '평생 그렇게+(명제내용)+살다가 (늙어)죽어라'의 구문을 사용하여 나타낸다.

(5) 평생 그렇게 살다가 늙어죽어라!

(6) 평생 그렇게 총각 귀신으로 살다가 죽어라!

둘째, "악담"은 청자에게는 부정적으로 인식되는 미래의 사태를 기정사실화하여 기술함으로써 수행되는데, 그 표현 방식은 몇 가지로 구분된다. 우선 (7), (8)은 청자가 미래에 처할 불행한 사태를 단언하여 "악담"을 수행하는 예이다.

(7) 당신 그렇게 독불장군처럼 굴다가 자식뿐 아니라 주변 사람들 다 잃게 될 테니까 두고 보세요.

(8) ㄱ. 화자1 : 1) 외과의와 깍두기의 차이는 종이 한 장 차이야.
2) 칼을 써서 사람을 살리면 외과의고 죽이면 깍두기야.
3) 넌 깍두기가 될 확률이 99.9프로야!
4) 무식한데다 안이하기까지 해서…….
ㄴ. 화자2 : …….
ㄷ. 화자1 : 다시 한번 말하는데…… 더 이상 죄 짓고 싶지 않으면 너 의사 관둬!

(7)은 남편의 '독불장군 같은 행동'에 화가 난 부인이 남편에게 "악담"을 하는 장면이다. (8)은 의사인 화자1이 레지던트인 화자2의 잘못으로 환자가 죽자 화자2를 심하게 꾸짖는 장면이다. (8ㄱ)의 "꾸짖기" 대화이

동은 '주장(8ㄱ-1)—이유대기(8ㄱ-2)—악담(8ㄱ-3)—비난(8ㄱ-4)'의 화행 연속체로 구성이 된다. 여기서 악담화행은 화자2의 실수에 대한 화자1의 화를 분출하는 기능도 하며, 화자2의 마음에 상처를 주고 "모욕"을 주기 위한 자극 화행으로서의 기능도 한다.

다음으로, 미래의 사태를 주제로 화자의 의지를 표현하여 악담화행을 수행하기도 한다. 악담화행은 '[미래의 부정적 사태]+ ―ㄹ 것이다' 구문으로 화자가 청자의 미래에 대한 악의적 바람을 표현하여 수행될 수 있다.

> (9) 1) 이 기집애야, (앞에 있는 세수대야 발로 뻥 차는!) 너 잘 들어!
>   2) 쌍문동 마땀뚜 이 홍숙자! 다신 니 아들들 중신 안 선다.
>   3) 그리고 동창들한테 다 소문내서 절대 배옥희네 중신하지 말라
>   할 거야 알았어?
>   4) <u>내가 니 아들들 네 놈 다 총각으로 늙혀 죽여 버릴거라구.</u> 알았
>   어어!(61)

> (10) (연애 중인 화자2에게)
>   ㄱ. 화자1 : 좀 있으면 곧 깨질 거예요!
>   ㄴ. 화자2 : 아 네, 네에, 좋은 말씀 감사합니다.

(9)의 대화처럼 악담화행은 화자가 흥분해서 소리를 지르며 장담하는 발화 (9ㄱ-2, 3)(62)와 함께 수행되는 경우가 많다.

---

61) 논의의 편의를 위해 (1)의 예문을 다시 가져와서 제시하였다.
62) 이 글에서는 (9ㄱ-ㄴ, 3)처럼 부정적인 상황에서 화자가 화가 나서 흥분하여 소리 지르며 화자 자신의 미래 행동을 대상으로 장담하고 맹세하는 이런 유형의 발화 행위를 무엇으로 보아야 할지 결정하지 못하였다. 이 행위는 화자 자신의 미래의 일을 사태로 하여 발화하는 스스로에 대한 다짐이기도 하며, 실현 가능성여부는 불투명한 미래에 대한 맹세이기도 하고, 호언장담하는 주장이기도 하며, 상대방에게 자신의 화와 짜증을 표현하는 정표화행의 특성을 지니기도 하는 등 복합적인 성격을 지닌다. 자료에서 발견한 이

마지막으로 미래의 사태를 주제로 '[화자가 바라는 불행한 사태]+명령형 어미 '−아라/어라'를 사용하여 악담화행이 수행되기도 한다.

(11) (쳐다도 안 보고) <u>생선한테 물려 죽어라! 나쁜 놈…….</u>

(12) (도망치는 소매치기에게) <u>이 나쁜 새끼야, 가다가 지 발에 넘어져라. 사기꾼, 꽃뱀, 된장녀 돌아가면서 걸려라.</u>

(11)은 상대방이 화자1(여자)에게는 신경을 안 쓰고 낚시에만 집중을 하자, 여자가 악담을 하는 상황이다. 따라서 '생선한테 물려 죽어라!'는 관용 표현에서 사용된 '죽어라'류와는 차이가 있다. (12)는 소매치기를 당한 화자가 화가 나서 소매치기에게 악담을 퍼붓는 예로, 화자가 바라는 불행한 사태를 명제내용으로 하여 명령형으로 악담을 하고 있다.

이상 한국어에서 악담화행이 수행되는 방식을 제시하면 다음과 같다.

(13) 악담화행의 언어적 수행 형식
　　ㄱ. 수행적 표현 : 관용 표현
　　　　예) 잘 먹고 잘 살아라!/평생 그렇게 살다가 죽어라!
　　ㄴ. 사실 표현 : 청자에게 부정적으로 인식되는 미래의 사태를 주
　　　　　　　　 제로 기정사실화하여 기술함.
　　　1) 청자가 미래에 처할 불행한 사태를 단언
　　　　예) 넌 깍두기가 될 확률이 99.9프로야!
　　　2) 화자의 의지를 표현 : [미래의 부정적 사태]+ −ㄹ 것이다
　　　　예) 좀 있으면 곧 깨질 거예요!
　　　3) [화자가 바라는 불행한 사태]+명령형 어미 '−아라/어라'

<hr>

유형에 속하는 구체적인 표현의 예로는 '내가 널 며느리로 받아들이면 내 성을 간다!', '제기랄! 씨팔, 내가 다시는 너한테 전화하나봐' 등이 있었다.

예) 생선한테 물려 죽어라! 나쁜 놈.

2) 사태에 대한 부정적 감정의 정표화행

'청자 반감유발—부정적 정표화행' 부류의 특징은 사태를 유발하는 사람이 모두 청자라는 점이다. 화자는 청자가 일으킨 사태에 대하여 부정적으로 인식하고 자신의 불쾌한 감정을 전달하는 것에 발화수반 목적을 둔다. 그러나 청자의 사태에 대한 인식은 화자와 반대이므로 화자는 화행 수행 결과 청자에게 반감을 유발시키기를 기대한다. 이 유형에는 "원망", "질타", "질투" 화행이 있다.

가. 원망화행

이 글의 분류 기준에 의하면 원망화행은 다음과 같은 특성을 지닌다.

대화이동 연속체 내의 위치 :	시작 화행
의사소통 목적 :	청자 반감유발
사태에 대한 인식 :	화자—부정적
화자의 감정 :	슬픔
사태의 역할 :	화자—대상자, 청자—행위자
사태의 내용·시제 :	청자가 화자에게 한 일, 과거

원망화행이 "질타", "질투" 화행과 다른 점은 청자가 유발한 사태에 대해 화자가 슬픔을 표현한다는 것이다. 이때 '슬픔'은 '고통, 절망감, 외로움, 서운함, 쓸쓸함, 우울함' 등을 포괄하는 기본 감정이다.

원망화행이 성공적으로 수행되기 위한 조건을 예를 통하여 알아보기
로 한다.

(1) ㄱ. 화자1 : <u>어떻게 사랑이 변하니.</u> 너 나 사랑한다고 했었지. 근데
　　　　　　어떻게 지금 사랑하지 않는다고 하지? 어떻게 사랑이
　　　　　　변하니? 말이 돼? 난 그런 거 이해할 수가 없어…… 안
　　　　　　되겠니?
　　ㄴ. 화자2 : 응…… 미안해.

(1)에서 화자1이 (1ㄱ-1)의 밑줄 친 부분을 발화하게 된 과정은 다음
과 같이 상정할 수 있다.

① 화자2는 화자1에게 이별을 통보하는 말을 한다.
② 화자1은 화자2의 말에 대하여 부정적으로 인식한다.
③ 그 후 화자1은 슬픔을 느낀다.
④ 이러한 감정을 (1ㄱ-1)의 "원망"으로 표현한다.

원망화행이 발화되기까지의 과정에서 보여주듯이 원망 행위의 사태는
①에서처럼 청자가 유발한 것이다. 그러나 청자는 이에 대해 책임질 의
무가 있거나 필요성을 느낄 이유는 없다. 사태에 대한 청자의 책임 여부
는 원망화행과 질타화행을 구분하는 데 있어서 매우 중요하다. 우리는
원망화행을 '슬픔'을 표현한 행위로 보았는데 (1ㄱ)에서 드러난 감정은
'화'라고 볼 수도 있으므로 이러한 발화 형태만으로는 '화'를 표현하는
질타화행과 '슬픔'을 표현하는 원망화행의 구분이 모호할 때가 많다. 그
러나 "원망"은 '화자2가 사태에 대한 책임을 질 필요가 없다'는 조건에
만족하는 행위라는 점에서 (1ㄱ)을 "질타"와 구분할 수 있다. 그리고 ②에

서 화자1은 사태에 대하여 부정적으로 인식하나 화자2의 사태에 대한 인식은 알 수 없다.

이상의 내용을 정리하면 원망화행이 성공적으로 수행되기 위한 적정 조건은 다음과 같다.

> (2) 원망화행의 적정 조건
>> ㄱ. 명제내용 조건 : 청자가 화자에게 유발한 사태
>> ㄴ. 예비 조건 :
>>> 1) 화자는 사태에 대하여 부정적으로 인식한다.
>>> 2) 청자는 사태에 대하여 책임질 필요가 없다고 인식한다.
>> ㄷ. 성실 조건 : 화자는 슬픔(서운함)을 표현한다.
>> ㄹ. 본질 조건 : 화자는 원망 행위를 통하여 자신이 청자의 행동에 슬픔을 느끼고 있다는 것을 알리고자 하며, 청자에게도 반감을 유발시키고자 한다.

의사소통 시 화자가 상대방이 유발한 사태에 대하여 "원망"을 하였을 경우, 대개 화자의 발화는 청자의 반감을 유발하게 된다. 청자는 화자의 "원망" 표현을 통해 화자의 슬픔에 공감하기보다 청자 자신이 유발한 사태에 대하여 화자가 부정적 평가를 하고 있다고 받아들일 수 있기 때문이다.

> (3) ㄱ. 화자1 : <u>내가 6개월 넘게 병원에 다니는 동안 당신이 같이 병원에 들어간 적은 단 한 번도 없었어.</u>
>> ㄴ. 화자2 : 1) 밖에 주차할 데가 없었으니까 그랬지.
>>> 2) 그리고 당신이 나보고 차에 있으라고 했잖아.
>> ㄷ. 화자1 : 1) 관두자.
>>> 2) 나 같으면 그러진 않았을 거야.

(3ㄱ)에서 화자1은 화자2의 과거의 행동에 대하여 "원망"을 하고 있다. 화자1의 입장에서는 그동안 서운하고 섭섭했던 마음을 표현한 것이나 화자2의 입장에서 이 발화는 화자2의 행동의 옳고 그름을 가르는 평가 표현으로 받아들여지고 있다.63) 이는 (3ㄴ-1)에서 화자2가 자신의 행동에 대한 "변명"을 하고, (3ㄴ-2)에서는 비판 받았다고 생각한 자신의 행동에 대한 책임을 화자1에게 떠넘기고 있다는 것으로 알 수 있다.

원망화행이 수행되는 몇 가지 형식을 구체적 예를 통해 살펴보겠다.

첫째, "원망"은 청자가 행한 사태를 사실 그대로 기술함으로써 수행된다. 화자는 청자로 하여금 그 사태를 알게 하여, 그로부터 화자가 청자에게 슬픔을 느꼈다는 것을 알리고자 한다. 위에서 (3ㄱ)은 이에 해당하므로 논의의 편의상 (4)로 다시 가져와서 제시하기로 한다.

(4) ㄱ. 화자1 : <u>내가 6개월 넘게 병원에 다니는 동안 당신이 같이 병원에 들어간 적은 단 한 번도 없었어.</u>

　　ㄴ. 화자2 : 1) 밖에 주차할 데가 없었으니까 그랬지.

　　　　　　　 2) 그리고 당신이 나보고 차에 있으라고 했잖아.

(5) (15년 만에 집에 들어온 남편에게)

　　ㄱ. 화자1 : <u>당신 15년 만에 처음 집에 온 거야. 15년 만에……</u>

　　ㄴ. 화자2 : ……자리 깔아. 나 피곤해.

(4ㄱ)에서 화자1은 화자2에게 병원에 함께 들어간 행위를 한 적이 없

---

63) (3)에서 화자2는 (3ㄱ)의 발화를 '꾸짖음' 등의 평가화행이나 혹은 비판 화행으로 받아들인 듯하다. '꾸짖음' 등의 평가화행은 이 글에서는 정표화행의 유형으로 '평가적 정표화행' 범주를 설정한 바 있다. 그러나 비판 화행은 이 글에서는 단언화행의 유형으로 보는 것이 타당하다는 의견을 제시한다. 왜냐하면 "비판"은 평가적 정표화행인 "비난"과는 달리 화자의 심리 상태를 표현하는 것에 발화수반 목적이 있지 않고, 자신의 의견을 주장하고 단언하는 데 의사소통 목적이 있기 때문이다. 평가화행을 행태행위로 구분한 Austin과는 달리 Searle이 평가화행을 단언화행으로 구분한 것도 이러한 이유에서일 것이다.

다는, 행위의 불이행을 명제내용으로 하여 기술함으로써 "원망"을 수행하고 있다. (5ㄱ)에서 화자1은 화자2가 15년 만에 집에 돌아왔다는 사태에 대한 정보를 기술함으로써 원망화행을 수행하고 있다. 한편 원망화행에 대한 화자2의 반응은 변명을 하고 책임 전가를 하거나(4ㄴ), 화자1의 말을 회피하거나 무시하며 명령을 함으로써 화제를 바꾸는 것(5ㄴ)이다. 이는 모두 화자1의 원망화행이 화자2의 반감을 유발하여 발생한 결과이다.

둘째, 원망화행은 청자가 행한 사태에 대하여 부정적으로 평가하는 표현으로도 수행된다.

(6) ㄱ. 화자1 : 어떻게 나한테 이럴 수가 있니? 불쌍하지도 않던?
    ㄴ. 화자2 : 나 혼자 생각할 일이 있어서 그랬어.

(7) ㄱ. 화자1 : 사람 밥 먹는 거 처음 봐?(계속 먹는다)
    ㄴ. 화자2 : 당신, 얼마 만에 집에서 밥 먹는지 알아요?
              (영호, 대답없이 계속 밥만 먹는다. 이윽고 밥을 다 먹
              고 물까지 마신 뒤, 서둘러 일어선다)

(6)에서 화자1은 화자2가 자신한테 행한 행위에 대하여 '어떻게+[화자2의 행위]+의문문 어미?' 형식을 사용하여 강하게 화자2를 원망하고 있다. (7) 역시 의문문을 사용하여 '얼마 만에+[화자2의 행위]+의문문 어미?'로 화자2의 행위에 대해 평가하여 원망을 표현한다.64)

---

64) 화자2에게 이러한 평가 표현에 의한 원망화행이 더 강한 반감을 줄 수 있다는 것은 Brown & Levinson(1987)에서 말하였던 체면 위협 행위로 설명이 가능하다. 평가 표현에 의한 원망화행은 사실을 기술할 때보다 청자의 소극적 욕구(negative face)를 해치는 결과를 가져온다.

셋째, 원망화행은 2개의 표현이 조합되어 나타나기도 한다. 청자가 행한 사태에 대한 기술과 화자의 슬픔과 관련된 감정 어휘들이 함께 사용되어 원망을 표현한다.

(8) ㄱ. 화자1 : <u>니가 그래달란 적이 없어서, 난 외로웠어.</u>
　　 ㄴ. 화자2 : (억울하고 속상한) 내가 원하면 해 줄 수나 있었고? 첨부터 알았잖아, 우리가 안 맞는 거? 근데 왜 세 번씩이나 다시 만났어? 장난했어? 장난 같은 거 안 하는 칼 같은 사람이.
　　 ㄷ. 화자1 : (맘 아픈) 칼 같은 놈이, 그만큼 니가 좋았어. (눈가 붉어져) 조금 좋았음 벌써 끝났어.

(9) ㄱ. 성은 : <u>저 좋다고 하실 땐 언제고…… 저 섭섭하고요.</u>
　　 ㄴ. 정환 : 제가 언제요? (딴청 부리며)제가 언제 좋다고 했더라…….

(8ㄱ)에서 화자1은 화자2가 '행위를 불이행했다는 정보'를 기술하고 '외롭다'는 느낌을 조합하여 원망을 표현한다. (9ㄱ)에서는 화자2가 과거에 말했던 '사태에 대한 정보'를 기술하고 '섭섭하다'라는 자신의 감정을 직접 서술하여 원망을 표현한다.

이상 한국어에서 원망화행이 수행되는 방식을 정리하여 제시하면 다음과 같다.

(10) 원망화행의 언어적 수행 형식
　　 ㄱ. 사실 표현 : 청자가 행한 사태를 사실 그대로 기술
　　　　 예) 당신 15년 만에 처음 집에 온 거야. 15년 만에…….
　　 ㄴ. 평가 표현 : 청자가 행한 사태에 대한 부정적 평가
　　　　　　 '어떻게+[화자2의 행위]+의문문 어미?'/'얼마 만에

+[화자2의 행위]+의문문 어미?'/'니가 N냐?' 등

예) 어떻게 나한테 이럴 수가 있니?

ㄷ. 사실 표현+감정 표현 : 사태에 대한 기술(청자의 행위의 불이
행/청자의 상태에 대한 정보)+슬픔과
관련된 감정 어휘(외롭다, 섭섭하다 등)

예) 니가 그래달란 적이 없어서, 난 외로웠어.

나. 질타화행

이 글의 분류 기준에 의하면 질타화행은 다음과 같은 특성을 지닌다.

대화이동 연속체 내의 위치 :	시작 화행
의사소통 목적 :	청자 반감유발
사태에 대한 인식 :	화자-부정적
화자의 감정 :	분노
사태의 역할 :	화자-대상자 / 관찰자, 청자-행위자
사태의 내용 · 시제 :	청자가 화자에게 한 일, 과거

질타화행은 원망화행과 마찬가지로 청자의 행동에 대한 화자의 부정
적 인식으로부터 시작된다. 그러나 "질타"와 "원망"의 차이는 화자가 화
행의 수행을 통해 표출한 감정이 다르다는 점이다. "원망"이 화자의 '슬
픔'을 표현하는 행위로 청자에게는 불만을 토로하는 것으로 이해될 수
있었다면, "질타"는 청자의 행동에 대한 화자의 '분노'를 표현함으로써
청자에게는 화를 내는 것으로 이해될 수 있다. 분노의 감정은 그 강도에
따라서 짜증, 화(노여움), 분노(憤怒)나 격노(激怒)에 이르기까지 구분이 가
능하다(김광수, 2008 : 94). 따라서 질타화행도 화자가 느끼는 화의 정도에

따라 그 표현 강도가 달라질 수 있다.

질타화행이 수행된 구체적인 예를 통해 하나의 발화가 "질타"로 규정되기 위한 조건들을 살펴보도록 하겠다.

> (1) ㄱ. 남편 : (사진기를 손에 들고 화가 나서) 필름 뺐어?
> ㄴ. 부인 : 뺐어(손에 든 필름을 보여준다)
> ㄷ. 남편 : 아, 씨바!
> ㄹ. 부인 : 필름 빼라메?
> ㅁ. 남편 : 감고 빼야지. 다 찍고 빼든가. 씨바, 지금까지 찍은 거 다 <u>날아갔잖아!</u>
> ㅂ. 부인 : 왜 화를 내? 빼라고 해서 뺐는데.

질타화행의 사태는 청자가 유발하였고, 사태 유발 기간은 그리 길지 않은, 주로 현재 순간적으로 일어나는 경우가 많다.[65] 사태의 내용에는 청자에게 책임이 있는 행동이나 언행이 올 수도 있고, 혹은 청자가 제멋대로 한 행동 등이 올 수도 있다.

이러한 사태에 대하여 화자는 부정적으로 인식하고 사태의 책임이 청자에게 있다고 여긴다.[66] 그러나 청자는 화자와 반대로 사태에 대하여

---

65) 질타가 순간적인 감정인 '화'에서 비롯된 것이라는 것은 아래의 예에서도 확인할 수 있다. 한국어에서 '원한'은 '원한이 쌓였다'처럼 '화'보다 좀 더 시간의 지속성이 있는 개념이며 상대방에 대한 강렬한 증오나 혐오의 감정이 쌓인 것으로 보인다. 질타화행은 이러한 원한을 표출하는 것은 아니다. Ekman(2006 : 195)에서는 '증오'나 '오래가는 적개심'과 같은 것은 너무 오래 지속되므로 감정(emotion)도 기분(mood)도 아니라고 보고, 이는 '감정적 집착'과 같은 하나의 감정적 태도로 간주한다. 또한 이러한 감정에는 분노가 강하게 서려 있으나 분노와 똑같은 것은 아니라고 한다.

66) 부정적 사태에 대하여 인간은 '화'나 '슬픔'의 감정을 느끼게 되는데 이때 이 둘 중 하나를 선택하게 되는 주된 요인은 그런 상황에 책임을 물을 사람이 있는지에 달려 있다. 책임을 물을 사람이 있을 경우에는 '화'라는 감정이 선택되어 부정적 사태에 대한 외부 원인이나 좌절감 자체에 초점을 맞추게 되고, 책임을 물을 사람이 없을 때에는 '슬픔'이 선택된다(Ekman 2003 : 191-203 참고).

긍정적으로 인식하며 사태에 대한 책임도 느끼지 못한다. (1)에서 남편
은 필름을 잘못 빼서 사진을 현상할 수 없게 된 것의 책임이 부인인 청
자에게 있다고 생각한다. 그러나 (1ㄹ)과 (1ㅂ)에서 부인의 반응 화행으
로 판단하건대 질타를 받는 부인의 사태에 대한 인식은 긍정적이다.[67]
부인은 자신의 행동은 '남편이 필름을 빼라고 했기 때문에 한 것'이라고
주장하며 자신의 행동에 대해 부정적으로 인식하지 않으므로 책임질 필
요도 없다고 생각한다. 이렇게 사태에 대한 인식이 화자와 청자가 반대
일 경우, 청자에게 반감을 유발하는 정도는 더 커진다.

그런데 질타화행이 수행될 때, 자신이 벌인 행동에 대한 청자의 인식
이 반드시 긍정적인 경우만 있는 것은 아니다. 다음과 같이 화자와 동일
하게 부정적인 경우도 있다.[68]

> (2) ㄱ. 화자1 : (밝게) 야, 야, 야, 미안해, 미안. 내가 좀 늦었지?
> ㄴ. 화자2, 3 : (동시에) 기집애, 너 왜 이렇게 늦었어?
> ㄷ. 화자1 : 미안, 미안, 날 죽여도 할 말 없다.
>
> (3) ㄱ. 남편 : (어이없단 듯) 미친 거 아니야? 남편 버리고 옛날 남자친

---

67) 물론 부인은 마음속으로는 순간 자신의 실수를 깨닫고 사태에 대하여 남편과 마찬가지
로 부정적 인식을 하고 있을지도 모른다. 그러나 이러한 심리적 기제를 추측하는 것은
본 연구의 영역이 아니므로 이 글에서는 의도적으로 표현된 발화에 의해서만 그 사람의
사태에 대한 인식 여부를 판단하기로 한다.

68) 이렇게 "질타"에 대한 반응이 "사과"로 이어질 경우 질타화행은 꾸중 화행과 수행 형식
에 있어서 유사하다. 그러나 이 글에서는 꾸중 화행은 '평가적 정표화행'이며 질타화행
은 '감정적 정표화행'으로 구분한다. 꾸중 화행은 칭찬화행과 반대 개념의 행위로써, 상
대방이 잘못했다는 점을 알려주고 앞으로는 그렇게 하지 않기를 바라며 계도하는 것에
의사소통 목적이 있다. 반면 질타화행은 상대방의 행동 때문에 화자 자신이 화가 났다는
것을 표현함으로써 자신의 감정을 전달하는 데 의사소통 목적이 있다. 또한 꾸중 화행은
화자의 지위가 청자보다 높을 때에만 수행되나 질타화행은 위의 예에서 보았듯이 화자
와 청자의 사회적 지위와는 무관하게 수행된다.

구 결혼식장 갔다오니까 좋니?
ㄴ. 아내 : (어색한 미소)미안해…….

(2)는 친한 친구들 간의 대화로, 약속 시간에 늦은 화자1이 친구들(화자2, 3)에게 질타를 받는 장면이다. 화자1은 화자2가 약속을 불이행했으므로 화가 나서 (2ㄴ)과 같이 질타를 한다. 친구들의 질타에 대해 화자2는 (2ㄷ)에서 사과함으로써 자신의 잘못을 인정한다. (3)은 남편이 부인의 행동에 실망했을 때 화가 난 상황이다. 남편과 부인처럼 친밀한 관계일수록 "질타" 표현은 더 강하게 표출이 되는데, 아내는 (3ㄴ)에서 자신이 유발한 사태에 대하여 미안함을 느끼고 "사과"를 한다. 사과행위는 앞에서 기술하였듯이 사태에 대한 부정적 감정을 공감하고 있다는 것을 표현하는 '양자 공감형성 정표화행'이다. 따라서 "질타"에 대한 반응 화행이 "사과"로 이어질 경우 대화는 협력적으로 진행이 될 수 있다.[69]

질타화행의 예비 조건을 정리해 보면, 화자는 사태에 대하여 부정적으로 인식하고 있으나 청자는 긍정적일 수도 부정적일 수도 있으므로 청자의 예비 조건은 구성 조건에 포함되지 않는다. 단, 청자의 인식이 긍정적일 경우에는 (1)의 예처럼 청자의 반감이 더 강하게 유발되고, 그 결과 대화는 갈등 대화의 양상으로 진행된다.

질타 행위의 성실 조건은 '씨바'라는 욕이나(1ㄷ), (1ㅂ), '미친 거 아니야?(3ㄱ)'라는 표현에서 잘 드러나듯이 화를 표현한다는 것이다.

이상의 내용을 정리하면 질타화행이 성공적으로 수행되기 위한 적정

---

69) Marten-Cleef(1991)에서 질타화행(SCHIMPHEN)은 화자1은 사태에 대해 혐오적으로 느끼나 화자2는 선호하는 유형이라고 하였다. 즉 화자1과 화자2가 사태에 대하여 서로 반감적으로 느끼고 있다고 한 것인데, Marten-Cleef(1991)에서의 질타화행은 (2)와 (3)의 예는 포함하지 않고 (1)의 경우에만 국한된 것으로 보인다. 그러나 이 글에서 질타화행은 (1), (2), (3)을 모두 포함하는 개념으로 본다.

조건은 다음과 같이 제시할 수 있다.

(4) 질타화행의 적정 조건
    ㄱ. 명제내용 조건 :
        1) 청자가 유발한 사태이다.
        2) 사태가 유발된 기간은 그리 길지 않으며 주로 현재 순간적
           으로 일어난 행위이다.
        3) 청자가 책임질 행동이나 언행, 혹은 제 멋대로 하는 행동
    ㄴ. 예비 조건 :
        1) 화자는 사태에 대하여 부정적으로 인식한다.
        2) 화자는 청자가 유발한 사태에 대하여 책임질 필요가 있다
           고 인식한다.
    ㄷ. 성실 조건 : 화자는 화(분노, 짜증)를 표현한다.
    ㄹ. 본질 조건 : 화자가 청자의 행동이나 언행 때문에 화가 났다는
                    것을 알리고, 벌어진 사태가 화자의 마음에 들지
                    않는다는 것을 표현하고자 한다. 이로써 청자의
                    반감을 유발하게 되기를 기대한다.

질타화행이 수행되는 몇 가지 방식을 구체적 예를 통해 살펴보겠다.
첫째, 질타화행은 청자의 행동에 대하여 즉흥적으로 느낀 화를 상대방
에게 욕을 내뱉음으로써 실현할 수 있다. 특히 화자의 사회적 지위가 청
자보다 높으면서 두 사람 사이가 친밀할 경우 욕으로 질타화행이 수행
된다.

(5) ㄱ. 선배 : 1) 넌 지오가 불쌍하지도 않냐? (…중략…) 임마, 의리가
              있음 지오 놈 간만에 평가뿐만 아니라, 시청률도 좋
              은데…… 좀 놔둬라.
         2) <u>이 쌍여르 새끼야!</u>

ㄴ. 후배 : 욕하지 마십시오.

(6) 화자 : 1) (끌려가며, 고개 숙인 철이에게 화나 소리치는) 보름 전에
　　　　　찍어논 걸, 어떻게 스크래치 확인을 방송 당일날······
　　　　2) <u>너 죽을래 새끼야.</u>

　(5)는 방송국에서 친한 선배와 후배 사이에 이루어진 대화이다. 선배
의 발화는 크게 "설득(5ㄱ-1)"과 "질타(5ㄱ-2)"로 구성되어 있고, 상대방
에게 욕을 함으로써 화가 난 감정을 표현하고 있다. 그리고 욕을 할 때
명제내용은 생략되었다. (6)에서도 청자가 벌인 사태에 대하여 격분한
화자가 (6-2)에서 청자에게 욕을 하면서 질타화행을 수행한다. 위의 두
경우 질타의 대상은 청자이므로 이때 '욕'+호격 조사 '야'가 함께 사
용되었다.
　둘째, 질타화행은 청자와 사태의 행동을 그대로 기술함으로써 수행될
수 있다.

(7) 화자1 : 1) <u>감고 빼야지. 다 찍고 빼든가. 씨바,</u>
　　　　　2) <u>지금까지 찍은 거 다 날아갔잖아!</u>

(8) ㄱ. 화자1 : 내가 누구냐?
　　ㄴ. 화자2 : 사장님이요
　　ㄷ. 화자1 : <u>사장인데, 잔도 안 받히고 커피를 갖다 놓냐?</u>
　　ㄹ. 화자2 : (얼굴을 붉히며 고개 숙여) 죄송합니다.

(9) ㄱ. 화자1 : 여기가 어디예요?
　　ㄴ. 화자2 : 제가 약도를 잃어버렸거든요.
　　ㄷ. 화자1 : <u>그럼 절 깨웠어야죠.</u>

(10) ㄱ. 화자1 : <u>전화기는 왜 꺼놨어?</u>

　　　ㄴ. 화자2 : (무서워 도망치고픈, 어색한 미소) 미안해.

(7)은 사태를 두 가지 측면에서 있는 그대로 기술한다. (7-1)에서는 청자가 제대로 이행하지 못한 행동을 기술하고, (7-2)에서는 사태에 대한 정보를 기술함으로써 화자가 청자의 행동에 대하여 화가 났다는 것을 드러낸다. (8), (9)는 청자가 불이행한 사태를 기술하고 있다. (8)은 사장에게 잔을 안 받히고 커피를 내 놓은 청자의 행동을 기술함으로써 화를 표현하는데, '－냐' 의문형 종결어미를 사용하여 청자의 행동에 대해 따져 묻는 전략을 사용하여 질타화행을 수행하고 있다. (9) 역시 화자 자신을 깨웠어야 한다는 책임을 물으며 화를 표현한다. (10)은 사태에 대한 정보를 주고 있는데, 전화기가 꺼 있는 사태를 기술함으로써 질타화행을 수행하고 있다. 표현 형식은 '왜+[부정적 사태]+의문형 어미' 구문이 사용되었다.

셋째, 질타화행은 사태와 관련한 청자의 태도를 부정적으로 평가함으로써 실현된다. 평가 표현은 다양한 상황 하에서 질타화행을 수행하기 위해 사용된다. 우선 아래와 같이 진술문으로 청자의 태도를 부정적으로 평가할 수 있다.

(11) ㄱ. 분대장 : 이 새끼 봐? 누가 이런 걸 넣어두랬어?

　　　ㄴ.영호 : 죄송합니다. 시정하겠습니다.

　　　ㄷ. 분대장 : <u>이 새끼 아주 군기가 쏙 빠졌네, 이거</u>

(12) ㄱ. PD : 1) (수경의 어깰 툭툭 치며) 가겠다고 하면 보내냐? 치마 끄댕이라도 잡고 늘어져야지, 가지 마시라고, 한 번만 살려달라고. 두 손이 발이 되게 그랬어야. 가겠다고

하면 아이고 가세요, 그래?

　　2) <u>야, 너 조연출 쉽게 한다, 쉽게 해.</u> (손으로 어깨 치며)

　　너, 여기 놀러왔냐?

ㄴ. 조연출 : (휘청하고, 이를 앙다물고 참는)

(11)과 (12)의 예는 군대와 직장에서 화자의 직급이 청자보다 높을 경우 질타화행이 수행되는 경우이다. 화자는 청자가 저지른 사태를 부정적으로 인식하고 이에 대하여 평가함으로써 질타를 하고 있는데, 일상 대화에서 감정적 정표화행인 "질타"는 평가적 정표화행인 "꾸중"과 함께 쓰이는 경우가 있다는 것을 보여준다. 예컨대 (12)에서 PD의 발화는 "꾸중"(12ㄱ-1)-"질타"(12ㄱ-2) 화행으로 구성이 되어 있는데, 화자는 청자가 수행한 부정적 사태에 대한 인식이 처음에는 (12ㄱ-1)처럼 잘못된 행동이었음을 계도하는 것으로 시작하였다가 자신의 '화'가 격해지면서 (12ㄱ-2)에서는 감정적인 질타화행으로 이동하고 있다.

의문문의 형태로 청자의 태도를 부정적으로 평가함으로써 질타화행이 실현되는 방법도 있다.

(13) ㄱ. 시어머니 : 저녁 준비는 뭘로 할 거니?

ㄴ. 며느리 : 회 싱싱한 걸로 떠서 먹을까요?

ㄷ. 시어머니 : 1) <u>얘는 왜 이렇게 센스가 없니?</u>

　　　　2) 오늘 같은 날 무슨 회야. 고기를 먹어야지.

ㄹ. 며느리 : 그럼 갈비로 할까요?

ㅁ. 시어머니 : 1) <u>넌 왜 이렇게 뭘 먹을 줄 모르니?</u>

　　　　2) 소고기하면 꽃등심이지 그저 갈비밖에 아는 게 없어가지구서는…….

(13)에서 시어머니는 며느리가 한 말에 대하여 센스가 없다고 부정적으

로 평가함으로써 "질타"한다. 이 경우 화자의 '화'의 정도는 가벼운 짜증 정도로 매우 약하다. 다시 (13ㄹ)에서 며느리의 "제안"에 대해 (13ㅁ)에서는 '왜 이렇게 뭘 먹을 줄 모르니?'라는 의문 형식을 사용하여 화자는 좀 더 강도가 높은 화를 표현하고 있다.

마지막으로 질타화행은 청자가 자신의 의무를 다 하지 못한 것에 대하여 평가되기도 한다.

> (14) ㄱ. 화자1 : (어이없는) 자식을 아무 상관없는 사람한테 맡겨놓고 발 뻗고 잠이 오십니까?
> ㄴ. 화자2 : 나는 지금도 발 뻗고 있네.
>
> (15) 화자1 : (화나는) 정지오, 너 후배 간술 대체 어떻게 하는 거야?! 어? 말해봐, 자식아!

위의 예에서 화자와 청자의 사회적 지위를 보면 (13)은 동등한 예이고 (14)는 화자1의 사회적 지위가 화자2보다 낮을 경우에 질타 행위가 수행되는 예이고, (15)는 화자1의 사회적 지위가 화자2보다 높은 경우이다. 앞에서 적정 조건을 언급한 바와 같이 질타화행은 화자와 청자의 사회적 지위와는 무관하게 나타날 수 있다. 그러나 대체적으로 화자의 사회적 지위가 청자보다 높을 때 자연스럽고, 화자와 청자의 사회적 지위가 동등할 때에는 혈연, 부부 관계처럼 친밀할 때 수행되는 것이 적절하다. (14)에서(14ㄱ)의 질타가 받아들여지는 것은 화자2의 사태에 대한 책임이 사회적 관습상 명백할 경우이기 때문이다.

다음은 상대방의 말에 대하여 부정적 평가를 함으로써 질타 행위를 수행하는 경우이다.

(16) ㄱ. 화자1 : 대체 어쩌려고 이 모양으로 사냔 말이다. 어디 말 좀
　　　　　　해 봐.
　　ㄴ. 화자2 : (큰 소리로) 예! 말씀드리지요!
　　ㄷ. 화자1 : 1) <u>니가 아주 미쳤구나!</u>
　　　　　　2) 누구 앞에서 소리를 지르는 거야?
　　　　　　3) 어디서 배워 먹은 짓거리냐고?

(16)은 청자의 언행에 대하여 부정적 평가를 하고 질타를 하는 경우이다. (16)은 엄마(화자1)와 아들(화자2)의 대화인데, 아들의 불손한 언행(16ㄴ)에 대하여 화자1은 "질타"하고(16ㄷ-1), "꾸중"(16ㄷ-2, 3)을 하고 있다.

이상 한국어에서 질타화행을 수행하는 몇 가지 형식을 제시하면 다음과 같다.

(17) 질타화행의 언어적 수행 형식 :
　　ㄱ. 느낌 표현 : 욕으로 화를 표현(욕+호격 조사)
　　　예) 너 죽을래 새끼야, 쌍여르 새끼야
　　ㄴ. 사실 표현 :
　　　1) 청자가 불이행한 사태 기술 : 예) 그럼 절 깨웠어야죠.
　　　2) 사태에 대한 기술 : 예) 지금까지 찍은 거 다 날아갔잖아!
　　ㄷ. 평가 표현 :
　　　1) 청자의 태도 평가 : 예) 이 새끼 아주 군기가 쏙 빠졌네, 이거
　　　2) 청자의 언행 평가 : 예) 그런 식으로 말하지 좀 마.

다. 질투화행

이 글의 분류 기준에 의하면 질투화행은 다음과 같은 특성을 지닌다.

대화이동 연속체 내의 위치 :	시작 화행
의사소통 목적 :	청자 반감유발
사태에 대한 인식 :	화자-부정적, 청자-긍정적
화자의 감정 :	시기심, 질투심
사태의 역할 :	화자-관찰자, 청자-행위자·대상자
사태의 내용·시제 :	청자의 특성·청자에게 일어난 사건, 과거·현재

질투화행이란 청자의 긍정적 특성과 행운에 대하여 화자가 시기심·질투심[70] 등을 표현하는 행위이다. 질투화행의 동기가 되는 청자의 특성과 행태를 구체적으로 제시해 보면, 청자의 외모·능력·소유물 등을 비롯하여 청자가 행하고 경험한 내용들이 모두 질투화행의 대상이 될 수 있다. 그리고 이 대상은 청자 자신에게는 긍정적으로 인식되나 화자에게는 부정적으로 인식이 된다는 특성을 지닌다.

질투화행의 사태의 내용은 청자가 가진 좋은 특성(외모·능력·소유물 등)이 해당된다는 점에서는 찬사화행과 같으며, 청자에게 일어난 긍정적인 사건이 해당된다는 점에서는 축하화행과 같다. 다만 "찬사"와 "축하"는 화자가 청자의 좋은 것, 행운 등에 대하여 긍정적으로 인식하고 공감을 표현하는 행위라면, "질투"는 이에 대하여 부정적으로 인식하고 반감을 표현한다는 점에서 결정적인 차이가 있다. 화자는 질투화행을 수행함으로써 화자가 청자와는 반대되는 감정을 가지고 있다는 것을 표현하고자 한다. 그러므로 질투화행의 수행 결과 반감을 확인하게 된 청자와 긴

---

70) '시기심(envy)'과 '질투심(jealousy)'은 흔히 같이 사용되는데, 심리학에서는 이 두 감정을 다음과 같이 구분한다. 시기심은 자기애(自己愛)가 많은 사람이 자기 자신과 상대를 비교함으로써 자기 자신과 상대를 존재 그 자체로 인정하지 않고 경쟁의 상대로 보는 것에서 생기는 감정이다. 한편 질투심은 물질적 소유욕이 인간이나 다른 것으로 옮겨진 형태로 소유욕에 기반을 둔 감정이다. 따라서 질투심에는 어떤 사람이나 대상을 소유하고자 한다는 의미가 담겨 있다(이미옥 역, 2009 참고).

장된 대화 상황이 만들어질 수도 있다.

질투화행이 수행된 전형적인 예를 통해 위에서 언급한 기준들을 자세히 설명해 보기로 하겠다.

> (1) ㄱ. 화자1 : 김 사장 뭐가 그리 좋아? 또 올랐어?
> ㄴ. 화자2 : (흥얼거리는 노래 가락에 맞춰) 삼성전자가 또 300원
> 올랐어요
> ㄷ. 화자1 : (약 올라서) 300원이면 얼마야? 좋겠다, 누구는 주식으
> 로 돈 벌고, 장사해서 또 벌고…….
> ㄹ. 화자2 : (계속 노래한다) 배신자여, 배신자아여어……
> ㅁ. 화자1 : 아, 그만 해! 밥이나 사!(자리에서 일어난다)
> ㅂ. 화자2 : (따라 일어나며) 사아랑에에 배신자여……

(1)의 대화에서 질투화행의 대상은 화자2의 주식이 오른 사건이다. 화자2는 자신에게 일어난 일을 행운으로 생각하여 긍정적으로 인식하는 반면(3ㄴ, 3ㄹ), 화자1은 화자2의 행운을 부정적으로 인식하고 질투심을 느낀다. (1ㄷ)의 질투화행의 발화를 통해 화자1은 자신이 청자와 기쁨을 공유하지 않는다는 것을 표현하다. 따라서 질투화행의 수행은 청자의 반감을 유발하려는 데 화자의 의사소통 목적이 있다고 볼 수 있다.

한편 사태가 청자의 좋은 특성 혹은 좋은 일이 아닐 때 수행된 질투화행은 명제내용 조건에 위반되므로 질투로 수행될 수 없다. 다음의 예를 보자.

> (2) ㄱ. 화자1 : 결혼…… 안 하셨나봐요.
> ㄴ. 화자2 : ……해봤어요. 것두 두 번이나.
> ㄷ. 화자1 : ……좋겠다아.

ㄹ. 화자2 : ……좋겠다?

(2)는 일로 처음 만난 남녀가 사담을 나누는 장면이다. 위의 대화에서 화자1은 자신은 결혼을 한 번도 해 보지 못하였는데 화자2는 두 번이나 해 봤다는 이야기를 듣고 (2ㄷ)에서 부러움을 표현하고 있다. 그러나 이 발화는 명제내용 조건을 어김으로써 질투 화행으로 수행되지 못한다. 이에 대해 화자2 역시 화자1의 발화를 질투화행으로 이해하지 않고 자신을 놀리는 조롱화행[71])으로 이해하고 있는 것을 알 수 있다(2ㄹ). 이처럼 명제내용이 부정적인 내용이 올 경우 질투 화행은 성공적으로 수행될 수 없다.

이를 정리하여 질투화행이 성공적으로 수행되기 위한 적정 조건을 제시하면 다음과 같다.

(3) 질투화행의 적정 조건
   ㄱ. 명제내용 조건 : 청자의 좋은 특성(외모·능력·소유물)이나 청자에게 일어난 좋은 일
   ㄴ. 예비 조건 :
     1) 화자는 청자가 갖고 있는 좋은 특성이나 청자의 행운을 부정적으로 인식한다.
     2) 그러나 화자도 사태 내용 자체는 좋은 일이라는 사실을 알고 있다.
   ㄷ. 성실 조건 : 화자는 사태에 대하여 시기심, 질투심을 느낀다.

---

71) 4.2.에서 조롱화행의 적정 조건을 제시한 바 있다. 조롱화행은 화자가 청자의 불행한 사태에 대하여 기쁨을 표현하는 행위로써, 청자의 불행에 화자가 공감하지 않는다는 것을 전하려는 시도이다. (2)의 대화는 조롱화행의 명제내용 조건과 화·청자의 예비 조건을 만족하고 있으므로 청자에게 조롱화행으로 이해될 수도 있다.

ㄹ. 본질 조건 : 청자의 좋은 일에 반감을 전달함으로써 청자의 반
감을 유발하여 흥을 깨뜨리기를 기대하는 행위이다.

한국어에서 질투화행은 다음과 같은 형식으로 수행된다.
첫째, 질투화행은 '좋겠다'라는 관용 표현으로 수행될 수 있는데,[72)
이때 질투의 대상이 되는 사태가 기술이 되어 함께 나타난다.

(4) ㄱ. 화자1 : (비웃듯) 황태영, 넌 좋겠다?

ㄴ. 화자2 : 왜?

ㄷ. 화자1 : 태어날 때부터 입에 금수저를 물고 나와서

ㄹ. 화자3 : 무슨 소리야?

ㅁ. 화자1 : 태영이, 담임 종합 평가가 예술이더라구.

ㅂ. 화자2 : ……(굳어지는데)

ㅅ. 화자1 : 그게 다 아버지가 교감 선생님인 덕 아니겠냐?

(5) ㄱ. 화자1 : 1) 기집애, 살 빠져서 좋겠다!

2) 난 이 모양 이 꼴인데…….

(6) ㄱ. 화자1 : 1) 친구 많아 좋겠수!

2) 나는 만날 혼자 있는데…….

ㄴ. 화자2 : 무슨 내가 친구가 많다고…….

ㄷ. 화자1 : 뭘, 만날 토요일 밤이면 찾아오는 사람도 바뀌고, 항상
누구랑 같이 있고 그러던데…….

---

72) 대화에서 질투화행이 '좋겠다'라는 관용 표현으로 실현이 될 때에는, 어말 어미를 올려
서 '좋겠다↗'와 같은 특유의 억양이 동반되는 듯하다. 이 글에서는 이러한 비언어적 측
면에 대해서는 논하지 못하였는데, 정표화행의 수행에서 비언어와 준언어적 장치의 실
현은 매우 중요하므로 이와 관련된 연구가 반드시 이루어져야 할 것이라 생각한다.

위의 대화에서 화자1의 질투의 대상은 각각 '화자2의 집이 부자라는 것(4), 화자2가 다이어트에 성공한 것(5), 화자2가 친구가 많은 것(6)' 등 다양하다. 화자1은 이에 대하여 시기심을 느끼고 '[사태의 내용]+ ㅡ아서/어서 좋겠다'의 구문으로 "질투"를 수행하고 있다.

그리고 (5ㄱ)과 (6ㄱ)에서 화자1의 발화는 '한탄(5ㄱ-2/6ㄱ-2)ㅡ질투(5ㄱ-1/6ㄱ-1)'의 화행 연속체로 구성이 되어 있다. 화자1은 (5ㄱ)과 (6ㄱ)에서 주화행인 "한탄"을 수행하기 앞서 질투화행을 보조화행으로 사용하고 있는데, 그 이유를 질투화행에서 화·청자의 예비 조건은 반대라는 점에서 찾을 수 있다. 화자1은 자신의 상황과 화자2의 상황이 대조된다는 점을 질투화행을 수행함으로써 부각시켜서, 화자 자신의 부정적인 처지를 강조하고자 한다. 왜냐하면 한탄화행의 본질이 청자가 자신의 부정적인, 슬픈 사태에 대하여 공감하고 이해해 주기를 기대하는 데 있기 때문이다.

둘째, 청자의 사태에 대하여 부정적으로 평가하여 질투화행을 수행할 수 있다.

> (7) ㄱ. 화자1 : 야, 우리 큰애 이번 방학 때 미국으로 어학 연수 보내
> 기로 했다! 내 적금 깨고 큰 맘 먹고 결정했다 정말.
> ㄴ. 화자2 : 그래, 잘 생각했어. 나도 지난번 여름방학 때 우리 아
> 들 보냈었잖아. 근데 확실히 다르더라고.
> ㄷ. 화자3 : 애들도 애들 나름이지. 동호 같은 애는 보내봤자야. 가
> 서 사고나 안 치면 다행이겠다!
> ㄹ. 화자1 : 이 언니가 정말, 지금 말 다 했어?
>
> (8) ㄱ. 화자1 : 이사 했다며?
> ㄴ. 화자2 : 응, 이번에 애도 학교 가고 그래서…… 좀 넓은 집으
> 로 이사했어. 공부방이 필요할 것 같아서.

ㄷ. 화자3 : <u>넓은 집이면 청소만 힘들지 뭐. 방 생긴다고 애가 공부
잘 하나?</u>

(7)의 대화는 화자1이 아이를 미국으로 어학연수를 보낼 것이라고 자
랑을 하고 있는 상황이다. 이에 대해 화자3은 (7ㄷ)에서 사태에 대한 부
정적 평가를 하여 질투화행을 수행하고, 상대방에게 반감(7ㄹ)을 유발하
고 있다. (8) 역시 화자2의 사태에 대하여 부정적 평가를 함으로써 화자3
의 시기심을 표현하였다.

셋째, 청자의 사태에 대한 반응 표현으로 질투화행이 수행될 수도
있다.

(9) ㄱ. 화자1 : 아휴, 아주 귀찮아 죽겠어. 후배들이 오빠, 오빠하고
하도 연락을 해서.
ㄴ. 화자2 : 1) <u>칫, 귀찮기는!</u>
2) <u>인기 많아서 아주 바쁘시겠네. 다 챙기시려면……</u>
ㄷ. 화자1 : (웃으며)뭐야, 지금 질투하는 거야?
ㄹ. 화자2 : 아니, 그냥 바쁘시겠다고.

(9)는 연인 사이의 대화로, 화자2는 (9ㄴ)에서 사실에 대한 반응 표현
으로 화자1이 여자 후배들한테 인기가 많은 사실에 대하여 질투를 표현
한다. 특히 화자2는 화자1은 존대의 대상이 아닌데 (9ㄴ-2)에서 존칭의
선어말어미 '-시-'를 사용하여 '바쁘시겠네', '챙기시려면'<u>으로</u> 비꼬는
태도를 보이고 있다. 이러한 장치는 화자2가 사태에 대하여 부정적으로
인식하고 있다는 것을 나타낸다.

이상 한국어에서 질투화행이 수행되는 방식을 제시하면 다음과 같이
정리할 수 있다.

(10) 질투화행의 언어적 수행 형식

    ㄱ. 수행적 표현 : 관용 표현 '좋겠다', '(사태의 내용)+ ―아서/어서
           좋겠다'

      예) 기집애, 살 빠져서 좋겠다!/넌 좋겠다

    ㄴ. 평가 표현 : 청자의 사태에 대한 부정적 평가

      예) 넓은 집이면 청소만 힘들지 뭐. 방 생긴다고 애가 공부
      잘 하나?

    ㄷ. 반응 표현 : 청자의 사태에 대한 반응 표현

      예) 칫, 귀찮기는!

제5장

반응 정표화행 유형의 행위 조건과 수행 형식

이번 장에서는 반응 화행의 위치에서 나타나는 정표화행 유형들에 대하여 살펴본다. 앞에서 기술하였듯이 반응 정표화행이란 선행 발화를 전제하여 이에 대한 반응으로 나타나는 유형을 말한다. 앞 장에서 보았던 시작 정표화행이 상대방의 감정을 촉발하는 기능을 했다면 반응 정표화행은 감정적으로 반응하는 기능을 한다.

선행 발화에는 화자2의 감정적 반응을 촉발하는 언어 행위들이 수행되는데,[1] 정표화행의 의사소통 목적이 화자1의 발화에 대하여 화자2가 감정이입을 하게 하는 것에 있으므로, 선행 발화에는 화자2의 감정적 반응을 기대하는 정표화행이 올 확률이 높다. 그러나 선행 발화의 유형이 반드시 정표화행으로 제한되는 것은 아니며 화자2의 감정적 반응을 촉발시키는 발화는 모두 가능하다. 예컨대 화자2에게 호혜적인 "제안"은

---

1) 구현정(2001 : 87-89)에서는 대화의 시작부에 오는, 청자의 반응을 불러오기 위한 호출용 신호로 다섯 가지를 제시하였다. 첫째는 정보나 도움, 물품 따위를 요청하는 것(예 : 지금 몇 시지요?), 둘째는 사교적 반응을 이끌어 내는 것(예 : 오늘 정말 날씨가 좋네요), 셋째는 정보를 제공하는 자극(예 : 어제 아파트에 도둑이 든 것 아세요?), 넷째는 감정을 표현하는 것(예 : 와! 이것 좀 보세요), 다섯째는 상투적인 인사말을 사용하는 것(예 : 안녕하세요?)을 대표적으로 들었다.

화자2에게 기쁨을 유발시켜 환영화행을 수행하게 한다.

화자1의 입장에서 반응 정표화행은 자신의 발화에 대한 감정적 반응 발화로 수동적으로 여겨질 수 있다. 그러나 화자2의 입장에서 반응 정표 화행은 화자1의 발화에 대한 반응 행위이면서 동시에 화자1에게 발화효 과를 기대할 수 있는 능동적인 행위이다.

이러한 견지에서 반응 정표화행 역시 시작 정표화행과 마찬가지로 화 자2의 의사소통 목적에 따라 화자1의 말에 공감하는 '양자 공감형성 정 표화행'과 화자1의 말에 공감하지 않는 '화자1 반감유발 정표화행'으로 구분할 수 있다.2) 다만 이 글의 연구 자료 내에서는 화자1 반감유발형은 발견되지 않았고,3) 반응적 양자 공감형성 정표화행의 유형으로 "용서", "환대", "유감표현" 화행이 발견되었다. 그리고 이들은 사태에 대한 화 자2의 인식에 따라 긍정적 감정을 표현하는 "용서", "환대" 화행과 부정 적 감정을 표현하는 "유감표현" 화행으로 나뉜다.

1. 양자 공감형성 긍정적 정표화행

반응 화행의 위치에서 화자2가 양자 공감형성 정표화행을 수행할 때,

---

2) 김미령(2006)에서는 주술 구조를 가지지 않고 한 두 어구로 된 짧은 표현으로 반응하는
 발화를 '대응 발화'라고 규정하고, 이 유형을 의미의 특성에 따라 '불만형, 의례형, 동조
 형'의 세 가지로 구분하였다. 불만형은 자극 발화의 내용이 후행 발화자의 생각과 맞지
 않아 후행 발화자가 불만을 가지고 말하는 발화이고, 의례형은 자극 발화 내용에 대해 후
 행 발화자가 예의나 격식, 체면 따위를 고려하여 선택하게 되는 발화이며, 동조형은 자극
 발화자의 말에 공감을 하여 거기에다가 맞장구를 쳐서 동조를 나타내는 발화라고 하였다.
 이 글에서 반응 정표화행의 기능도 이와 유사하게 선행 화자의 말에 공감하거나(동조형)
 공감하지 않고 반감을 드러내는 유형(불만형)으로 구분이 가능하다.
3) 반응 화행의 위치에서 수행되는 화자1 반감유발형에는 감정적 정표화행보다 주로 평가적
 정표화행인 '꾸중하기', '빈정대기' 등이 포함되는 듯하다.

화자2는 상대방의 발화에 공감한다는 것을 표현한다. 이러한 반응 발화
로써 화자2는 화자1과 공감대를 형성하고 대화를 원활하게 이끌어 나가
며 우호적인 인간관계를 유지해 나가고자 하는 의사소통 목적을 지닌다.

가. 용서화행

이 글의 화행 분류 기준에 의하면 용서화행은 다음과 같은 특징이
있다.

대화이동 연속체 내의 위치 :	반응 화행
의사소통 목적 :	양자 공감형성
사태에 대한 인식 :	긍정적
화자의 감정 :	화(증오) 풀림
사태의 역할 :	화자2-대상자, 화자1-행위자
사태의 내용·시제 :	청자가 화자에게 한 일, 과거

용서화행은 일반적으로 상대방의 "사과"를 선행할 때 그에 대한 반응
화행으로 수행되므로 반응 정표화행에 속한다. 앞에서 사과화행이란 자
신의 행동이 청자에게 피해를 입힌 것에 대한 미안함과 후회를 표현하
는 행위이며, 본질적으로 화자는 사과화행을 통해 사태에 대한 책임을
인정하게 되는 행위라고 규정하였다. 용서화행을 수행하는 화자는 상대
방의 이러한 태도에 감정이입을 하여 공감을 하고 이 행위를 수행함으
로써 상대방을 안도하게 하거나 부담을 덜어주고자 한다. 따라서 용서화
행의 수행은 화자가 두 사람 사이의 갈등 상황을 종료하고 인간관계를
유지하기를 원하는 시도라는 점에서 양자 공감형성 정표화행에 속한다.
용서화행이 성공적으로 수행되기 위한 적정 조건은 다음과 같다.

(1) 용서화행의 적정 조건

ㄱ. 대화구성 조건 : 청자의 사과화행이 선행된다.

ㄴ. 명제내용 조건 :

1) 청자가 화자에게 피해를 준 일이 선행된다.

2) 그 일은 화자와 직접적으로 관련된 개인적인 피해일 수 있다.

3) 그 일은 화자와 간접적으로 관련된 공적인 피해일 수 있다.

ㄷ. 예비 조건 :

1) 화자는 과거에 청자가 자신에게 피해를 주었고, 사태에 대한 책임이 청자에게 있음을 안다.

2) 그러나 현재 화자는 사태에 대하여 부정적으로 인식하지 않는다.

ㄹ. 성실 조건 : 화자는 청자의 행위에 대하여 화(증오)를 푼다.

ㅁ. 본질 조건 : 화자가 청자의 행위에 대하여 화를 풀었다는 것을 표현함으로써 청자를 안도하게 하고 부담을 경감시켜주고, 갈등 상황을 종료하고 인간관계를 유지하기를 원하는 시도이다.

다음에서 사과화행에 대한 반응 화행으로 용서화행이 수행된 전형적인 예를 살펴보자.

(2) ㄱ. 화자1 : 1) 아이고요. 죄송합니다.

2) 오늘 회의가 늦게 끝나서……

ㄴ. 화자2 : 1) 괜찮습니다. 우리도 조금 전에 다 왔어요.

2) 이렇게 와 주신 것만으로 감사하죠.

위의 대화는 '사과(2ㄱ)—용서(2ㄴ-1)'와 '환대(2ㄴ-2)'의 두 개의 대화이동 연속체로 진행이 되었다. 우선 화자1의 "사과"는 '사과(2ㄱ-1)—이유대기(2ㄱ-2)'의 화행 연속체로 구성되어 화자1의 사과화행이 선행되었다(1ㄱ).

이 대화는 화자1이 공식적인 회의에 지각을 하고, 이에 대하여 다수의 회원들에게 사과를 하는 상황이므로 화자2에게는 간접적으로 피해를 준 경우이다(1ㄴ). 이에 대하여 화자2는 모여 있는 사람들 중 대표로 용서화행을 수행하고 있는데, 화자1의 가벼운 실수(지각)에 대해 화가 났을 수 있으나(1ㄷ-1), 화자1이 (2ㄱ-1)에서 미안함을 명시적으로 표현하고, (2ㄴ-2)에서 늦은 이유에 대하여 해명을 하자(1ㄷ-1), (2ㄴ-1)을 발화함으로써 자신도 상대방의 상황에 공감하고 이해한다는 것을 전달한다(1ㄹ). 또한 여기에서 그치지 않고 (2ㄴ-2)에서 상대방의 출현이 기쁘다는 환대화행을 수행함으로써 완전히 화자1의 부담을 덜어주고자 한다(1ㅁ).

이렇게 화자2는 용서화행을 수행함으로써 화자1에게 자신은 화가 풀렸다는 것을 표현하고, 더불어 자신의 너그러움 혹은 예의까지 표현할 수 있게 된다. 그리하여 대화 참여자들은 갈등 상황에서 벗어나 서로에 대하여 공감대를 형성하고 우호적으로 인간관계를 유지할 있게 된다는 점에서 용서화행은 양자 공감형성 정표화행에 속한다.

다음에서는 (2)의 상황보다 상대방이 화자에게 직접적이고 심각한 손해를 입혔을 경우 용서화행이 수행되는 상황을 보도록 하겠다.

(3) ㄱ. 화자1 : (어색하게, 눈가 붉어져) 어제…… 미안.
　　ㄴ. 화자2 : 1) (맘 짠해지는, 끄덕이며 애써 웃으며)<u>괜찮어.</u>
　　　　　　　 2) <u>니가 엄마 아니면 어디가서 그렇게 소릴 질러,</u>
　　　　　　　 3) 안 그래?
　　ㄷ. 화자1 : (눈가 붉어져, 작게 웃으며) 맞어, 나는 엄마가 젤로 만만해.
　　ㄹ. 화자2 : 1) 알아.(하고 김치 찢어 미옥의 입에 넣어주며)
　　　　　　　 2) 아, 해!

위의 대화는 모녀 관계에서 화자1(딸)이 화자2(엄마)에게 심한 말을 퍼붓고 싸운 상태에서 다음날 화자2(엄마)에게 "사과"를 하고 있는 상황이다. 이 경우는 (2)에 비하여 화자2에게 마음의 상처를 입힌 정도가 훨씬 크며 직접적인데, 화자2는 화자1의 "사과(3ㄱ)"에 대한 반응 화행으로 (3ㄴ-1, 2)에서 "용서"를 수행하고 있다. 화자2의 "용서"는 두 개의 화행 연속체로 구성이 되는데, (3ㄴ-1)에서 '괜찮어'라는 관용적인 "용서" 표현과 (3ㄴ-2)에서 상대방을 "위로"함으로써 화자1을 완전히 이해하고 공감하고 있다는 것을 전하고 있다. 이렇게 화자 자신에게 해를 입힌 정도가 크며 직접적일 때, '용서(3ㄴ-1)-위로(3ㄴ-2)'로 이어지는 화행 연속체의 발화는 대화 참여자들이 갈등 상황에서 벗어날 수 있게 해 주고, (3ㄷ)과 (3ㄹ)에서처럼 다시 원활한 인간관계를 맺게 도와준다.

(2)와 (3)의 대화를 통하여 상대방이 "사과"한 사건에 대한 내용의 경중과 무관하게 용서화행이 대화 속에서 수행하는 기능은 화자가 청자의 후회하는 감정을 이해하고 공감한 결과 '화를 푸는' 감정을 표현한다는 점에서 같다는 것을 확인해 보았다. 다만 그 사건이 (2)의 경우처럼 화자에게 간접적으로 손해를 입혔을 경우에는 상대방이 실례를 범한 것에 대하여 불쾌한 기분이나 화를 푸는 것이 "용서"가 되며, (3)의 경우처럼 직접적으로 피해를 주었다면 상대방에 대한 증오를 해소하는 표현이 용서화행이 된다.

다음으로 용서화행이 실현되는 몇 가지 수행 형식을 살펴보기로 한다.

첫째, 용서화행은 명시적으로 '용서해 주다'라는 수행 표현으로 실현된다.

(4) ㄱ. 엄마 : 너 왜 거짓말 했어?
　　 ㄴ. 아들 : 죄송해요.

ㄷ. 엄마 : 너 엄마가 이번 한 번만 용서해 주는 거야. 다음에 또 이
러면 그땐 정말 혼날 줄 알아.

일상 대화에서 수행 동사인 '용서하다'가 명시적으로 사용되는 경우는
그리 많지 않다. (4)에서 엄마와 어린 아들의 경우처럼 화자의 사회적 지
위가 청자보다 높고, 청자의 행위에 대하여 꾸중하고 계도하려는 목적이
있는 상황에서 '용서해 주는 거야(4ㄷ)'와 같은 표현이 자연스럽게 사용
된다. '용서해 주다'와 같은 표현에는 화자의 사회적 지위가 청자보다
높고, 청자의 잘못된 행위에 대하여 관용을 베푼다는 의미가 강하게 내
포되어 있기 때문이다.

또한 화자1과 화자2의 사회적 지위에 차이가 있으며, 화자1이 해야
할 책임을 다하지 못하여 화자2에게 막중한 피해를 입혔을 경우에도[4)]
'용서하다'로 용서화행이 실현된다.

(5) ㄱ. 화자1 : 죄송합니다, 회장님. 이제 저를 내치셔도 드릴 말씀이
없습니다.
ㄴ. 화자2 : 그러지 말게. <u>내가 자네 그동안 해 온 걸 봐서 용서하
기로 했으니까.</u>

(5)는 회장(화자2)과 비서(화자1)의 대화로, 임무를 완수하지 못한 화자1
이 자신의 잘못을 사죄하자 이에 대하여 화자2는 (5ㄴ)에서 용서를 하며
자신의 화가 풀렸다는 것을 표현하면서 수혜적 태도를 보이고 있다. (4),
(5)에서 보듯이 '용서하다'라는 수행 표현을 사용하는 경우, 화자는 청자
에게 자신의 사회적 지위가 더 높으며 권력을 자신이 쥐고 있다는 것을

---

4) 상대방에게 피해를 준 정도가 심각한 경우는 "사과"보다 "사죄"로 보는 것이 적절하다.

재인식시킴과 동시에, 자신이 마음이 넓은 사람이라는 것도 드러낼 수 있다.

　일상 대화에서 상대방의 사과에 대하여 용서화행은 '괜찮다'라는 관용 표현으로 수행된다. 사과에 대해 안심시키는 기능을 하는 '괜찮다'는 한국인에게 있어서는 인사와 유사한 기능을 하는 사회적 행위로 간주할 수도 있을 만큼 빈번히 사용된다.5) 그러나 이 글에서는 청자가 화자에게 피해를 주고, 사과에 대한 반응으로 '괜찮다'가 사용된 경우, 화자는 이 표현을 통해 자신이 화가 풀렸다는 것을 나타낼 수 있으므로 용서화행을 수행하는 언어적 행위로 본다.

(6) ㄱ. 화자1 : (어색하게, 눈가 붉어져) 어제…… 미안.
　　ㄴ. 화자2 : 1) (맘 짠해지는, 끄덕이며 애써 웃으며) 괜찮어.
　　　　　　　 2) 니가 엄마 아니면 어디가서 그렇게 소릴 질러…….

(7) (베란다에서 화분을 떨어트리자)
　　ㄱ. 화자1 : 엄마, 내가 컴퓨터 게임도 안 하고 계속 지켜봤어. 그런데 화장실에서 똥 누는 사이에
　　ㄴ. 화자2 : 1) 아니,
　　　　　　　 2) 괜찮아.
　　　　　　　 3) 걱정하지 마. 엄마가 알아서 할게.

(8) ㄱ. 화자1 : 특강에다 보충에다 야자에다 너무 바빠서 머리를 못 감아서 그랬습니다. 죄송합니다.
　　ㄴ. 화자2 : 1) 아냐, 아냐.

---

5) 서희정(2002 : 486)에서 한국어 모어 화자 150명을 대상으로 사과하기에 대한 응답으로 '괜찮다'를 사용하는 빈도를 조사한 결과, 보통 이상으로 자주 말하는 편이라고 응답한 사람이 48명(약 27%)으로 나타났다.

2) <u>그런 거라면 괜찮지, 괜찮아.</u>

(9) ㄱ. 화자1 : 제가 원래 이런 사람은 아닌데…… 미안해요.
ㄴ. 화자2 : 1) <u>괜찮아요, 정말.</u>
2) <u>가는 길인데요. 뭘.</u>

위의 예에서 보듯이 화자2의 용서화행은 '괜찮다'라는 관용 표현과 함께 다른 화행이 연속되어 수행된다. (6)에서 용서화행은 '괜찮다(6ㄴ-1)-위로(6ㄴ-2)'의 화행연속체로 수행이 된다. (7)과 (8)에서 용서화행은 상대방의 "사과"와 "변명"에 대하여 '아니(7ㄴ-1/8ㄴ-1)'라고 부정한 후 '괜찮다(7ㄴ-2/7ㄴ-2)'라는 표현을 한 것으로 수행된다. (9)에서는 '괜찮다(9ㄴ-1)'-'이유대기(9ㄴ-2)'의 화행 연속체가 용서화행을 수행한다. 이처럼 대화 상황에서 '괜찮다'라는 관용 표현은 독자적으로 쓰이기보다 다른 화행과 연속체를 이루어 용서화행을 수행하는 경향을 보인다.

둘째, 용서화행은 사태를 주제로 한 화자의 상태에 대한 정보를 표현함으로써 수행되기도 한다.

(10) ㄱ. 화자1 : 그때 일은 내가 정말 할 말이 없다.
ㄴ. 화자2 : <u>이제 그 일은 더 이상 마음에 담아두지 않기로 했어. 다 잊었으니까 너도 신경쓰지 마.</u>

(10ㄴ)에서 화자2는 화자1이 사과한 내용에 대하여 '마음에 담아두지 않는다', '다 잊었다'라고 표현하면서 자신이 마음 상태에 대한 사실을 전함으로써 용서를 표현한다. 그러나 수행적 표현으로 용서화행을 수행한 예에 비하면 화가 풀렸다는 감정을 전하는 정도가 약하고, 화자1을 안심시키려는 의도도 약하므로 용서화행의 강도도 약하다.

셋째, 사태에 대한 평가 표현으로 용서화행을 수행할 수 있다.

(11) ㄱ. 화자1 : 미안해요, 이런 개인적인 부탁을 해서.

　　 ㄴ. 화자2 : 뭘요. 별일도 아닌데요.

(11)에서 화자1은 화자2에게 일을 부탁하고 피해를 주었으므로 사과를 하고(11ㄱ), 이러한 사실에 대한 반응으로 화자2는 (11ㄴ)에서 '그 일은 별 일이 아니다'라고 평가를 한다. 즉 화자1이 미안하게 생각하는 사태에 대하여 화자2는 경미한 일로 평가함으로써 상대방의 부담을 덜어주고, 그러므로 자신은 화가 나지 않았음을 표현한다.

넷째, 사실에 대한 반응 표현으로 용서화행을 수행할 수 있다.

(12) ㄱ. 화자1 : 미안해. 그 날 결혼식도 못 가고…….

　　 ㄴ. 화자2 : 뭘…… 언닌, 우리 사이에. 언니 사정 내가 다 알지.

(12)에서 화자2는 결혼식에 불참한 화자1의 사실에 대한 반응으로 (12ㄴ)과 같이 반응함으로써 화자1의 상황을 이해하고 공감하고 있다는 것을 표현하고 있다. 그리고 자신은 화자1이 결혼식에 불참한 사실에 대하여 화가 나지 않았음을 표현함으로써 용서화행을 수행한다.

이상 한국어에서 용서화행이 수행되는 방식을 제시하면 다음과 같다.

(13) 용서화행의 언어적 수행 형식

　　 ㄱ. 수행적 표현 : 용서해주다, 괜찮다

　　　　 예) 너 엄마가 이번 한 번만 용서해 주는 거야/괜찮어

　　 ㄴ. 사실 표현 : 사태를 주제로 한 화자의 상태에 대한 정보를 표현

　　　　 예) 이제 그 일은 더 이상 마음에 담아두지 않기로 했어

ㄷ. 평가 표현 : 사태를 경미한 일로서 평가

　예) 뭘요. 별일도 아닌데요.

ㄹ. 반응 표현 : 예) 뭘, 언닌, 우리 사이에. 언니 사정 내가 다 알지.

나. 환영화행

이 글의 화행 분류 기준에 의하면 환영화행은 다음과 같은 특징이 있다.

대화이동 연속체 내의 위치 :	반응 화행
의사소통 목적 :	양자 공감형성
사태에 대한 인식 :	긍정적
화자의 감정 :	기쁨(신이 남, 즐거움)
사태의 역할 :	화자2 − 대상자, 화자1 − 행위자
사태의 내용·시제 :	화자1이 화자2에게 제공하기로 한 일, 미래

환영화행은 화자1이 화자2에게 제안한 수혜적 행위에 대하여 화자2가 기쁨을 표현하는 행위이다. "환영"은 화자1의 발화에 수용적으로 반응한다는 점에서 단언화행의 유형인 "동의"와 유사한 성격을 지닌다. 그러나 동의 화행의 의사소통 목적은 화자1이 수행한 화행의 명제내용을 믿고 있다는 사실을 알리는 것이므로 화자2의 기쁨을 표현하는 환영화행과는 본질적으로 구분된다.[6]

---

6) 반응적 단언화행은 수용적 화행과 이론(異論)제시적 화행, 그리고 거부적 화행으로 세분화 되며, "동의"는 수용적 화행 중 동의적 성격을 지니는 유형으로 구분된다. 동의적 수용 화행은 화자2가 화자1이 옳다고 믿고 있는 명제 내용을 자신도 옳다고 믿고 있음을 화자 1이 알 수 있도록 전달하는 발화 의도를 가지고 있다(Rolf, 1983 참조, 이와 관련한 한국 어로 번역된 요약 내용은 박용익, 2001 : 85-88 ; 김지환, 2002 : 19-21 참조).

그리고 환영화행은 감사화행과도 유사하다. 감사화행 역시 청자가 화자에게 베푼 호의적이고 도움이 되는 행위에 대하여 긍정적으로 인식하여 즐겁고 고마운 감정을 표현하는 행위이기 때문이다. 그러나 "감사"는 "환영"과 달리 대화 위치에서 독립적인 시작 화행에 속한다는 점에서 차이가 있고, 감사화행의 동기는 청자가 화자를 위해 베푼 의도적 행위에 있으며, 과거의 행위에 대한 감사화행이 수행될 수 있다는 점에서 차이가 있다.

위에서 언급한 바와 같이 "환영"은 상대방의 수혜적 제안 행위를 전제로 하기 때문에 반응 화행의 위치에서 실현되는 것이 자연스럽다. 다음의 예를 통해 확인해 보도록 하겠다.

> (1) ㄱ. 화자1 : 집에서 참기름 왔는데 좀 갖다 줄까?
> 　　ㄴ. 화자2 : 1) <u>우와 정말? 너어무 좋지!</u>
> 　　　　　　　 2) 언니, 나 참기름 귀신이잖아.
> 　　　　　　　 3) 어렸을 때 병 들고 막 마신 적도 있어.
> 　　ㄷ. 화자1 : (웃음)지난번에 너 참기름 좋아한단 얘기 들은 것도
> 　　　　　　　 같아서…….
> 　　ㄹ. 화자2 : 고마워 언니. 역시 날 생각해 주는 사람은 언니밖에
> 　　　　　　　 없다.

(1)에서 화자1은 화자2에게 호의적인 제안을 한다(1ㄱ). 화자1은 자신이 화자2에게 제안한 명제적 내용에 대하여 화자2가 반길 것을 기대하고 있으나(1ㄷ), 화자2가 좋아할 것인지에 대해 반신반의한 상태이기 때문에 의문문 형식으로 간접적인제안을 한다. 이에 대한 반응으로 화자2는 기쁨을 표현하는 환영화행을 수행한다(1ㄴ). 화자2는 환영행위의 수행을 통해 화자1의 호의를 긍정적으로 인식하고 기쁘다는 화자2의 감정을

전달하고자 한다. 이로써 상대방의 수혜적 행동을 화자2 자신이 원하고 있었다는 점을 화자1에게 전한다. 따라서 화자1은 자신이 수혜적이라고 전제하였던 행위가 화자2에게도 공감적으로 여겨졌다는 것에 기쁨을 얻게 되어 이 대화는 협력적으로 진행이 된다.

이상의 논의를 정리하여 환영화행이 성공적으로 수행되기 위한 적정 조건을 제시하면 다음과 같다.

(2) 환영화행의 적정 조건

ㄱ. 대화구성 조건 : 화자1의 수혜적 제안 행위가 선행된다.

ㄴ. 명제내용 조건 : 화자1이 화자2에게 행할 미래의 행위

ㄷ. 예비 조건 :

1) 화자2는 화자1의 제안이 긍정적이라고 인식한다.

2) 화자2는 화자1의 행위를 기대하지 않았다.

3) 화자1은 화자2에게 제안한 자신의 행위가 긍정적으로 인식될 것이라고 기대한다.

ㄹ. 성실 조건 : 화자2는 기쁨(즐거움, 신남)을 느낀다.

ㅁ. 본질 조건 : 화자2가 뜻하지 않은 상대방의 긍정적 제안 행위에 대하여 기쁨, 신나는 감정을 표현함으로써 화자1의 행위를 화자2도 반기고 있다는 것을 전달하고자 한다.

다음으로 환영화행이 수행된 예를 통해 수행 형식을 살펴보기로 한다. 첫째, 환영화행은 감탄사나 단순한 외침 표현을 통해 수행된다.

(3) ㄱ. 화자1 : (하늘을 쳐다보며) 봄비 올 것 같은 날씬데…… 어디 포장마차에 가서 한잔만 더 하지.

ㄴ. 화자2 : <u>오케바디!</u>

(4) ㄱ. 화자1 : 오늘 시간 돼? 우리 딸이 오늘 반장됐대. (웃으며)내가
　　　　　　한턱 쏠게!

　　ㄴ. 화자2 : <u>오예~ 이게 웬 떡이야!</u>

　　ㄷ. 화자1 : 집 앞 호프집으로 가자구!

(5) ㄱ. 화자1 : 신영 기분도 좋은데 우리 근사한데 가서 회의하자. 점
　　　　　　심도 거기서 먹구.

　　ㄴ. 화자2, 3 : <u>야호! 아싸!</u> (일어서 가방 챙김)

(6) ㄱ. 화자1 : 애들아! 아이스크림 먹고 놀자!

　　ㄴ. 아이들 : <u>와아!</u>(소리 지르며 노식에게 달려든다)

위의 예에서처럼 환영화행은 명제내용이 없이 아주 단순한 외침 표현
으로 수행이 되나 화자1은 그 표현이 자신의 제안에 기쁨을 표현하는
환영화행이라는 것을 이해하고, 자신의 제안을 화자2가 받아들인다고 이
해한다(4ㄷ).

둘째, 감정을 표현함으로써 환영화행을 수행할 수 있다.

(7) ㄱ. 화자1 : 용아, 주말에 아빠랑 놀러 갈까?

　　ㄴ. 화자2 : <u>와! 신난다!</u>

(7)에서 화자2(아이)는 엄마의 제안에 대하여 느끼는 기쁨의 감정을 감
탄사 '와'와 '신난다'는 표현으로 환영화행을 수행하고 있다. 화자1이 화
자2가 기대하지 않았던 긍정적인 제안을 할 때, 화자2는 기쁨의 감정 중
'신이 남'을 느끼는 상태가 된다.

셋째, 화자1이 제안한 사태에 대하여 긍정적인 평가를 함으로써 환영
화행을 수행할 수 있다.

(8) ㄱ. 화자1 : (웃으며) 오늘 같은 날 그냥 보내면 안 되겠어요. 우
리 자축파티라도 해요.

ㄴ. 화자2 : 파티 좋~지!! (일어나는) 오랜만에 자리 한번 마련해
보지 뭐.

(9) ㄱ. 화자1 : (파우치를 꺼내며) 이런 거 좋아하나?

ㄴ. 화자2 : 뭔데?

ㄷ. 화자1 : 아니, 별 건 아닌데, 지난번에 보니까 이런 거 쓰길래.

ㄹ. 화자2 : 있으면 좋지! 오호…… 귀여운데? 근데 어디서 났어?

위의 예에서 보듯 화자2는 '좋지'라는 표현을 사용하여 상대방이 제안
한 수혜적 행위에 대하여 화자2는 환영화행을 수행한다. 이런 경우 여러
종결어미 중에서 '-지'가 압도적으로 많이 나온다.

넷째, 반응 표현으로 환영화행을 수행할 수 있다.

(10) ㄱ. 화자1 : (본다. 웃더니) 아이구 알았어, 알았어. 콩나물 국밥 내
가 쏜다. 가자!

ㄴ. 화자2 : 역시! 오 대리님은 내 맘을 꿰뚫고 있다니깐요!

(10)에서 화자2는 화자1이 제안한 사실에 대하여 반응 표현을 함으로
써 자신의 기쁨, 신남을 표현한다.

이상 한국어에서 환영화행이 수행되는 형식을 제시하면 다음과 같다.

(11) 환영화행의 언어적 수행 형식

ㄱ. 느낌 표현 : 예) 야, 와아, 야호, 앗싸, 오예, 오케바디…….

ㄴ. 감정 표현 : 예) 신난다!

ㄷ. 평가 표현 : 화자1이 제안한 사태에 대한 긍정적인 평가
예) 파티 좋지!

ㄹ. 반응 표현 : 예) 역시! 오 대리님은 내 맘을 꿰뚫고 있다니깐요!

2. 양자 공감형성 부정적 정표화행

가. 유감표현화행

이 글의 화행 분류 기준에 의하면 유감표현화행은 다음과 같은 특징이 있다.

대화이동 연속체 내의 위치 :	반응 화행
의사소통 목적 :	양자 공감형성
사태에 대한 인식 :	부정적
화자의 감정 :	슬픔, 안타까움, 불쌍히 여김
사태의 역할 :	화자2-관찰자, 화자1-(행위자)·대상자
사태의 내용·시제 :	청자에게 일어난 일, 과거

유감표현화행이란 화자1에게 일어난 나쁜 일 혹은 불행한 일에 대하여 화자2가 슬픔과 안타까움을 표현하고, 화자2가 화자1의 슬픔에 공감하고 있다는 것을 표현하는 행위이다.[7] 화자2는 유감표현화행의 수행을 통해 화자1의 일에 함께 슬퍼하고 있다는 공감대를 형성하여 화자1의 고통이 감소되기를 바라며, 화자1의 마음을 편안하게 해 주어 대화 참여자 사이에 원만한 인간관계를 유지하고자 한다.

유감표현화행의 사태는 화자1이 당한 불행한 사건이나 상태가 내용이 된다. 이때 화자1은 불행한 사태의 행위자가 될 수도 있으나 그렇지 않

---

7) 유감표현화행과 관련하여 Searle & Vanderveken(1985 : 212)에서는 'condole'을 제시한 바 있다. Searle & Vanderveken(1985 : 212)에서 'condole'은 명제에 대한 동정심(sympathy)을 표현하는 것이라 하였고, 준비 조건으로 청자에게 나쁜 일이 일어난 것, 아주 불행한 일이 일어난 것이라 하였다.그리고 화자는 이 행위를 통해 청자의 경험을 공유하고자 하는 의도가 있다고 보았다.

을 수도 있다. 예컨대 화자1이 시험에 불합격한 경우에는 사태의 행위자
(agent)가 되나 고아가 되었을 경우에는 사태의 대상자일 뿐이다.[8] 한편
화자2는 사태에 대하여 관찰자의 입장에 서 있으므로 사태에 대해서는
개입의 여지가 없이 수동적인 역할을 한다. 따라서 유감표현이 수행되는
사태에 대한 부정적 인식은 사태의 대상자인 화자1이 더 강하다.

유감표현화행은 사태의 내용에 따라 "동정"과 "애도" 화행 두 가지로 나
눌 수 있다. 동정화행은 화자1과 관련된 사건 혹은 상태와 관련이 있고 애
도화행[9]은 화자1의 친지나 가까운 지인의 죽음과 관련이 있다(Marten-Cleef
1991).

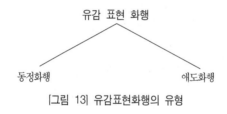

유감 표현 화행

동정화행   애도화행

[그림 13] 유감표현화행의 유형

유감표현화행이 성공적으로 수행되기 위한 적정 조건은 (1)과 같이 정

---

8) Norrick(1978 : 286)에서는 'condoling' 행위에 대하여 화·청자의 역할을 다음과 같이 나
　타내었다. "(agent=addressee), patient=addressee, observer=speaker", '(agent=addressee)'
　은 사태에 대하여 청자의 역할은 행위자가 될 수도 있으나 꼭 그럴 필요는 없다는 것을
　표시한 것이고, 행위의 대상자는 청자, 관찰자는 화자라는 의미이다. Norrck(1978)에서는
　위로화행의 경우 사태에 대한 역할이 화자는 관찰자이고, 청자는 대상자라는 점에서 축하
　화행과 같으나, 단지 사태에 대한 인식이 부정적이라는 점에서 차이가 있다고 하였다.
9) 한국어에서는 유감표현의 상황에서는 말을 아끼는 것이 보편적이라는 입장(김창숙, 2004)
　도 있고, 서정수(1998)에서는 특히 문상과 같은 경우 말을 하는 것 자체가 분위기를 깨뜨
　릴 수 있으므로 절과 같은 행위로 대신하는 경우가 많다는 것으로 결론을 내리기도 하였
　다. 그러나 이 글에서 애도화행이란 문상의 상황에서 발생하는 전형적인 인사 행위가 아
　니라 (3)의 대화에서 제시한 것처럼 상대방의 친척 혹은 지인의 죽음을 알게 되었을 때,
　이에 대하여 슬픔을 표현하는 일상 언어생활에서의 행위를 말한다.

리된다.

(1) 유감표현화행의 적정 조건

　ㄱ. 대화구성 조건 : 화자1이 사태에 대하여 슬픔을 표현하거나 자
　　　　　　　　　신의 슬픈 상황을 전하는 화행이 선행된다.

　ㄴ. 명제내용 조건 : 청자가 경험한 사건 혹은 상태

　ㄷ. 예비 조건 :

　　1) 화자는 청자에게 일어난 사태에 대하여 알고 있다.

　　2) 화자는 청자가 경험한 사태가 부정적이라고 인식한다.

　ㄹ. 성실 조건 : 화자는 슬픔, 안타까움을 느낀다.

　ㅁ. 본질 조건 : 화자가 청자의 부정적 사태에 대한 공감을 표현함
　　　　　　　　으로써, 청자의 부정적 감정이 경감되기를 바라고
　　　　　　　　청자의 마음에 위안을 주고자 하는 시도이다.

　동정화행과 애도화행이 수행된 예를 통해 (1)의 적정 조건을 살펴보기
로 하겠다. 우선 동정화행이 수행된 예를 보도록 한다.

(2) ㄱ. 화자1 : 다 나 때문이야. 정말……

　　ㄴ. 화자2 : <u>하이구</u>…… <u>고모두 말은 이렇게 하지만 너 힘든 거 이</u>
　　　　　<u>해해. 정말.</u>

　(2)의 대화는 고모(화자2)가 치매가 걸린 엄마 때문에 힘들어 하는 조
카(화자1)를 동정하는 상황이다. 이 대화는 화자1의 한탄(2ㄱ)에 대한 반
응 화행으로 동정화행이 수행되고 있다. 위의 대화에서 화자2는 화자1이
치매 걸린 엄마가 자신의 잘못이라고 생각하여 죄책감을 느끼고 있고,
엄마의 치매에 대해 괴로워하고 있다는 것을 알고 있다(1ㄷ-1). 그리고
화자2 역시 올케의 치매에 대하여 부정적으로 인식하고 있고(1ㄷ-2), 화

자1 역시 엄마의 치매에 대하여 부정적으로 인식하고 있다(1ㄷ-3). 화자2
는 (2ㄴ)에서 자신도 화자1이 겪는 상황에 대해 슬프고 안타까운 감정에
공감한다고 말한다(1ㄹ). 그리고 이러한 위로의 말은 본질적으로 화자2가
화자1의 고통을 이해하고 공감한다는 것을 표현함으로써 화자1과 공감
대를 형성하고, 이로 통해 화자1의 고통을 줄여주어 마음에 위안을 주기
위한 시도이다(1ㅁ).

한편 애도화행은 사태의 내용이 화자1의 친지나 가까운 지인의 죽음
이 되므로 동정화행보다 더 특수한 경우이다. 다음에서 애도화행이 수행
된 예를 살펴보자.

(3) ㄱ. 화자1 : 밤에 혼자 바깥에 나갔다 들어가면 생각나구 자꾸(눈
   주위를 만지며) 안 날래야 안 날수가 없어. 차 타구 나
   서 생각하면 그냥 불쌍해서, 그냥 그냥 그래 가지구서
   그냥 자꾸.
   ㄴ. 화자2 : 1) <u>아휴, 힘드셨겠어요······.</u>
   2) 부인이······ 좋은 하늘나라 가셨겠지요.
   ㄷ. 화자1 : 그래, 그랬을 거야. 착한 사람이었으니까.

(3)의 대화는 '한탄(3ㄱ)-동정(3ㄴ-1)', '위로(3ㄴ-2)-동의(3ㄷ)' 화행
의 두 개의 대화이동 연속체로 구성이 되었다. 애도화행 역시 (2)에
서의 동정화행과 마찬가지로 화자1의 '한탄'에 대한 반응 화행으로
수행되고 있고, 화자2는 (3ㄴ-2)에서 위로를 함으로써 새로운 대화
를 시작하고 있는 것으로 분석된다.

(3)의 대화에서 화자1은 죽은 부인에 대한 슬픔·불쌍함을 표현한
다(1ㄷ-3). 화자2는 화자1이 경험한 사태가 불행한 사건임을 인식하
고(1ㄷ-2), 이에 대하여 (3ㄴ-1)에서 화자1이 느꼈을 안타까움이나 슬픔

에 공감하고 자신의 감정을 표현한다. 그리하여 상대방의 슬픔이 감소되기를 바라며 청자의 마음에 위안을 주고자 한다.

(2), (3)의 동정화행과 애도화행의 예에서 알 수 있듯이 유감표현화행은 화자가 청자의 부정적 사태에 대하여 공감을 표현함으로써 청자의 부정적 감정이 경감되기를 바라고, 청자의 마음에 위안을 주기 위한 시도라고 볼 수 있다. 따라서 유감표현의 수행 형식은 부정적 사태에 대한 공감 표현, 청자의 부정적 감정이 경감되기를 바라는 표현, 청자의 마음에 위안을 주려는 표현 등의 세 가지 방식을 기대할 수 있다.

다음으로 한국어에서 유감표현화행이 수행되는 몇 가지 수행 형식을 살펴보기로 한다.

첫째, 유감표현화행은 '어떡하냐/ 어떠하니', '어쩌냐' 등의 관용 표현을 사용하여 수행되며, 이때 명제내용은 생략되기도 한다.

(4) ㄱ. 화자1 : (울음 섞인 목소리로) 혜용아, 어제 새벽에 우리 두리가
　　　　　　죽었어.
　　ㄴ. 화자2 : 1) 아이구, 어떡하니…….
　　　　　　2) 어쩌다가 그랬어?

(5) ㄱ. 화자1 : 글쎄, 그런데 이번엔 밖에서 아들을 데리고 왔더라. 참
　　　　　　나…….
　　ㄴ. 화자2 : 세상에! 어떡하면 좋니.

(4)의 대화는 화자1이 애견이 죽었다는 불행한 소식을 전하자(4ㄱ), 이에 대하여 화자2가 (4ㄴ-1)에서 '아이구'라는 감탄사와 함께 '어떡하니'라는 관용 표현을 사용하여 애도화행을 수행하는 예이다. 그리고 이어서 화자2는 (4ㄴ-2)에서 관심 질문으로 새롭게 대화를 시작하고 있다. (5)에

서도 '세상에'라는 감탄사와 '어떡하면 좋나'라는 관용 표현으로 동정화
행을 수행하고 있다. 이처럼 유감표명 화행은 '감탄사+관용 표현'의 형
태로 수행되며, 이때 명제내용은 생략된다.[10]

다음은 화자2가 동정화행의 대화이동을 수행하기 위해 2개의 화행 연
속체를 발화하는 경우의 예이다. 화자2는 '감탄사+관용 표현+화자1의
상태에 대한 사실 기술'로 유감표현화행을 수행한다.

(6) ㄱ. 화자1 : 계속 설사를 해 대니까 정말 기운이 하나도 없어. 어
　　　　　　젠 정말 아무 것도 못 먹었어.
　　ㄴ. 화자2 : 1) <u>어휴, 어떡하냐……</u>.
　　　　　　　　2) <u>얼굴이 핏기도 없고 완전 노랗네 노래.</u>

(7) ㄱ. 화자1 : 어제 한 숨도 못 잤어. 가려워서.
　　ㄴ. 화자2 : 1) <u>어휴, 어떡해……</u>.
　　　　　　　　2) <u>만날 잠을 못 자서.</u>

(6)의 대화는 화자1의 한탄(4ㄱ)에 대하여 반응 화행으로 (6ㄴ-1)에서
감탄사(어휴)+관용 표현(어떡하냐)가 발화된 후, (6ㄴ-2)에서는 화자1의
부정적 상태를 그대로 기술함으로써 사실을 표현하고 있다. 이로써 화자
2는 화자1의 한탄에 공감하고 있다는 것을 나타낸다. (7ㄴ) 역시 화자2
는 (7ㄴ-1)에서 '감탄사(어휴)+관용 표현(어떡해)' 뒤에 (7ㄴ-2)에서 화자1
이 한탄하고 있는 내용을 그대로 다시 말함으로써 동정화행을 수행한다.

둘째, 화자2는 슬픔의 감정을 직접 서술하여 화자1의 사태에 대하여

---

10) 유감표현화행은 (6), (7)의 예에서 보듯이 '하우'나 '세상에'와 같은 감탄사나 단순한 외
　　침 표현으로도 수행이 될 수 있을 듯하다. 그러나 이 글에서 검토한 자료 내에서는 독립
　　적으로 감탄사나 단순한 외침을 사용하여 유감표현화행을 수행한 예는 발견되지 않았고,
　　느낌 표현은 관용 표현이나 감정 표현, 사실 표현, 평가 표현 등에 동반되어 나타났다.

슬픔을 공감하고 있음을 표현한다.

> (8) ㄱ. 화자1 : 영숙 씨, 영숙 씨······ 흑흑.(영호의 눈에서 눈물이 흐
> 르고 있다)
> ㄴ. 화자2 : 1) 울지 말아요. 네? 울지 말아요(영호를 안는다. 그리
> 고 어린아이를 달래듯이 말한다)
> 2) 나, 당신 마음 다 알아요. 말하지 않아도 다 알아요.
> 3) (눈물 글썽거리며) 당신이 울면 나도 슬퍼요.
> 4) 분명히 그 사람 찾을 수 있을 거예요.

> (9) ㄱ. 화자1 : 그 사람 날 못 믿나봐. 정말 속상해 죽겠어.
> ㄴ. 화자2 : 야, 민지야. 네가 속상하다고 하니까 내 마음도 너무 안
> 좋고, 에이 너무 속상하다.

(8), (9)에서 화자2는 화자1의 사태에 대하여 '슬프다', '속상하다', '마음이 안 좋다' 등의 감정을 표현하는 어휘를 사용하여 동정화행을 수행하고 있다. 특히 (8)에서 동정화행은 (8ㄴ)에서 화자2가 "위로" 기능을 하기 위한 구성 요소로 수행되었다.[11]

셋째, 화자2는 화자1이 처한 사태에 대한 평가 표현을 사용하여 위로화행을 수행할 수 있다.

> (10) ㄱ. 화자1 : 다 나 때문이야. 정말······.
> ㄴ. 화자2 : 하이구······ 고모두 말은 이렇게 하지만 너 힘든 거 이

---

11) (6)의 대화는 화자1이 자신의 서글픈 과거를 말한 뒤 속상해서 울음을 터뜨리자 (6ㄴ)에서 화자2가 위로를 하며 달래 주는 상황이다. (6ㄴ)에서 주화행은 (6ㄴ-4)위로화행이며, "위로"의 대화 기능을 수행하기 위해 이를 보조하기 위한 화행으로 (6ㄴ-1~3)이 수행된 것으로 보인다. 이 대화에서 위로화행을 보조하는 화행 연속체는 '부탁(6ㄴ-1)-동정(6ㄴ-2)(부탁에 대한 이유 제시-동정(6ㄴ-3)'으로 구성이 되었다.

해해. 정말.

(11) ㄱ. 화자1 : 밤에 혼자 바깥에 나갔다 들어가면 생각나구 자꾸(눈
주위를 만지며) 안 날래야 안 날수가 없어. 차 타구 나
서 생각하면 그냥 불쌍해서, 그냥 그냥 그래 가지구서
그냥 자꾸.

ㄴ. 화자2 : 1) <u>아휴, 힘드셨겠어요…….</u>

2) 부인이…… 좋은 하늘나라 가셨겠지요.

(12) ㄱ. 화자1 : 세상에, 거기서 가게까지 오는데 2시간이나 걸렸어. 글
쎄. 배도 아프고 아주 죽을 뻔 했어.

ㄴ. 화자2 : 1) 헤엑~ 왜 그렇게 오래 걸렸어?

2) <u>완전 생고생했네.</u>

(10), (11)에서 화자2는 화자1이 처한 사태가 힘든 상황이라고 평가하
여 표현함으로써 동정화행을 수행한다. (12)에서는 화자2는 화자1이 곤
란을 겪은 상황에 대하여 (12ㄴ-1)에서 화자1이 겪은 사태를 그대로 기
술한 후 (12ㄴ-2)에서 '생고생했네'라고 사태에 대하여 공감적으로 평가
해 줌으로써 동정화행을 수행하고 있다. 이처럼 동정화행은 청자가 겪은
사태에 대하여 평가를 함으로써 수행될 수 있다.

넷째, 유감표현화행은 다음과 같이 사실에 대한 반응으로써 수행할 수
도 있다.

(13) ㄱ. 화자1 : 아이…… 그게…… 요즘 허리가 아파 그런지 자식 생
각이 더 나고(울먹) 추석 되니까 더 보고 싶고, 눈에
어른거리고…… 목소리라도 듣고 싶고…….

ㄴ. 화자2 : 1) (음료수 따르며) <u>그래요, 그래.</u>

2) <u>자식 보고 싶을 때는 목소리라도 들어야지 뭐.</u>

      3) 이거 마시고 마음 달래요.

      4) 어쩌겠어. 길이 먼데.

(14) ㄱ. 화자1 : 아빠는 나 세 살 때 돌아가셨어. 그때부터 난 주욱 새

              엄마랑 살았고…….

    ㄴ. 화자2 : 1) <u>아, 그랬구나</u>…….

           2) <u>많이 힘들었겠다.</u>

  (13)에서 화자2는 화자1이 자식이 보고 싶어서 목소리라도 듣고 싶다
는 사실에 대하여 반응을 하고(13ㄴ-1), 반응에 대한 이유를 말함으로써
(13ㄴ-2) 화자1의 감정에 공감하고 있음을 표현한다. (14)에서도 화자2는
(14ㄴ-1)에서 '아 그랬구나'라는 사실에 대한 반응을 보인 후, (14ㄴ-2)
에서 화자2의 상황에 대한 판단 표현을 하여 애도화행을 수행하고 있다.

  이상 한국어에서 유감표현화행이 수행되는 형식을 정리하여 제시하면
다음과 같다.

(15) 유감표현화행의 언어적 수행 형식

    ㄱ. 수행적 표현 : 관용 표현 사용

      1) (감탄사)+관용 표현

      예) 아이구, 어떡하니/ 세상에 어쩌면 좋니

      2) (감탄사)+관용 표현+화자1의 상태에 대한 사실 기술

      예) 어휴, 어떡해…… 만날 잠을 못 자서.

    ㄴ. 감정 표현 : 슬프다, 속상하다…….

      예) 네가 속상하다고 하니까 내 마음도 너무 안 좋고, 에이

        너무 속상하다.

    ㄷ. 평가 표현 : 화자1이 처한 사태에 대한 평가 표현

      예) 아휴, 힘드셨겠어요/완전 생고생했네.

    ㄹ. 반응 표현 : 예) 그래요, 그래/아, 그랬구나…….

제6장

정표화행 분류 연구의 의의와 전망

　지금까지 이 글은 한국어 정표화행의 유형을 분류하고 전체 체계 안에서 각 유형들의 행위적 특징과 성공적으로 수행되기 위한 적정 조건, 그리고 언어적 수행 형식을 고찰해 보았다. 논의의 과정과 결과를 요약·정리하고 이 연구의 의의 및 앞으로의 과제를 제시하면 다음과 같다.

1. 요약

　이 연구에서는 한국어 정표화행의 유형을 본격적으로 분석하기 전에 2장에서 정표화행의 개념과 수행 형식을 고찰해 보았다. 우선 2.1에서는 실제 대화 자료를 분석할 때 구분이 쉽지 않은 단언화행, 평가화행, 정표화행 범주를 구분하였다. 특히 이 글에서는 Searle(1979)에서 제시한 화행 분류 기준 중 발화수반 목적(illocutionary point) 개념이 화자의 청자에 대한 의도를 고려하지 않은 불충분한 기준임을 지적하였다. 이에 화자가 화행의 수행 결과로 기대하는 '의사소통 목적'이라는 개념을 화행 분류 기준으로 제안하고 단언화행과 정표화행 범주를 다음과 같이 구분하였다.

> (1) 단언화행과 정표화행 범주 구분
>> ㄱ. 단언화행 :
>>> 1) 발화수반 목적 : 명제의 표현에 대하여 참인지 거짓인지 혹
>>> 은 옳은지 그른지를 정도의 차이를 두고 판단하거나 확언
>>> 2) 의사소통 목적 : 화자는 청자가 자신이 전한 정보를 이해
>>> 하고 믿고 수용하기를 기대
>> ㄴ. 정표화행 :
>>> 1) 발화수반 목적 : 화자의 사태에 대한 감정을 전달
>>> 2) 의사소통 목적 : 화자는 청자가 자신이 전달한 감정에 감
>>> 정이입 되기를 기대

다음으로 기본 화행이 아니기에 복잡한 문제가 있어 온 평가화행과 정표화행 범주의 구분에 대하여 고찰하였다. 평가화행은 연구자마다 단언화행에 포함시키기도 하고(Searle 1969), 정표화행에 포함시키기도 하는 (Austin 1962) 등 그 범주를 설정하기 어려운 화행 범주였다. 또한 실제 대화 자료에서 평가화행과 정표 화행은 그 경계가 분명치 않아 문제가 되어 왔다. 예컨대 "칭찬"이나 "꾸중"은 화자의 감정을 표현하는 것인가 아니면 화자의 평가를 표현하는 것인가? 이러한 문제에 대하여 이 글에서는 평가화행을 '판단하다, 비판하다'처럼 단언화행에 속하는 유형이 있는가 하면 '칭찬하다, 비난하다'처럼 정표화행에 속하는 유형이 있다고 구분하였다. 그리고 이 글에서는 '칭찬하다, 비난하다'와 같은 유형을 '평가적 정표화행(Evaluative Expressive)'이라고 명명하여 정표화행의 하위 범주를 다음과 같이 나누었다.

(2) 정표화행의 하위 범주

정표화행(Expressive)

평가적 정표화행　　　　　　　감정적 정표화행
(Evaluative Expressive)　　　　(Emotive Expressive)

2.1.2.에서는 일반적으로 사용되는 Searle(1969)의 정의, 즉 '화자의 심리적 태도를 표현하는 행위'라는 정표화행의 개념은 추상적이고 모호한 면이 있음을 밝히고, 이를 구체화하여 의사소통상에서 좁은 의미로서 정표화행을 다음과 같이 정의하였다.

(3) 의사소통상에서 협의의 정표화행 정의 : 정표화행이란 화자가 사태에 대한 감정을 표현하고, 청자가 이에 대하여 감정이입되기를 기대하는 행위
　　이때, 화자의 감정과 사태의 내용은 다음과 같다.
　　　ㄱ. 감정의 종류 : 쾌(긍정적)/불쾌(부정적)의 감정
　　　ㄴ. 명제내용의 대상 : 화자, 청자, 제3의 대상

2.2.에서는 정표화행 범주의 언어적 수행 형식을 개관해 보았다. 우선 화행의 수행 형식을 체계화하여 제시하기 위한 세 가지 연구 방법을 검토한 결과 정표화행은 상황맥락에 따라 다양한 방식으로 수행될 수 있기 때문에 의미적 기준에 따라 구분하는 것이 적절하다는 결론을 내렸다. 그리고 의미적 기준에 따라 Marten-Cleef(1991)에서 제시한 정표화행의 원형적 수행 형식이 한국어에서도 적용된다는 것을 대화 자료를 통해 확인해 보았다. 이에 한국어 정표화행의 원형적 수행 형식을 다음과 같이 정리하였다.

(4) 한국어 정표화행의 원형적 수행 형식

ㄱ. 수행적 표현 : 명시적 수행 표현, 관용 표현

ㄴ. 느낌 표현 : 감탄사, 단순한 외침 표현

ㄷ. 감정 표현 : 명시적으로 감정 어휘를 사용하여 느낌을 표현

ㄹ. 사실 표현 : 사태를 주제로 한 사실 표현

ㅁ. 평가 표현 : 화자, 청자, 대상과 관련된 평가 표현

ㅂ. 반응 표현 : 사태에 대한 반응 표현

3장에서는 한국어 정표화행 유형을 분류하기 위한 합당한 기준을 설정하는 문제에 대하여 고찰해 보았다. 3.1.에서는 선행 연구에서의 분류 기준을 상세히 검토하고, 이를 바탕으로 3.2.에서는 선행 연구에서 지적한 문제점들을 수정·보완하여 '대화이동 연속체 내에서의 위치'와 '의사소통 목적' 기준을 새롭게 제시하였다. 이로써 화행의 의사소통적 특성을 고려한 위의 두 가지 기준과 '사태에 대한 인식 기준'을 정표화행의 유형을 분류하기 위한 상위 기준으로 사용하였다. 그리하여 이 글에서는 의사소통적 특성을 고려한 정표화행의 분류 기준을 다음과 같이 제시하였다.

(5) 의사소통적 특성을 고려한 정표화행 분류 기준

ㄱ. 1차 분류 기준 : 대화이동 연속체 내에서의 위치

화행이 실현되는 대화상의 위치를 고려하여 독립적으로 수행되는 '시작 정표화행', 하나의 화행을 전제하는 '반응 정표화행'으로 구분한다.

ㄴ. 2차 분류 기준 : 의사소통 목적

1) 시작 정표화행은 화자의 의사소통 목적에 따라 화자가 청자에게 공감 유발을 기대하는지의 여부에 따라 [+공감유발의도]와 [−공감유발의도]로 구분되고, [+공감유발의도]

는 다시 화자와 청자 상호간의 공감을 기대하는 '양자 공
감형성 정표화행'과 청자만의 공감을 기대하는 '청자 공감
유발 정표화행'으로 구분된다. 그리고 [-공감유발의도]의
하위에는 화자가 정표화행의 수행 결과 청자의 반감을 불
러일으키길 기대하는 '청자 반감유발 정표화행'으로 구분
한다.

2) 반응 정표화행은 시작 정표화행과 마찬가지로 '양자 공감
형성 정표화행'과 '청자 반감유발 정표화행'으로 구분 될
수 있다. 그러나 반응 화행의 특성상 화자 자신에게 의사
소통의 초점이 맞춰져 있는 '청자 공감유발 정표화행'은
자료에서 발견되지 않았다.

ㄷ. 3차 분류 기준 : 사태에 대한 인식
의사소통 목적에 따라 세 가지로 구분된 유형들은 다시 화자
의 사태에 대한 인식, 즉 사태에 대한 가치 평가에 따라 '사
태에 대한 긍정적 감정'과 '사태에 대한 부정적 감정'의 정표
화행으로 나눌 수 있다.

ㄹ. 4차 분류 기준 : 개별 화행을 구분하는 기준은 각 유형마다 달
리 나타난다.

1) 사태에 대한 화자의 감정 : 화자가 사태에 대하여 느끼는
감정의 종류로서 유형마다 다양하게 나타난다.

2) 사태에 대한 대화 참여자들의 역할 : 사태에 대한 대화 참
여자들의 역할로, 사태의 책임자인 행위자, 사태의 수 혜
자인 대상자, 사태에서 역할이 없는 관찰자로 구분된다.

3) 사태의 내용과 시제 : 사태의 명제내용과 사태가 발화 행
위의 전에 있는지 후에 일어나는지와 관련이 있다. 이 역
시 각 유형마다 달리 나타나게 된다.

위의 분류 기준 중 (5ㄱ), (5ㄴ), (5ㄷ)은 상위 수준에서 정표화행을 여

섯 개의 그룹으로 구분하는 기준으로 사용되었고, (5ㄹ)은 하위 수준에
서 개별 정표화행들을 구별하는 기준으로 사용되었다.

4장과 5장에서는 3장에서 설정한 정표화행의 분류 기준에 따라 각 유
형들의 행위적 특징과 의사소통 상황에서 성공적으로 수행되기 위한 적
정 조건, 그리고 언어적 수행 형식을 각각 고찰해 보았다. 각 절과 항의
요약을 대신하여 한국어 정표화행의 전체 체계가 어떻게 구성이 되고
분류되는지 연구 결과를 총괄적으로 정리해 보았다.

연구 결과 한국어 정표화행의 총 목록은 23개로 제시된다. 23개의 정
표화행들은 정표화행을 구분하는 1차적 분류 기준인 대화 내에서의 위
치에 따라 시작 정표화행에 속하는 20개 유형과 반응 정표화행에 속하
는 3개 화행 유형으로 구분된다. 그리고 이들은 정표화행의 2차 분류 기
준인 화자의 의사소통 목적에 따라 [+공감유발]과 [−공감유발]로 구분
된 후, [+공감유발]은 다시 '양자 공감형성형'과 '청자 공감유발형'으로
[−공감유발]은 '청자 반감유발형'으로 구분된다. 이에 정표화행을 수행
할 때 의사소통 속에서 화자가 기대하는 의사소통 목적은 다음과 같이
세 가지로 제시하였다.

(6) 정표화행의 의사소통 목적
　ㄱ. 양자 공감형성 정표화행 :
　　　정표화행의 수행 결과 양자 간에 공감이 형성되기를 기대하는
　　　유형으로 전체 23개의 정표화행 유형 중 11개가 속해 있다.
　　　시작 정표화행에는 "찬사", "축하", "기원(축원, 응원)", "감
　　　사", "호감표현", "환대", "염려", "사과" 화행이, 반응 정표화
　　　행에는 "용서", "환영", "유감표현(동정, 애도)" 화행이 포함된
　　　다. 이 유형의 의사소통 목적은 단순히 화자가 청자와 같은
　　　감정을 가지고 있다는 것을 전달하는 데 있지 않다. 화자는 자

신이 청자와 공감하고 있다는 것을 전달하여 두 사람 사이에
공감대를 형성하고, 인간관계를 원활하게 유지하거나 서로 간
의 유대감을 증진시키는 데 이 부류의 의사소통 목적이 있다.

ㄴ. 청자 공감유발 정표화행 :

이 유형은 청자를 배제한 화자 자신이나 제3의 대상을 사태
로 하여, 자신의 감정을 분출하는 특성이 나타나는 부류이다.
화자가 이 유형을 의사소통 속에서 수행했을 때, 화자는 자신
이 전달한 감정에 대한 청자의 공감을 강하게 기대한다. 시작
화행의 위치에서 "환호", "경탄", "소원", "한탄", "분통표
현", "걱정" 화행이 이 유형에 속한다.

ㄷ. 청자 반감유발 정표화행 :

이 유형은 모두 청자를 사태의 대상으로 하여 화자의 감정을
전달하는 데 발화 의도가 있다. 이 유형은 화자와 청자 간 사
태에 대한 인식이 반대이기 때문에 화자는 감정을 전달함으
로써 청자의 반감을 불러일으키게 되기를 기대한다는 특성이
있다. 청자 반감유발형에는 "조롱", "우쭐대기", "악담", "원
망", "질타", "질투"가 속한다.

위의 세 가지 유형은 화자의 사태에 대한 인식이 긍정적인지 부정적
인지에 따라 각각 두 가지로 분류되어 정표화행 범주는 총 6개의 부류
로 나누어진다. 개별 화행은 하위 층위에서 정표화행의 분류 기준인 '화
자의 감정', '화·청자의 역할', '사태의 내용 및 시제' 기준 조건에 따라
구분하였다. 이 글에서 각 부류에 속하는 유형의 목록과 특성은 다음과
같이 제시하였다.

(7) 양자공감형성-긍정적 정표화행 : 이 유형에는 "찬사", "축하", "기
원", "감사", "호감표현", "환대"가 있다. 이들은 사태의 대상자 역

할이 누군지에 따라 청자에게 더 긍정적인 "찬사", "축하", "기원"
과 화자에게 더 긍정적인 "감사", "호감표현", "환대"로 구분된다.

화행 유형	행위 조건			
	화자의 감정	사태의 역할		사태의 내용 / 시제
		화자	청자	
찬사	호감, 애착, 놀라움, 부러움	관찰자	행위자·대상자	청자가 지니고 있는 외모·능력·성격·소유물 / 과거·현재
축하	기쁨, 즐거움	관찰자	행위자·대상자	청자에게 일어난 사건이나 개인적 축일 / 과거·현재
기원 -축원 -응원	희망, 기대감	관찰자	행위자·대상자	청자의 건강, 행복, 앞일 / 미래
환대	반가움, 즐거움, 기쁨	대상자	행위자	청자의 출현, 방문 / 과거
감사	고마움, 즐거움	대상자	행위자	청자가 화자에게 베푼 수혜적 행위 / 과거나 미래
호감표현	호감	대상자	행위자	청자의 존재 / 현재

[표 6] 양자공감형성-긍정적 정표화행의 행위 조건

(8) 양자공감형성-부정적 정표화행 : 이 유형에는 "염려", "사과" 화행
이 있다. 이들은 모두 사태가 발생하거나 발생할 시점에서 청자가
사태의 대상자가 되므로 화자보다 그 사태에 대하여 부정적으로
인식한다는 특징이 있다.

화행 유형	행위 조건			
	화자의 감정	사태의 역할		사태의 내용/시제
		화자	청자	
염려	걱정, 불안, 두려움	관찰자	대상자·행위자	청자의 행복, 건강, 앞일과 관련된 일 / 미래
사과	후회, 미안함, 회개	행위자	대상자	청자에게 피해를 준 일 / 과거

[표 7] 양자공감형성-부정적 정표화행의 행위 조건

(9) 청자공감유발−긍정적 정표화행 : 이 유형에는 "환호", "경탄", "소
원" 화행이 있다. 이들의 공통적 특징은 어떤 사태에 대해서 청자
는 관찰자 역할을 한다는 점인데, 화자는 자신이 표출한 감정을 청
자도 공감해 주기를 기대한다.

화행 유형	행위 조건			
	화자의 감정	사태의 역할		사태의 내용 / 시제
		화자	청자	
경탄	기쁨(즐거움, 신기함)	관찰자	관찰자	화자의 새로운 경험, 인식 / 과거·현재
환호	기쁨(즐거움, 만족감, 성취감)	행위자· 대상자	관찰자	화자가 행한 일 / 과거·현재
소원	희망, 기대감, 욕구	행위자	관찰자	화자의 미래 신상과 관련된 일 / 미래

[표 8] 청자공감유발−긍정적 정표화행의 행위 조건

(10) 청자공감유발−부정적 정표화행 : 이 유형에는 "한탄", "분통표
현", "걱정" 화행이 속한다. 화자는 자신의 부정적 감정을 표출
하고, 청자가 이러한 감정에 공감해 주기를 기대한다.

화행 유형	행위 조건			
	화자의 감정	사태의 역할		사태의 내용 / 시제
		화자	청자	
한탄	슬픔(속상함, 체념, 후회)	(행위자)·대상자/ 대상자·관찰자	관찰자	화자가 처한 상태 / 과거·현재
분통 표현	화(분노, 짜증, 불만족)	(행위자)·대상자/ 대상자·관찰자	관찰자	화자가 처한 상태 / 과거·현재
걱정	두려움(공포, 불안감, 초 조함)	행위자	관찰자	화자의 상태, 미래

[표 9] 청자공감유발−부정적 정표화행의 행위 조건

(11) 청자반감유발—긍정적 감정 표출형 : 이들의 특징은 화자가 청자의 감정을 손상시킴으로써 화자 자신은 좋은 감정을 갖게 되는 데 있다. 그리고 화자는 청자의 반감을 유발하게 될 것을 기대한다. 이 유형에는 "조롱", "우쭐대기", "악담"이 있다.

화행 유형	행위 조건			
	화자의 감정	사태의 역할		사태의 내용 / 시제
		화자	청자	
조롱	즐거움, 고소함	관찰자	행위자·대상자	청자의 불행·불운한 사태·약점 / 과거
우쭐대기	기쁨, 우월감(승리감, 만족감, 성취감)	행위자·대상자	대상자	화자의 승리나 성공 / 과거
악담	악의적인 희망	관찰자	행위자·대상자	청자 혹은 청자 주변에 관한 신상 / 미래

[표 10] 청자반감유발—긍정적 정표화행의 행위 조건

(12) 청자반감유발—부정적 감정 표출형 : 이 유형에는 "원망", "질타", "질투" 화행이 있다. 이 유형의 특징은 사태를 유발하는 사람이 모두 청자라는 점이다. 화자는 청자가 일으킨 사태에 대하여 부정적으로 인식하고 자신의 불쾌한 감정을 전달하여 청자에게 반감을 유발하고자 한다.

화행 유형	행위 조건			
	화자의 감정	사태의 역할		사태의 내용 / 시제
		화자	청자	
원망	슬픔	대상자	행위자	청자가 화자에게 한 일 / 과거
질타	분노	대상자·관찰자	행위자	청자가 화자에게 한 일 / 과거
질투	시기심, 질투심	관찰자	행위자·대상자	청자의 특성·청자에게 일어난 사건 / 과거·현재

[표 11] 청자반감유발—부정적 정표화행의 행위 조건

한편 반응 화행의 위치에서는 양자공감형성 정표화행의 부류에서 다음의 세 가지 화행 유형이 발견되었다. 양자 공감형성 정표화행의 유형으로는 "용서", "환대", "유감표현" 화행이 있는데, 이들 행위는 1차적으로 화자1의 발화에 대하여 공감을 표현하는 의도를 가지고 있고, 화자2는 이러한 유형의 발화 행위를 수행함으로써 화자1과 우호적인 인간관계를 유지하고자 하는 발화 의도를 지닌다.

(13) 반응적-양자공감형성-긍정적 정표화행 : 반응 화행의 위치에서
    화자2가 양자 공감형성 정표화행을 수행할 때, 화자2는 상대방의
    발화에 공감한다는 것을 표현한다. 이러한 반응 발화로써 화자2는
    화자1과 공감대를 형성하고 대화를 원활하게 이끌어 나가며, 인간
    관계를 유지해 나가고자 하는 발화수반 효과를 기대하게 된다.

화행 유형	행위 조건			
	화자의 감정	사태의 역할		사태의 내용 / 시제
		화자	청자	
용서	화(증오) 풀림	대상자	행위자	청자가 화자에게 피해를 준 일/과거
환영	기쁨(신이 남, 즐거움)	대상자	행위자	청자가 화자에게 제공하기로 한 일 미래

[표 12] 반응적-양자공감형성-긍정적 정표화행의 행위 조건

(14) 반응적-양자공감형성-부정적 감정 표출형 : 이 유형에는 유감표
    현화행이 있고, 유감표현화행은 사태의 내용에 따라 "동정"과 "애
    도" 화행 두 가지로 나눌 수 있다.

화행 유형	행위 조건			
	화자의 감정	사태의 역할		사태의 내용 / 시제
		화자	청자	
유감표현 -동정 -애도	슬픔, 안타까움, 불쌍함	관찰자	(행위자)·대상자	청자가 경험한 사건 혹은 상태 / 과거 -화자1과 관련된 사건 혹은 상태 -화자1의 친지나 가까운 지인의 죽음

[표 13] 반응적-양자공감형성-부정적 정표화행의 행위 조건

2. 연구의 의의 및 앞으로의 과제

이 연구의 의의는 한국어를 대상으로 하여 정표화행의 유형을 구분하고 그 체계를 조망해 보고자 한 첫 번째 시도였다는 점에 있다. 이 연구를 통해 한국어 정표화행의 전체 체계를 보여주고 체계 속에서 각 개별 화행이 속하는 위치를 조망해 볼 수 있었다. 또한 한국어의 실제 대화 자료로부터 개별 화행이 성공적으로 수행되기 위한 적정 조건을 제시하고, 정표화행의 수행 형식을 제시해 보았다는 점을 연구의 의의로 삼을 수 있다.

일반 언어학에서 이 논문의 의의는 선행 연구들에서는 분류 기준으로 고려하지 않았던 '대화이동 연속체 내에서의 순서'와 화자가 발화를 통해 청자에게 기대하는 '의사소통 목적'을 분류 기준으로 제시하였다는 점이다. 이 두 가지 분류 기준은 화행 연구의 문제점으로 지적되곤 했던 화자 중심의 연구에서 벗어나 화행의 의사소통적 특성을 고려하고 대화로 연구 범위를 확장하게 해 주었다. 또한 발화수반 목적보다 한 단계 더 나아간 '의사소통 목적' 개념을 제시함으로써, 정표화행을 수행할 때 화자가 대화에서 궁극적으로 기대하는 바가 무엇인지를 제시하였다는

점에 의의를 둘 수 있다.

또한 기존 연구와 다른 견해를 제시한 '청자 공감유발형'을 제안한 것은 의의가 있다고 본다. 선행 연구에서 이 유형들은 화자 중심적이고 청자의 역할이 배제된 유형으로 간주되었다. 그러나 이 글은 이와 반대의 견해를 제시하였는데, 이 유형은 화자가 청자의 감정이입적 반응을 기대하는 기대치가 높다고 본 것이다. 예컨대 화자가 "한탄"을 할 때 단순히 자신의 부정적 처지에 대하여 슬픔을 토로하는 것이 아니라 청자도 자신의 사태에 대하여 공감해 주기를 강력히 원하며 "위로"를 기대하게 된다는 것이다. 이러한 청자 공감유발형의 의사소통적 특성을 협력적으로 대화가 진행된 자료들을 분석함으로써 논증하였다.

앞으로 남은 문제는 언어만 가지고서는 복합적인 감정이 모두 표현될 수 없으므로 정표화행의 비언어적, 준언어적 특징이 함께 연구되어야 한다는 것이다. 또한 이 글은 화행을 행위적 차원에서만 기술했고, 개별 화행이 대화 내에서 어떠한 기능을 하는지는 자세히 언급하지 못하였다. 각각의 화행은 대화 구조를 형성하는 기능과 대인관계를 유지하기 위한 측면에서 각기 기능을 달리 할 것이다. 이러한 기능에 대한 연구가 행해질 때 개별 화행의 행위적 특성을 분명히 인식할 수 있을 것이라 본다. 마지막으로 정표화행 부류 중에는 대화구조상 앞에 두 개의 화행을 전제하는 재반응 화행 유형이 발견되었는데, 이에 대해서는 논하지 못하였다. 대화유형학에서 특정한 대화의 목적이 없고 수다나 오락을 위한 관계중심적 대화는 원칙적으로 '시작-반응'의 두 개의 대화이동으로 대화가 종료된다고 보고 있으나, '안도 화행'과 같은 경우 '관심 질문-긍정적 대답-안도 화행'의 대화이동 연속체로 수행되는 것을 발견할 수 있었다. 이 부류에 대한 후속 연구를 기대한다.

참고문헌

강창우(1997), 「화행과 언어적 단위의 관계에 대하여-독일어 인과문을 중심으로」, 『텍스트언어학』 4집, 한국텍스트언어학회, 63-68.

_____(2002), 「화행의 하위분류 가능성에 대한 고찰-'이유 말하기'를 중심으로-」, 『독어학』 제5집, 한국독어학회, 203-221.

_____(2003), 「화용론」, 『독일어의 구조와 의미』, 역락.

_____(2004), 「화행 유형의 하위분류 가능성과 그 문제점」, 『독어학』 제9집, 한국독어학회, 195-215.

_____(2007), 「언어표현과 발화의도의 상관관계」, 『人文論叢』 제57집, 서울大學校人文學研究院, 183-209.

강현화(2008), 「'-을걸'의 특성과 후회표현의 양상」, 『이중언어학』 제3호, 이중언어학회, 43-68.

강현화·황미연(2009), 「한국어교육을 위한 불평표현 문형 연구」, 『한말연구』 제24호, 한말연구학회, 5-31.

구현정(2000), 『대화의 기법(개정판)』, 경진문화사.

_____(2003), 「대화 텍스트의 구조」, 『텍스트분석의 실제』, 역락, 179-204.

권영철(1988), 「한국어 화행 동사의 분석」, 서울대학교 석사학위논문.

권은숙(2006), 「한일언어행동의 대조사회언어학적 연구」, 중앙대학교 박사학위논문.

김갑년(1997), 「신체적 결합으로 인한 조롱의 화행론적 고찰」, 『텍스트언어학』 4, 한국텍스트언어학회, 167-181.

_____(1998), 「독자투고에 대한 화행론적 분석」, 『독일문학』 4, 한국독어독문학회, 317-350.

_____ 역(1999), 『화행론 입문』, 서울 : 한국문화사. [Hindelang, Götz(1983), Einfuhrung in die Sprechakttheorie.]

_____(2000), 「텍스트 유형의 화행론적 분류」, 『독일문학』 74, 한국독어독문학회,

500-523.

김경석(1993), 「한국어와 영어에서의 칭찬에 대한 응답의 비교분석」, 『영어교육』 46호, 한국영어교육학회, 223-237.

_____(1999), 「요청, 거부, 사과 발화 행위의 전략」, 『사회언어학』 제4권 2호, 한국사회언어학회, 143-169.

김광수(2008), 『감정 커뮤니케이션』, 한나래.

김기찬(1994), 「영어와 한국어의 화행의미표지의 비교」, 『언어과학연구』 11, 언어과학회, 103-147.

김기홍(1979), 「感情言語의 특징과 文法性 考察」, 『Taegu Review』 26, 27-50.

_____(1993), 「感情概念의 定義」, 『言語와 言語學』 제19집, 한국외국어대학교, 1-47.

김명지(2005), 「칭찬 및 칭찬 응답에 관한 한·일 대조 고찰」, 한국외국어대학교 석사학위논문.

김미령(2005), 「전달 목적 화행의 유형 설정에 대한 시도」, 『우리말연구』 제17집, 우리말학회, 1-47.

_____(2006), 『의사소통 속의 대응 발화』, 세종출판사.

_____(2005), 「일본어권 학습자의 설득화행」, 이화여자대학교 석사학위논문.

김백기(1999), 「고등학교 독일어 교과 과정의 "의사소통 목적"은 그 기능을 제대로 수행할 수 있을까? : 현행 제6차 교육 과정에 의해 지정된 의사소통 목적 항목 및 예시문의 비판적 검토」, 『외국어교육연구논집』 13, 한국외국어대학교부설외국어교육연구소, 41-59.

김서형(2007), 「한국어교육을 위한 희망 표현 연구」, 『한국어교육』 18-1, 국제한국어교육학회, 23-48.

김선지(2007), 「일본어권 한국어 고급학습자의 위로화행 연구」, 이화여자대학교 석사학위논문.

김선희(1990), 「감정동사에 관한 고찰」, 『한글』 제208호, 한글학회, 65-90.

_____(2001), 「우리의 대표적인 정서와 제 양상」, 『우리 사회 속의 우리 말』, 한국문화사, 219-255.

김세중(1985), 「한국어 수행문 연구」, 서울대학교 석사학위논문.

_____(1987), 「국어의 명시적 수행문에 대하여」, 『한글』 제196호, 한글학회, 309-327.

김순자·장경희(2005b), 「화행 주석 방법 연구」, 『한국언어문화』 제28집, 한국언어문화학회, 27-46.

김영주(2002), 「일·한 한국어의 '칭찬 표현'에 관한 대조연구」, 한국외국어대학교 석사학위논문.

김영진 역(1992), 『말과 행위』, 서울 : 서광사.[Austin, J. L.(1962), *How to Do Things with Words.*]

김영희(1980), 「평가구문의 통사론적 연구」, 『한국학논집』 7, 계명대한국학연구소.

김윤미(1999), 「우리나라 고등학교 영어학습자의 '사과' 화행에 관한 연구」, 이화여자대학교 석사학위 논문.

김은영a(2004), 「국어 감정동사 연구」, 전남대학교 박사학위논문.

_____(2005), 「현대 국어 감정동사의 범위와 의미 특성에 대한 연구」, 『한국어 의미학』 16, 한국어의미학회, 99-124.

김은영b(2004), 「한국어 학습자의 요청 화행 연구」, 이화여자대학교 석사학위논문.

김은정(2008), 「한국어와 일본어의 '칭찬'에 관한 고찰-TV토크쇼를 중심으로」, 한양대학교 석사학위논문.

김인규(2002), 「한국어 사과화행의 중간언어적 연구」, 서울대학교 석사학위논문.

김인수(2000), 「Speech Act Classification」, 『대동철학』 제7집, 대동철학회, 135-162.

김정연(1995), 「영·한 화행 대조 분석-감사(gratitude)와 그 반응(response)을 중심으로」, 서울대학교 석사학위논문.

김종영(1998), 「요구의 유형에 대하여」, 『텍스트언어학』 5, 한국텍스트언어학회, 박이정, 153-179.

김종영(1999), 「지시(Weisung)의 표현 양식에 관하여」, 『독어교육』 17, 한국독어독문학교육학회, 257-277.

김지환(2002), 「요구화행 하위분류의 새로운 가능성」, 서울대학교 석사학위논문.

김태자(1987), 『발화 분석의 화행의미론적 연구-어학의 문학에로의 접근-』, 탑출판사.

김하수(1989), 「언어 행위와 듣는 이의 신호에 관한 화용론적 분석 시도-담화 속의 「네」-, 」, 『말』 14, 연세대학교 한국어학당, 55-70.

_____(1991), 「話行의 個別 言語的 現象 : 한국어에서의 나무라기와 사과하기」, 『人文科學』 65, 연세대학교 인문과학연구소. 29-62.

김향숙(2003), 『한국어 감정표현 관용어 연구』, 한국문화사.

김현정(1996), 「영한 화행 대조분석-칭찬 및 칭찬 반응을 중심으로」, 서울대학교 석사학위 논문.

김형민(2003), 「한국대학생의 칭찬화행 수행 및 응대 상황에 대한 연구」, 『한국어 의미학』 12, 한국어의미학회, 255-290.

김홍수(1989a), 「국어에 나타나는 몸과 마음의 관계에 대한 연구 : 정서 표현을 중심으로」, 『어학』 제16집, 전북대 어학연구소, 21-45.

_____(1989b), 『현대국어 심리동사 구문 연구』, 탑출판사.

나익주(2000), 「개념적 은유 : 사랑」, 이기동 편저 『인지언어학』, 한국문화사, 415-442.

남길임(1998), 「감정명사의 설정과 그 사전적 처리에 대하여」, 『사전 편찬학 연구』8, 한국문화사, 249-269.

노대규(1983), 『국어의 감탄문 문법』, 보성문화사.

노호순(1990), 「영한 화행 대조 분석」, 서울대학교 석사학위논문.

미즈시마 히로코(2003), 「한국어 불평 화행의 중간언어적 연구」, 이화여자대학교 석사학위논문.

박권생 역(2004), 『정서 심리학』, 학지사.[Robert Plutchik(2003), *Emotions and Life : Perspectives From Psychology, Biology, and Evolution.*]

박선호(1993), 「영한 화행 대조 분석 : 사과를 중심으로」, 서울대학교 석사학위 논문.

박성철(2000), 「반어적 의미의 성격과 그 규정방식에 대하여」, 『텍스트언어학』 8, 한국텍스트언어학회, 365-393.

_____(2001a), 「암시적 발화의 행위구조와 그 실현방식에 대하여」, 『독일어문학』 제14집, 한국독일어문학회, 275-300.

_____(2001b), 「소위 '무해한' 또는 '선의의' 거짓말에 대하여」, 독일언어문학 연구회 2001년 가을정기학술대회 자료집.

박수란(2005), 「한국어 교육을 위한 한국어 인사 표현 연구」, 이화여자대학교 석사학위 논문.

박여성(1995), 「화행론적 텍스트 유형학을 위하여」, 『텍스트언어학』 2, 한국텍스트언어학회, 7-60.

_____(2009), 「한국어 텍스트 유형의 결정 변수와 분포에 관한 연구-확언적 텍스트 종류를 중심으로-」, 『2009년 한국텍스트언어학회 여름 집중 강좌 자료집』, 한국텍스트언어학회, 61-78.

박영수(1981), 『비표현수행력연구』, 형설출판사.

박용예(1990), 「영한 화행 대조 분석 : 요청과 거절을 중심으로」, 서울대학교 석사학위논문.

박용익(2001), 『대화분석론(개정 증보판)』, 역락.

박은영(2000), 「영어권 한국어 학습자와 한국어 원어민의 화행 실현 비교 연구-'사과, 감사응답' 중심으로」, 이화여자대학교 석사학위논문.

박인조(2001), 「한국어 감정단어의 분석 : 감정단어 목록 마련과 차원 탐색」, 서울대학교 석사학위논문.

백경숙(1998), 「영어와 한국어에서의 칭찬에 대한 응답전략 고찰」, 『사회언어학』 6(2), 한국사회언어학회, 229-262.

백용학(1993), 『화용론과 담화분석』, 동아대학교 출판부.

서유진(2006), 「의사소통과정에서 발화수반력 지시체가 수행하는 역할」, 서울대학교 박사학위논문.

서상규·구현정(2005), 『한국어 구어연구』, 한국문화사.

성광수(1982), 「화행 의미와 적절성 문제」, 『어문논집』 23, 민족어문학회. 105-119.

성숙자(1984), 「우리말 감정어휘의 의미구조」, 부산대학교 교육대학원 석사논문.

송영미(2003), 「한국어와 일본어의 칭찬화행 연구」, 이화여자대학교 석사학위논문.

송영미·미즈시마 히로코(2002), 「한국과 일본의 감사표현 비교 연구」, 『이중언어학』 20, 이중언어학회. 175-191.

안신호·안승혜·권오식(1993), 「정서의 구조 : 한국어 정서단어 분석」, 『한국심리학회지 사회 및 성격』 제7권 제1호, 한국심리학회, 107-123.

안신호(1997), 「恨 : 한국인의 負的 感情?」, 『심리과학』 6-2, 서울大學校 社會科學大學 心理科學 研究所, 61-74.

엄기찬(1994), 「영어 원어민과 한국인의 화행 비교 대조 연구 : 칭찬 응답과 사과 표현을 중심으로」, 한국교원대학교 석사학위논문.

오예원(2001), 「한영 칭찬화행 대조분석」, 한국외국어대학교 석사학위논문.

용은미(2000), 「국어분노표현 관용어 연구」, 세종대학교 석사학위논문.

유현경(1997), 「심리형용사 구문에 대한 연구」, 『말』 제22집, 연세대학교 한국어학당. 87-119.

_____(2004), 「한국어에 심리타동사가 있는가?」, 『배달말』 34, 배달말학회, 27-49.

윤선정(2009), 「거절화행의 하위 유형과 실현 형태」, 서울대학교 석사학위논문.

이건원 역(1987), 『言話行爲』, 서울 : 한신문화사. [Searle, J.(1969), *Speech Acts. An Essay in the Philosophy of Language.*]

이성만(1992), 「언어화용론의 행위이론적 전통과 발전」, 『인문논총』 6, 배재대학교, 109-150.

_____(2009), 「텍스트 유형학의 현황과 과제」, 한국텍스트언어학회 2009년도 춘계 학술대회 발표집.

이성범 역(2007), 『화용론 개관(second edition)』, 서울 : 한신문화사.[Jacob L. Mey(2002), *Pragmatics : An Introduction*(second edition).]

이성영(1994), 「표현의도의 표현 방식에 관한 화용론적 연구」, 서울대학교 박사학위 논문.

이승권(1996), 「화행 이론의 언어학적 수용에 관한 연구」, 『불어불문학 연구』 제36집, 한국불어불문학회, 501-521.

이원경(2006), 「감정동사의 분류와 특성 분석」, 『담화와 인지』13-1, 담화인지언어학회, 163-182.

이원표(1996), 「한국 대학생의 칭찬화행에 나타난 공손법 분석」, 『외국어로서의 한국어교육』21, 연세대학교 언어연구교육원 한국어학당, 107-144.

_____(2001), 『담화분석』, 한국문화사.

이익환(1991), 「화행의 보편성과 개별성」, 『인문과학』제65집, 연세대학교 인문과학연구소, 5-28.

이익환·권경원 역(1992), 『화용론』, 한신문화사. [Stephen C. Levinson(1983), *Pragmatics*]

이재원(1999), 「통계적 화행처리를 이용한 한-영 대화체 기계번역에서의 효율적인 대화분석」, 한국과학기술원 박사학위논문.

이준희(2000), 『간접화행』, 역락.

_____(2005), 「언표내적 화행의 유형과 간접화행」, 『우리어문연구』 24, 우리어문학회, 69-99.

이창덕(1992), 「질문 행위의 언어적 실현에 관한 연구」, 연세대 박사학위논문.

이하나(2006), 「영어권 한국어 고급학습자의 칭찬 응답 화행 연구」, 이화여자대학교 석사학위논문.

이해윤 역(2009), 『화용론』, 서울 : 한국외국어대학교 출판부. [Yan Huang(2006), *Pragmatics.*]

이혜전(2008), 「프로토콜 분석을 통한 사과화행 연구」, 이화여자대학교 석사학위 논문.

이희자·이종희(2001), 『한국어 학습자용 어미·조사 사전』, 한국문화사.

임은하(1998), 「감정동사 연구」, 『국어교육』 96, 한국어교육학회, 317-337

임일환(1996), 「감정과 정서의 이해」, 정대현 외 『감성의 철학』, 민음사, 21-68.

임지룡(1999), 「감정의 생리적 반응에 대한 언어화 양상」, 『담화와 인지』 제6권 2호, 담화인지학회, 89-117.

_____(2006), 『말하는 몸 : 감정표현의 인지언어학적 탐색』, 한국문화사.

임칠성 역(1997), 『대인 의사소통』, 한국문화사. [Kathleen K. Reardon, *Interpersonal communication : where minds meet.*]

장경희(1998), 「화행의미론」, 『한국어 의미학』 2. 한국어의미학회, 41-57.

_____(2000), 「청유화행에 대한 수락과 거절」, 『텍스트언어학』 9, 한국텍스트언어학회, 111-144.

_____(2005), 「국어 지시 화행의 유형과 방법 및 지시 강도」, 『텍스트언어학』 19, 한국텍스터언어학회, 185-208.

장민주(2009), 「한국어 칭찬화행 양상에 관한 연구」, 이화여자대학교 석사학위 논문.

장석진(1985), 『話用論 硏究』, 탑출판사.

_____(1987a), 「한국어 화행 동사의 분석과 분류」, 『어학연구』 제23권 제3호, 서울대학교 어학연구소, 307-331.

_____ 편(1987b), 『오스틴-화행론-』, 서울대학교 출판부.

_____ 편(1994), 『현대 언어학 지금 어디로』, 한신문화사.

장성환(2005), 「위로 표현에 관한 한국어와 일본어의 대조연구」, 경북대학교 석사학위논문.

장세경·장경희(1994), 「국어 관용어에 관한 연구 : 정서표현을 중심으로」, 『한국학논집』 제25집, 한양대학교 한국학연구소. 295-318.

장용대(1996), 「영, 한 화행 대조 분석 거절 중심으로」, 울산대학교 석사학위논문.

장효진(2001), 「감정동사 및 감정형용사 분류에 관한 연구」, 『한국정보관리학회 제8회 학술대회 논문집』, 한국정보관리학회.

전영철(1988), 「한국어 화행 동사의 분석 : 통보적 관점에서」, 서울대학교 석사학위논문.

전정미(2008), 「대화 텍스트에 나타난 칭찬화행의 양상」, 『겨레어문학』 제40집, 겨레어문학회, 99-117.

전정미·구현정(2003), 「대화 흐름에서의 동의행위 연구」, 『한말연구』 제13호, 한말연구학회, 249-278.

전지원(2005), 「한국어 교육을 위한 칭찬화행 연구-칭찬 반응을 중심으로」, 연세 대학교 석사학위논문.

전현정(2003), 「국어 감정 표현의 의미 연구」, 경희대학교 석사학위논문.

전혜영(2004), 「한국어 공손표현의 의미」, 『한국어 의미학』 15, 한국어 의미학회, 71-91.

_____(2005), 「구어 담화에 나타나는 '-ㄴ것이'의 화용 의미」, 『국어학』 46, 국어학회, 255-276.

전환성·조전근 공역(2000), 『감성과 커뮤니케이션』, 서울 : 나남출판. [Ross. B.(1984), The Communication of Emotion.]

정다운(2002), 「한국어와 중국어의 화행 대조 분석 - 칭찬과 그 반응을 중심으로」, 고려대학교 석사학위논문.

정대현 외(1996), 『감성의 철학』, 민음사.

조국현(1999), 「언어 행위의 이해」, 『언어와 언어학』 제24호, 한국외국어대학교 언어연구소, 152-174.

_____(1999), 「의사소통 목적 분류의 타당성 문제 - Searle이 제시한 화행 분류 기준의 고찰」, 『독일문학』 제71집, 한국독어독문학회, 529-549.

_____(2004), 「화행과 청행」, 『독일문학』 제92집, 한국독어독문학회, 385-405.

조긍호(1997), 「문화유형과 정서의 차이 : 한국인의 정서 이해를 위한 시론」, 『심리과학』 6-2, 서울大學校 社會科學大學 心理科學研究所, 1-43.

조정민(2005), 「한국어 불평에 대한 응답 화행 실현 양상 연구」, 이화여자대학교 석사학위논문.

진정근 역(2009), 『대화분석의 이해』, 서울 : 백산서당. [Brinker, K.(1989), Linguistische Gesprächsanalyse, Eine Einführung.]

채 완(2008), 「<한불자던>의 뜻풀이에 대한 고찰」, 『한국어 의미학』 제26호, 한국어의미학회, 251-272.

천기석(1984), 「화행성 동사류의 의미 자질」, 『어문논총』 15, 경북어문학회, 89-109.

최명선(2007), 「한국어 불평 - 응답 화행의 양상과 교육 방안 연구」, 고려대학교석사학위논문.

최석재(2008), 「감정동사의 유형과 그 의미 특성」, 『어문논집』 58, 민족어문학회, 127-159.

최이슬(2010), 「중국인 한국어 학습자의 칭찬 응대 화행 발달 연구」, 이화여자대학교 석사학위논문.

캐서린한 역(2009), 『비폭력 대화』, 서울 : 바오출판사. [Marshall B. R(2004), Nonviolent communication : A language of life.]

한후영(2005), 「일본인 한국어 학습자의 감사화행」, 이화여자대학교 석사학위논문.

홍선수(2003), 「한국어 사과화행 교육 연구」, 경희대학교 석사학위논문.

Aijmer, K.(1996), *Conversational routines in English*, London : Longman.

Aston, G.(1995), Say 'thank you' : Some pragmatics constraints in conversational cliosings, *Applied Linguistics, 16(1)*, 57-86.

Austin, J. L.(1962), *How to Do Things with Words*, Oxford : Oxford University Press.

Bach, K. & Harnish, R. M.(1979), *Linguistic communication and speech acts*, Cambridge : The MIT Press.

Brown, P. & S. Levinson(1987), *Politness : Some Universals in Language Usage, Cambridge* : Cambridge University Press.

Clankie, S.(1993), The use of expressions of gratitude in English by Japanese and American university students, *Journal of Inquiry and Research*, 58, 36-71.

Cole, M. & Morgan, J. L.(eds.)(1975), *Syntax and Semantics 3,* New York : Academic Press.

Coulmas, F.(Ed.).(1981), *Conversational Routine.* The Hague : Mouton

Edda Weigand(2002a), Emotion in Dialogic Interaction. Advances in the Complex, Scientific Report on an ESF Exploratory Workshop, Münster, Germany.

_____(2002b), 'Emotions : The simple and the complex', Scientific Report on an ESF Exploratory Workshop, Münster, Germany.

Fraser(1975), Hedged Performatives, in : P. Cole and J.L.Morgan, eds., *Syntax and Semantics. Vol. 3 : Speech Acts*, New York : Academic Press, 187-210.

Gesela Harras · Edeltraud Winkler · Sabine Erb · Kristel Proost(2004), *Handbuck Deutscher Kommunikationsverben, Walter de Gruyter.*

Goffman, E.(1971), *Relations in public.* Harmondsworth : Penguin.

Grice, H.(1975), Logic and Conversation, in : Cole, M. & Morgan, J. L.(eds.)(1975), *Syntax and Semantics 3*, New York : Academic Press.

Hancher(1979), The classification of co-operatative illocutionary acts, *Language in Society* 8-1, 1-14.

Leech, Geoffrey(1983), *Principles of Pragmatics*, London : Longman.

Manes, J. & Wolfson, N. (1981), The Compliment Formula, in : Coulmas, F.(Ed.).(1981), *Conversational Routine.* The Hague : Mouton, 115-132.

Marten-Cleef(1991), *GEFÜHLE AUSDRÜCKEN. Die expressiven Sprechakte*, Göppinge n : Kümmerle.

Norrick, Neal R.(1978), Expressive Illocutionary Acts, *Journal of Pragmatics* 2, 277-291.

Sadock, Jerrold(2004), Speech Acts, *The Handbook of Pragmatics*, 53-73, Blackwell Publishing.

Searle, J. R.(1969), *Speech Acts. An Essay in the Philosophy of Language*, Cambridge : Cambridge University Press.

_____(1979), A taxonomy of illocutionary acts, *Expression and Meaning : Studies in the Theory of Speech Acts*, Cambridge : Cambridge University Press.

Searle & Vanderveken(1985), *Foundations of Illocutionary Logic*. Cambridge : Cambridge university press.

Vendeler, Z.(1972), *Res Cogitans : An Essay in Rational Psychology*, New York : Cornell University Press.

Wee, Lionel(2004), Extreme communicative acts? and the boosting of illocutionary force. *Journal of Pragmatics*, 36, 2161-2178.

Wierzbicka(1987), *English Speech Acts Verbs*, Academic Press.

인용자료

강은경 극본(2007년 1월 3일~2007년 3월 15일 방송종료), 『달자의 봄』 10편.

구현숙(2006년 5월 22일~2007년 1월 12일), 『열아홉 순정』 10편.

국립국어원(2003), 『2003년 구어 말뭉치 자료』

김미지(2005년 3월 15일~2005년 3월 29일), 『다큐멘터리 사랑』 3편.

김운경(2008년 6월 2일~2008년 10월 30일), 『돌아온 뚝배기』 10편.

김정수(2010년 1월 30일~), 『민들레 가족』 10편.

노희경(2006년 3월 1일~2006년 4월 20일), 『굿바이 솔로』 10편.

박현주(2008년 10월 4일~2009년 4월 5일), 『내 사랑 금지옥엽』 10편.

영화 : 『말아톤』, 『박하사탕』, 『봄날은 간다』, 『올가미』, 『8월의 크리스마스』

윤지연 · 김경희 · 임은희(2006년 3월 5일~2007년 2월 25일), 『성장드라마 반올림#3』 10편.

이숙진 · 김태희(2006년 5월 3일~2006년 6월 29일), 『위대한 유산』 10편.

이정아 · 오수진(2009년 6월 11일~2009년 7월 30일), 『트리플』 10편.

일상 대화 전사 자료 2편(대화 시간 : 40분/42분)

정유경(2007년 11월 7일~2007년 12월 27일), 『인순이는 예쁘다』 10편.

조정선(2009년 4월 11일~2009년 10월 11일), 『솔약국집 아들들』 10편.

최진원(2008년 10월 6일~2009년 2월 27일), 『그분이 오신다』 10편.

한국방송작가협회 편(2004), 『한국방송작가상 수상작품집 Ⅰ』, 시나리오친구들.

한국방송작가협회 편(2004), 『한국방송작가상 수상작품집 Ⅱ』, 시나리오친구들.

한국방송작가협회 편(2005), 『한국방송작가상 교양예능부문 수상작품집』, 시나리오친구들.

한국방송작가협회 편(2005), 『한국방송작가상 드라마부문 수상작품집』, 시나리오친구들.

한국방송작가협회 편(2006), 『한국방송작가상 수상작품집 Ⅰ』, 시나리오친구들.

평가화행의 적정 조건과
화행 분류 체계 내에서의 지위

평가화행의 적정 조건과
화행 분류 체계 내에서의 지위

1. 서론

화행 분류에 관한 연구는 대화 분석, 텍스트 분석 등 언어의 기능적 측면을 강조하는 연구의 기반이 될 수 있다. 개별 화행에 대한 판별 기준을 마련함으로써 자연 언어에서는 구분이 모호한 화행 유형을 구분할 수 있고, 개념화 작업을 기반으로 화자의 의도를 연구자의 직관에 의존하여 분석하는 것이 아니라 전체 화행 범주 내에서 체계적으로 분석할 수 있는 것이다.

이 연구는 화행 분류 연구의 일환으로, 기존의 연구에서 별도의 범주로 인식되지 못하였던 평가화행의 구성 규칙[1]을 밝히고, 화행 분류 체계

---

* 이 글은 『한국어 의미학』 40호에 게재된 논문을 일부 수정·편집한 것이다.

1) Searle(1969 : 57-61)은 화행이 성공적으로 수행되기 위하여 반드시 필요한 규칙 체계인 화행의 '구성적 규칙(constitutive rule)'을 제시하였다. 명제내용 조건(propositional content condition), 예비 조건(preparatory condition), 성실조건(sincerity condition), 본질 조건(essential condition)이 그것이다.

내에서 평가화행 범주의 지위를 살펴보는 것을 목적으로 한다. 화자가 대상에 대하여 갖는 긍정 혹은 부정의 태도를 표현하는 언어행위인 평가화행은 Searle(1976/1979)이 제시한 전형적인 다섯 가지의 기본 화행 유형에[2] 속하지 않기에 전체 화행 체계 내에서 그 지위가 불안하게 다뤄졌다. 이와 더불어 평가화행의 특성 또한 명확히 규명되지 못하였다.

그동안 평가화행을 화행 체계 내에서 어디에 포함시킬 것인지는 연구자마다 의견이 분분하였다. Austin(1962 : 151~161)은 확신을 얻기 힘든 문제의 가치나 사실을 결정하는 판정화행(Verdictives)과 화자의 태도와 사회적 행동을 나타내는 행태화행(Behabitives) 범주 안에 평가화행을 포함하였고,[3] Searle(1976 : 10)과 장석진(1987 : 324)은 화자가 사용한 명제 표현이 참이라는 것을 확언하는 단언화행(Assertive)의 하위 유형으로, Zillig(1983)는 정표화행(Expressive)의 하위유형으로 평가화행을 보았다.[4] 이혜용(2010)은 '비판, 비평'과 같은 [+이성적] 자질을 갖는 부류는 '평가적 단언화행'으로, '꾸중, 비난'과 같은 [+감정적] 자질을 갖는 부류는 '평가적 정표화행'으로 평가화행의 유형을 구분하였다.

한편 Hundsnurscher(1993)는 평가화행의 하위 유형인 비난화행을 논하면서, 비난화행을 '요구', 여러 개의 발화수반력을 동시에 가지고 있는 '복합화행', '정표화행의 하위 유형' 등 세 가지 기능을 한다고 주장하였

---

2) Searle(1976/1979)은 발화수반목적(illocutionary point), 언어와 세상의 방향성(the direction of fit between words and the world), 화자의 심리 상태라는 기준을 사용하여, 화행의 유형을 '단언화행(Assertive)', '지시화행(Directive)', '언약화행(Commisive)', '정표화행(Expressive)', '선언화행(Declaration)'으로 구분하였고, 이 다섯 가지는 화행 연구에서 기본적인 화행 유형으로 통용되고 있다.

3) 판정화행은 Searle의 화행 분류로는 선언화행과 유사한 범주이며 행태화행은 정표화행과 유사한 범주이다.

4) Zillig(1983)는 평가화행을 어떤 사람이 말한 것이나 평가한 것, 즉 언어적 대상에 대하여 긍정적 혹은 부정적으로 평가하는 부류로 좁게 규정하였다.

다.5) 이에 대해 박용익(2004)은 훈츠누르셔의 견해가 성립하기 어렵거나 검증이 필요하다고 하며 "비난"을 청자에게 어떠한 행위를 요구하는 행위로 보고, 요구화행의 한 가지로 규정하는 것이 적합하다고 하였다. 그러나 이런한 견해는 평가 대상이 청자인 경우에는 해당될 수 있으나 평가대상이 제3자인 경우에는 적용되지 않는다는 점에서 문제가 있다. 예를 들어 평가의 대상이 제3자가 한 일이거나 어떠한 현상일 때, 화자의 의사소통 목적이 청자에게 어떠한 행위를 요구하는 것이라고는 보기 어렵다.

이상의 논의와 같이 평가화행은 한 연구자의 화행 체계 내에서 단언화행과 정표화행의 하위 유형으로 동시에 논해지기도 하고, 단언화행 혹은 정표화행의 하위 유형으로 보는 등 의견이 분분한 범주이다. 이는 평가화행의 복잡한 특성을 결과이기도 하나 평가화행 범주의 특성이 명확히 규명되지 못한 것으로도 해석된다.

이에 본고에서는 실제의 담화 자료를 분석하여 평가화행 범주의 특성을 실증적으로 규명해 보고자 한다. 평가화행 범주를 연구하기 위한 자료로는 서사 인터뷰6) 6건(1건 당 약 30쪽 분량)과 일상 대화, 오디션 프로그램에 나타난 평가 발화를 수집하여 사용하였다. 서사인터뷰에서 인터뷰이는 특정 주제에 대하여 자유롭게 자신의 체험에 대하여 이야기하게

---

5) Hundsnurscher(1993)의 내용은 박용익(2004 : 232~233)을 참고하였다.
6) 서사 인터뷰(Narrative interview)는 문답식 인터뷰와는 매우 다른 방식으로 진행된다. 서사인터뷰의 시작은 인터뷰어가 인터뷰이에게 인터뷰 주제와 관련된 체험을 이야기해 달라는 요청으로 시작되며, 이에 대해 인터뷰이는 자신이 직접 체험하거나 생각하거나 평가하거나 느낀 이야기를 자유롭게 하게 된다. 이때 인터뷰어는 인터뷰이가 화제를 계속 이어나갈 수 있도록 적극적인 청자의 역할을 맡게 되며, 인터뷰이는 주로 화자의 역할을 하게 된다. 이 연구에서 분석 자료로 삼은 서사인터뷰는 의료 집단 구성원을 대상으로, 병원 내 조직원들(의사, 간호사, 행정직원)간에 이루어진 의사소통의 체험에 대하여 인터뷰한 것이다.

되는데, 이야기의 평가적 속성7)상 평가행위가 빈번히 출현한다는 점에서 본고의 연구 자료로 적절하다고 판단하였다. 2장에서는 평가화행, 단언화행, 정표화행을 비교하여 평가화행의 특성을 밝히고, 3장에서는 평가화행이 성공적으로 수행되기 위한 적정조건을 제시할 것이다. 이를 통해 평가화행 범주를 기본 화행 체계 안에서 논의할 것인지 혹은 평가화행이라는 독자적인 범주를 설정하는 것이 타당한지 여부에 대하여 고찰해 보고자 한다.

2. 평가화행 범주의 특성

2장에서는 평가화행과 유사한 특성을 지닌 단언화행과 정표화생과의 비교를 통해 평가화행 범주의 다면적인 특성을 살펴보도록 하겠다. 2.1.에서는 평가화행과 단언화행을 비교하고, 2.2.에서는 평가화행과 정표화행 범주를 비교하여 평가화행 범주의 특성을 찾아보고자 한다.

2.1. 평가화행과 단언화행의 비교

실제 대화 속에서 "평가"와 단언화행에 속하는 "주장", "진술" 등은

---

7) 라보프·웨일츠키의 이야기 구성 모델에 의하면 이야기는 오로지 이야기 그 자체를 위해서 말해지는 것이 아니라 처음부터 특정한 '평가'를 명확히 하고 그에 대한 근거를 제시하기 위해서 행해진다고 한다. 반다이크(Van Dijk 1981) 역시 이야기에서는 단순히 줄거리만 다루어지는 것이 아니라 화자의 생각이나 태도, 가치판단도 함께 말해진다고 보았고, 반다이크는 이것을 '평가(evaluation)'로 범주화하였다(이야기의 특성에 대해서는 박용익 2000 : 152~153 참고).

혼재되어 나타나고, 표현 형태까지 서로 유사하여 이 둘을 구분하기란 쉽지 않다.

(1) 1 뭐 그런 특별히 딱 부러지게 말씀드리는 것보다는 전체적으로 이렇게 제
　　 2 가 이렇게 보면 <u>나이가 연장자로서 좀 이렇게 보면, 직원들 간의 소통이</u>
　　 3 <u>전반적으로 예전만 못 한 것 같긴 해요.</u> 업무적도, 업무적 소통은. 그러니
　　 4 까 남의 일을 도와주고 남이 어떠한 일을 협조를 구했을 때 받아들이는
　　 5 입장에서 에, <u>요즘은 이제 얼굴에 좀 싫은 표시나 이런 거가 옛날보다는</u>
　　 6 <u>좀 많아진 것 같아요.</u>(……) 동료가 동료한테 전달을 하고 이런 일이 그 어
　　 7 떤 상황을 전달하고 거기에 대해서 준 다음에 옛날 같으면 계속 어떻게
　　 8 돼가냐, 잘 돼가냐? 이렇게 물어보는 것도 지금도 있긴 있지만 <u>그런 부분</u>
　　 9 <u>이 옛날보다는 조금 많이 없어진 것 같아요.</u> 어떤 이렇게 업무가 전달되고
　　 10 나서 뒤 <u>사후에 대한 관심도가 많이 좀 옛날보다는, 인간적인, 그 인간적</u>
　　 11 <u>인 면이 약간 좀 없어진 것 같긴 해요.</u>(A3 : 103~115)

　(1)은 직원들 간의 의사소통에 대하여 부정적으로 평가하는 인터뷰이의 발화이다. 밑줄 친 부분은 인터뷰이의 이야기 속에서 "평가"나 "단언"으로 보이는 내용들인데, 이 둘은 형태적으로도 양태를 나타내는 '-ㄴ 것 같다'가 동일하게 사용되어서 두 화행을 구분하기가 어렵다.
　이를 구분하기 위해 (1)의 이야기 구조를 정리해 보면 다음과 같다.

(2) ㄱ. [평가] 직원들 간의 업무적 소통이 예전만 못하다.(1 : 2~3)
　　 ㄴ. [평가 근거]
　　　　 1. 협조를 구했을 때 싫은 표시를 얼굴에 드러내는 일이 많음
　　　　 (1 : 5~6)
　　　　 2. 업무 전달 뒤 관심도가 많이 떨어짐(1 : 8~9)
　　 ㄷ. [평가] 인간적인 면이 없어짐(1 : 10~11)

인터뷰이는 (2ㄱ)과 (2ㄷ)에서 '아래 직원들의 업무적 소통이 예전만 못하며 인간적이지 못하다'라고 아랫사람들에 대하여 부정적 입장을 표출한다. 그리고 (2ㄴ)에서는 평가에 대한 근거로, 판단 기준이 감정적인 것이 아니라 이성적이라는 것을 드러내기 위해 있었던 사실을 전달한다. 이상 발화 맥락을 고려해 보았을 때, (1 : 2~3)과 (1 : 10~11)은 평가화행으로, (1 : 5~6)과 (1 : 8~9)는 단언화행으로 구분할 수 있다.

위의 예를 통해 평가화행과 단언화행의 차이를 논해보기로 하겠다. 첫째, 평가화행과 단언화행은 발화수반 목적(illocutionary point), 즉 화자의 발화 의도에서 차이가 있다. 단언화행의 발화수반 목적은 '화자는 표현된 명제의 진리치를 확언'하는 것이다(Searle, Vanderwerken, 1985 : 13). (1)에서 단언화행인 (1 : 5~6)과 (1 : 8~9)를 보면, 인터뷰이는 자신이 발화한 내용이 '참'이라는 것을 청자에게 전달하려는 데 발화수반 목적이 있다. 반면 평가화행이 수행된 (1 : 2~3), (1 : 10~11)에서 화자의 발화수반 목적은 '직원들 간의 업무적 소통이 예전만 못하다.', '다소 비인간적인' 하급자들의 의사소통 상황에 대한 자신의 입장을 표명하는 데 있다. 즉, 평가화행을 수행할 때 화자의 발화수반 목적은 자신의 발화 내용이 참임을 주장하는 데 있는 것이 아니라 '태도 표명'에 있는 것이다.

물론 (1 : 2~3), (1 : 10~11)처럼 평가 발화 속에는 사실에 대한 기술과 대상에 대한 태도가 동시에 표현되기도 하므로 평가화행과 단언화행은 유사하게 보일 수 있다. 그러나 "평가" 표현 중에서는 엄마가 아이에게 칭찬을 하며 '잘 했어!'라고 말할 때처럼, 사실에 대한 기술 없이 대상에 대한 화자의 입장만 드러내는 경우도 있다. 이를 통해 평가화행의 발화수반 목적은 단언화행과는 달리 사태에 대한 자신의 입장을 표명하는 것에 있으며, 이 두 화행을 구분하기 위해서는 화자의 발화 초점이 어디에 있는지 전체 맥락을 고려하여 판단해야 한다는 것을 알 수 있다.

둘째, Mey(1996 : 170)는 Searle의 화행 분류에서 단언화행의 문제를
'참, 거짓'의 기준이 적용되지 않는 많은 단언 문장들이 있는 것처럼 보
인다고 지적하면서, Searle이 단언화행 속에 포함시킨 불평화행(complain)
을 예로 들었다. May는 불평화행이 단언화행의 하위 유형에 속해 있는
것에 대하여 다음과 같은 의문을 제기하였다.[8]

> "불평은 참인가? 거짓인가? 불평의 내용이 사실이라면, 즉 참인 방
> 식으로 세상을 나타낸다면, 불평이 정당화된다고 보통 말한다. 하지만
> 이것은 그 불평이 참이라는 말과 같은 것은 아니다. 따라서 이 기준의
> 지위는 다소 불확실하다."(May, 1996 : 170)

May가 가진 의문의 연장선상에서 평가화행을 단언화행의 하위 유형
으로 본다면, "평가는 참인가 거짓인가?"라는 질문을 동일하게 제기할
수 있을 것이다. 그러나 (2)에서 본 바와 같이 평가행위 자체는 (2ㄴ)처
럼 "연장자로서 보면, 직원들 간의 소통이 예전만 못하다."는 평가에 대
하여 근거를 제시하여 자신의 태도를 정당화할 수는 있으나 '참·거짓'
을 논하기는 어렵다. 이에 반해 단언화행 부류들은 참·거짓을 논할 수
있다는 점에서 두 부류 간에는 차이가 있다.[9]

셋째, 평가화행과 단언화행은 표현된 명제에 대한 화자의 책임성에서

---

8) 본고에서 불평화행은 사태에 대한 부정적 태도를 드러내는 것이므로 평가화행의 하위 유
  형으로 간주한다.
9) 단언화행의 하위 유형 중 "보고, 기술, 설명"과 "주장, 확신"은 차이가 있다. 이에 Fraser(1975)
  에서는 전자를 단언행위1로, 후자를 단언행위2로 구분하기도 하였다. 단언행위1의 의사소
  통 목적은 명제가 참(사실)이라는 것을 화자2에게 전하려는 데 있고, 단언행위2의 의사소
  통 목적은 표현된 명제가 진실이라는 것을 청자에게 믿게 하려는 데 있다. 여기서 평가화
  행과 유사하여 구별이 어려운 쪽은 단언행위2 부류이다. 그러나 주장화행의 의사소통 목
  적이 궁극적으로 설득에 있다는 점에서 평가화행과 차이가 있다.

도 차이가 있다. 평가화행은 앞에서 언급하였듯이 사실 기술과 평가 태도가 동시에 나타날 때에도, 화자가 자신의 평가 내용에 대하여 책임질 필요는 없다. 반면 단언화행은 자신이 표현한 명제에 대하여 참 또는 거짓이라는 것을 믿게 만드는 데 발화수반 목적이 있으므로, 명제내용에 대한 책임은 화자에게 있다(Searle, 1976 : 10 참조).

다음의 예를 보자. (3)은 화자1이 신문기사를 보고 고소영의 태도를 긍정적으로 평가하여 "칭찬"[10]하고 있는 상황이다.

> (3) 1 화자1 : (신문 기사를 보며) <u>야아! 고소영 생각보다 괜찮네.</u>
> 2 이거 봤어?
> 3 글쎄, 아무도 모르게 계속 기부를 해 왔다네.
> 4 화자2 : 정말?
> 5 걔, 뭐 그렇게 돈이 많다니까 별 거 아니겠지.
> 6 강남에 빌딩이 세 개라나 그러잖아.
> 7 화자1 : 아무리 그래도 그게 쉽냐? 자기 돈 내 놓는 게.

화자1의 발화 (3-1~3)에서 주화행은 평가화행이고(3-1), (3-2~3)은 보조화행으로 자신의 평가에 대한 정당성을 부여하기 위한 근거로 사용된다. 화자2는 화자1의 평가에 동조하지는 않으나(3-5~6), 화자1에게 정당한 증거를 더 제시할 것을 요구하지도 않는다. 화자2는 화자1이 평가한 내용에 대해 "비아냥거리는" 정도의 표현을 하고, 상대방의 긍정적

---

10) 이혜용(2010 : 99~100)에서는 '칭찬화행'은 평가적 정표화행으로, '찬사화행'은 감정적 정표화행으로 행위의 층위에서 구분하였다. 칭찬화행은 청자나 제3자의 태도, 행동에 대해 화자가 긍정적으로 평가한다는 것을 표현하는 행위로, 화자의 입장에서 청자가 지켜주기를 바라는 규범이 존재할 때 수행되고, 그것이 대상에 의해 만족되었을 때 행해지는 화행이라고 하였다. 한편 찬사화행은 청자가 지니고 있는 외모나 능력 등에 대하여 화자가 긍정적으로 인식하고 그에 대한 호감이나 부러움 등의 감정을 표현하는 행위로 보았다.

평가를 절하할 뿐이다. 이는 상대방의 "주장"에 반대를 할 때, 근거와 주장의 논리성을 지적하거나 주장을 뒷받침할 근거를 더 제시하도록 요구하는 것과 차이가 있다. 이러한 차이는 평가화행의 경우 명제내용의 참·거짓에 대한 화자의 책임이 약한 것에서 기인한다.

위의 (3)의 경우가 사적인 상황이라면 다음 (4)의 예는 공적인 상황에서 평가화행이 수행되는 경우로, 오디션 프로그램에서 심사위원 두 사람이 서로 엇갈린 심사평을 하는 장면이다. 여기서 주목해 볼 것은 화자2의 발화 '같은 모델로서'(4-2)이다. 이 발화는 평가 발화의 기준점이 객관적인 세계에 대한 인식이 아니라 주관적인 세계에 있으며, 그것이 자신의 긍정적 평가 태도를 정당화하는 근거로 사용된다는 점을 말해준다.

> (4) 1 화자1 : 자신의 장점을 활용하지 못한 것 같아요. 너무 과하게 에
> 로틱한 포즈로 형편없는 화보를 만들었어요.
> 2 화자2 : 저는 좀 다른데요. 만약 나였더라도 저런 의상을 입었다
> 면 저렇게 섹시한 포즈를 취했을 거예요. 같은 모델로서
> 저는 의상을 잘 이해하고 표현했다고 생각해요.
> 3 화자1 : 에로틱과 섹시는 엄연히 다르죠.
> 4 화자2 : 그렇지만 가능성이 엿보이고, 지켜보고 싶은 도전자예요.
> (도전 슈퍼모델 코리아 시즌3)

평가화행은 단언화행과 달리 평가의 준거가 주관적인 인식에 기반을 하고 있고, 화자는 자신의 주관적 세계에 대해 상대방에게 객관적으로 증명할 이유는 없으므로 명제내용에 대한 책임은 약하다.

마지막으로 평가화행과 단언화행에서 화자가 화행을 수행함으로써 청자에게 기대하는 바에서 구분이 되는지 살펴보기로 한다.[11] (4)의 대화는 두 명의 심사위원이 (4-1)과 (4-2)에서 각자의 입장을 표출하고,

(4-3)에서 화자1이 화자2의 평가 근거가 잘못되었다는 점을 "주장"하자, 화자2가 (4-4)에서 화자1이 지적한 내용은 '참'이지만 자신은 모델을 긍정적으로 "평가"하고 있다는 것으로 대화가 마무리된다.

단언화행을 수행하는 화자나 평가화행을 수행하는 화자 모두는 청자에게 자신이 말한 바를 수용하게 하려는 데 발화 의도가 있다. 그러나 단언화행과 평가화행은 청자에게 기대하는 수용의 정도에서 차이가 있다. (4-3)에서 "단언"을 한 화자는 자신이 참이라고 표현한 내용에 대해 화자도 100% '참'이라고 믿고 수용하기를 바란다. 반면 (4-4)에서 '그렇지만(에로틱과 섹시는 다르지만) 가능성이 엿보이고 지켜보고 싶은 도전자다.'라고 "평가"를 한 화자2는 화자1이 이미 근거가 잘못되었다고 지적한 것을 자신이 받아들였음에도 불구하고 계속 대상에 대한 긍정적 평가를 고수하고 있다. 이로 보았을 때 평가화행을 수행하는 화자는 청자에게 기대하는 수용의 정도가 단언화행에 비하면 낮다. 이는 평가화행의 발화수반 목적이 자신의 입장을 표출하는 데 있기 때문이다.

한편으로 평가화행 수행 시 화자는 청자가 자신의 입장을 수용해 줄 것을 기대하나, 그 성격이 '공감'에 가깝다. 단언화행이 '참/거짓'에 대한 인지적 수용을 기대하는 것이라면, 평가화행은 감정적 수용인 공감적 수용을 기대하는 경우가 발견된다.

---

11) Rolf(1990 : 163 ; 조국현, 1999 : 534~535 재인용)는 Searle의 '발화수반 목적' 개념이 화자중심적이어서 문제가 있다고 보고, 발화수반 목적의 규정에는 '화자의 청자에 대한 의도'가 포함되어야 함을 주장하였다. 본고의 입장 역시 화행을 분류할 때, 화자의 발화수반 목적과 청자에게 기대하는 바가 모두 고려되어야 화행의 특성을 더욱 더 정밀하게 규명할 수 있다고 본다. 예컨대 '한탄'은 화자의 발화수반 목적은 '자신의 슬픔을 표현'하는 데 있고, 이 발화를 통해 화자가 청자에게 기대하는 바는 '자신의 슬픔에 대한 공감'에 있다. 이렇게 두 가지 측면에서 화행의 특성이 제시될 때, 의사소통의 단위로써 기능하는 화행의 특성을 밝힐 수 있고, 원활한 의사소통에 대한 분석도 가능할 것이라 생각한다.

(3') 1 화자1 : (신문 기사를 보며) <u>야아! 고소영 생각보다 괜찮네.</u>

    2 이거 봤어?

    3 글쎄, 아무도 모르게 계속 기부를 해 왔다네.

    4 화자2 : 정말?

    5 걔, 뭐 그렇게 돈이 많다니까 별 거 아니겠지.

    6 강남에 빌딩이 세 개라나 그러잖아.

    7 화자1 : 아무리 그래도 그게 쉽냐? 자기 돈 내 놓는 게.

(3')에서 화자1은 '고소영'의 선행에 '야아!'하는 감탄을 하면서 긍정적
으로 평가하고 있다. "칭찬"이나 "불평"처럼 평가화행 중에는 감정적 요
소가 들어가는 경우가 있는데, 이때 화자는 청자에게 인지적이기보다는
감정적 수용인 "공감"을 기대한다.[12]

2.2. 평가화행과 정표화행의 비교

평가화행과 정표화행, 두 부류의 경계를 가르기에는 모호한 점이 다소
있다. 정표화행이 수행될 때에는 감정이 표현되기 마련인데, 이때 감정
은 사태에 대한 긍정적 혹은 부정적 평가를 기반으로 하기에 평가적 요
소를 지닐 수밖에 없기 때문이다.[13] 평가화행 중에도 감정이나 정서적

---

12) 평가화행을 단언화행의 하위 유형으로 본 장석진(1987 : 324)에서는 평가화행도 단언화
행과 마찬가지로 'S가 p(가 참임)을 믿는다'와 'S는 청자가 p가 참임을 믿기를 의도한다'
는 기본 의미는 같고, 다만 명제 p가 부가적으로 'X가 Y이다'로 추가되는 것이라고 하
였다. 그러나 (4)에서 두 심사위원의 평가가 엇갈릴 때, 이들이 상대방에게 기대하는 바
가 '자신의 평가 내용이 참이라는 것을 믿기를 의도하고 있다'라고 보기는 어렵다. 앞에
서도 언급한 바와 같이 평가의 근거는 화자의 주관적인 인식에 기반하므로 화자는 명제
내용에 대한 책임감이 적다. 따라서 장석진(1987)에서 '명제내용 P가 참임을 믿기를 의
도한다'는 내용은 받아들이기 어렵다.

13) 예컨대, "감사"가 수행될 때에는 사태에 대한 긍정적 평가가, "위로"가 수행될 때에는

상태가 판정의 기준으로 적용되기도 하고, 표현 자체에도 감정이 개입되는 경우가 있어서 발화 맥락을 고려하지 않으면 정표화행 범주와 구분하기가 어렵다.

(5)는 실제 대화의 예에서 평가화행과 정표화행이 구분이 어렵다는 것을 보여주는 예이다. 이 대화는 중국집에 음식 배달을 시킨 사람이 주문한 음식이 한 시간이 지나도 안 오자 중국집에 전화를 건 상황에서 벌어진 것이다. 대화의 유형은 문제해결대화로, 서로의 의사소통 목적이 잘 전달되고 이해되어 갈등이 원만하게 해결된 경우이다.

(5) 1 손님 : 여보세요

2 주인 : 아이고 네, 네, 루첸아파트시죠?

3 손님 : 어, 네에. (화가 난 어조로) <u>출발했나요? 너무 안 와서요.</u>
<u>한시간도 넘었는데.</u>

4 주인 : (웃으며) 아휴, 죄송해요. 너무 늦었죠? 좀 전에 출발했어요

5 손님 : 네, 빨리 보내주세요.

위의 대화에서 (5-3)이 상황에 대한 평가화행('비난', '불평')인지 화자의 화를 표현하는 정표화행('질타'14))인지는 발화맥락을 고려했을 때 판정할 수 있다. 가게 주인은 자신의 발화 순서에서 두 개의 화행연속체를 수행하고 있는데(5-4), 우선 '죄송해요'라고 "사과"를 하며 일단 손님의 '화'에 대하여 공감을 표현한 후, '좀 전에 출발했다'는 "설명"을 하여 손님의 "불만"을 해결한다. 가게 주인의 발화 순서에서 두 개의 화행연

사태에 대한 부정적 평가의 의미가 포함된다.

14) 이 글에서는 "질타"화행은 상대방의 행동 때문에 화자 자신이 화가 났다는 것을 표현함으로써 자신의 감정을 전달하는 데 의사소통 목적이 있다고 보고, 질타화행을 정표화행의 하위 유형으로 규정하였다. 질타화행의 적정조건과 한국어 발화형식에 대해서는 이혜용(2010)을 참조할 수 있다.

속체 중 주화행은 손님의 문제를 해결하기 위한 '좀 전에 출발했어요'라
는 "설명"이며, 그전에 행해진 "사과"는 보조화행으로 손님과 인간관계
를 잘 유지하기 위한 시도이다. 그러므로 위의 대화가 성공적으로 수행
된 것을 고려하면, 이 대화는 '불평(5-3)−불평을 해소하기 위한 설명
(5-4)'의 주된 대화이동연속체로 구성되었다고 볼 수 있다.

정표화행은 사태에 대한 자신의 감정을 표현하는 데 발화수반 목적이
있고, 화자는 청자에게 자신이 전달한 감정에 감정이입[15]되기를 기대한
다는 점에서 평가화행과는 차이가 있다. 정표화행의 하위 유형 중 조롱
화행이 수행된 (6)에서 평가화행과의 차이를 살펴볼 수 있다.

(6) 1 화자1 : 어디, 아~ 해 봐. <u>아하하하하하하. 어금니가 정말 없네!</u>
<u>어이구, 이래서 어떻게 밥을 먹고 지냈냐.</u>
2 화자2 : 뭐야, 남의 아픔을 가지고. 에이, 진짜! 절루 가!(이혜용,
2010 : 186)

화자1은 화자2의 신체적 약점에 하여 "조롱"하고 있다. 조롱의 대상
인 '어금니가 없는 것'은 부정적 평가가 기반이 되기는 하였지만, 이때
화자1의 발화수반 목적은 평가화행처럼 자신의 생각이나 태도, 가치를
평가하는 입장 표명에 있지 않다. 화자1은 조롱화행을 수행하면서 청자
의 불행한 사태에 대하여 자신이 '즐거움, 재밌음'의 감정을 느낀다는
것을 표현하는 데 발화수반 목적이 있다. 그리고 화자는 청자의 불행한

---

15) 감정이입(empathy)은 엄밀히 말하여 공감(sympathy)과 구분된다. 감정이입이란 최근의
심리학 연구에서는 "자아와 타아의 구분은 요구하되, 상대방의 감정적 상태에 대해 반
응하는 것"으로 정의한다. 반면 공감은 상대방의 감정 상태와 나의 감정 상태를 동일시
하는 것을 의미한다(이혜용 2010 : 35~36 참조). 따라서 정표화행을 수행하는 화자는
상대방에게 감정이입을 기대한다고 보는 것이 적합하다.

사태에 대하여 청자와는 반대되는 감정을 표현함으로써, 청자의 반감을 유발하여 분해하거나 억울해하는 등 놀림을 당하기를 기대한다.16)

이상, 평가화행이 수행될 때에도 감정이 드러나기는 하나 평가화행과 정표화행의 발화수반 목적과 청자에게 기대하는 바에 차이가 있다는 점을 논의해 보았다. 특히 평가화행과 정표화행은 청자에게 기대하는 바에서 차이를 보인다. 평가화행을 수행하는 화자는 자신이 표출한 입장에 대해 청자도 '공감'하여 수용하기를 원한다. (5)에서처럼 화자가 사태에 대하여 화가 나는 것을 표현했을 때 청자도 이에 대하여 똑같이 공감하고 수용하기를 기대하는 것이다. 그러나 정표화행을 수행할 때 화자는 청자가 자신의 감정에 '감정이입'되기를 기대한다. 예컨대 화자와 청자에게 모두 긍정적인 사태인 "축하"의 경우, 화자는 자신의 감정인 '즐거움, 기쁨' 등을 청자에게 표현하고, 청자도 이 감정을 똑같이 느끼기를 기대한다. 그러나 (6)의 "조롱" 같은 경우 화자는 청자에게 자신의 감정이 '감정이입'되기를 기대하는 것이지 공감되기를 기대하지는 않는다.

2장에서 논의한 평가화행, 단언화행, 정표화행의 발화수반 목적과 화자가 청자에게 기대하는 바를 표로 정리하면 다음과 같다.

---

16) 이혜용(2010)에서 정표화행의 하위 유형을 구분하면서, 조롱화행은 '청자반감유발―화자의 긍정적 감정 표출형'으로 분류한 바 있다. 이 부류의 특징은 화자가 청자의 감정을 손상시킴으로써 자신은 좋은 감정을 갖게 되는 데 있다. 그리고 화자는 청자에게 반감을 유발하게 될 것을 기대한다는 특징을 갖는다. 이 유형에는 "조롱", "우쭐대기", "악담"이 있다.

화행 유형	발화수반 목적(청자에게 기대하는 바)
평가화행	사태에 대한 화자의 태도를 표출 (청자가 이를 공감적으로 수용할 것을 기대함)
단언화행	화자는 표현된 명제의 진리치를 확언 (청자가 이를 수용할 것을 기대함)
정표화행	화자의 특정한 느낌 또는 감정을 전달 (청자가 감정이입되기를 기대함)

[표 14] 평가화행, 단언화행, 정표화행의 구분

3. 평가화행의 적정 조건

2장에서 살펴보았듯이 평가화행은 단언화행, 정표화행과는 구별되는 특성을 가지고 있으므로 독립적인 화행 범주로 분류할 수 있다. 이에 3장에서는 3.1.에서 Searle(1969)에서 제시한 화행의 구성적 규칙(constitutive rules)을 검토한 후, 3.2.에서 이를 참고하여 평가화행이 성공적으로 수행되기 위한 적정 조건을 구체적으로 제시해 보고자 한다.

3.1. 화행 분류를 위한 구성 조건

평가화행의 적정 조건을 제시하기 이전에 우선 Searle(1976)에서 화행 유형을 분류하기 위해 제시한 12가지 기준들에 대하여 검토해 보고자 한다. Searle은 단언화행, 지시화행, 언약화행, 정표화행, 선언화행의 다섯 가지 기본적인 화행 유형을 구분하기 위해서 이 중 세 가지 기준만을 사용하였으나 그렇다고 해서 나머지 아홉 가지 기준이 화행 유형을 구분하는 데 중요하지 않은 것은 아니다. 특히 나머지 아홉 가지 기준들 속에는 의미·상황적 기준 등 세부적인 조건들이 포함되어 있으므로, 평가화행처럼 기본 화행 유형과는 다른 특성을 지닌 화행 범주의 특성을 규명하기 위해서는 검토해 볼 만한 가치가 있다.

Searle(1976 : 2~7)에서 제시한 화행 분류 조건17) 중, 평가화행의 특성을 논하는 데 적용해 볼 수 있는 기준은 다음과 같다.

(7) ㄱ. 발화수반행위의 목적(Differences in the point(or purpose) of the type of act)

ㄴ. 말과 사태 간의 일치 방향(Differences in the direction of fit between words and the world)

ㄷ. 표현된 심리적 상태(Differences in expressed psychological states)

ㄹ. 발화수반지시체에 의해 결정된 명제적 내용(Differences in propositional content that are determined by illocutionary force-indicating devices)

ㅁ. 항상 언어적 행위로 분류되어야 하는 행위와 그렇지 않은 것들 (Differences between those acts that must always be speech acts, and thoese that can be, but need not be performed as

---

17) Searle이 제시한 화행 분류 기준 중 '발화수반행위의 목적을 보여주는 힘 또는 강도 (Differences in the force or strength with which the illocutionary point is presented)'는 단언화행의 특성을 규명할 때에는 주요한 기준으로 사용될 수 있으나 평가화행의 특성을 논할 때에는 핵심적인 사항이 아니라는 점에서 두 화행 유형에 차이가 있음을 보여 준다. 이 기준은 화행마다 청자에게 미치는 발화수반 행위의 효력에 차이가 있다는 것인데, 단언화행의 하위 유형을 구분한 Rolf(1983)는 이 기준을 사용하여 청자의 수용 강도에 따라 '확신', '동의', '용인' 따위를 구분하였다. 이는 단언화행에서는 자신의 발화를 청자가 어느 정도로 믿는지가 중요하기 때문이다. 그러나 평가화행의 경우, 화자는 자신의 평가 발화가 청자에게 어떤 정도로 영향을 미치는지, 그 효력이 어떠한지는 주된 의사소통 목적이 아니다.

speech acts)

ㅂ. 언어 수행을 위해 언어 외적인 제도를 요구하는 화행과 그럴
필요가 없는 화행(Differences between those acts that require
extra-linguistic institutions for their performance and those that
do not)

위의 기준 중 (7ㄱ), (7ㄴ), (7ㄷ)은 기본화행 유형을 분류할 때 사용된
기준들로써, 다른 화행 범주와 구분할 때 유용한 기준들이므로 평가화행
에 적용해 보도록 할 것이다. 다만 이 글에서는 (7ㄱ)의 발화수반 목적
개념은 다음과 같이 수정하여 사용하기로 한다.

(7ㄱ)은 특정 화행을 수행할 때 화자의 발화 의도가 무엇인가와 관련
이 있다. 이는 화행을 기술할 때 가장 우선적으로 고려되어야 하는 기준
임에는 틀림이 없으나 Searle이 제시한 개념으로는 '화자의 청자에 대한
발화 의도'를 충분히 고려하지 못했다는 점에서 진정한 의미의 의사소통
행위의 목적으로 보기 어렵다는 문제가 있다.[18] 그러므로 본고에서는
'의사소통 목적'이라는 용어를 사용하여, 발화 자체에 함축되어 있는 화
자의 의도(illocutionary point)와 화자가 청자에게 어떠한 반응을 기대하며
발화 행위를 수행하는지 두 가지에 대해 논해 보기로 하겠다. 이를 통해
평가화행을 수행할 때 화자의 발화 의도를 파악할 수 있고, 궁극적으로
화자가 청자에게 어떠한 반응을 기대하며 평가화행을 수행하는지 고찰
해 볼 수 있을 것이다.

(7ㄹ)은 명제내용 조건으로, 명제적 내용의 차이로 화행 유형이 구분
될 수 있다는 것을 의미한다. 특히 평가화행과 관련해서 평가의 대상 유

---

18) Searle의 화자 중심적 관점에 대해서는 Rolf(1990), 조국현(1999), 박용익(2010), 이혜용
(2010) 등에서 비판되었다.

형이나 명제 내용이 과거, 현재, 미래 중 어떤 것과 관련이 있는지 등이 고려될 수 있을 것이다.

(7ㅁ)은 언어적으로 수행되는 행위와 비언어적으로 수행되는 화행 간의 구분을 의미한다. 예컨대 단언화행에 속하는 "주장", "예언" 등의 화행은 항상 말해 의해서만 수행될 수 있을 것이고, 정표화행에 속하는 "조롱"이나 "찬사" 등은 혀를 내미는 행위, 박수를 치는 행위 등 비언어적으로도 수행될 수 있다. 평가화행 중 "불평"과 같은 감정적인 평가화행은 입을 내밀고 불만스러운 표정을 짓는 등 비언어적으로 수행될 가능성이 있다. 그러나 언어 표현이 동반되었을 때 평가화행이 온전히 수행될 것으로 판단되며, 정표화행처럼 온전히 비언어적으로 수행될 가능성은 적다.

마지막으로 (7ㅂ)은 화행이 수행될 때 제도적인 틀이 필요한지에 관한 기준이다. 평가화행은 공적인 장면과 사적인 장면에서 모두 수행될 수 있는데, "심사"행위의 경우는 언어 외적인 공적 상황 조건이 영향을 미치므로 이 기준을 고려해 볼 수도 있을 것이다.

이상에서 논한 화행의 구성 조건을 고려하여 3.2.에서는 평가화행의 적정 조건을 제시해 보기로 하겠다.

3.2. 평가화행의 적정 조건

3.2.1. 평가화행의 의사소통 목적

화행의 유형을 구분할 때 가장 중요한 것은 의사소통 목적과 화자가 청자에게 기대하는 바이다. 본고에서는 이 두 가지를 포괄하는 개념으로 '의사소통 목적'이라는 용어를 사용하고자 한다.19)

평가화행의 의사소통 목적은 이미 2장에서 단언화행과 정표화행 범주
를 비교하며 논의한 바 있다. 평가화행을 수행할 때 화자는 사실을 기술
하기도 하고 동시에 대상에 대한 긍정 혹은 부정의 태도 두 가지를 모두
표현한다. 혹은 '참 좋았어요.', '뭔가 좀 아쉽습니다.'처럼 사실 기술이
생략되기도 하는데, 이는 평가화행의 발화수반 목적이 사태에 대한 기술
에 있는 것이 아니라 사태에 대한 입장 표명에 있기 때문이다.[20)

한편 화자는 청자가 자신이 표명한 입장에 대하여 이성적 차원에서
납득하거나 감성적 차원에서 공감하여 수용해 주기를 기대한다. 이는 단
언화행을 수행하는 화자가 청자에게 자신이 전달한 명제 내용이 참임을
믿도록 기대하는 것과는 그 정도성에서 차이가 있다. 평가 발화 속에 표
현된 명제는 화자의 주관적 세계 안에서 참·거짓 혹은 믿음을 지니는
것이므로, 청자에게 화자 자신과 반드시 같은 인식이나 공감을 기대하지
는 않기 때문이다.[21) 그리고 평가화행은 '같은 인식' 혹은 '같은 감정(공
감)'을 기대한다는 점에서 정표화행을 수행하는 화자가 청자에게 자신이
전달한 감정에 '감정이입'되기를 기대하는 것과도 차이가 있다.[22)

---

19) 평가화행의 의사소통 목적은 Searle의 본질 조건에 해당한다.

20) Searle(1969 : 187)에서는 평가 발화의 화행 목표는 세계를 묘사하는 데 있는 것이 아니
라 감정과 태도를 표현하는 데 있고, 평가 발화는 칭찬하고 비난하고 권장하고 권유하고
명령하는 등 청자에게 영향력을 행사하는 행위라고 하였다.

21) 화행이론에서 평가 발화의 진리성은 현실 세계와의 일치 여부에 따른 참-거짓의 이분법
에 의해서가 아니라 화자의 성실 조건(sincerity condition)에 의해 파악된다(Lakoff,
Gordon 1973 : 64-68 ; 이남경, 1999 : 190 재인용).

22) 정표화행 수행 시, 화자는 기본적으로 희로애락의 감정을 지니고, 이 감정에 청자도 이
입되기를 기대한다는 의미는 다음과 같다. 예컨대 감사화행 수행 시 화자는 '기쁨, 즐거
움, 고마움' 등의 감정을 느끼는데, 이때 자신의 감정이 청자에게도 그대로 전달되기를
기대한다. 사과화행을 수행 시 화자는 '후회, 미안함' 등의 감정을 느끼며, 청자에게도
자신의 "사과"를 통해 이 감정이 이입되기를 기대하는 것이다.

(8) 평가화행의 의사소통 목적
ㄱ. 화자는 사태에 대한 입장을 표명함
ㄴ. 화자는 청자가 자신의 태도에 대하여 납득하거나 공감적으로
수용해 주기를 기대함

3.2.2. 평가화행의 명제내용 조건

평가화행의 대상은 화자 자신, 청자, 제3자의 말이나 행동, 사태(화자를
둘러 싼 환경-사회, 제도, 현상, 관습, 분위기 등) 등이 모두 가능하다.

(9) 인터뷰어 : 네. 최대한 선생님께서 솔직하게 얘기해주시는 게 도움
이 되죠. 그리고 어떠한 얘기더라도 저희한테는 아주
가치가 있어요. 왜냐면 모르잖아요. 경험을 안 해본 사
람이기 때문에. 선생님이 이 쪽에서, 이 의료 커뮤니케
이션에 대해서는 전문가이신 거죠. 직접 경험을 하신
분이시니까. 그래서=
인터뷰이 : =경험이 많죠.
인터뷰어 : 네.
인터뷰이 : 당연히. 전문가로서(D8 : 38~44)

(10) 인터뷰이 : 저도 인턴들이 또 새로 왔으니까 또 이러겠지. 하는 생
각이 들면서도. 어떤 그런 게 약간 사람이 약간 윗사람
도 그렇고 아랫사람들은 막 대하잖아요. 소리 지르고
욕하고. 저도 참 안 좋다고 생각하지만…… 뭐 어쩔 수
없더라고요.(웃음)
인터뷰어 : 네.(D7 : 67~69)

(9ㄱ)는 평가화행의 대상으로 화자 자신이 가능하다는 것을 보여준다. 인턴(수련의)인 인터뷰이는 '나는 당연히 경험이 많은 전문가죠.'라고 스스로에 대하여 긍정적인 평가를 하고 있는데, 화자는 '자랑하기(우쭐대기)'라는 평가화행을 수행하고 있다. (10)은 평가의 대상으로 빈번히 출현하는 경우로, '화자와 관련 있는 사태'에 대하여 평가를 하는 경우에 해당한다.

평가화행의 말과 사태 간의 일치 방향은 말이 사태를 따르는 경우가 많으나 (11)과 같이 미래 상황(사태 / 사건)을 가정하고 그것에 대해서 예측적인 평가를 하는 것도 가능하다.[23) 물론 이때의 사태는 주관적인 관점에서 본 것이라는 점에서 단언화행과 차이가 있다.

(11) ㄱ. 그가 계속 직원들한테 책임을 떠넘긴다면, 무책임하다고 봅니다.
ㄴ. 북한이 만약 핵무기로 무력도발을 감행한다면, 이는 한반도 및 세계 평화를 위협하는 극히 나쁜 행위라고 생각한다.

그런데 평가화행의 명제내용이 단언화행이나 정표화행처럼 '모든 p'라고 단언할 수 있을지에 대해서는 생각해 볼 여지가 있다. 구어 자료에서 평가화행의 대상을 유경화 해보면, 의미론적으로는 다음과 같이 한정된 범주 내에서 언급이 되고 있다. 이는 자료량의 한계로도 생각할 수도 있겠으나 우리의 인식이 긍정과 부정 양극으로 작용하는 대상에는 어느 정도 범위가 한정되어 있기 때문으로도 볼 수 있다.

---

23) 평가화행의 명제내용과 관련하여 미래와 관련된 내용도 대상이 될 수 있다고 조언해 주신 익명의 심사위원께 감사드린다.

(12) 평가화행의 대상 유형

ㄱ. 청자 혹은 제3자의 화행에 대한 평가.[24] : "너무 작게 이야기 하는 거예요, 말을 하면 일관성이 하나도 없어요. 논리가 하 나도 없고. 말은 계속 바뀌고", "근데 진짜 끼어들고 그것도 참 그렇지만 반응이 없는 게, 어, 되게 그렇더라고요", 막말, 버럭버럭 고함질, 대놓고 무식하게, 딱 자르고 넘어감, 폭언, 권위적, 저렴한 용어 사용

ㄴ. 청자 혹은 제3자의 성격 및 행동 양식 : 이기적, 견디기 힘든 캐릭터, 배려, 꼬치꼬치 따짐, 엄함, 째째함, 귀담아 들음, 성 의 있음, 무례함, 특권 의식에 사로잡힌, 엄청 게으름, 경우 없음, 눈치가 없음

ㄷ. 청자 혹은 제3자의 능력 : 무능력, 권위자, 전문가, 훌륭함

ㄹ. 사회의 도덕적 가치 : 상식, 도리, 양심, 존중, 기본, 예의, 의 무, 부조리, 불합리

ㅁ. 제3자가 평가한 내용에 대한 재평가 : "그가 심사한 내용은 모 두 감상적인 쓰레기예요."

ㅂ. 화자 자신

평가화행의 대상으로는 화자 자신(12ㅂ)을 비롯하여 청자나 제3자의 말하는 태도에 대한 평가, 성격 및 행동 방식, 외모, 능력 등이 많이 거론된다(12ㄱ~ㄷ). (12ㄱ~ㄷ)을 좀 더 구체적으로 보면 '무책임함'처럼 '평가 대상이 책임을 져야 하는 내용'과 '기부, 과도한 업무', '외모'처럼 '평가 대상이 책임질 필요가 없는 내용'으로 다시 구분할 수 있다. (12ㄹ)은 객관적 영역에 속하는 대상이 평가화행의 명제내용이 될 수 있다는 것을 의미하는데, 화자가 속한 세계에서 상식으로 받아들여지거나 존

---

24) 화행에 대한 평가는 대부분 대화의 격률(maxim)을 위배한 경우에 해당된다. 예 : '허풍을 떨죠'(질의 격률), '끼어들어요'(대화 순서 무시).

중받는 가치나 자연 현상 등이 이에 해당한다. (12ㅁ)은 보고 상황에서 제3자가 언어적으로 평가한 내용을 명제내용으로 하여 화자가 재평가하는 경우이다.25)

(13) 평가화행의 명제내용 조건
　　ㄱ. 화자, 청자, 제3자의 존재, 생각, 행위(화행, 성격, 외모, 행동, 능력 등)
　　ㄴ. 사회의 기본적 가치, 상식
　　ㄷ. 보고상황에서 제3자가 언어적으로 평가한 내용
　　ㄹ. 과거, 현재, 미래의 사태

3.2.3. 평가화행의 예비 조건

평가화행의 예비조건은 화자가 평가 대상에 대하여 알고 있으며, 긍정 혹은 부정의 인식을 가지고 있다는 것이다. 화자가 평가 대상에 대해 알고 있지 못하거나 인식하지 않는 이상, 평가화행은 제대로 수행되기 어렵다.

(14)는 인터뷰어 자신이 상황에 직접 개입되어 있으며, 자신과 관련이 있는 제3자에 대하여 적극적으로 인식하고 있는 상황이다.

(14) 1 인터뷰이 : <u>사실은. 뭐… 근데 말투가 좀 그런 것 같아요. 그 선생님은, 항상.</u>
　　2 인터뷰어 : 말투가?
　　3 인터뷰이 : <u>응. 뭐… 그리고 꼭 그렇게 앉아서 거기 그 거기서 해야 되는</u>
　　4 　　　　　　 지. 좀 이렇게 나와서 간호사 실에 와서 얘기하면 두 번 안 물어

---

25) Zillig(1983)은 평가화행의 평가 대상을 (13ㄷ)에만 국한하여 논의하였다. Zillig는 보고 및 발화 상황에서 제3자인 화자가 다른 사람이 말한 것에 대하여 평가하는 것에 한해 평가화행의 하위 유형을 분류하였다.

5   보잖아.(웃음) 선생님, 그렇잖아요.

6 인터뷰어 : 네.

7 인터뷰이 : 저쪽에서 자기는 아무리 큰 소리로 얘기했지만 우리는 듣는 입

8   장이니까 정확하게 안 들린단 말이야. (…중략…) 그 선생님
단점이 그

9   건 것 같아요. 그래서 "야, 우리 저 선생님은 왜 맨날 그렇게 안

10   에서 하냐. 좀 나와서 얘기하면 안 되니?" 그랬더니 "저 선생님

11   원래 그래요." "그래요." 이러면서 그냥 다 그런 거죠, 선생님.

(N7 : 167~175)

인터뷰어는 제3자의 말투에 대해서 부정적 평가를 내리고 있다. (14-1)
에서 '말투가 좀 그렇다'라고 에둘러 표현을 하고 있지만, (14-3) 이하의
설명을 보면 화자 자신과 관계되어 있는 상황이기에 제3자의 말투를 적
극적으로 인식하여 하고 있음을 알 수 있다.

반면 (15)는 병원 행정 직원의 인터뷰인데, 병원 내 의사소통에 대하
여 피상적인 이야기들이 주를 이루어서 심층적인 인터뷰가 원활히 이뤄
지지 않은 사례에 해당한다. 행정 직원은 병원 내 의사소통에 대하여 두
루뭉술한 태도를 가지고 있으며, 상황에 대한 인식을 표현하는 데 있어
서도 소극적어서 평가화행이 성공적으로 수행되었다고 보기 어렵다.

(15) 1 행정직원 : 뭐 그런 특별히 딱부러지게 말씀드리는 것보다는 전체적으로

2   이렇게 제가 이렇게 보면 나이가 연장자로서 좀 이렇게 보면,

3 인터뷰어 : 네네

4 행정직원 : 직원들 간의 소통이 전반적으로 예전만 못 한 것 같긴 해요.

5   업무적도, 업무적 소통은. 그러니까 남의 일을 도와주고 남이 어

6   떠한 일을 협조를 구했을 때 받아들이는 입장에서 네, 요즘은 이

7   제 얼굴에 좀 싫은 표시나 이런 거가 옛날보다는 좀 많아진 것

8   같아요. (…중략…) 의사소통 같은 거 저는 사실은 대부분 잘 되고 있

9   죠 잘 되고 있는데, 안 되는 부분만 제가 좀 말씀 드리는 것 같

10   은데 <u>전반적으로 의사소통 자체가 안 되는 건 아니고요.</u>

(A3 : 103~115)

인터뷰이는 (15-4)에서는 "직원들 간의 소통이 전반적으로 예전만 못한 것 같다."라고 평가하다가 (15-8~10)에서는 "의사소통 같은 거 저는 사실은 대부분 잘 되고 있죠. 잘 되고 있는데, (…중략…) 전반적으로 의사소통 자체가 안 되는 건 아니고요."라고 다시 긍정적인 평가를 한다. 이와 같은 경우 청자는 화자가 사태에 대하여 어떠한 평가행위를 하려는 것인지 분명히 알기가 어렵다. 평가화행의 의사소통 목적을 고려해 보아도, 행정직원의 발화는 청자에게 자신의 입장을 수용하거나 공감을 기대하는 행위로 보기는 어렵다. 그러므로 평가화행이 성공적으로 수행되려면 화자가 평가 대상에 대하여 적극적으로 인식하고 있어야 한다는 것을 알 수 있다.[26]

두 번째로 평가화행을 수행할 때, 화자는 명제내용이 객관적 혹은 주관적으로 사실임을 전제하고 있으며 그것이 사실(참)이라고 믿는다. 여기서 주관적 사실이란 객관적 사실과는 상대되는 개념인데, 평가화행에서는 객관적 사실뿐만 아니라 주관적인 것도 사실로 전제될 수 있다. 예컨대 어떠한 상황에 그 상황과 무관한 사람이 있었을 때, 사건, 사태를 보는 관점은 다를 수도 있다. 만약 (14)의 예에서 간호사가 아닌 의사가 같은 상황에 있었다면 의사는 간호사와는 다른 관점으로 사실을 인식하고

---

26) 어떤 대상에 대하여 '그저 그래. 보통이야.'라고 평가할 경우 평가 대상에 대하여 적극적으로 인식하지 않은 것이 아닌가라고 생각할 수 있다. 그러나 '그저 그렇다'라는 평가를 하는 경우라도 화자는 대상의 존재와 가치에 대한 인식이 바탕이 되어야 한다. 본고에서 '평가 대상에 대한 적극적 인식'이라는 개념은 평가 발화 자체의 '긍정' 혹은 '부정'의 극단적인 태도를 의미하는 것이 아니다. 이남경(1999 : 173)에서도 평가 발화는 긍정-부정의 대립관계에 준한 대상 범주화에 따른 인간의 본질적인 인식 과정과 현실에 대한 화자의 적극적 참여의 일면을 보여준다고 하였다.

평가할 것이다. (15)의 예에서도 연장자가 아니라 신입 행정직원이 같은
상황에 있었다면, 그때의 상황과 사실은 달라질 수 있다. 이러한 이유로
화자들은 "평가"를 내리기 전에(15-1~2) "뭐 그런 특별히 딱 부러지게
말씀드리는 것보다는 전체적으로 이렇게 제가 이렇게 보면 나이가 연장
자로서 좀 이렇게 보면", "제 생각에는(17-2)" 식의 주관적 단서를 붙이
는 경우가 많다.

　셋째로 화자는 사태를 판단할 만한 자기 나름의 준거 기준을 가지고
있다. (15-2)의 "상식 이상으로 화를 내는 사람들"이라든지, (16-2)에서
처럼 '간호사들에 비해서 의사들은 의사소통을 못한다'와 같은 평가를
위한 비교 대상은 평가화행 표현에서 종종 나타난다. 이는 화자가 평가
를 위한 자기 나름의 기준을 이미 가지고 있다는 것을 의미한다.

(16) 1 인터뷰이 : 보통은 그리고 인제 그 간호사들은, 교수님들이 좀 거친 사람
　　 2 　　　　　들이 많다 그랬잖아요. 간호사들한테도 좀 그런 교수님들이 많
　　 3 　　　　　거든요. 상식 이상으로 화를 내고 뭐라 그러고 그런 사람들이
　　 4 　　　　　많아서, 그런 분위기 자체가 싫잖아요.(D8 : 825~827)

(17) 1 인터뷰이 : 그러니까 의사소통을 참 의사들이 못하는 것 같아요, 간호사
　　 2 　　　　　들에 비해서. 제 생각에는. 예를 들면 뭐 "오더가 났어요" 그
　　 3 　　　　　러면 "선생님, 이거 났어요" 이런 식으로 어떤 이게 정말 그
　　 4 　　　　　사람과 내가 동등한 입장에서 얘기를 하는 게 아닌 것 같아요,
　　 5 　　　　　의사들은.(N8 : 522~526)

　이상의 논의를 정리하여 평가화행의 예비 조건을 제시하면 다음과
같다.

(18) 평가화행의 예비 조건

ㄱ. 화자가 평가 대상에 대하여 적극적으로 인식하고 있다.

ㄴ. 화자는 명제내용이 객관적 혹은 주관적으로 사실임을 전제하고 있으며 그것이 사실(참)이라고 믿는다.

ㄷ. 화자는 사태를 평가하기 위한 자기 나름의 준거 기준을 가지고 있다.

3.2.4. 평가화행의 성실성 조건

단언화행을 수행하는 화자의 심리가 명제내용에 대한 믿음에 있고, 정표화행을 수행하는 화자의 심리가 '희로애락'과 관련하여 다양하다면, 평가화행을 수행하는 화자의 심리는 평가 대상에 대한 가치를 실제로 인식하는 것에 있다.

(19) ㄱ. 김현 민주통합당 대변인은 16일 "국정원이 15일 실국장 및 부서장 인사에서 정치편향성을 보인 원세훈 전임 원장 시절의 간부들을 대폭 물갈이했다."며 "원세훈 전 원장 체제에서 나타난 불안정하고 가변적인 인사를 해소하고 조직의 업무 안정성을 높인 점은 높이 평가한다"고 밝혔다.

ㄴ. 교원 평가 필요하다. 그러나 <u>거짓으로 답한 결과</u>는 인정하지 않게 하는 어떤 대책이 필요하다.

(19ㄱ)의 예에서 민주통합당 대변인의 긍정적 평가가 성실하게 이루어지려면, '간부들을 대폭 물갈이했다는' 사태에 대해 화자가 매우 좋다고 인식하고 있어야 한다. 만약 이러한 사태가 나쁘다고 인식하면서 긍정적 평가를 한다면 평가화행이 성실하게 이루어졌다고 말할 수 없다.[27] (19ㄴ)도 "거짓으로" 평가한 것은 진실한 평가라고 볼 수 없다고 말하고 있다.

이상, 화행의 성실성 조건을 정리하면 다음과 같다.

(20) 평가화행의 성실성 조건
화자는 평가 대상에 대한 가치를 실제로 인식하고 있어야 한다.

4. 결론

본고는 화행 분류 연구의 일환으로, 전체 화행 체계 내에서 명확하게 별도의 범주로 인식되지 못하였던 평가화행의 지위를 논해 보고, 평가화행이 성공적으로 수행되기 위한 적정 조건을 밝혀 보았다. 이상에서 논의된 바를 요약하면 다음과 같다.

첫째, 평가화행은 발화수반 목적이 태도 표명에 있다는 점, 표현된 내용에 대하여 참, 거짓을 논할 수 없다는 점, 그리고 명제 내용에 대한 책임성이 없다는 점, 마지막으로 청자에게 기대하는 바에 있어서 단언화행보다 수용의 정도가 약하다는 점에서 단언화행과 차이가 있다.

둘째, 감정이 수반된 평가화행의 경우, 정표화행을 수행한 화자가 청자에게 '감정이입'을 기대하는 것과 달리 평가화행을 수행한 화자는 청자에게 자신의 평가 태도에 대한 '공감'을 기대한다는 점에서 정표화행과 차이를 보인다.

셋째, 평가화행이 성공적으로 수행되기 위한 적정 조건은 다음과 같다. 우선 평가화행의 의사소통 목적은 1)화자는 사태에 대한 화자의 입장을 표명하고, 2)화자는 청자가 자신의 태도에 대하여 납득하거나 공감

---

27) 성실성 조건에 대하여 의견을 주신 익명의 심사위원께 감사드린다.

적으로 수용해 주기를 기대하는 데 있다. 명제내용 조건은 특별한 제한이 있지는 않고 화자, 청자, 제3자의 존재, 사태가 대상이 될 수 있다. 다만 평가 대상은 의미적으로 어느 정도 제한적이며 경향성을 보인다. '화자 자신'을 비롯하여 '청자·제3자의 화행', '청자·제3자의 성격 및 행동 방식', '청자·제3자의 능력', '도덕적 가치', '제3자가 평가한 내용'이 그것이다. 그리고 이 평가 대상들은 과거나 현재, 미래의 사태와 모두 관련되어 있다. 예비 조건은 1) 화자가 평가 대상에 대하여 적극적으로 인식하고 있고, 2) 화자는 명제내용이 객관적 혹은 주관적으로 사실임을 전제하고 있으며 그것이 사실(참)이라고 믿으며, 3) 화자는 사태를 평가하기 위한 자기 나름의 준거 기준을 가지고 있다는 것이다. 마지막으로 성실성 조건은 화자는 평가 대상에 대한 가치를 실제로 인식하고 있어야 한다는 것이다.

화행 범주를 구분하고 유형화하는 연구가 쉬운 일은 아니다. 또한 언어의 기능을 정확하게 구분하고 체계적으로 분류하는 작업은 이상적으로 보일 수도 있다. 그러나 품사의 구분이나 문법 범주들을 체계적으로 구축해 놓았기에 언어의 구조를 쉽게 이해할 수 있는 것처럼 화행 범주를 구분하고 유형화하는 기초 작업이 선행되었을 때, 그것을 기반으로 의사소통 기능을 체계적으로 이해하고 분석할 수 있을 것이라 생각한다. 이 연구에서는 평가화행이 수행된 실제 자료를 수집하여 분석함으로써, 평가화행 부류는 단언화행이나 정표화행과는 다른 특성을 가지고 있으므로 독자적인 화행 범주로 구분될 수 있다는 것을 보였다. 또한 평가화행의 적정조건을 구체적으로 제시하며 "평가"의 언어적 기능을 규명해 보고자 하였다. 앞으로 실제 자료를 바탕으로 평가화행의 하위 유형을 분류하고 실현 방식을 고찰하는 논의가 필요하며, 이를 추후의 연구 과제로 삼고자 한다.

참고문헌

가브리엘 루치우스 회네, 아르눌프 데퍼만(2011), 「이야기분석」, 개정판, 박용익 옮김, 역락.

김갑년 역(1999), 「화행론 입문」, 한국문화사. [Hindelang, Götz(1983), Einführung in die Sprechakttheorie.]

박용익(2004), "위기에서 정치인들은 어떻게 행동하는가?", 「텍스트언어학」 16, 한국 텍스트언어학회, pp.229-263.

＿＿＿(2010), 「대화분석론」, 재개정 3판, 백산서당.

이남경(1999), "러시아어 평가 발화의 화행적 측면 연구", 「노어노문학」 11-2, 한국 노어노문학회, 173-202.

이성범 역(2007), 「화용론 개관(second edition)」, 한신문화사. [Jacob L. Mey(2002), *Pragmatics : An Introduction*(second edition).]

이준희(2000), 「간접화행」, 역락.

이혜용(2010), "한국어 정표화행 연구─정표화행의 유형 분류와 수행 형식", 이화여 자대학교 박사학위논문.

장석진(1987), "한국어 화행 동사의 분석과 분류", 「어학연구」 제23권 제3호, 서울대 학교 어학연구소, 307-331.

조국현(1999), "의사소통 목적 분류의 타당성 문제─Searle이 제시한 화행 분류 기준 의 고찰", 「독일문학」 제71집, 한국독어독문학회, 529-549.

진정근(2009), "고객 불만 대화의 행위 구조와 의사소통 문제", 「독일어문학」 제45집, 한국독일어문학회, 229-250.

천기석(1984), "화행성 동사류의 의미 자질", 「어문논총」 15, 경북어문학회, 89-109.

Austin, J. L.(1962), *How to Do Things with Words*, Oxford : Oxford University Press.

Fraser, B.(1975), Hedged Performatives, *Syntax and Semantics. Vol. 3* : Speech Acts, Peter Cole and Jerry L. Morgan, eds. New York : Academic Press,

187-210.

Searle, J. R.(1969), *Speech Acts. An Essay in the Philosophy of Language*, Cambridge : Cambridge University Press.

_____(1976/1979), A taxonomy of illocutionary acts, *Expression and Meaning : Studies in the Theory of Speech Acts*, Cambridge : Cambridge University Press.

Searle & Vanderveken(1985), *Foundations of Illocutionary Logic*. Cambridge : Cambridge university press.

● 찾 / 아 / 보 / 기 ●

저자 이 혜 용

이화여자대학교 인문대학 국어국문학과 졸업
동 대학원 국어국문학과 문학석사
동 대학원 국어국문학과 문학박사
이화여자대학교, 서울시립대학교, 세종대학교 강사 역임
현재 이화여자대학교 국어국문학과 조교수
주요 연구 분야 : 화행론, 대화 분석, 이야기 분석, 의료커뮤니케이션, 면접 대화, 학술적
글쓰기 교육

대화분석 연구 총서 6

한국어 정표화행 연구
－정표화행의 유형 분류와 수행 형식－

초판 인쇄 2015년 7월 23일
초판 발행 2015년 7월 31일

지은이 이혜용
펴낸이 이대현
편 집 오정대
디자인 이홍주
펴낸곳 도서출판 역락
　　　　서울시 서초구 동광로 46길 6-6 문창빌딩 2층
　　　　전화 02-3409-2058(영업부), 2060(편집부)
　　　　팩시밀리 02-3409-2059
　　　　이메일 youkrack@hanmail.net
　　　　역락블로그 http://blog.naver.com/youkrack3888
　　　　등록 1999년 4월 19일 제303-2002-000014호

ISBN 979-11-5686-217-8 93710
정 가 27,000원

* 파본은 구입처에서 교환해 드립니다.

이 도서의 국립중앙도서관 출판예정도서목록(CIP)은 서지정보유통지원시스템 홈페이지(http://seoji.nl.go.kr)와 국
가자료공동목록시스템(http://www.nl.go.kr/kolisnet)에서 이용하실 수 있습니다.(CIP제어번호 : CIP2015021050)